国家级一流本科专业建设·经济学教学用书

国际经济学
实证与量化方法

聂光宇　鲍晓华◎主编

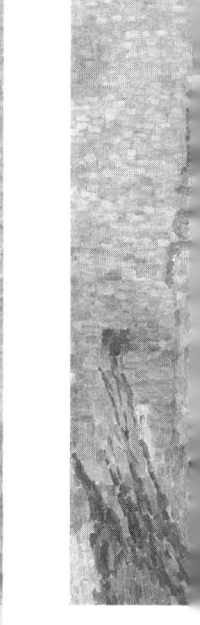

上海财经大学出版社

上海学术·经济学出版中心

图书在版编目(CIP)数据

国际经济学：实证与量化方法 / 聂光宇，鲍晓华主编. -- 上海：上海财经大学出版社，2024.10. --（国家级一流本科专业建设）. -- ISBN 978-7-5642-4459-0

Ⅰ.F11-0

中国国家版本馆CIP数据核字第2024C0S883号

□ 责任编辑　吴晓群
□ 封面设计　张克瑶

国际经济学：实证与量化方法
聂光宇　鲍晓华　主编

上海财经大学出版社出版发行
(上海市中山北一路369号　邮编 200083)
网　　址:http://www.sufep.com
电子邮箱:webmaster@sufep.com
全国新华书店经销
上海叶大印务发展有限公司印刷装订
2024年10月第1版　2024年10月第1次印刷

787mm×1092mm　1/16　16.75 印张(插页:2)　429千字
定价：58.00元

前 言
FOREWORD

国际经济学是经济学核心领域之一,主要研究不同国家之间的经济活动与经济交往的特征及影响,并揭示国际经济政策的效果。近年来,国际经济学这一学科的重要性不断提高:一方面,在全球化的时代背景下,不同国家的经济个体通过国际贸易、国际金融、国际投资等渠道被紧密地联系在一起;另一方面,开放经济体在贸易政策、宏观调控、资本管制、汇率管理等方面的政策选择具有超越国界的深远影响,同时气候变化、地缘政治冲突、跨国移民等新兴议题更需要国际政策协调。国际经济学为应对这一系列全球挑战提供了分析框架。

本书介绍国际经济学在重要领域的前沿进展。得益于实证与量化方法的广泛应用,国际经济学科在近二十年间取得了跨越式发展。实证与量化方法的作用主要体现在三个方面:首先,现实中的数据被大量使用,并与经济理论广泛而深入地结合。通过各国政府、学术机构和商业机构以及国际组织的共同努力,跨国宏观数据、行业数据,以及企业和家庭微观数据能够较为容易获得,为国际经济理论的实证检验提供了极大便利,同时数据的可得性也拓展了理论研究空间。其次,实证与量化分析工具,包括计量、统计、计算、模拟方法及软件的开发和普及有力地支持了国际经济学研究,便于研究者开发结构更丰富、更贴近现实的经济模型并开展量化分析。最后,得益于分析方法的进步,国际经济理论主题和内涵也越来越丰富,以适应世界经济格局不断演变的现实需要。

当前,世界面临百年未有之大变局。一方面,我国经济总量已达世界第二,我国在对外开放进程中的政策选择不仅会影响国内经济,而且会通过多重渠道对国际市场及其他国家造成影响;另一方面,全球治理体系和世界格局加速调整,保护主义势头不断加强,特别是大国之间的关系逐渐从合作共赢模式向竞争对峙状态发展。这对国际经济方面的理论和政策分析提出了新的要求和挑战,需要运用科学方法量化分析经济现象,使分析结果更准确,政策建议更可靠。有鉴于此,在介绍国际经济学前沿进展的同时,本书将实证和量化方法在相关课题上的运用作为重点,以突出理论和方法的有机融合。

本书共九章,分为国际贸易篇与国际金融篇。

国际贸易篇包含第一章到第五章。在当今全球化时代,国际贸易无疑是推动全球经济发展的核心动力。我们不仅深入挖掘了国际贸易理论与实证研究的现代应用,而且追溯了全球贸易体系的演进历程,并针对当前国际贸易政策面临的挑战提供了深刻的洞察。这五章内容共同构成了对国际贸易多维度、深入的分析。前三章从自由贸易的视角出发,逐步引导读者从理论到实践、从全球到区域的分析。第一章以国际贸易经典的比较优势理论为例,直接展开理论与现实的对话。第二、三章则将理论与现实世界的经济现象相联系,展示了国际贸易如何影响社会收入分配和区域发展。第四、五章则从贸易保护主义的角度,关注全球贸易体系的构建和国际贸易政策的具体实施,以及这些政策对国家经济的影响。

国际金融篇包含第六章到第九章。近年来国际金融领域的研究快速发展,尤其是将价格黏性、金融摩擦、信息摩擦等影响经济现实的关键因素纳入基于微观基础的开放经济模型,并结合计算经济学中的最新进展对动态模型开展量化分析和预测,使我们对常规的国际经济周期中的资本流动与汇率变化,以及极端情况下的金融危机有了更为深刻的理解。第六章介绍了传统的国际经济周期模型在定量解释现实时面临的若干重大缺陷,以及在模型中加入信息摩擦这一关键要素如何使理论更加贴近现实。第七、八章分别从实证和量化分析的视角探讨了美联储货币政策对开放经济体的影响,对我国稳健而谨慎地推进对外开放具有重要启示。第九章介绍了金融全球化背景下,开放经济体金融危机爆发的内在机制,并分析了宏观审慎政策的危机防范作用。

本书的结构化设计旨在培养学生的批判性思维,使其能够全面理解国际经济的复杂性,并为政策制定者提供科学的决策支持。我们相信,这种多维度、跨学科的方法将为读者提供一个全面的视角,帮助他们更好地理解国际贸易与国际金融在当今世界格局中的重要性和作用。各章内容的摘要如下:

第一章深入探讨了如何基于实证研究方法来验证贸易模式与比较优势理论的一致性。本章的学习目标是,展示如何利用具体的数据和实证方法来检验理论在现实世界的适用性,讨论实证研究中的重点、难点,以及实证研究的发展如何进一步拓展并重新评估古典经济理论。首先,本章从简单的两国模型出发,展示验证贸易模式与比较优势的一致性的核心工作在于检验两国的行业相对出口与行业相对生产率的正相关关系,其难点在于跨国可比的行业生产率的度量。接着,本章介绍了基于一国参与国际贸易前后价格变化的检验方法。这一方法的优点是可以间接地克服两国比较优势模型难以推广到多国框架的局限性,难点在于现实中很难观测到一国参与国际贸易前的价格数据。最后,本章介绍了一个严格基于多国多行业比较优势模型的检验方法,该方法不仅完全克服了两国模型难以推广到多国框架的局限性,而且能够量化地回答贸易利得的问题——国际贸易带来了多大的福利提升。

第二章深入探讨了国际贸易与收入不平等之间的关系,揭示了全球化进程对国家之间以及各国内部收入分配的复杂影响。通过分析不同国家和特定行业的例子,展示了尽管国际贸易为部分国家提供了经济增长和技术传播的机遇,但同时可能导致收入差距的扩大,在具有特定竞争优势的行业和个体中更为明显。本章首先展示了国际贸易对发达国家和发展中国家收入分配的不同影响。在美国,自由贸易协定导致了制造业就业的减少和收入不平等的加剧;而在发展中国家,如印度和墨西哥,贸易自由化虽然带来了整体经济增长,但也加剧了地区间和不同社会阶层间的不平等。来自中国的证据也体现了国际贸易与收入分配之间的复杂关系。本章进一步探讨了国际贸易影响收入不平等的机制,包括H-O理论、技术进步论和企业异质性理论。H-O理论强调生产要素在国际贸易中的作用;而企业异质性理论关注企业间的差异如何影响收入分配;技术进步论则指出,技术创新通过改变劳动力需求结构来影响收入分配。综上所述,本章旨在为读者提供一个全面的视角,以理解国际贸易如何在促进全球经济一体化的同时,重新分配世界的财富和机会。这要求政策制定者在推进贸易开放的同时,需考虑如何通过教育、培训、社会保障等措施,减少贸易对收入分配的负面影响,促进更为公平和包容的经济增长。

第三章将国际贸易理论框架拓展到一般性的空间经济学,并将其应用于分析中国的区域经济问题。首先,本章介绍了空间经济学的核心要素,包括资源在空间上的配置和地理距离对经济活动的影响。重点讨论了运输和迁移成本对经济要素流动的影响,以及经济集聚和规模效应对生产效率的提升作用。其次,本章详细分析了中国的区域经济格局,指出了经济活动在地理上的不均衡分布,特别是东部沿海与西部地区、南方与北方之间的经济差异。本章进一步探讨了中国目前面临的要素市场空间错配问题,着重介绍了户籍制度和土地政策对经济空间分布的影响:户籍制度限制了劳动力的自由流动,土地政策影响了建设用地的供应,两者导致了劳动力和土地资源在空间上的不合理配置。最后,本章讨论了如何通过改革现有政策制度,促进要素跨区域流动,减少要素空间错配,以构建更加统一的全国市场,发挥经济集聚和规模效应的重要作用。

第四章深入剖析自1947年《关税和贸易总协定》(GATT)签订至1995年世界贸易组织(WTO)成立的全球贸易体系演化路径,阐释了基于规则的国际贸易环境在推进贸易自由化与确保公平竞争方面取得的历史性成就及其遭遇的挑战。本章突出区域贸易体系作为推动经济一体化的关键机制,揭示了其在双边和区域层面补充多边贸易框架、助力贸易自由化进程中的重要作用。通过对比分析多边贸易体系与区域贸易体系,本章深入讨论了两者在全球贸易治理中的互补性及其对经济全球化的贡献,尤其是在面对全球贸易谈判僵局时,区域贸易协定(RTA)如何发挥其独特效用。本章借助实证研究,进一步评估了区域贸易协定对塑造成员国与非成员国贸易政策的影响力,提供了对全球贸易治理复杂性的深刻洞见。最后,本章提出如何有效融合多边贸易体系与区域贸易体系,以促成一个更公正、包容及持续发展的全球贸易体系的政策建议,进而促进理论与实践的有机结合。

第五章旨在深入探讨国际贸易政策的基本原理、制定逻辑及其执行效果,同时分析贸易摩擦的潜在影响与应对策略。首先,我们概述了贸易政策的定义、类型及其量化方法,并揭示了关税降低、非关税壁垒增加以及贸易摩擦增多的趋势。随后,从经济因素及政治、制度等非经济因素出发,剖析了贸易政策制定的动因。在此基础上,我们详细探讨了贸易政策如何作用于宏观经济与微观经济层面,包括对贸易规模、劳动力配置、企业效率、创新活动及成本加成的影响,并以中美贸易摩擦为例,深入分析贸易摩擦对两国经济的具体影响,如进出口贸易、关税的传导机制、对企业投资决策和文化交流的影响等。此外,我们还介绍了用于评估贸易政策和摩擦效果的量化分析方法,如一般均衡模型(CGE)和结构模型分析法,并探讨了这些模型在政策评估中的应用。最后,本章聚焦中国在国际贸易政策中的实践。以中国电动汽车产业面临的反补贴调查为案例,分析中国如何应对此类挑战,包括产业政策的调整及贸易反制策略的制定。通过这些分析,我们希望能够为理解国际贸易政策的复杂性和应对贸易摩擦提供更为清晰和深入的视角。

第六章深入探讨国际经济周期的概念、特征事实以及相关理论模型,并针对国际经济学中存在的六大"谜题"进行了详细的分析和讨论。本章首先介绍经济周期的基本理论,包括新凯恩斯主义经济学和真实经济周期(RBC)理论,并探讨了这些理论如何解释经济波动。其次介绍国际经济周期的衡量方法,包括对数线性法、对数二次项法、HP 滤波法等,并利用这些方法分析了不同国家的经济周期特征,如全球产出的波动性、政府消费与私人消费的波动性差异、投资和贸易的顺周期性等。此外,本章通过建立小型开放经济体模型,并引入理性疏忽的概念,为六大"谜题"中的"国际消费相关性之谜"提供了解释。最后,本章对国际经济学中的六大"谜题"做了进一步分析,并介绍了文献中主要的理论解释。

第七章基于实证分析介绍大型开放经济体货币政策的外溢效应。美国调整货币政策所产生的影响不仅局限于美国国内,而且会在全球范围内波及其他国家的经济和金融市场。本章首先讨论美国货币政策如何对其他国家的产出、通胀、汇率和资本流动等宏观变量产生影响。新近的实证研究发现,美元加息外溢效应的作用途径不仅包括汇率和进出口贸易等传统渠道,而且包括更重要的资本流动和全球金融变化等金融渠道。相比发达国家,新兴市场国家的金融市场较为脆弱,美国货币政策外溢效应对其影响更为明显。其次,介绍美国货币政策对中国的影响。相关研究发现美元加息可能通过热钱流动影响中国的房地产、股市和债市等。最后,本章还分析了我国政策的溢出效应,中国的货币政策也可能通过大宗商品贸易渠道影响其他国家。如何通过合适的货币政策、汇率政策、宏观审慎政策安排应对美元加息,是关系我国金融稳定和经济发展的重要问题。如何通过合适的大国理论模型,讨论货币政策的外溢效应和沟通协调也是新时期国际循环深度调整过程中需要进一步讨论的重要课题。

第八章系统地讨论开放经济货币政策的量化分析框架。本章从无金融摩擦小国开放经济体模型、带金融摩擦小国开放经济体模型、带金融摩擦大国开放经济体两国模型三个角度入手,依次分析美国货币政策冲击如何通过传统贸易途径、金融加速器和外资流动途径、全球金融中介信贷途径对其他国家产生影响。在传统贸易途径中,美元加息通过美元升值抬升其他国家的出口需求,并可能拉高其他中间品进口成本。与实证研究方面的进展一致,关于美元外溢效应的研究重心逐渐从传统贸易途径转向更加重要的金融渠道:美元加息导致本国借贷成本上升、金融约束收紧,可能通过影响国内资产价格对本国需求产生负面影响,通过资本外逃、企业资产负债表恶化等途径产生进一步的放大效应。金融渠道的存在,对理解全球金融周期、美国货币政策外溢效应和设计恰当的宏观调控体系提出了新角度和新要求。在此基础上,本章进一步介绍了相关的汇率政策、货币政策、宏观审慎政策的国际协调问题。

第九章介绍开放经济体金融危机的产生机制与防范。近年来,金融危机的议题得到学术界和政策界的广泛关注。金融危机是小概率事件,但一旦爆发,就会对国家的宏观经济和金融稳定构成重大冲击。本章首先介绍了开放经济体金融危机的典型特征。自 1994 年墨西哥金融危机开始,开放经济体金融危机表现出"资本流入突然中断"的代表性特征,包括净出口突然反转,产出、消费、资产价格在短期内大幅下跌,急剧的经济衰退。其次,本章基于金融放大效应模型,介绍了金融危机爆发的理论机制。进一步,本章介绍了宏观审慎政策的概念,及其在防范和应对金融危机中的作用,并以典型模型为例进行了政策的量化分析。最后,本章介绍了宏观审慎政策在我国的实现方式,以及事前干预与事后干预政策效果比较等进一步延伸阅读的内容。

本书由聂光宇、鲍晓华主编并负责拟定全书的提纲以及定稿前的修改、补充和编纂。邓建鹏、黄子彬、靳玉英、李溦、麦佳聪、苏东灵、朱林可为副主编(按姓氏音序排序)。各章的执笔人如下:第一章,邓建鹏;第二章,朱林可;第三章,黄子彬;第四章,麦佳聪;第五章,鲍晓华;第六章,李溦;第七章和第八章,苏东灵、靳玉英;第九章,聂光宇。

在书稿付梓之时,编者非常感谢上海财经大学商学院的多位博士生为本书的资料整理开展了大量的工作,本书的顺利出版与他们的辛勤付出是分不开的。他们的具体分工如下:第一章,林天汉;第二章,张森浩;第四章,赵鑫;第五章,邓贺;第六章,黄达明;第七、八章,王怡凡;第九章,赵云霄、姚子珏。在书稿完成后,邓贺、赵云霄、姚子珏还帮助编者进行了书稿校对工作,特此感谢。

本书既可以作为高年级本科生和研究生的国际经济学教材,也适合对国际经济学感兴趣的研究人员参考阅读。本书各章在内容安排上是独立的和完整的,读者在阅读的过程中不需要从第一章开始按照顺序阅读。限于能力和精力,本书在安排和表述上可能存在谬误,恳请读者批评指正。

编 者
2024 年 9 月 4 日

目录
CONTENTS

第一章　贸易模式与比较优势

2　　引言
2　　学习目标
2　　学习重点
3　　视野拓展
3　　第一节　比较优势理论的简要回顾
4　　第二节　比较优势理论的实证检验
13　　第三节　比较优势理论的进一步拓展
19　　本章小结
20　　练习思考题
20　　参考文献
21　　附录

第二章　国际贸易与收入不平等

27　　引言
27　　学习目标
28　　学习重点
28　　视野拓展
28　　第一节　国际贸易与收入分配
33　　第二节　国际贸易影响收入不平等的机制分析
38　　第三节　国际贸易与收入不平等的实证研究
45　　第四节　国际贸易与收入不平等——来自中国的证据
56　　第五节　延伸阅读
58　　本章小结
58　　练习思考题
59　　参考文献

第三章　从跨国到跨地区——中国的区域经济问题

63　　引言

63	学习目标
63	学习重点
64	视野拓展
64	第一节 空间经济学的分析框架
66	第二节 中国经济活动的空间分布
68	第三节 经济集聚与城市化
79	第四节 户籍制度与人口流动
84	第五节 土地制度与城镇建设用地
86	第六节 建设全国统一市场
89	本章小结
90	练习思考题
90	参考文献

第四章 多边贸易体系与区域贸易体系

95	引言
95	学习目标
95	学习重点
96	视野拓展
96	第一节 两种贸易体系的概念与历史沿革
105	第二节 互补效应——区域化促进多边贸易自由化的机制
108	第三节 区域化促进多边贸易自由化的实证检验
114	第四节 区域化阻碍多边贸易自由化的机制
117	第五节 区域贸易体系与多边贸易体系的发展和挑战
120	本章小结
121	练习思考题
121	参考文献

第五章 国际贸易政策与贸易摩擦

125	引言
125	学习目标
126	学习重点
126	视野拓展
126	第一节 国际贸易政策的特征事实
133	第二节 国际贸易政策的动因分析
136	第三节 国际贸易政策的经济效应
140	第四节 国际贸易摩擦与冲突
142	第五节 国际贸易政策与贸易摩擦的量化分析

145		第六节 国际贸易政策的中国实践
148		本章小结
149		练习思考题
149		参考文献

第六章　国际经济周期典型事实与量化分析

156	引言
156	学习目标
156	学习重点
157	视野拓展
157	第一节　国际经济周期的特征事实
164	第二节　研究国际经济周期的理论模型
167	第三节　国际经济学中的六大"谜题"
171	第四节　理论模型的拓展解释
178	第五节　进一步分析与延伸阅读
180	本章小结
181	练习思考题
181	参考文献

第七章　开放经济的货币政策——实证分析

186	引言
186	学习目标
186	学习重点
186	视野拓展
187	第一节　美国货币政策的外溢效应
198	第二节　美国货币政策外溢性对中国的影响
203	第三节　中美货币政策外溢性的比较
205	本章小结
205	练习思考题
205	参考文献

第八章　开放经济的货币政策——量化分析

208	引言
208	学习目标
208	学习重点
208	视野拓展
209	第一节　货币政策传导机制：开放经济体新凯恩斯模型

215	第二节	具有金融摩擦的开放经济体新凯恩斯模型
223	第三节	货币联盟的货币政策问题
225	本章小结	
225	练习思考题	
225	参考文献	
226	附录	

第九章　开放经济体金融危机的产生机制与防范

234	引言	
234	学习目标	
234	学习重点	
235	视野拓展	
235	第一节	开放经济体金融危机的特征事实
238	第二节	资本流入突然中断的机制分析
240	第三节	宏观审慎政策的概念及作用机制
242	第四节	宏观审慎政策的量化分析
248	第五节	宏观审慎政策在我国的实现
249	第六节	进一步分析与延伸阅读
252	本章小结	
252	练习思考题	
252	参考文献	
254	附录	

第一章
贸易模式与比较优势

全章提要

引言
学习目标
学习重点
视野拓展
- 第一节　比较优势理论的简要回顾
- 第二节　比较优势理论的实证检验
- 第三节　比较优势理论的进一步拓展

本章小结
练习思考题
参考文献
附录

引言

比较优势理论是在19世纪初被提出,分析国际生产贸易模式如何形成的理论。该理论认为,一国应生产并出口它有比较优势的产品。然而,尽管比较优势理论的经济学含义非常直观,也是国际贸易理论中最著名的见解之一,但较少有研究聚焦于对该理论的实证检验。比较优势理论的实证检验大致分为两个阶段。一是对比较优势理论的临时检验(Ad-hoc Test),即实证分析缺乏明确的理论基础指导,对关键变量的设定主要依靠学者们的经济直觉。对比较优势理论的临时检验包括,对国家对的相对生产率和相对出口进行因果分析,以及对一国的自给自足价格和贸易流量进行相关性分析。二是基于结构模型推导比较优势理论的检验方程,并进行实证检验。基于 Eaton and Kortum(2002)的理论,Costinot 等(2012)提供了第一个理论与实证一致的检验。

学习目标

通过本章的学习,理解并掌握以下内容:
1. 比较优势在影响国际生产贸易格局中所起的作用,及其解释作用的局限性;
2. 各阶段比较优势理论与实证研究的贡献和不足,以及经济分析中理论与实证相辅相成的重要性;
3. 实证检验比较优势理论的经济逻辑与量化分析方法;
4. 结合实际国情,分析现阶段中国的贸易模式是否符合比较优势理论。

学习重点

1. 比较优势理论与实证的发展脉络;
2. 基于生产率差异的比较优势理论临时检验;
3. 基于价格差异的比较优势理论临时检验;
4. 基于结构模型分析的比较优势理论实证检验。

> **视野拓展**

与本章内容相关的论文导览与阅读,可扫以下二维码深入学习。

第一节　比较优势理论的简要回顾

1817年,大卫·李嘉图(David Ricardo)在其发表的《政治经济学及赋税原理》中提出了比较优势理论(也称比较成本理论)。比较优势理论认为,当一国在各种产品上均不具有生产成本的绝对优势时,应集中生产并出口具有比较优势的产品,进口具有比较劣势的产品,这样会增加各国乃至世界的整体产出。一国在生产某种产品上具有比较优势,即生产该产品的机会成本比其他国家低。例如,假设中国和俄罗斯用于生产100万吨石油的资源可以分别用于制造10万台和5万台汽车,那么中国和俄罗斯生产100万吨石油的机会成本就分别为10万台和5万台汽车,则中国生产汽车具有比较优势,俄罗斯生产石油具有比较优势。如果按照机会成本的差异在生产上进行互利性重新组合,就会增加两国生产的整体规模。在本例中,中国将生产石油的资源用于制造汽车,俄罗斯将制造汽车的资源用于生产石油,则如表1-1所示,生产重组后两国石油产量不变,但多生产了5万台汽车,总体产出增加。所以,出于理性的考量,两国将各自专业化生产汽车和石油以从国际贸易中获利,进而导致相对劳动生产率较高的国家相对出口较高。这意味着,劳动生产率与出口呈正相关的关系,这成为实证检验比较优势理论是否成立的核心。[①]

表1-1　假定的生产变化

项　目	万吨石油	万台汽车
中　国	−100	+10
俄罗斯	+100	−5
合　计	0	+5

然而,尽管比较优势理论的经济学含义非常直观,也是国际贸易理论中最著名的见解之一,但较少有研究聚焦于对该理论的实证检验。对比较优势理论展开实证研究的困难主要包括:一是非完全专业化,在普遍的产出或者价格数据中不存在贸易国某些产品完全不生产的情况,而如果某些产品完全不被贸易国生产,我们就无法得知这些产品的相对劳动成本,进而对理论进行

---

① 经典李嘉图模型对此进行了证明,详见附录一。

验证。二是国际数据中记录的相对劳动成本可能并非跨国可比(Bernard and Jones, 1996)。三是相对劳动成本可能内生于贸易流量。四是单要素模型设定在检验技术对贸易流量的影响中过于简单。一方面,劳动投入的份额或强度在不同的地方并非完全一致,不能忽略其他生产要素的影响。另一方面,劳动要素并非不可贸易要素。五是李嘉图模型无法解释国家间相对劳动成本差异的来源。六是最主要的原因:我们无法基于正确的理论指导进行实证检验,只能基于经济直觉的指引采取特定的指标衡量方法(Ad-hoc)进行实证检验。

第二节　比较优势理论的实证检验

一、基于生产率差异的比较优势理论检验

(一)英美两国生产率差异实证检验

随着古典贸易理论的发展,相对生产率差异不再被视为国际专业化格局的唯一决定因素。学者们认为,各国在工资结构和行业间资本劳动比率方面的差异可以弥补生产率的差异。如果一国在某一特定行业中支付较高的工资,或者单位产出的资本成本较高,则在该行业中具有相对生产率优势的国家仍可能进口该产品。原有的古典假设则可由 $\frac{a_{LX}}{a_{LX}^*} < \frac{a_{LY}}{a_{LY}^*}$,改写为:

$$\frac{c_X}{c_X^*} < \frac{c_Y}{c_Y^*} \text{ 或等价于 } \frac{a_{LX} w_X t_X}{a_{LX}^* w_X^* t_X^*} < \frac{a_{LY} w_Y t_Y}{a_{LY}^* w_Y^* t_Y^*} \tag{1-1}$$

其中,X 和 Y 分别代表两种不同的产品;a、c、w 和 t 分别为单位产品劳动投入、单位产品成本、工资率和劳动成本附带资本成本比率。在此假设基础上,国际专业化格局受生产率、工资和资本成本差异综合影响。Balassa(1963)通过量化英美两国的生产率、工资、单位产品成本和出口的相对数值,实证检验了各项因素决定出口模式的相对重要性。

1. 生产率与出口的关系

首先是对相对生产率和相对出口的变量测量和数据处理。生产率使用人均净产出衡量(总产出减去除劳动力以外的要素投入),数据来自 Paige and Bombach(1959)。Paige and Bombach(1959)对 1950 年英美两国 44 个选定行业的生产率进行了比较,包括两国约一半的制造业生产。为了使所采用的数据更具代表性,Balassa(1963)剔除了产出不超过两国制造业产值 0.33% 的行业、对原材料较为依赖的农业原料加工等行业,以及家用电器和车辆制造业[①],最终得到 28 个行业的生产率样本,分别占英美制造业产值的 43.1% 和 41.4%。出口使用对第三市场的出口总额衡量(不包括两国之间的贸易),以排除英美关税的相对高度对贸易的影响。出口数据样本时间选在 1951 年,原因在于生产率的变化与出口份额的变化之间存在时间差,以及 1950 年的出口价值尚未反映出 1949 年货币贬值的全部影响。[②] 变量的相对数值则以英国

---

① 在 Paige and Bombach(1959)调查期间,与英国相比,第三国对美国耐用消费品存在歧视。
② 由于仅可得到 1950 年的生产率数据,文章的出口数据时间选取忽略了生产率随时间可能的变化。但即使假设生产率的年与年之间的变化很小,或者出口贸易跟随生产率变化的时间滞后相对较长,这种比较仍是具备参考性的。Balassa(1963)利用 1954—1956 年的出口数据计算了变量之间的相关性,考虑到两个时间段的差异,结果非常接近,表明观察到的关系是相对恒定的。

为基准(英国=100)进行计算,具体见表1-2列(1)和列(2)。

表1-2 英国和美国的生产率、工资、单位成本及出口

项 目	出口价值 英国=100 (1)	人均产值 英国=100 (2)	工资比率 ($ per £) 英国=100 (3)	单位劳动成本 ($ per £) 英国=100 (4)	净成本比率 ($ per £) 英国=100 (5)
毛织品	2.7	185	1 017	550	335
造船与修理	20.9	111	899	810	802
水泥	31.4	116	756	652	572
建筑用黏土制品	40.9	197	804	408	498
皮革	48.9	168	904	538	370
鞋(除橡胶制品外)	66.5	171	805	471	440
棉纺织造	68.5	249	925	373	280
工具和器具	77.3	190	1 041	548	570
轮胎和内胎	84.9	241	1 014	421	438
针织	86.3	187	914	489	359
人造丝、尼龙和丝绸	87.8	226	958	424	354
钢铁	98.6	202	928	459	398
螺栓、螺母、铆钉、螺丝	94.7	256	1 223	478	523
金属丝制品	103.4	244	1 042	427	409
外衣及内衣	110.9	170	1 016	598	535
肥皂、蜡烛和甘油	114.8	249	1 101	442	581
发电机、电动机和互感器	117.6	239	998	418	466
橡胶制品(除轮胎和鞋外)	136.3	250	1 013	405	393
高炉	186.9	408	828	203	370
无线电	191.4	400	948	237	291
钢铁和轧钢	196.6	269	879	327	338
汽车、卡车和拖拉机	205.7	466	942	202	247
基础工业化学品	213.2	372	947	255	322
纸浆、纸和板	233.9	338	1 021	302	397

续 表

项 目	出口价值 英国=100 (1)	人均产值 英国=100 (2)	工资比率 ($ per £) 英国=100 (3)	单位劳动成本 ($ per £) 英国=100 (4)	净成本比率 ($ per £) 英国=100 (5)
金属加工	277.5	221	1 108	501	459
容器、纸张和卡片	290.4	428	1 146	268	229
农业机械(拖拉机除外)	291.8	429	958	223	224
油漆和清漆	320.1	363	980	270	255

其次是检验相对出口与相对生产率的相关性。令 E 为出口，$P=\frac{1}{A}$，则回归方程如下：

$$\frac{E}{E^*} = -53.32 + \underset{(0.103)}{0.721} \frac{P}{P^*} \tag{1-2}$$

结果显示，相对生产率的系数值为 0.721。这意味着，平均而言，英美生产率比从 200 增加到 220，将导致对第三国的出口价值比从 91 增加到 105，且当某一行业美国生产率超过英国生产率 113% 时，英美出口价值将相等。然而，尽管上述讨论中假设生产率与出口为正相关的线性关系，图 1-1 绘制的相对出口与相对生产率的二维散点图及拟合线显示，随着观测值的增加，回归线的偏差也在增加。为提高拟合度，对生产率取对数处理，原方程的对数形式如下：

$$\log\frac{E}{E^*} = -1.761 + \underset{(0.181)}{1.594}\log\frac{P}{P^*} \tag{1-3}$$

注：括号内为标准差。

结果表明，相对生产率每提升 1%，两国相对出口将提升 1.594%。相对出口和相对生产率的相关系数 (r) 为 0.86，在 5% 的水平上显著。解释平方和为 0.74，意味着 74% 的出口价值比率差异可以用相对生产率差异来解释。

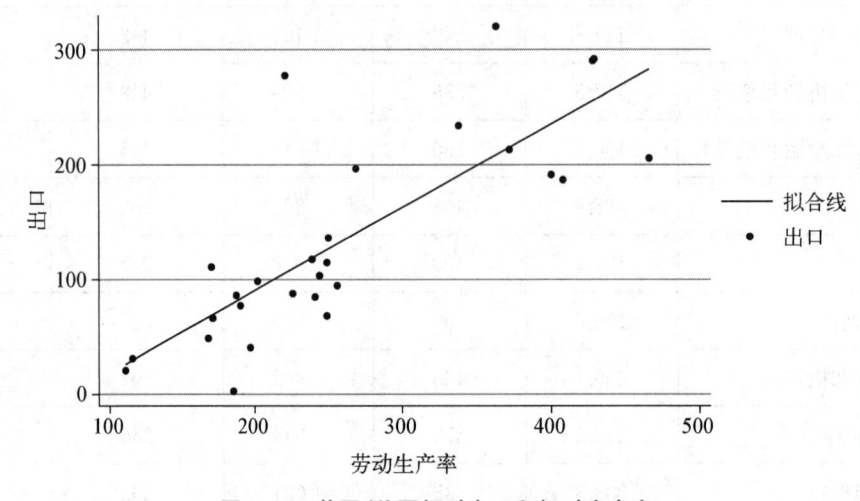

图 1-1 英国/美国相对出口和相对生产率

2. 相对出口与相对生产率、相对工资的关系

除生产率差异外,Balassa(1963)还考虑了工资差异是否为出口份额的影响因素。由于不存在多重共线性,因此这里使用相对生产率与相对工资作为自变量,相对出口作为因变量,拟合多元回归方程:

$$\log \frac{E}{E^*} = -5.164 + 1.457 \underset{(0.328)}{\log} \frac{P}{P^*} + 1.250 \underset{(0.566)}{\log} \frac{W}{W^*} \tag{1-4}$$

注:括号内为标准差。

结果表明,复相关系数($R=0.88$)与相关系数($r=0.86$)之间无显著差异;相对出口与相对生产率的偏相关系数为 0.84,在 5% 的水平上显著;相对出口与相对生产率的偏相关系数为 0.84,相对出口与相对工资的偏相关系数为 0.11,但后者在 5% 的水平上不显著。这意味着,相对工资与相对出口之间不能建立明确的关系,生产率的优势并没有被生产率较高的行业支付的较高工资所抵消,生产率差异仍在很大程度上解释相对出口的差异。

3. 相对出口与相对单位成本的关系

由于资本成本数据不可得,因此 Balassa(1963)考察净单位成本(N)对出口份额的影响。拟合回归方程如下:

$$\log \frac{E}{E^*} = 6.162 - 1.590 \underset{(0.301)}{\log} \frac{N}{N^*} \tag{1-5}$$

注:括号内为标准差。

结果显示,相对单位成本提升 1%,将会导致相对出口下降 1.590%。相对出口与相对单位成本的相关系数为 -0.71,在 5% 的水平上显著。

(二)拓展国家对数量生产率差异实证检验

李嘉图模型将劳动生产率和劳动成本视为比较优势的决定因素。令 a_{ij} 为 j 国 i 部门的单位劳动需求,则 $a_{ij} = \frac{L_{ij}}{Q_{ij}}$,其中 Q 为产量,L 为劳动投入。假定劳动生产率 $\left(\frac{1}{a_{ij}}\right)$ 以及单位劳动需求(a_{ij})相对于 L_{ij} 的变化是恒定的①,则 j 国相对于 k 国在 i 部门的竞争力取决于工资(w_{ij} 和 w_{ik})和双边汇率(e_{jk}),这两者决定了两国的相对单位劳动成本:

$$c_{ijk} = \frac{a_{ij} w_{ij}}{a_{ik} w_{ik} e_{jk}} \tag{1-6}$$

当 $c_{ijk} < 1$ 时,j 国将专业化 i 部门产品的生产;当 $c_{ijk} > 1$ 时,j 国将进口 i 部门产品。然而,在多国环境中实施李嘉图模型并不简单。在李嘉图模型的大多数论述中,劳动力在部门之间被假定为均匀的和完全流动的,即一个国家内各个部门的工资是相等的。Jones(1961)指出,在 n 种产品、n 个国家、国家内各部门工资相等的情况下,最优国际生产格局为最小化单位劳动需求的乘积。② 假设 i 国的最优分配是生产 i 产品,即最优完全专业化模式下各国被分配生产一种产品,则按照 Jones(1961)的准则,最优分配 a_{ij} 满足

---

① 边际产量不变的假设本身并不重要,但各国之间的生产率差异必须大到不会被贸易消除。
② 如果放宽部门间工资平等的假设,则最优国际生产格局为最小化单位劳动成本的乘积。

$$\prod_{i=1}^{n} a_{ii} < \prod_{i=1}^{n} a_{ij} \qquad (1-7)$$

注：对任意 $j \neq i$，所有 j 之间均不相同。

这可以直观地理解为，如果式(1-7)不成立，则至少一种商品的世界产出可以通过在国家和产品之间重新分配生产模式来增加，因为单位劳动需求没有最小化。在 2 个国家 2 种产品的情况下，琼斯(Jones)的最优分配模式瓦解为教科书里的李嘉图结果，即如果 $\frac{a_{11}}{a_{12}} < \frac{a_{21}}{a_{22}}$，则国家 1 在产品 1 上具有比较优势，国家 2 在产品 2 上具有比较优势。值得注意的是，比较优势的双边对比是全球最优分配的必要非充分条件。双边比较优势的违反意味着全球最优分配并不成立。因此，关注双边贸易模式是否遵循比较优势理论，也在一定程度上验证了全球最优分配格局是否成立。基于此，Golub and Hsieh(2000)使用美国与其他国家的双边数据实证检验了李嘉图模型。①

1. 模型设计与变量说明

为实证检验李嘉图模型对于现实世界的适用情况，设计模型如下：

$$\log\left(\frac{X_{ij}}{X_{ik}}\right) = \alpha_{jk1} + \beta_{jk1} \log\left(\frac{a_{ij}}{a_{ik}}\right)_{-1} + \varepsilon_{ijk1} \qquad (1-8)$$

$$\log\left(\frac{X_{ij}}{X_{ik}}\right) = \alpha_{jk2} + \beta_{jk2} \log c_{ijk-1} + \varepsilon_{ijk2} \qquad (1-9)$$

其中，相对出口 $\left[\log\left(\frac{X_{ij}}{X_{ik}}\right)\right]$ 为因变量，X_{ij} 和 X_{ik} 分别为 j 国和 k 国 i 产品的总出口额。相对出口数据来自经济合作与发展组织(Organization for Economic Cooperation and Development, OECD)的结构分析产业数据库(Structural Analysis Industrial Database, STAN)。相对生产率 $\left[\log\left(\frac{a_{ij}}{a_{ik}}\right)_{-1}\right]$ 和相对劳动成本 $(\log c_{ijk-1})$ 为自变量，滞后一期处理，数据来自 OECD STAN 数据库。

为利用误差项在不同年份的相关性，回归模型采用似不相关回归(Seemingly Unrelated Regression, SUR)方法估计，同时估计了年度横截面回归。因为贸易模式随时间变化缓慢，所以年度横截面回归的误差可能在各年之间高度相关。对不同国家进行 SUR 估计的样本期间存在差异，这取决于 STAN 数据库中数据的可用性。

2. 相对出口与相对生产率的关系

表 1-3 汇报了美国分别与英国、日本、德国、加拿大、法国、意大利、澳大利亚 39 个部门的似不相关回归结果，因变量为相对出口总额，自变量为滞后一期的相对生产率。结果显示，除法国外，绝大多数相对生产率的系数是在 1% 的水平上正向显著的。进一步地，使用分部门数据计算购买力平价(PPP)时对结果有所改善。特别是，当使用来自国际产出与生产率比较项目法(ICOP)的数据计算购买力平价时，美国与法国的相对生产率系数变为在 1% 的水平上正向显著。

---

① 包括日本、德国、法国、英国、意大利、加拿大、澳大利亚、韩国、墨西哥等。

表 1-3　相对出口与相对生产率

项　目	时　间	未调整 β_{jk}	R^2	ICP PPP β_{jk}	R^2	ICOP PPP β_{jk}	R^2
美国-日本	1984—1990	0.33 (3.03)^c	0.22	0.31 (2.96)^c	0.20	0.30 (2.80)^c	0.18
美国-德国	1977—1991	0.18 (4.28)^c	0.08	0.15 (3.55)^c	0.07	0.15 (3.80)^c	0.05
美国-英国	1979—1991	0.09 (2.78)^c	0.03	0.07 (2.45)^c	0.02	0.23 (4.48)^c	0.12
美国-法国	1978—1991	−0.19 (−3.50)^d	0.03	−0.24 (−3.92)^d	0.06	0.09 (1.96)^c	0.03
美国-意大利	1978—1991	0.36 (5.48)^c	0.09	0.37 (6.25)^c	0.13	—	—
美国-加拿大	1972—1990	0.21 (5.29)^c	0.01	0.27 (6.26)^c	0.04	—	—
美国-澳大利亚	1981—1991	0.16 (2.27)^c	0.04	0.31 (3.52)^c	0.10	—	—

注：$\log\left(\dfrac{X_{ij}}{X_{ik}}\right) = \alpha_{jk1} + \beta_{jk1}\log\left(\dfrac{a_{ij}}{a_{ik}}\right)_{-1} + \varepsilon_{ijk1}$ 由似不相关回归进行估计；括号内为 t 统计量，基于异方差文件标准误差计算；上标 c 表示系数符号符合预期，且在 1% 水平上显著；上标 d 表示系数符号不符合预期，且在 1% 水平上显著；"未调整"为未对变量计算购买力平价；为比较各国实际产出的水平以提高回归结果稳健性，分别使用来自联合国的国际比较项目（International Comparison Project，ICP）和格罗宁根大学的国际产出和生产率比较项目（International Comparison of Output and Productivity，ICOP）的数据计算购买力平价（Purchasing-Power-Parity，PPP）。

3. 相对出口与相对单位劳动成本的关系

表 1-4 使用滞后一期的相对劳动成本作为自变量，报告了与表 1-3 相同的回归。结果显示，大部分相对单位成本的回归系数在 1% 的水平上负向显著。然而，对于部分国家，以相对单位成本作为自变量的回归结果并不显著，且出现正向显著的情况。此外，对于英国、法国、澳大利亚和加拿大来说，至少有一种购买力平价方法使得相对生产率对相对出口的解释力度明显优于相对单位劳动成本。这说明，在解释相对出口时，生产率是更优的自变量。

表 1-4　相对出口与相对单位劳动成本

项　目	时　间	未调整 β_{jk}	R^2	ICP PPP β_{jk}	R^2	ICOP PPP β_{jk}	R^2
美国-日本	1984—1990	−0.38 (−3.37)^c	0.26	−0.36 (−3.45)^c	0.23	−0.33 (−2.87)^c	0.21

续表

项目	时间	未调整 β_{jk}	未调整 R^2	ICP PPP β_{jk}	ICP PPP R^2	ICOP PPP β_{jk}	ICOP PPP R^2
美国-德国	1977—1991	−0.17 (−4.01)^c	0.08	−0.14 (−3.30)^c	0.07	−0.13 (−3.13)^c	0.05
美国-英国	1979—1991	−0.03 (−0.88)	0.02	−0.04 (−1.44)	0.01	−0.23 (−4.95)^c	0.05
美国-法国	1978—1991	0.34 (5.28)^d	0.11	0.34 (5.49)^d	0.12	0.11 (3.88)^d	0.03
美国-意大利	1978—1991	−0.26 (−4.75)^c	0.05	−0.29 (−4.90)^c	0.08		
美国-加拿大	1972—1990	0.03 (0.83)	0.01	−0.15 (−4.27)^c	0.02		
美国-澳大利亚	1981—1991	−0.03 (−0.48)	0.01	−0.05 (−0.75)	0.01		

注：$\log\left(\dfrac{X_{ij}}{X_{ik}}\right) = \alpha_{jk2} + \beta_{jk2}\log c_{ijk-1} + \varepsilon_{ijk2}$ 由似不相关回归进行估计；括号内为 t 统计量，基于异方差文件标准误差计算；上标 c 表示系数符号符合预期，且在 1% 水平上显著；上标 d 表示系数符号不符合预期，且在 1% 水平上显著；"未调整"为未对变量进行购买力平价；为比较各国实际产出的水平以提高回归结果稳健性，分别使用 ICP 和 ICOP 的数据计算购买力平价。

二、基于价格差异的比较优势理论检验

经典的李嘉图模型具有简约的形式和直观的含义，常用来阐述比较优势原理。然而，当模型为与现实情况贴合向多国多产品拓展时，关于比较优势原理的简单陈述却变得困难。Deardorff(1980)以自给自足价格作为比较优势的体现，通过建立自给自足价格向量与贸易向量之间的相关性，提供了另一种比较优势原理的表现形式。Deardorff(1980)提出符合比较优势理论的国际贸易模式满足相关性 $\mathrm{cor}(p^a, T) \leqslant 0$，即任何国家的相对自给自足价格与其净出口模式之间必然存在负相关关系，一国出口自给自足价格相对低的产品，进口自给自足价格相对高的产品。这是因为在自给自足条件下，产品相对单位投入之比等于其相对价格之比 $\left(\dfrac{P_C}{P_W} = \dfrac{a_{LC}}{a_{LW}}\right)$，则产品生产率越高，单位投入越低，其自给自足价格也就越低。

Bernhofen and Brown(2004)基于 $\mathrm{cor}(p^a, T) \leqslant 0$ 的等价条件—— $p^a T \leqslant 0$，同期自给自足价格向量与贸易向量的内积小于等于零，对比较优势理论进行了实证检验。以此为识别条件进行检验的难点在于，无法同时得到一个国家同一时期的自给自足价格和贸易量。Bernhofen and Brown(2004)提出基于已知自给自足价格向量构建未知价格向量的方法：$p_2^a = p_1^a + \varepsilon$。其中，$p_2^a$ 为构建的自由贸易时期的自给自足价格，p_1^a 为闭关锁国下的自给自足价格，ε 为误差项。Bernhofen and Brown(2004)假设 $\varepsilon T \leqslant 0$，即在封闭经济增长路径下，自给自足

价格变化与贸易向量之间的相关性为零（εT = 0），或经济实际出口产品的自给自足价格下降（εT < 0），排除了技术进步偏向可进口（Importable）产品的可能性。[1] 因此，比较优势理论成立的识别条件可改写为 $p_1^a T \leqslant 0$。

日本由闭关锁国向自由贸易转变的历史，为比较优势理论检验提供了数据支撑。基于对以往国际贸易实证文献的整理，Deardorff（1984）指出，纵观历史，几乎所有国家都从事贸易，国家自给自足的价格数据难以获取，对比较优势理论的检验无法进行。但日本的经济史是一个例外。日本的闭关锁国政策正式开始于1639年，当时日本人被禁止与海外交往、贸易，外国商人和传教士被驱逐出境。[2] 1853年，美国海军准将马修·佩里（Matthew Calbraith Perry）率领四艘通体漆着黑色柏油的军舰，强行驶入日本江户湾的浦贺及神奈川（今横滨）海面，以武力威胁开港。1854年，美国和日本在神奈川签订《日美亲善条约》《神奈川条约》，日本被迫开放下田、箱馆两港口，并允许美国享有最惠国待遇。不久，英国、俄罗斯、荷兰等国家援例而至，也和日本签订了类似不平等条约。直至1859年，日本开放贸易，闭关锁国时代彻底结束。Bernhofen and Brown（2004）采用1851—1853年的自给自足价格数据，当时是日本完全经济和政治孤立的最后几年；采用1868—1875年的贸易数据，当时日本的对外贸易制度可以被合理地描述为"自由贸易"，并且可以获得足够质量和细节的贸易数据。

（一）实证假设

Deardorff（1980）指出符合比较优势理论的国际贸易模式，必然是任何国家的自给自足价格向量与贸易向量之间存在负相关关系——cor(p^a, T) ≤ 0。其等价条件暗含的假设为：

$$H_0: p_1^a T < 0 \tag{1-10}$$

这意味着，当自给自足价格向量与贸易向量的内积小于零时，比较优势理论成立。另一种 $p_1^a T$ 的内积符号非随机的备择假设为：

$$H_1: p_1^a T \geqslant 0 \tag{1-11}$$

尽管假设 H_1 不符合任何国际贸易理论的预测，但实证的结果仍然可能呈现为 H_1。当然，$p_1^a T$ 的内积符号也可能是随机的，我们假设内积符号出现正值和负值的概率等同：

$$H_2: Pr(p_1^a T < 0) = Pr(p_1^a T \geqslant 0) = \frac{1}{2} \tag{1-12}$$

其中，$Pr(\cdot)$ 为概率测度。若假设 H_2 指的是 $p_1^a T$ 的内积符号出现正负的概率等于掷硬币出现正反面的概率，则原假设 H_0 可以被视作 $p_1^a T$ 内积符号为负的概率是1。假设 $p_1^a T$ 的内积符号是年度独立同分布的，则我们可以分年进行估计，并计算出拒绝随机性假设 H_2 的最小显著性水平。

（二）数据来源

Bernhofen and Brown（2004）所使用的数据主要包括贸易数据和自给自足价格数据。贸易数据来源于明治海关1868—1875年通商口岸的进出口统计数据（Japan Bureau of Revenue,

---

[1] 可进口产品是指本国有生产能力，但存在进口行为的产品。

[2] 唯一的例外是在长崎港的一小块土地上与荷兰、朝鲜、中国进行少量受监管的贸易。但到18世纪末，这种贸易已经缩小到微不足道的地步。

1893),包括250种以上的不同商品。自给自足价格数据由三类产品组成。第一类产品主要包括可出口(Exportable)产品和可进口产品,可以通过寻找相近的国内替代品,从各种日语资料获得自给自足价格数据,这些资料来源于商人的账簿、三井等大型贸易公司的记录以及生产商的记录。第二类产品包括日本闭关锁国时期不生产的产品(主要是毛织品),使用James(1857)提供的奥尔良布料和羽纱价格信息,分别计算低质量和中高质量布料的价格。第三类产品主要包括无法在日本或当代欧洲资料中找到价格信息的产品,这部分产品分别占可出口产品的1/20和可进口产品的1/6。这类产品的价格,根据19世纪50年代至1868—1875年进出口产品的价格变化进行调整。此外,由于出口货物以出口时的价格计价,而进口货物以运往日本前的价格计价,因此他们使用了Shinbo(1978)的进出口价格指数进行调整。

(三) 实证结果

图1-2为日本开放贸易后主要可贸易产品的价格变化情况,描绘了1869年净出口与1851—1853年至1869年价格变化的散点图。① 可以看到,无论是丝绸类产品(蚕丝和蚕卵)等主要出口品,还是铜制品、清酒、植物蜡等次要出口产品,价格均有所上涨。大米和豆类产品价格上升,可能是因为日本当时气候条件恶劣导致减产。棉花价格上升,可能源于彼时美国处于南北战争时期,棉花出口供应中断。

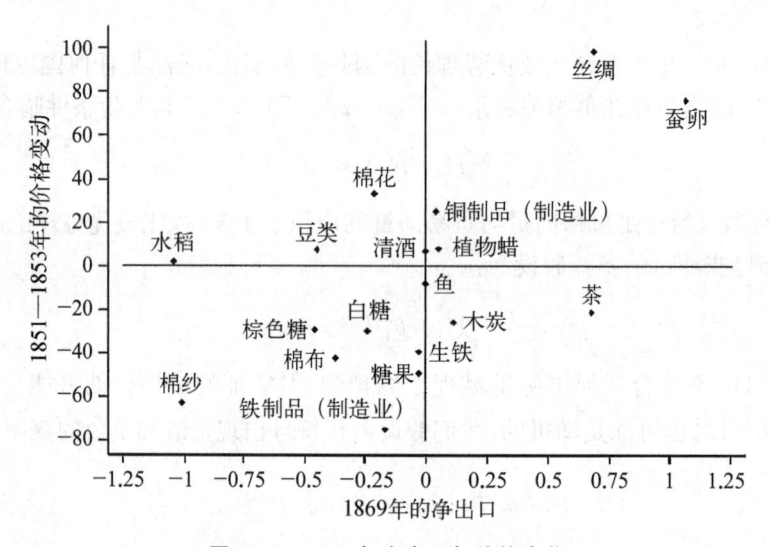

图1-2 1869年净出口与价格变化

表1-5为净出口与自给自足价格的实证结果,按照产品自给自足价格可获取情况对内积(p_1^aT)进行分解。第1行和第4行为可观测到自给自足价格的进出口产品,第2行为进口毛织品,第3行和第4行为无法观测到自给自足价格的进出口产品。可以看到,在1868—1875年的8个年份,比较优势理论对自给自足价格的预测均成立。进一步地,在分年估计是独立同分布的假设下,我们可以对假设H_0和H_2进行检验。结果表明,拒绝随机性假设(H_2)的显著性水平为0.4%。② 我们认为假设H_0成立,国际贸易模式符合比较优势理论。

---

① 考虑到开放贸易后的高通货膨胀可能导致所有产品的价格都大幅上涨,图1-2参考非贸易产品价格上涨幅度对可贸易产品价格进行了调整。

② 实际上,p值为1/256,即掷8次硬币得到8次正面的概率。

表 1-5　各测试年份估计内积(百万两)

项 目	年度净出口向量							
	1868 年	1869 年	1870 年	1871 年	1872 年	1873 年	1874 年	1875 年
1. 有自给自足价格的进口	−2.24	−4.12	−8.44	−7.00	−5.75	−5.88	−7.15	−7.98
2. 毛织品进口	−0.98	−0.82	−1.29	−1.56	−2.16	−2.50	−1.56	−2.33
3. 近似自给价格的进口（Shinbo 指数）	−1.10	−0.95	−0.70	−0.85	−1.51	−2.08	−1.60	−2.65
4. 有自给自足价格出口	4.07	3.40	4.04	5.16	7.99	4.08	5.08	4.80
5. 近似自给价格的出口（Shinbo 指数）	0.09	0.03	0.07	0.07	0.15	0.07	0.11	0.10
总内积(1～5 行之和)	−0.18	−2.47	−6.31	−4.17	−4.28	−6.31	−5.11	−8.06

注："两"(Ryō)是旧时日本一种椭圆形金币，名字起源于中国重量计量单位"两"，于 1871 年被日元取代。表中数值均以百万两为单位。1873 年，1 两等于 1 美元；表中估计值为各年份净出口向量(1868—1875 年)与相同自给自足价格向量(1851—1853 年)的内积。

第三节　比较优势理论的进一步拓展

李嘉图模型预测，各国在生产率相对较高的行业中生产并出口相对较多。然而，作为国际贸易理论最著名的见解之一，这一预测自 20 世纪 60 年代以来却很少在实证文章当中受到关注。原因在于，比较优势理论缺乏明确的理论基础来指导实证分析，学者们通常采取出口表现的临时衡量方式(Ad-hoc)展开实证检验，如对世界其他地区的总出口、对第三市场的总出口或双边净出口。这些做法要么无法将实证检验拓展到多国-多产品的形式，要么无法直观展现比较优势理论的内在本质。在 Eaton and Kortum(2002) 的开创性工作基础上，Costinot 等(2012)构建了一个结构性李嘉图模型，并使用该模型估计了生产率差异对国际贸易模式的影响，首次提供了一个理论与实证异质的李嘉图检验。这一做法不必依赖基于两国模型启发的双边比较、不明确的正交性条件、特定的出口表现衡量方式，或者因贸易驱动的选择而产生系统偏差的生产率衡量方式。

Costinot 等(2012)指出，对任一进口国 j，任一出口国对 i 和 i'、行业对 k 和 k' 均满足以下公式①：

$$\ln\left(\frac{x_{ij}^k x_{i'j}^{k'}}{x_{ij}^{k'} x_{i'j}^{k}}\right) = \theta \ln\left(\frac{z_i^k z_{i'}^{k'}}{z_i^{k'} z_{i'}^{k}}\right) - \theta \ln\left(\frac{d_{ij}^k d_{i'j}^{k'}}{d_{ij}^{k'} d_{i'j}^{k}}\right) \tag{1-13}$$

其中，x_{ij}^k 为 i 国 k 行业对 j 国的出口额；z_i^k 为 i 国 k 行业的劳动生产率，也称基础生产率

---

① 公式推导见附录二。

(Fundamental Productivity);参数 θ 量化基础生产率对出口的影响;d_{ij}^{k} 为在 k 行业 i 国和 j 国的贸易成本因子,d_{ij}^{k} 越大,代表贸易成本①越高。如果我们考虑贸易成本的特定形式 $d_{ij}^{k} = d_{ij} \cdot d_{j}^{k} (i \neq j)$ ②,则由式(1-13)能够得到以下推论:

$$\frac{z_i^1}{z_{i'}^1} \leqslant \cdots \leqslant \frac{z_i^k}{z_{i'}^k} \Leftrightarrow \frac{x_{ij}^1}{x_{i'j}^1} \leqslant \cdots \leqslant \frac{x_{ij}^k}{x_{i'j}^k} \tag{1-14}$$

式(1-14)为标准两国李嘉图模型的核心理念,意味着对于任一进口国 j,任一出口国对 $i,i' \neq j$,相对基础生产率的排序决定了相对出口额的排序。通过假设贸易成本的特定形式,我们能够将式(1-13)与经典李嘉图模型的结果相互联系。

一、实证设计

(一)基准回归模型

基于式(1-13)的理论,我们可以研究可观测贸易流量与可观测生产率差异之间的关系。就生产率而言,我们假设统计机构能够完美地观测在 i 国生产的 k 行业产品的生产率 $z_i^k(\omega)$。但是,从其他国家进口的、i 国自身不生产的产品,其生产率我们无法观测。因此,我们仅能够观测 i 国 k 行业生产率的条件均值 $E[z_i^k(\omega) | \Omega_i^k]$③,而非无条件均值 $E[z_i^k(\omega)]$。我们令可观测生产率为 $\tilde{z}_i^k \equiv E[z_i^k(\omega) | \Omega_i^k]$,则可观测生产率差异对可观测贸易流量的影响如下所示:

$$\ln\left(\frac{\tilde{x}_{ij}^k}{\tilde{x}_{ij}^{k'}} \frac{\tilde{x}_{i'j}^{k'}}{\tilde{x}_{i'j}^k}\right) = \theta \ln\left(\frac{\tilde{z}_i^k}{\tilde{z}_i^{k'}} \frac{\tilde{z}_{i'}^{k'}}{\tilde{z}_{i'}^k}\right) - \theta \ln\left(\frac{d_{ij}^k d_{i'j}^{k'}}{d_{ij}^{k'} d_{i'j}^k}\right) \tag{1-15}$$

其中,$\tilde{x}_{ij}^k \equiv \frac{x_{ij}^k}{\pi_{ii}^k}$ 为 k 行业 i 国对 j 国的"修正出口"(Corrected Export),使用 i 国 k 行业的贸易开放度 π_{ii}^k 对实际生产产品的内生选择进行调整。π_{ii}^k 为 i 国在 k 行业的总进口与总支出之比。同样,我们对可观测生产率进行修正:$\frac{z_i^k}{z_i^{k'}} = \frac{\tilde{z}_i^k}{\tilde{z}_i^{k'}} \cdot \left(\frac{\pi_{ii}^k}{\pi_{ii}^{k'}}\right)^{\frac{1}{\theta}}$④。

参照式(1-15),我们对如下对数线性模型进行估计:

$$\ln\left(\frac{\tilde{x}_{ij}^k}{\tilde{x}_{ij}^{k'}} \frac{\tilde{x}_{i'j}^{k'}}{\tilde{x}_{i'j}^k}\right) = \theta \ln\left(\frac{\tilde{z}_i^k}{\tilde{z}_i^{k'}} \frac{\tilde{z}_{i'}^{k'}}{\tilde{z}_{i'}^k}\right) - \theta \ln\left(\frac{\varepsilon_{ij}^k \varepsilon_{i'j}^{k'}}{\varepsilon_{ij}^{k'} \varepsilon_{i'j}^k}\right) \tag{1-16}$$

其中,$\ln \tilde{x}_{ij}^k \equiv \ln x_{ij}^k - \ln \pi_{ii}^k$ 为 k 行业 i 国对 j 国的"修正出口"(对数形式);$\ln \tilde{z}_i^k$ 为对数形式的可观测生产率;误差项 ε_{ij}^k 涵盖可变贸易成本($-\theta \ln d_{ij}^k$),以及双边贸易流量的测量误差。

---

① 贸易成本采取标准"冰山贸易成本"形式。具体地,对于从 i 国运往 j 国的每单位 k 行业产品,仅有 $1/d_{ij}^k \leqslant 1$ 单位的产品到达目的地。$d_{ii}^k = 1$,且对于任一第三国 l 满足 $d_{il}^k < d_{ij}^k \cdot d_{jl}^k$。

② 这一限制很容易满足,如 Dornbusch 等(1977)假设贸易成本在国家、行业之间是对称的,即 $d_{ij}^k = d_{ji}^k \equiv d$。$d_{ij}^k = d_{ij} \cdot d_j^k$ 中,d_{ij} 衡量的是 i 国和 j 国间的贸易壁垒,如物理距离、殖民地关系的存在、使用共同语言或参与货币联盟;d_j^k 衡量 j 国对行业 k 施加的贸易壁垒,如进口关税和标准,根据 WTO 的"最惠国"条款,这些壁垒可能不会因原产国而异。

③ $\Omega_i^k \equiv \bigcup_{j=1,\cdots,I} \Omega_{ij}^k$,在 i 国生产的 k 行业的产品空间。

④ 越开放的国家越倾向于减少产品生产种类、扩大产品生产规模。因此,相对可观测生产率高于相对基础生产率,$\tilde{z}_i^k / \tilde{z}_i^{k'} > z_i^k / z_i^{k'}$,这是贸易选择的结果。

正如式(1-15),其实证形式式(1-16)同样突出基于李嘉图比较优势的贸易本质,即任何国家-行业对之间的相对生产率差异都会导致对任何市场 j 的相对出口水平。

进一步将式(1-16)简化,对其计量恒等式进行估计:

$$\ln \tilde{x}_{ij}^k = \delta_{ij} + \delta_j^k + \theta \ln \tilde{z}_i^k + \varepsilon_{ij}^k \tag{1-17}$$

其中, δ_{ij} 为进口国-出口国固定效应, δ_j^k 为进口国-行业固定效应。在可变贸易成本(以及其他误差项 ε_{ij}^k 的成分)与可观测生产率正交的假设下,对式(1-17)进行回归,将产生对行业内异质性 θ 的无偏估计。

(二) 变量衡量及数据来源

基准回归主要使用贸易流量和生产率两种数据。考虑到双边贸易流量数据和高质量生产率数据的同时可得性,Costinot 等(2012)选取 1997 年为样本期间。最终样本由 21 个国家(18 个欧盟国家,外加日本、韩国和美国)的 13 个 ISIC 二位码行业组成(详见表 1-6)。

表 1-6 数据集描述

来　源	OECD STAN 双边贸易数据库(2008 年版);GGDC(Groningen Growth and Development Centre)生产水平数据库:工业水平上产出、投入和生产率的国际比较(Inklaar and Timmer, 2008)
年　份	1997
国　家	澳大利亚、比利时-卢森堡(合并为一个国家单位,以便与生产率数据合并)、捷克共和国、丹麦、西班牙、芬兰、法国、德国、希腊、匈牙利、爱尔兰、意大利、日本、韩国、荷兰、波兰、葡萄牙、斯洛伐克、瑞典、英国和美国

行　业	STAN 的行业描述	《国际标准产业分类》第 3 版编码 (ISIC Rev. 3.1 Code)
食　品	食品、饮料和烟草	15~16
纺织品	纺织品、皮革和鞋类	17~19
木制品	木材和软木制品	20
纸制品	纸浆、纸张、纸制品、印刷出版	21~22
燃　料	焦炭、精炼石油产品、核燃料	23
化学品	化学产品	24
塑料品	橡胶及塑料制品	25
矿　物	其他非金属矿产品	26
金属制品	基本金属及金属制品,但机械及设备除外	27~28
机械设备	其他地方未分类的机器和设备	29
电力设备	电气和光学设备	30~33

续 表

行 业	STAN的行业描述	《国际标准产业分类》第3版编码 (ISIC Rev. 3.1 Code)
交通工具	运输设备	34～35
其他制品	未在其他地方分类的制造业	36～37

1. 贸易流量

贸易流量变量包括出口 $[\log(exports)_{ij}^k]$ 和修正出口 $[\log(corrected\ exports)_{ij}^k]$。出口 $\log(exports)_{ij}^k$ 使用 k 行业 i 国对 j 国的出口价值度量，数据来自 OECD STAN 双边贸易数据库（2008年版）。$\log(corrected\ exports)_{ij}^k$ 为 $\log(exports)_{ij}^k$ 使用贸易开放度 π_{ii}^k 对实际生产产品的内生选择进行修正的结果。贸易开放度 π_{ii}^k 数据来自 OECD STAN 数据库中报告的每个出口国 i 和行业 k 的进口渗透比（Import Penetration Ratio，IPR）：$IPR = 1 - \pi_{ii}^k$。

2. 生产率

在李嘉图模型中，相对生产者价格指数应完全反映相对生产率水平的变化。具体地，对任一产品对 k 和 k'、国家对 i 和 i'，相对可观测生产率可表示为

$$\frac{\tilde{z}_i^k \tilde{z}_{i'}^{k'}}{\tilde{z}_i^{k'} \tilde{z}_{i'}^k} = \frac{E[p_{i'}^k(\omega) \mid \Omega_{i'}^k] E[p_i^{k'}(\omega) \mid \Omega_i^{k'}]}{E[p_i^k(\omega) \mid \Omega_i^k] E[p_{i'}^{k'}(\omega) \mid \Omega_{i'}^{k'}]} \tag{1-18}$$

基于此，使用生产者价格指数的倒数 $[\log(producer\ prices)_i^k]$ 来衡量 i 国 k 行业的可观测生产率 $\tilde{z}_i^k$，数据来自 GGDC 生产水平数据库。该数据库在工厂层面收集国际数千种产品的原始价格数据（通常每个行业包括数百种产品），然后利用产出数据将这些价格汇总成行业生产者价格指数（如表1-6所示）。

二、基准结果

表1-7中，列（1）报告了式（1-17）的 OLS 初步估计，结果表明系数 θ 在1%的水平上显著为正，生产率水平每提高1%，将导致出口提高1%；列（2）报告了因变量未经修正的回归结果，与列（1）相比，系数 θ 的估计值相对较高。这意味着，如果出口未被修正，则生产率差异对贸易流量的作用将被高估。这是因为，国家倾向于生产具有比较优势的产品，导致可观测生产率差异小于基础生产率差异。

表1-7 基准回归结果

变 量	$\log(corrected\ exports)$ (1)	$\log(exports)$ (2)	$\log(corrected\ exports)$ (3)	$\log(exports)$ (4)
$\log(producer\ prices)$	1.123*** (0.099 4)	1.361*** (0.103)	6.534*** (0.708)	11.100*** (0.981)
估计方法	OLS	OLS	IV	IV

续表

变量	log(*corrected exports*) (1)	log(*exports*) (2)	log(*corrected exports*) (3)	log(*exports*) (4)
出口国×进口国固定效应	是	是	是	是
行业×进口国固定效应	是	是	是	是
样本量	5 652	5 652	5 576	5 576
R^2	0.856	0.844	0.747	0.460

注：回归基于式(1-17)，使用数据来自1997年21个国家的13个行业，见表1-6；括号内为异方差稳健标准误差；***代表在1%水平上显著不为零；log(*corrected exports*)为修正出口的取对数值；log(*exports*)为出口的对数值；log(*producer prices*)为生产者价格指数的取对数值。

进一步地，该研究关注对式(1-17)进行OLS估计存在的内生性问题：首先是联立性偏误(Simultaneity Bias)，由于集聚效应，更高的出口水平可能导致更高的生产率水平，并导致估计产生逆向因果问题；其次是衰减偏误(Attenuation Bias)，由于对生产率的测量误差，对系数θ的估计值总是偏向零。为规避潜在的内生性问题，使用国家-行业层面的R&D(Research and Development，研究与发展，常简称研发)投入作为生产率的工具变量，对式(1-17)进行IV(Instrumental Variable，工具变量)估计。工具变量选取的合理性在于，我们通常认为相对R&D投入与相对双边贸易流量的相关性以相对生产率作为桥梁。①

表1-7列(3)和列(4)报告了系数θ的IV估计。列(3)结果显示，与列(1)相比，系数θ的估计值由1.123增加到6.534，且在1%的水平上显著。这意味着，列(1)估计结果不存在联立性偏误，但存在衰减偏误——生产者价格在实践中测量难度较大。列(4)结果显示，系数θ的估计值大幅增加到11.100，这表明如果不调整基础生产率和可观测生产率之间的差异，我们对系数θ的估计值就显著偏大。

三、替换生产率衡量方法

在基准回归中，Costinot等(2012)将生产者价格差异等价于生产率差异。然而，生产者价格可能反映生产率之外的差异。正如赫克歇尔-俄林(Heckscher-Ohlin，H-O)模型所强调的，生产者价格可能包含国家-行业间的要素价格和要素强度的差异。而式(1-17)成立也并未依靠仅有一种生产要素投入(或者没有生产的中间投入)的假定。在多生产要素投入的情况下，贸易流量与生产者价格之间的关系仍由式(1-17)给出，θ则量化全要素生产率(Total Factor Productivity，TFP)对贸易流量的影响。本小节将讨论引入额外的生产要素是否会对基准实证结果的分析产生影响。

表1-8列(3)的IV估计中，若R&D投入仅通过全要素生产率影响生产者价格，则我们能够捕捉到TFP差异对贸易流量的影响。为证明IV估计排除了要素价格和要素强度的影

---

① Eaton and Kortum(2002)、Griffith等(2004)将技术构建为R&D活动的函数，在理论上支持了R&D支出与生产率之间的相关性。

响,我们使用 TFP 而非生产者价格对系数 θ 进行 IV 估计。除生产者价格指数外,GGDC 数据库还提供了劳动、资本和材料投入的价格和比重数据。我们使用对偶法(The Dual Approach)计算全要素生产率,即 $\ln TFP_i^k = \ln p_i^k - \alpha_{i,L}^k \ln w_i^k - \alpha_{i,K}^k \ln r_i^k - \alpha_{i,M}^k \ln m_i^k$,各项 α 为对应要素的投入比重,w_i^k、r_i^k 和 m_i^k 分别为工资比率、资本租赁比率和材料投入价格。表1-8列(2)报告了使用全要素生产率作为生产者价格替代进行 IV 估计的回归结果,可以看到 θ 的估计值略微增加到6.704(与6.534相比),且在1%的水平上显著。这表明,尽管我们参照比较成本理论的先验做法——使用相对生产者价格衡量相对生产率,但表1-8列(1)和列(2)的估计支持李嘉图的跨行业贸易动机(至少包含在与 R&D 投入相关的生产率成分中的动机)与数据中的 H-O 动机是正交的。

为证明生产者价格衡量生产率的最优指标,表1-8列(3)和列(4)报告了使用其他"原始"(Primal)生产率衡量方法的 IV 估计结果。列(3)为劳动生产率的回归结果,劳动生产率计算方法为国家-行业层面的人均名义总产出除以生产者价格指数;列(4)为全要素生产率的回归结果,计算方法为 $\ln TFP_i^k = \ln Y_i^k - \alpha_{i,L}^k \ln K_i^k - \alpha_{i,K}^k \ln L_i^k - \alpha_{i,M}^k \ln M_i^k$,$Y_i^k$、$K_i^k$、$L_i^k$ 和 M_i^k 分别为实际总产出、实际资本、实际劳动和实际中间投入(实际值使用名义值与相应价格指数之比计算),各项 α 代表对应要素收入份额。表1-8列(3)和列(4)的结果显示,系数 θ 的估计值都略低于6.534,表明这些替代生产率衡量方式存在较大的测量误差,且工具变量法并未完全消除这种误差。

表1-8 替换生产率衡量方法

	log(corrected exports)			
	(1)	(2)	(3)	(4)
log(producer prices)	6.534*** (0.708)			
log(TFP, based on producer prices)		6.704*** (0.874)		
log(gross output per worker)			2.725*** (0.234)	
log(TFP, based on gross output)				4.316*** (0.504)
样本量	5 576	5 576	5 576	4 541
R^2	0.747	0.587	0.839	0.835

注:回归基于式(1-17),使用数据来自1997年21个国家的13个行业,见表1-6;所有回归估计均使用1997年 R&D 投入作为工具变量进行 IV 估计,均控制出口国-进口国固定效应和进口国-行业固定效应;括号内为异方差稳健标准误差;***代表在1%水平上与零有统计学显著差异;log(corrected exports)为修正出口的取对数值;log(producer prices)为生产者价格指数的取对数值;log(TFP, based on producer prices)为全要素生产率按照生产者价格指数计算的全要素生产率,并取对数值;log(gross output per worker)为人均劳动力产出取对数值;log(TFP, based on gross output)为基于总产值计算的全要素生产率取对数值。

四、分样本检验

为保证基准结果的稳健性,本小节进行分样本估计。首先是仅考虑欧盟的国家对样本,以检验基准结果在多大程度上依赖相对贸易成本与相对生产率正交的假设。其次根据生产者价格数据质量进行分样本估计。

(一) 内生贸易保护

在基准结果中,我们描述了OLS估计的两个潜在内生性问题,并讨论了如何通过IV估计解决这些问题。然而,这种IV估计不能消除与内生贸易保护相关的问题,这可能会使我们的估计向下倾斜(Costinot 等,2010)。表1-9列(2)基于欧盟国家样本再次用IV估计式(1-17)。由于欧盟内部不存在贸易壁垒,因此不存在内生贸易保护。

表1-9 分样本检验

项 目	log(corrected exports)			
	全样本	欧盟国家	生产者价格-数据质量低于中值	生产者价格-数据质量高于中值
	(1)	(2)	(3)	(4)
log(producer prices)	6.534*** (0.708)	4.621*** (0.585)	5.820*** (1.106)	8.057*** (1.267)
样本量	5 576	2 162	2 795	2 781
R^2	0.747	0.808	0.820	0.688

注:回归基于式(1-17),使用数据来自1997年21个国家的13个行业,详见表1-6;所有回归估计均使用1997年R&D投入作为工具变量进行IV估计,均控制出口国-进口国固定效应和进口国-行业固定效应;生产者价格数据质量基于生产者价格数据使用的百分比,占比越高,质量越高;括号内为异方差稳健标准误差;***代表在1%水平上与零有统计学显著差异;log(producer prices)为生产者价格指数的取对数值。

结果显示,系数 θ 的估计值下降到4.621,但仍位于估计值6.534的95%置信区间内。因此,基准估计结果似乎不太可能因内生贸易保护而出现严重偏差。

(二) 生产者与支出价格

在开放经济中,商品价格数据只能反映国内生产者价格而不是支出价格,从而为国内生产率差异提供信息。GGDC数据库中反映国际生产率差异的大多数国际可比价格是基于生产者价格数据估算,但为了数据的完整性,GGDC数据库使用了一部分支出价格数据。幸运的是,GGDC数据库公布了国家-行业层面从生产者账户获取的原始价格的占比。根据这些信息,我们将样本分为低质量价格数据组和高质量价格数据组。

表1-9列(3)报告了价格数据质量低于中位数样本的估计结果,列(4)报告了价格数据质量高于中位数样本的估计结果。结果显示,考虑到这些估计的标准误差,系数 θ 的首选估计值(6.534)落到5.820和8.057之间,为Costinot等(2012)的首选估计值增加了相当大的可信度。

四 本章小结

劳动生产率与出口呈正相关的关系,是实证检验比较优势理论是否成立的核心。

对比较优势理论展开实证研究的困难主要包括非完全专业化生产、相对劳动成本数据非完全跨国可比、相对劳动成本的内生性,以及理论模型的局限性。

基于生产率差异,对比较优势理论进行临时检验的研究包括 Balassa(1963)、Golub and Hsieh(2000)。Balassa(1963)使用英美两国的生产率数据和贸易流量数据展开实证分析;Golub and Hsieh(2000)基于类似的检验方法,拓展国家对数量、更新数据时间,展开实证分析。

当一国开放自由贸易时,其闭关锁国下的自给自足价格应与贸易流量呈负相关关系。一国出口自给自足、价格相对低的产品,进口自给自足、价格相对高的产品。Bernhofen and Brown(2004)使用日本闭关锁国时期的产品价格和开放贸易时期的贸易流量,对比较优势理论是否成立进行了检验。

Costinot 等(2012)构建了一个比较优势结构模型,推导出生产率差异对国际贸易模式的影响,即相对生产率排序决定了相对出口排序。进一步地,Costinot 等(2012)处理了生产率、贸易流量的观测偏误问题,并且基于理论指导,实证检验了生产率差异与贸易流量的因果关系。

练习思考题

1. 尝试分析在 Balassa(1963)的实证检验中,相对工资差异为什么无法弥补相对生产率差异带来的比较优势。
2. 为什么说在 Costinot 等(2012)之前,基于生产率差异的比较优势理论实证检验是一种临时检验?
3. 基于价格差异对比较优势理论进行实证检验有何难点?
4. 与以往的研究相比,Costinot 等(2012)主要有何贡献?
5. 在 Costinot 等(2012)的实证检验中,为什么说我们无法观测到一国真正的生产率与贸易流量? Costinot 等(2012)是如何处理的?
6. 在 Costinot 等(2012)的实证检验中,使用生产者价格衡量生产率水平有何潜在的估计偏误问题?

参考文献

[1] Alan V. Deardorff. (1980). The general validity of the law of comparative advantage. *Journal of Political Economy*, 88: 941-957.

[2] Alan V. Deardorff. (1984). Testing trade theories and predicting trade flows. In *Handbook of International Economics*, vol. 1, edited by Ronald W. Jones and Peter B. Kenen. Amsterdam: North-Holland.

[3] Arnaud Costinot, Dave Donaldson, Ivana Komunjer. (2012). What goods do countries trade? A quantitative exploration of Ricardo's ideas. *Review of Economic Studies*, 79(2): 581-608.

[4] Balassa, B. (1963). An empirical demonstration of classical comparative cost theory. *The Review of Economics and Statistics*, 45: 231-238.

[5] Costinot, A., Donaldson, D. and Komunjer, I. (2010). "What goods do countries trade? A quantitative exploration of Ricardo's ideas" (Working Paper No. 16262, NBER).

［6］Daniel M. Bernhofen, John C. Brown. (2004). A direct test of the theory of comparative advantage: The case of Japan. *Journal of Political Economy*, 112: 48-67.

［7］EATON, J. and KORTUM, S. (2002). Technology, geography, and trade. *Econometrica*, 70: 1741-1779.

［8］Golub S. S. and Chang-Tai H. (2000). Classical Ricardian theory of comparative advantage revisited. *Review of International Economics*, 8(2): 221-234.

［9］Great Britain, Customs and Excise Department. (1956). Annual statement of the trade of the Uneited Kingdom, 1954, compared with the years 1951-1953, III (London: Her Majesty's Stationery Office).

［10］Griffith, R., Redding, S. and Van Reenen, J. (2004). Mapping the two faces of R&D: Productivity growth in a panel of OECD industries. *Review of Economics and Statistics*, 86: 883-895.

［11］Inklaar, R. and Timmer, M. P. (2008). GGDC productivity level database: International comparisons of output, inputs and productivity at the industry level (Groningen Growth and Development Centre Research Memorandum GD-104).

［12］James, John. (1857). History of the worsted manufacture in England, from the earliest times. London: Longman, Brown, Green, Longmans, and Roberts.

［13］Paige, Deborah, and Gottfried Bombach. (1959). A comparison of national output and productivity of the United Kingdom and the United States (Paris, OEEC).

［14］Shinbo, Hiroshi. (1978). Kinsei no bukka to keizai hatten: Zen kōgyōka shakai e no sūryōteki sekkin. Tokyo: Toyo Keizai Shinposha.

［15］United Nations, Statistical Office. (1952). Commodity trade statistics, January-December 1951 (New York).

［16］United Nations, Statistical Office. (1953). Yearbook of international trade statistics, 1952 (New York).

［17］United States, Bureau of the Census. (1952). Report No. FT410, United States exports of domestic and foreign merchandise, calendar Year 1951, Parts I and II (Washington).

附录

附录一

在李嘉图模型(Ricardian Model)中,劳动生产率是导致机会成本差异的唯一因素。假设:世界上只存在两个国家——本国和外国;只生产两种产品——汽车和石油;劳动是唯一的生产要素,可以在部门间流动,不可以在国家间流动,且两国的劳动供给固定不变(L 和 L^*)[①];两国自由贸易,交易费用和运输成本为零。劳动生产率用单位产品劳动投入(Unit Labor Requirement)表示,令 a_{LC} 和 a_{LO} 分别为本国生产单位汽车和石油所需的劳动投入,我们做出符合比较优势情形的假设——本国两部门单位产品劳动投入均比外国低,即

---

① 以带星号的上角标标注外国变量,以示区分(下同)。

$$\frac{a_{LC}}{a_{LO}} < \frac{a_{LC}^*}{a_{LO}^*} \text{ 对应有 } \frac{a_{LC}}{a_{LC}^*} < \frac{a_{LO}}{a_{LO}^*} \tag{1-19}$$

其中,式(1-19)及其变式阐述的是本国在生产汽车上具有比较优势,外国在生产石油上具有比较优势。此外,产出受到资源的限制,即 $Q_C a_{LC} + Q_O a_{LO} \leqslant L$,$Q_C$ 和 Q_O 分别为本国的汽车和石油产量。

就一国而言,决定产品生产种类和数量的是两种产品的相对价格。假定本国汽车和石油的相对价格为 $\frac{P_C}{P_O}$,则汽车和石油部门每小时工资分别为 $\frac{P_C}{a_{LC}}$ 和 $\frac{P_O}{a_{LO}}$。当 $\frac{P_C}{P_O} < \frac{a_{LC}}{a_{LO}}$ 时,石油部门的工资率较高,本国专门生产石油;当 $\frac{P_C}{P_O} > \frac{a_{LC}}{a_{LO}}$ 时,汽车部门的工资率较高,本国专门生产汽车;当 $\frac{P_C}{P_O} = \frac{a_{LC}}{a_{LO}}$ 时,本国同时生产汽车和石油两种产品。因此,在没有国际贸易时,一国要拥有两种产品的消费,产品的相对价格需等于其相对单位产品劳动投入。

就两国而言,决定国际生产、贸易模式的格局的是国际贸易发生时的世界产品相对价格 $\left(\frac{P'_C}{P'_O}\right)$。世界市场的一般均衡(General Equilibrium)要求相对供给等于相对需求,因此世界相对价格 $\frac{P'_C}{P'_O}$ 由相对供给曲线(Relative Supply Curve, RS)和相对需求曲线(Relative Demand Curve, RD)的交点确定。① RS 曲线是一个阶梯函数,当 $\frac{P'_C}{P'_O} < \frac{a_{LC}}{a_{LO}}$ 时,本国和外国均专业化生产石油,汽车的世界相对供给为零;当 $\frac{P'_C}{P'_O} = \frac{a_{LC}}{a_{LO}}$ 时,本国同时生产汽车和石油,外国专业化生产汽车,汽车的世界相对供给区间为 $\left(0, \frac{L/a_{LO}}{L^*/a_{LO}^*}\right)$;当 $\frac{a_{LC}}{a_{LO}} < \frac{P'_C}{P'_O} < \frac{a_{LC}^*}{a_{LO}^*}$ 时,本国专业化生产汽车,外国专业化生产石油;当 $\frac{a_{LC}^*}{a_{LW}^*} < \frac{P_C}{P_W}$ 时,本国和外国均专业化生产汽车,汽车的世界相对供给区间为 $\left(\frac{L/a_{LC}}{L^*/a_{LO}^*}, +\infty\right)$。

将贸易视作一种间接的生产方式,两国均能从专业化生产中获利。一般而言,国际贸易的结果是使汽车与石油的世界相对价格居于贸易前两国两部门相对价格之间 $\left(\frac{P_C}{P_O} < \frac{P'_C}{P'_O} < \frac{P_C^*}{P_O^*}\right)$。在本例中,贸易前本国汽车的相对价格较低,外国石油的相对价格较低 $\left(\frac{P_C}{P_O} = \frac{a_{LC}}{a_{LO}} < \frac{a_{LC}^*}{a_{LO}^*} = \frac{P_C^*}{P_O^*}\right)$,本国会加大汽车生产向外国出口以获取利益,外国会加大石油生产向本国出口以获取利益。最后,汽车与石油的相对价格位于两国汽车与石油的相对单位产品劳动投入之间 $\left(\frac{a_{LC}}{a_{LO}} < \frac{P'_C}{P'_O} < \frac{a_{LC}^*}{a_{LO}^*}\right)$。就本国而言,汽车和石油的单位劳动投入产出分别为 $\frac{1}{a_{LC}}$ 和

---

① 汽车与石油的世界相对供给和相对需求是汽车与石油世界相对价格的函数。

$\frac{1}{a_{LW}}$。在世界均衡相对价格时,本国单位劳动投入生产的汽车可以换取 $\frac{1}{a_{LC}} \times \frac{P_C}{P_W}$ 吨石油,高于本国进行石油生产的单位劳动投入产出 $\left(\frac{1}{a_{LC}} \times \frac{P'_C}{P'_O} > \frac{1}{a_{LO}}\right)$。出于理性的考量,两国将各自专业化生产汽车和石油以从国际贸易中获利,这就导致相对劳动生产率较高的国家相对出口较高。这意味着,劳动生产率与出口呈正相关的关系,成为实证检验比较优势理论是否成立的核心。

附录二

假定世界经济存在 $g=1,\cdots,G$ 种产品,$f=1,\cdots,F$ 种要素,$n=1,\cdots,N$ 个国家,每个国家存在 $h=1,\cdots,H_n$ 个家庭,则国家 n 的产出向量表示为 $y^n=(y_1^n,\cdots,y_G^n)$,家庭 h 的消费向量表示为 $c^{nh}=(c_1^{nh},\cdots,c_G^{nh})$,产品价格向量表示为 $p^n=(p_1^n,\cdots,p_G^n)$,要素禀赋向量表示为 $v^n=(v_1^n,\cdots,v_F^n)$,要素价格表示为 $w^n=(w_1^n,\cdots,w_F^n)$。进一步地,将国家 n 的投入产出组合 (y,v) 的可行性集合定义在 Ω^n①上。

我们假设国家 n 的收入函数为

$$r^n(p,v) \equiv \max_y \{py \mid (y,v) \in \Omega^n\} \qquad (1-20)$$

在完全竞争假设下,y^n 最大化国家 n 的产出值,即

$$r^n(p^n, v^n) = p^n y^n \qquad (1-21)$$

假设国家 n 的支出函数为

$$e^{nh}(p, u) \equiv \min_c \{pc \mid u^{nh}(c) > u\} \qquad (1-22)$$

其中,u^{nh} 为国家 n 家庭 h 的效用函数。值得注意的是,保持价格 p 不变,$e^{nh}(p, u)$ 是关于效用 u 的增函数。② 国家 n 家庭 h 的最优化意味着:

$$e^{nh}(p^n, u^{nh}) = p^n c^{nh} \qquad (1-23)$$

式(1-23)中,c^{nh} 和 u^{nh} 分别为均衡条件下的消费水平和效用水平。

接下来所提出的命题中,当提及"在新古典贸易模型中"时,意味着在某一模型均衡状态时式(1-21)和式(1-23)始终成立。此外,我们仅考虑每个国家只存在一个代表性的家庭。因此,我们将取消所有变量有关 n 和 h 的角标。取而代之的是,我们分别将闭关自守(Autarky)和自由贸易(Free Trade)下的产出、消费、产品价格向量标注为 (y^a, c^a, p^a) 和 (y, c, p)。相应地,两种状态下的效用函数分别表示为 u^a 和 u。为证明比较优势理论,我们首先提出第一个命题。

命题1:在新古典贸易模型中,当一个国家仅存在一个代表性家庭时,自由贸易将使得所有家庭获得比闭关自守下更大的效用。

证明:

首先,$u^a(c^a) = u^a$,则支出函数的定义意味着要达到效用水平 u^a,在价格水平 p 下,由支

---

① Ω^n 是一个凸锥。

② 这里的要素禀赋是固定供给的,但很容易推广到家庭最优选择要素供给的情况。

出函数得到的支出水平更小,即

$$e(p, u^a) \leqslant pc^a \tag{1-24}$$

接着,由闭关自守下市场出清的条件,得到:

$$e(p, u^a) \leqslant pc^a = py^a \tag{1-25}$$

进一步地,由收入函数的定义——在给定要素投入水平和产品价格水平条件下最大化产出值,得到:

$$e(p, u^a) \leqslant pc^a = py^a \leqslant r(p, v) \tag{1-26}$$

最后,由式(1-24)、式(1-26)及贸易平衡,得到:

$$e(p, u^a) \leqslant pc^a = py^a \leqslant r(p, v) = e(p, u) \tag{1-27}$$

鉴于 $e(p, \cdot)$ 为关于效用的增函数,我们有 $u > u^a$,命题1得证。

比较优势理论认为贸易的基础在于相对闭关自守价格的差异。如果两个国家拥有相同的闭关自守价格,那么,即使贸易开放,闭关自守价格仍是各国的均衡价格,即不会发生贸易;当国家 n 与另一国家相比拥有更低的闭关自守价格时,该国倾向于出口。换言之,国家的贸易情况与相对闭关自守价格为负相关关系。

为便于分析,我们假设 $t^n = (y_1^n - \sum c^{nh}, \cdots, y_G^n - \sum c^{nh})$ 为国家 n 的净出口;u^{an} 和 u^n 分别为在闭关自守和自由贸易下代表性家庭在国家 n 的效用水平;p^{an} 为国家 n 闭关自守的价格向量,为便于价格间的比较,我们对其进行标准化,即 $\sum p_g = \sum p_g^{an} = 1$。

由式(1-28)关于两个变量间相关性和协方差的定义,我们有相关性的符号与其协方差的符号一致。

$$\text{cor}(x, y) = \frac{\text{cov}(x, y)}{\sqrt{\text{var}(x)\text{var}(y)}}, \; \text{cov}(x, y) = \sum_{i=1}^n (x_i - \bar{x})(y_i - \bar{y}) \tag{1-28}$$

其中, $\bar{x} = \dfrac{1}{n}\sum_{i=1}^n x_i$。

基于此,我们提出第二个命题。

命题2:在新古典贸易模型中,如果国家 n 仅存在一个代表性家庭,则 $\text{cor}(p - p^a, t^n) \geqslant 0$。

证明:

若 $(y^n, v^n) \in \Omega^n$,收入函数的定义意味着在给定要素投入水平 v^n 和产品价格水平 p^a 条件下最大化产出值,则得到:

$$p^a y^n \leqslant r(p^a, v^n) \tag{1-29}$$

由 $u^n(c^n) = u^n$,则支出函数的定义意味着要达到效用水平 u^n,在价格水平 p^a 下,由支出函数得到的支出水平更小,即

$$p^a c^n \geqslant e(p^a, u^n) \tag{1-30}$$

结合式(1-29)和式(1-30),可得:

$$p^a y^n - p^a c^n = p^a t^n \leqslant r(p^a, v^n) - e(p^a, u^n) \tag{1-31}$$

鉴于 $e(p^a, \cdot)$ 为关于效用的增函数,且命题1指出 $u^n > u^{an}$,可得:

$$e(p^a, u^n) \geqslant e(p^a, u^{an}) \tag{1-32}$$

结合式(1-29)和式(1-30),及闭关自守下市场出清的条件,可得:

$$p^a t^n \leqslant r(p^a, v^n) - e(p^a, u^n) \leqslant r(p^a, v^n) - e(p^a, u^{an}) = 0 \tag{1-33}$$

由于贸易平衡,且 $pt^n = 0$,因此有:

$$(p - p^a)t^n \geqslant 0$$

由协方差的定义:

$$\text{cov}(p - p^a, t^n) = \sum_g (p_g - p_g^a - \bar{p} + \bar{p}^a)(\bar{t}_g^n - \bar{t}^n) \tag{1-34}$$

式(1-34)可以变形为:

$$\text{cov}(p - p^a, t^n) = (p - p^a)t^n - G(\bar{p} - \bar{p}^a)\bar{t}^n \tag{1-35}$$

鉴于对价格进行了标准化,则 $\bar{p} = \bar{p}^a$。因此:

$$\text{cov}(p - p^a, t^n) = (p - p^a)t^n \geqslant 0 \tag{1-36}$$

至此,命题2得证。

第二章
国际贸易与收入不平等

全章提要

引言
学习目标
学习重点
视野拓展
- 第一节　国际贸易与收入分配
- 第二节　国际贸易影响收入不平等的机制分析
- 第三节　国际贸易与收入不平等的实证研究
- 第四节　国际贸易与收入不平等——来自中国的证据
- 第五节　延伸阅读

本章小结
练习思考题
参考文献

引言

在全球化进程中,国际贸易成为各国经济发展的关键渠道。它不仅促进了商品、服务和资本的跨国流动,而且加深了各国之间的依赖。然而,随着市场日益开放和全球经济一体化加深,国际贸易对收入分配的潜在影响逐渐成为经济学家、政策制定者以及社会公众关注的焦点。事实上,并非所有人都能从经济全球化中获益,国际贸易为发展中国家提供了经济发展的机遇,促进了技术传播和就业增长;但是这部分增长往往集中于具有特定竞争优势的行业和个体,其他行业可能面临市场份额的缩减和就业机会的减少。此外,发达国家中的低技能劳动力也可能因国际竞争加剧而受到负面影响,导致收入差距的扩大。

从20世纪末开始,我国的对外贸易急剧增长,促进了国家经济的快速发展。同时,城乡之间的收入差距不断拉大。城市地区,尤其是沿海的出口导向型工业区,经历了快速的工资增长和就业机会的扩大,而内陆农村地区的发展则相对滞后,存在显著的收入分配不平等现象。在南美洲,阿根廷和巴西的贸易往来频繁,两国的经济联系紧密。但是阿根廷的农业部门受益于对巴西的出口迅速增长,而巴西的制造业凭借较强的产业基础和技术优势也成功进入阿根廷市场。这种贸易格局虽然使两国都从增长的贸易往来中获益,但加大了国家内部的产业结构转型压力,依赖国内市场的中小企业和劳动密集型产业受到了冲击,导致国内收入差距扩大。这些事实无不反映了贸易与收入分配之间的复杂联系。

本章旨在深入探讨这一主题,并主要回答以下问题:国际贸易是否加剧了收入不平等?国际贸易又是通过何种渠道对收入分配产生影响?通过一系列的阐述和分析,我们希望为读者提供一个更全面的视角,以理解国际贸易在促进全球经济一体化的同时,如何重新分配世界的财富和机会。

学习目标

通过本章的学习,理解并掌握以下内容:
1. 国际贸易的负面影响——收入不平等;
2. 贸易理论如何解释国际贸易与收入不平等;
3. 国际贸易影响收入不平等的实证分析方法;
4. 国际贸易对中国收入分配的影响。

学习重点

1. 国际贸易影响收入分配的典型事实;
2. 国际贸易影响收入不平等的机制分析;
3. 技术进步对收入分配的影响;
4. 国际贸易影响收入不平等的实证分析。

视野拓展

与本章内容相关的论文导览与阅读,可扫以下二维码深入学习。

第一节 国际贸易与收入分配

一、国际贸易的经济影响

国际贸易是指不同国家或地区之间的商品和服务的交换。这种交换促进了生产要素的国际流动,并且随着时间的推移,生产流程逐渐开始解耦和全球化。自 20 世纪 90 年代以来,通信和协调成本的下降使得生产突破地理限制,进一步加速了全球化进程。根据 WTO 公布的统计数据,1950—2022 年,全球贸易量增长了大约 45 倍,贸易价值增长了近 400 倍。这种增长不仅体现在数量上,而且反映了国际贸易在全球经济中的日益重要性。可以说,国际贸易重塑了全球经济格局,对全球经济活动产生了深远的影响。

从经济增长的角度出发,国际贸易将各国企业的销售市场从国内扩展到全球,这不仅能增加企业的销售额和利润,而且能促进生产效率的提高和生产规模的扩大,进而推动国内经济增长。同时,各国通过进口可以获得国内不生产的或生产成本较高的商品和服务,有助于降低消费者的购买成本和提高其生活质量,并且促进国内产业的转型升级。

从资源配置的角度出发,基于比较优势理论开展的国际贸易使得各国可以专注于其具有比较优势的产品和服务的生产,通过进出口实现资源的全球优化配置。这种优化不仅提升了全球生产效率,而且促进了技术和资本的国际流动,有助于提升世界各国的总体福利水平。

从技术创新的角度出发,国际贸易不仅促进商品和服务的流通,而且促进知识和技术的传播。通过国际贸易,各国可以共享先进的技术和管理经验,而知识要素的国际流动加速了全球创新步伐,有助于推动新兴产业的发展和传统产业的改造升级。

从国际合作的角度出发，国际贸易导致各国之间经济上的依赖，形成了复杂的全球供应链和价值链，增加了国家间的合作需求，促进了多边或双边合作协议的签订。这种合作不仅有利于解决争端，而且能增进国家间的理解和信任。从长期来看，经济利益的紧密联系也有助于维护国际和平，减少冲突爆发的可能性。

然而，国际贸易带来增长的同时并非没有代价。一方面，贸易促进了技术进步和产业升级，增加了对高技能劳动力的需求；另一方面，由于对低技能劳动力的需求相对减少可能加大收入差距，因此贸易对部分国家内部的收入分配会产生负面影响。

二、国际贸易影响收入分配的典型事实

(一) 国际贸易对发达国家收入分配的影响

作为世界上最大的发达经济体——美国，其收入不平等受国际贸易的影响一直是广泛讨论的话题。Trefler(2004)通过研究加拿大和美国的自由贸易协定，发现自由贸易协定的影响存在明显的差异。关税削减（如图2-1所示）在带来爆炸性的贸易增长和制造业国内生产总值大幅增长的同时，也是造成美国失业和生产率下降的一个重要原因。其中，受贸易开放冲击最严重的行业，关税削减导致就业减少15%、产量减少11%、工厂数量减少8%。对于整个制造业来说，这一数字分别为5%、3%和4%。这反映了贸易开放导致国内资源从受保护的、低

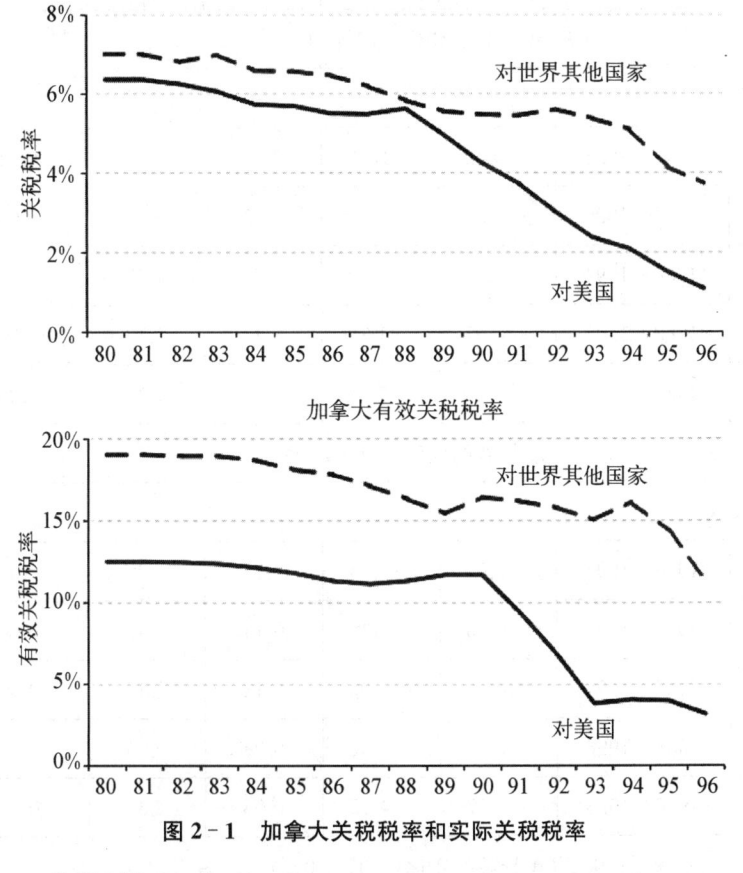

图2-1 加拿大关税税率和实际关税税率

数据来源：Trefler(2004)。

效的低端制造业中重新分配产生的巨大调整成本。这种短期调整成本由被解雇的工人和被迫关闭工厂的利益相关者承担，并造成了他们与那些获得长期生产力收益的人之间的收入不平等。来自美国的证据使我们进一步了解了在工业化经济中实施更自由的国际贸易的影响，即长期收益和短期调整成本导致的收入分配不均问题(如表2-1所示)。

表2-1 年收入的回归结果

回归设定							
时期		关税		美国控制变量		调整后的 R^2	Wu 检验 $T2^a$
FTA 前时期	FTA 时期	β	t	γ	t		

所有工人的收入

1980—1986	1988—1996	−0.50	−2.61	0.19	1.82	0.036	
1980—1988	1988—1996	−0.37	−2.22	0.22	2.20	0.031	
1980—1986	1988—1994	−0.48	−2.57	0.21	1.82	0.037	0.028
1980—1986	1988—1996	−1.02	−3.29	0.20	1.87	0.056	
1980—1986	1988—1996	−0.28	−2.21	0.07	1.20	0.007	

观测到的变化=(5%,2%)，由 FTA 导致的变化=(2%,5%)[a]

生产工人的收入

1980—1986	1988—1996	−0.42	−2.06	0.11	1.14	0.017	
1980—1988	1988—1996	−0.32	−1.74	0.05	0.49	0.005	
1980—1986	1988—1994	−0.34	−1.68	0.21	1.97	0.022	0.570
1980—1986	1988—1996	−0.57	−1.72	0.11	1.13	0.011	
1980—1986	1988—1996	−0.11	−0.82	0.08	1.46	0.001	

观测到的变化=(3%,0%)，由 FTA 导致的变化=(1%,4%)[a]

非生产工人的收入

1980—1986	1988—1996	−0.01	−0.04	0.11	1.30	−0.001	
1980—1988	1988—1996	0.13	0.48	0.14	1.43	0.002	
1980—1986	1988—1994	0.24	0.93	0.13	1.45	0.005	0.063
1980—1986	1988—1996	0.61	1.42	0.08	0.95	0.009	
1980—1986	1988—1996	0.17	1.15	0.08	1.61	0.006	

观测到的变化=(7%,2%)，由 FTA 导致的变化=(0%,0%)[a]

续表

回归设定							
时期		关税		美国控制变量		调整后的 R^2	Wu检验 $T2^a$
FTA前时期	FTA时期	β	t	γ	t		

收入不平等

1980—1986	1988—1996	0.39	1.23	0.06	0.63	0.001	
1980—1988	1988—1996	0.44	1.35	0.04	0.38	0.000	
1980—1986	1988—1994	0.56	1.75	0.13	1.42	0.016	0.062
1980—1986	1988—1996	1.15	2.20	0.03	0.31	0.018	
1980—1986	1988—1996	0.27	1.58	0.00	−0.06	0.001	

观测到的变化=(2%, 0%),由FTA导致的变化=(−1%, −4%)^a

注:收入不平等用非生产工人收入与生产工人收入比率的对数衡量。"关税"列的β值代表关税削减在不同时期对工人收入的影响。可以看到,在选取的每个时期,关税削减都显著降低了工人收入。分生产工人和非生产工人的回归显示,收入降低主要针对工人。

数据来源:Trefler(2004)。

(二) 国际贸易对发展中国家收入分配的影响

对于发展中国家来说,国际贸易为其提供了更广阔的市场,使其通过出口促进经济增长,而这种增长潜力有助于提高就业率和工资水平,因此通常认为国际贸易有助于改善发展中国家的收入分配。然而,这种正面影响往往集中在具有出口能力的行业和区域,从而可能加剧发展中国家地区间的不平等。印度作为最大的发展中国家之一,也是世界上收入最不平等的国家之一。1991年,印度为应对严重国际收支危机,采取了包括贸易开放在内的一系列重大改革措施,导致平均关税大幅下调、限制进口商品比例大幅上升。这一贸易自由化改革是突然的、全面的,且很大程度上是外生的。有学者据此对印度的贸易自由化(详见图2-2)与收入不平等(详见图2-3)展开了研究(Topalova,2010)。该研究发现,贸易自由化导致印度农村地区贫困率提升且贫富差距增大。与关税没有变化的农村地区相比,经历平均关税水平变化的地区,贫困发生率增加了2%,贫困深度增加了0.6%。在贸易改革前夕,贸易行业的就业人员并不处于收入分配的顶端,收入的减少导致一些人越过贫困线,甚至陷入更深的贫困。这阻碍了20世纪90年代印度在减贫方面的进展。这项研究表明,虽然贸易自由化可能在总体上产生了降低贫困率、缩小贫富差距的效果,但这些效果在一国各个地区之间可能并不一致,某些地区和某些社会阶层会因为贸易自由化而遭受损失。

除此之外,部分针对其他国家的研究也表明了对自由贸易加剧收入不平等的担忧。有学者评估了收入不平等与墨西哥1985年全面贸易改革的关系,发现关税保护的减少对低技能行业产生了不成比例的影响,扩大了熟练工人与非熟练工人的工资差距(Hanson and Harrison,1998),这一现象在智利、阿根廷等国家同样存在(Galiani 和 Sanguinetti,2003;Beyer et.al.,1999);土耳其的一项研究指出,在土耳其开始贸易自由化之前,收入不平等程度较低,但在采取

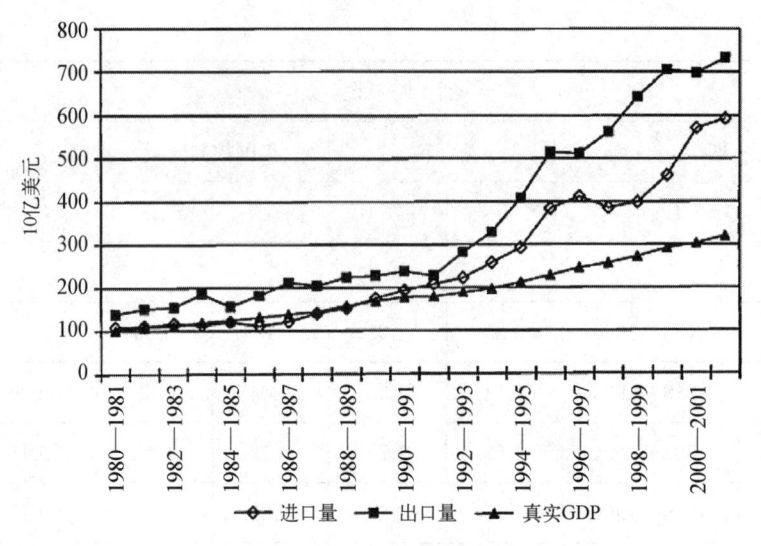

图 2-2(a) 出口量、进口量和真实 GDP

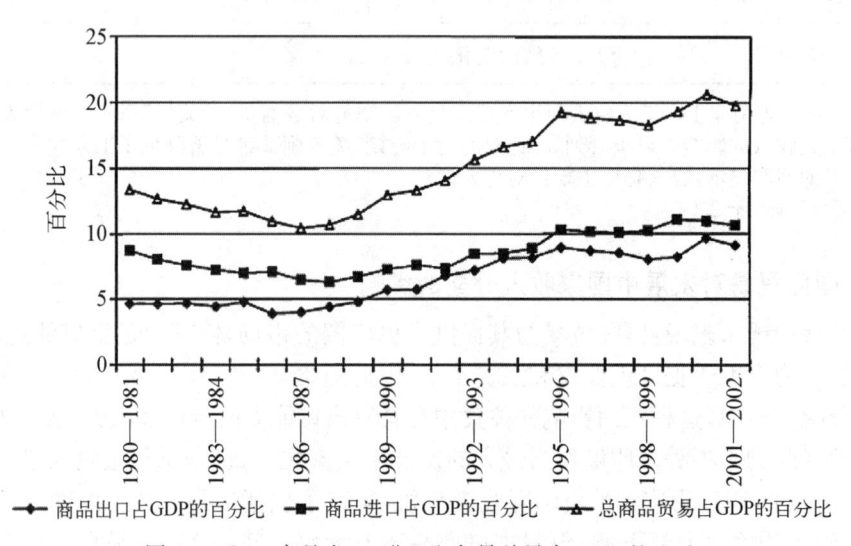

图 2-2(b) 商品出口、进口和贸易总量占 GDP 的比重

图 2-2 印度国际贸易的变化趋势

数据来源：Topalova(2010)。

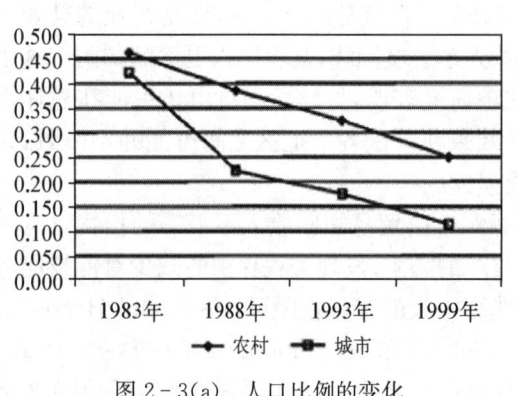

图 2-3(a) 人口比例的变化

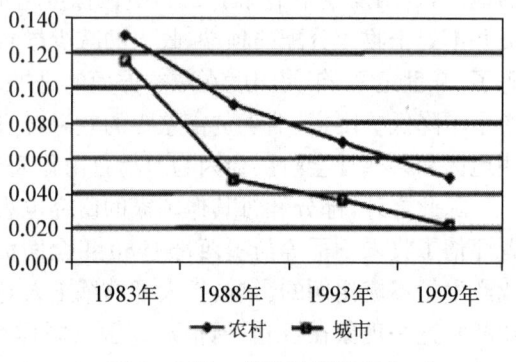

图 2-3(b) 贫富差距的变化

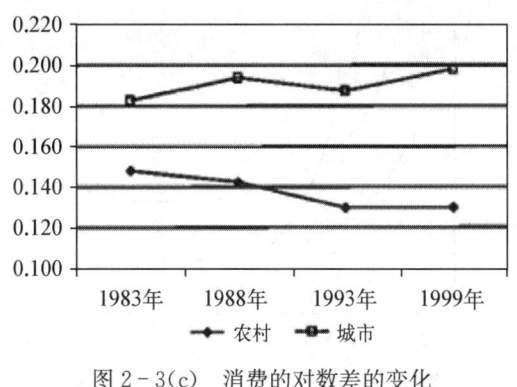

图 2-3(c)　消费的对数差的变化 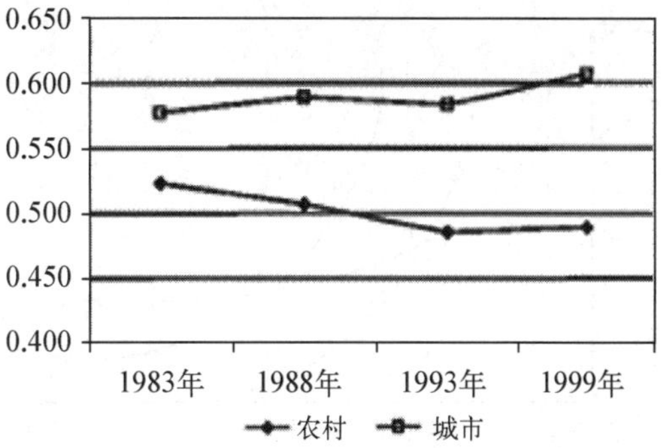　　　　图 2-3(d)　消费的对数标准差的变化

图 2-3　城市和农村的贫困与不平等的变化趋势

注：图 2-3 描绘了印度 1983—1999 年贫困和不平等的演变趋势。由图 2-3(b)可知，印度的农村和城市地区的贫困水平都呈现出稳步下降的趋势。作者进一步用消费的对数差和对数标准差衡量不平等程度，图 2-3(c)和图 2-3(d)显示，尽管贫困水平持续降低，但 1993 年之后(贸易开放政策实施后)，印度农村不平等的改善趋势有所中断，不平等程度略有增加。印度城市地区的不平等程度在 1993 之后也逐步增加。

数据来源：Topalova(2010)。

贸易自由化政策后，收入不平等现象呈指数级增长(ÖRnek 和 Elveren，2010)；在非洲，一项关注贸易自由化政策是否平等影响收入分配的研究发现，总体而言，贸易改革加剧了非洲国家收入不平等(Simplice 和 Batuo，2012)。

简言之，无论是从收入、工资、工资溢价还是从资产方面衡量，不平等现象的加剧在发达国家和发展中国家都存在，而这些现象往往与重大贸易改革同时发生。然而，贸易自由化又是通过何种机制或渠道对收入分配产生影响呢？下一节将结合国际贸易理论对此进行探讨。

第二节　国际贸易影响收入不平等的机制分析

一、H-O 理论与收入不平等

作为解释国家之间贸易模式及其产生原因的经典理论之一，赫克歇尔-俄林(Heckscher-Ohlin，H-O)理论，在比较优势理论的基础上进行了扩展，强调了生产要素(通常是劳动和资本)在国际贸易中的作用。H-O 理论的核心观点是：一个国家将倾向于出口那些密集使用其相对丰裕要素生产的商品，并从其他国家进口密集使用其相对稀缺要素生产的商品。这意味着，如果一个国家的劳动力相对于资本更为丰富，那么这个国家将专注于劳动密集型商品的出口，并从其他国家进口资本密集型商品。

H-O 理论的一个重要推论是斯托尔珀-萨缪尔森(Stolper-Samuelson，S-S)定理。该定理主张贸易自由化将会增加一国相对丰富生产要素的实际收入，而降低相对稀缺生产要素的实际收入。考虑两个国家：A 国[图 2-4(左)]拥有丰富的熟练劳动力，生产并出口密集使用熟练劳动力的产品 X 并进口 Y；B 国[图 2-4(右)]拥有丰富的非熟练劳动力，生产并出口密集使用非熟练劳动力的产品 Y 并进口 X。S-S 定理意味着，开放贸易将有利于 A 国的熟练劳动力并损害其非熟练劳动力，但有利于 B 国的非熟练劳动力并损害其熟练劳动力。鉴于熟练劳动力的收入通常高于非熟练劳动力的收入，贸易预计会增加 A 国的收入不平等，但会减少 B 国的收入不平等。

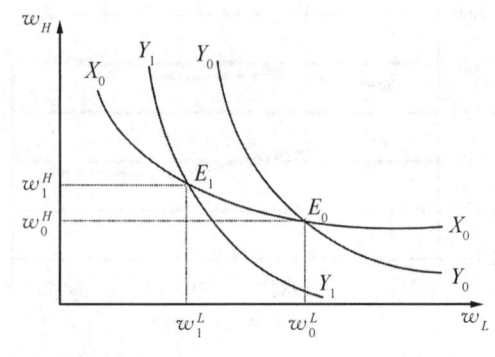

图 2-4(左) 开放的发达小国情况 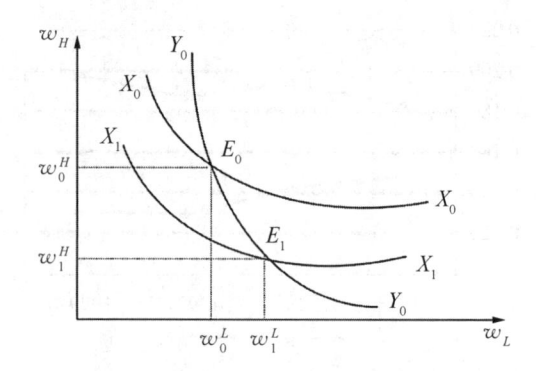　　图 2-4(右) 开放的发展中小国情况

图 2-4　贸易开放对工资的作用

注：X 为技术密集型产品，Y 为劳动密集型产品；w^H 和 w^L 分别为高技术工人工资和低技术工人工资；E_0 和 E_1 分别为开放前后的均衡点。

直到 20 世纪 90 年代，S-S 定理一直是研究贸易对收入不平等影响的主导理论。尽管其理论影响巨大，但该理论至少存在三个问题：

首先，1990—2010 年发表的一系列研究记录了一些发展中国家在重大贸易改革期间不平等现象加剧的情况，并对这一理论提出了严重质疑。在中国、印度、墨西哥、哥伦比亚、阿根廷、巴西和智利等发展中国家，存在贸易改革与不平等加剧同时出现的直接证据(Goldberg Pavcnik，2007)，这与 S-S 定理的推论并不一致。其次，H-O 理论假定要素流动不存在任何摩擦，因此，要素回报与行业关联、地理位置或雇主的特征无关。在现实中，工资和资本回报在不同行业、不同地点和不同企业之间差异很大。所以随着要素流动的摩擦，贸易对收入不平等的影响将变得比 S-S 定理预测的复杂得多。最后，有广泛的证据表明产业内部对技术的需求正在不断增长(Lawrence Slaughter，1993)，而在 H-O 理论中，技术价格改变仅取决于劳动力在行业间的重新分配。

出于这些原因，许多经济学家放弃将贸易作为不平等加剧的潜在解释，并且对贸易与不平等之间联系的研究也逐渐减少。研究收入不平等的学者开始将目光转向另一个解释，即技术变革。

二、技术抑或贸易

随着全球化和技术进步的加速，技术变革已成为影响经济格局和社会结构的又一关键因素。技术创新带来了生产效率的显著提升和新兴行业的发展，但同时导致了劳动力市场的结构性变化，进而对收入分配造成影响。

考虑一个有两种产品、两种要素的模型，其中，技术工人生产"高技术"产品，非技术工人生产"低技术"产品。图 2-5 展示了两个部门厂商的相对要素需求：技术工人-非技术工人就业比率作为技术工人-非技术工人工资比率的函数（LL 曲线是低技术部门的相对要素需求，HH 曲线是高技术部门的相对要素需求）。假定高技术产品是技术劳动密集型的，因此 HH 曲线位于 LL 曲线的外侧。图 2-5 左图显示发展中国家的贸易增长导致其收入不平等加剧，因为技术工人相对价格的上升使得两个部门的厂商都降低了其对技术工人的相对雇佣，$\dfrac{S_L}{U_L}$ 和

$\frac{S_H}{U_H}$ 都下降了。图 2-5 右图显示了技能偏向性技术变革导致技术工人-非技术工人工资比率上升的情况。LL 曲线和 HH 曲线均向外移动。在此情形下,两个部门厂商的反应都是增加对技术工人的相对雇佣,$\frac{S_L}{U_L}$ 和 $\frac{S_H}{U_H}$ 都增加了。因此,贸易和技能偏向性技术变革都存在加剧收入不平等的趋势。

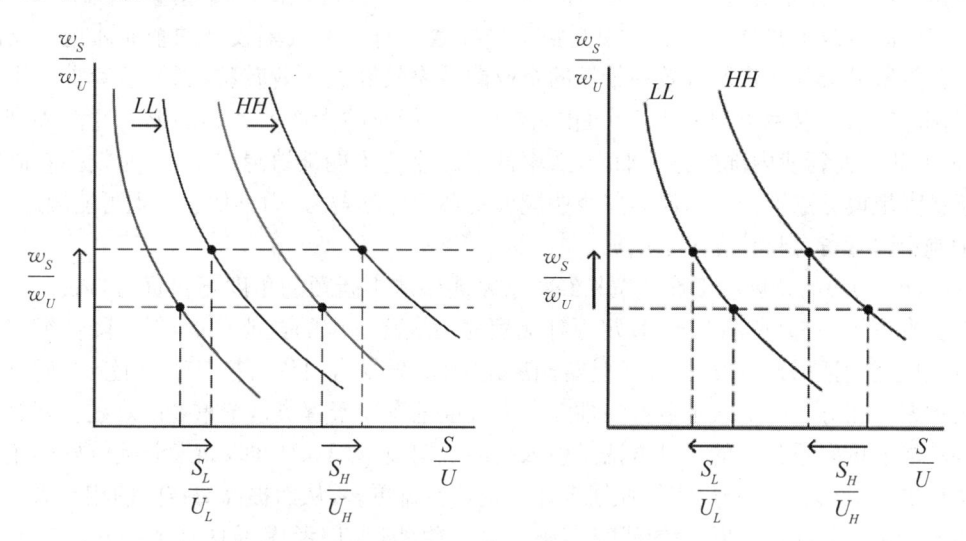

图 2-5　贸易与技能偏向型技术变革对工资不平等的影响

注:图左为贸易对工资的影响,图右为技能偏向型技术变革对工资的影响。其中,w_S/w_U 代表技术工人-非技术工人工资比率,S/U 代表技术工人-非技术工人就业比率。

回顾技术进步的现实情况。一方面,技术进步提高了生产效率,降低了生产成本,但同时使得一些低技能劳动岗位变得多余,导致低技能劳动者的收入减少。而高技能劳动者因能操作复杂的机械设备或软件而使得对他们的需求增加,从而其收入被推高。另一方面,在数字经济时代,技术变革加剧了数字鸿沟,即技术接入和使用能力在不同社会群体之间的差异。这种差异导致了教育和就业机会的不平等,进而加剧了收入分配的不均衡。相应的是,教育体系在适应技术变革方面的滞后也加剧了劳动力市场的分割,使得高技能劳动力稀缺,而低技能劳动力过剩。

放眼全球,技术对发达国家和发展中国家的影响存在显著差异。发达国家因拥有更完善的教育体系和技术基础设施而能够更有效地利用技术进步带来的机遇。相比之下,发展中国家因技术和教育资源的缺乏而面临更大的挑战。技术进步可能加剧这些国家内部的收入不平等以及其与发达国家之间的收入差距。同时,技术变革导致全球供应链重组:高技能密集型产业越来越集中在技术先进的国家和地区,而低技能密集型产业则转移到劳动力成本较低的国家。这种重组也加剧了发展中国家内部的收入不平等,同时使得全球范围内的收入差距扩大。

三、新的分析框架——企业异质性模型

企业异质性理论(Theory of Firm Heterogeneity)认为,即使在相同的行业中,不同的企业也会展现出不同的特性。其核心观点是企业之间存在明显的异质性,这种异质性可以体现在

生产效率、技术水平、产品质量、规模经济以及市场份额等多个方面,为理解企业行为、市场结构和国际贸易模式等经济现象提供了重要的视角。

该模型能够解释企业为何选择出口及其如何在国际市场上取得成功,并对传统国际贸易理论进行了重要的扩展。假设企业之间在生产效率上存在显著差异,这影响了它们在国内外市场上的竞争能力。效率较高的企业能以较低的平均成本生产商品,因而在国际市场上更具竞争优势。然而,并非所有企业都会选择出口。只有当企业的生产效率超过某个阈值时,才能覆盖出口的固定成本并从国际贸易中受益。这导致只有生产效率较高的企业才进入国际市场。而开放贸易会导致资源从效率较低的企业向效率较高的企业转移,因为后者扩大了规模以满足国际需求。这种资源的重新分配提高了整个行业的生产效率和国家的经济福利。同时,贸易开放促使行业内部的竞争加剧,效率低下的企业可能被迫退出市场,而效率较高的企业则会扩大规模。这解释了为何某些企业能够受益于国际贸易,而其他企业则可能因此受损,从而为制定国际贸易政策提供了依据。

Melitz(2003)的开创性工作使贸易经济学家能够从更新颖的角度解释贸易与收入不平等的关系。本节第一部分提到,S-S定理预测贸易会提高富国的技能溢价,但会降低穷国的技能溢价。但经验证据普遍发现,无论是富国还是穷国,贸易自由化与技能溢价上升之间都存在正相关关系。在分析中加入企业异质性在很大程度上有助于解决这个重要的难题。将企业异质性与技能溢价联系起来的一种方法是引入技能偏向技术(SBP),即,如果业绩较好的企业技能密集度更高,那么贸易开放将使业绩较好的企业受益更多,从而提高对技能的相对需求。

Burstein and Vogel(2017)的研究实施了这一想法,他们考虑了具有企业异质性的多国H-O模型,并假设熟练工人与非熟练工人的均衡比率在企业生产率中不断增加。在该模型中,贸易成本的降低通过三种机制影响技能溢价:第一,标准的S-S机制提高了技能丰富国家的技能溢价,但降低了技能稀缺国家的技能溢价。第二,贸易将资源重新分配给生产力更高的企业(Melitz, 2003)。由于生产力较高的企业也属于技能密集型企业,因此向这些企业重新分配资源会提高对技能的相对需求和技能溢价。无论一个国家的技能丰富程度如何,这一点都成立。第三,通过技能偏向技术,生产率的提高将转化为技能密集型行业更大的成本优势。因此,贸易成本的降低也将把资源重新分配给技能密集型行业,从而提高所有国家的技能溢价。将这三种机制放在一起,贸易对技能溢价的净影响在理论上是不明确的。Burstein and Vogel(2017)用60个国家的数据拟合模型并模拟贸易自由化的影响。他们发现,一个国家从自给自足转向贸易会提高几乎所有国家的技能溢价,即使是像中国这样的技能稀缺国家。这是因为标准S-S效果的幅度小于将资源重新配置到一个部门内生产率更高的企业的效果,以及将资源重新配置到技能密集型部门的效果。

Bustos(2011)也研究了贸易自由化对技能和技术变革的影响。与Burstein and Vogel(2017)关注跨部门和跨公司重新分配引起的技能需求不同,Bustos(2011)关注技术的转变和企业内部对技能的需求。具体来说,通过调查巴西对阿根廷关税削减对阿根廷企业技能构成的影响发现,巴西的关税削减导致规模低于中值的阿根廷企业降低了技能等级,而规模高于中值的阿根廷企业则进行了升级。对行业技能需求的总体影响是积极的,因为升级技能的企业规模更大,在劳动力需求中的权重更高。这表明贸易自由化对技能需求的影响在不同企业之间是不同的。Bustos(2011)表明,这种模式可以在一个模型中合理化,其中市场规模的变化可以促使企业采用不同技能强度的不同技术。

贸易推高技能溢价的另一个渠道是质量升级。发达国家的消费者通常有更强的为质量买单的意愿。想要出口到这些市场的企业预计会提高产品质量,以满足目的地市场的标准。如果更高质量的商品需要更多的技能来生产,质量升级就会提高对技能的相对需求和技能溢价。Verhoogen(2008)将质量选择纳入企业异质型框架中,并考虑了本国货币贬值对企业质量选择的影响。国内货币贬值后,企业增加对发达国家的出口并提高产品质量。对于高生产率企业来说,这种影响更大,因为高生产率企业的市场规模随着货币贬值而相对扩大。Verhoogen(2008)将这些预测应用于一组墨西哥制造工厂的数据。1994年12月,墨西哥本国货币(比索)迅速大幅贬值。货币贬值大大增加了企业的出口积极性。通过采用双重差分(DID)策略,研究比较了高生产率企业(以国内销售为代表)和低生产率企业在贬值前后的结果变化,发现在货币贬值后,生产力较高的企业比生产力较低的企业增加了出口占销售额和ISO9000认证的份额,这表明货币贬值鼓励了出口和质量升级。此外,在货币贬值后,生产效率较高的企业提高了白领工人和蓝领工人的工资,但白领工人的工资提高得更多。结果,货币贬值后,企业内部白领工人与蓝领工人之间的收入不平等加剧。

Brambilla 等(2012)还研究了出口与技能相对需求之间的关系。他们估计了出口以及出口目的地的构成变化对一组阿根廷企业的就业、工资和技能溢价的因果影响。为了确定因果效应,作者探索了巴西货币贬值的自然实验,该实验导致阿根廷出口商将出口目的地从巴西转向高收入国家。他们利用工具变量(IV)策略发现,将出口转向高收入国家会大幅提高工人的平均工资以及非生产工人的就业比例。另外,出口本身对这两个变量都没有重大影响。这一结果提供了强有力的证据证明出口和技能利用之间的正向联系背后是出口目的地的特征,特别是高收入国家对质量的高评价,而不是出口活动本身。他们还发现,这种影响在质量差异较大的行业更为明显。这表明,正如 Verhoogen(2008)所强调的,高收入国家对产品质量的更高评价可能是企业向高收入国家出口时技能需求增加的一个重要解释。

四、贸易与收入不平等的其他分析视角

传统贸易理论假设一个行业内工资是相同的,然而现实是,即使具有相似特征(教育水平、性别等)的工人,工资也有很大的差异。这种"剩余工资不平等"也占据总体工资不平等中很大一部分(Acemoglu,2002;Juhn 等,1993;Katz 和 Autor,1999)。针对这部分收入不平等,最近的文献提出了以下几种解释:

(一) 效率工资理论

Davis and Harrigan(2011)将 Shapiro and Stiglitz(1984)的效率工资模型纳入企业异质性模型。假设雇主没有能力监控工人以防止他们偷懒,为了激励工人工作,企业就必须支付比可观察工作努力程度更高的工资。进一步地,假设企业监控工人的能力存在差异。监控能力较好的企业支付的工资较低,因为企业不太需要以高工资来激发工人努力。

(二) 公平工资理论

Amiti and Davis(2011)考虑了 Akerlof(1982)提出的公平工资论点,其中工资是企业盈利能力的递增函数。工人们要求工资溢价以更努力地工作,因为利润更高的企业向其工人支付更高的工资被认为是公平的。Egger and Kreickemeier(2009)进一步假设工资随着企业生产率的提高而增加。

(三) 搜索和匹配摩擦

Helpman 等(2010)将标准的 DMP(Data Management Platform,数据管理平台)搜索与失

业模型引入企业异质性模型,认为劳动市场的搜索与匹配摩擦使工人有一定程度的讨价还价能力来要求更高的工资。为了在企业之间产生工资差异,假设工人的特定能力不同。企业的生产力与工人的能力是互补的。雇主无法观测到工人的能力,因此需要进行昂贵的筛选来选择超过一定能力阈值的工人。由于规模经济,生产力更高的企业会更严格地筛选并雇用能力更强的工人。由于能力更强的工人的替换成本更高,因此生产力更高的企业支付更高的工资。

从这个视角出发,贸易如何影响剩余不平等的主要机制是:贸易导致的行业内企业之间销售和利润的重新分配,使一些企业(高生产率出口商)受益,但损害了其他企业(低生产率内向型企业)。如果工资与企业特性挂钩,那么行业内销售额和利润的重新分配就会转化为行业内工资分配的变化。因此,贸易通常会导致企业绩效更加不平等,同时会加剧工资不平等。

Amiti and Davis(2011)研究了关税削减对印度尼西亚企业工资分配的影响。他们考虑降低两种关税。一种是进口最终产品的关税(产出关税),另一种是进口中间投入品的关税(投入关税)。理论上,降低产出关税会加剧国内市场的进口竞争,从而降低与外国出口商竞争的企业的工资。另外,投入关税的降低降低了企业的生产成本。如果较低的成本促使企业扩张,就可能增加工资,但如果企业用进口中间投入替代劳动力,就可能降低工资。研究发现产出关税和投入关税对不同企业的工资有不同的影响。产出关税降低10个百分点,会使专门面向国内经济的企业的工资降低3%,但会使出口企业的工资提高最多3%。投入关税降低10%对不进口的企业影响不大,但对进口企业而言,其工资最多上涨12%。总体信息是,贸易自由化有利于全球化程度较高的企业和工人,但会损害那些更注重国内经济的企业和工人。

Helpman 等(2017)使用巴西的数据估计了一个具有异质性企业和剩余工资不平等的模型。该数据记录了有关工资不平等的几个典型事实:第一,总体工资不平等的很大一部分(超过50%)是部门职业内部的不平等。第二,行业内的职业不平等很大一部分是由企业之间的工资不平等造成的。第三,这种不平等在很大程度上是剩余不平等,即在控制了广泛的可观察到的工人特征后,它们是工资不平等。作者发现这种剩余工资不平等与企业规模和出口状况密切相关,即大企业和出口商支付更高的工资,贸易对收入不平等呈"倒U形"影响,随着经济从自给自足转向完全自由贸易,总体工资不平等首先扩大,然后缩小。当经济摆脱自给自足时,一些生产性企业开始出口,而生产性较低的企业则失去国内市场的市场份额。这种贸易引起的重新分配加剧了企业之间的工资不平等,因为工资与企业规模正相关。然而,随着贸易成本的进一步下降,大多数企业已经成为出口商,因此企业之间的工资不平等开始缩小。

根据上述一系列的机制分析和经验证据,不难看出,企业异质性模型的提出复兴了贸易和收入不平等的相关研究。随着更多微观数据可收集性的提升,对企业异质性的假设允许贸易从更全面的角度解释收入不平等。

第三节　国际贸易与收入不平等的实证研究

一、贸易开放措施引发美国制造业就业急剧下降

作为全球最大的经济体,美国的收入不平等受贸易的影响备受关注。Pierce and Schott(2016)以2001年美国赋予中国永久正常贸易关系(Permanent Normal Trade Relations, PNTR)作为一项准自然实验,借助双重差分法,实证研究了该政策冲击与美国制造业就业急剧下降之

间的密切联系。图 2-6 描述了美国制造业就业和增加值的年度变化。在 2001 年后，美国制造业就业出现了断崖式下跌，同时，制造业增加值虽然有所上升，但是上升速度明显放缓，作者认为这是由于 PNTR 导致中国进口大幅增加而引起的。

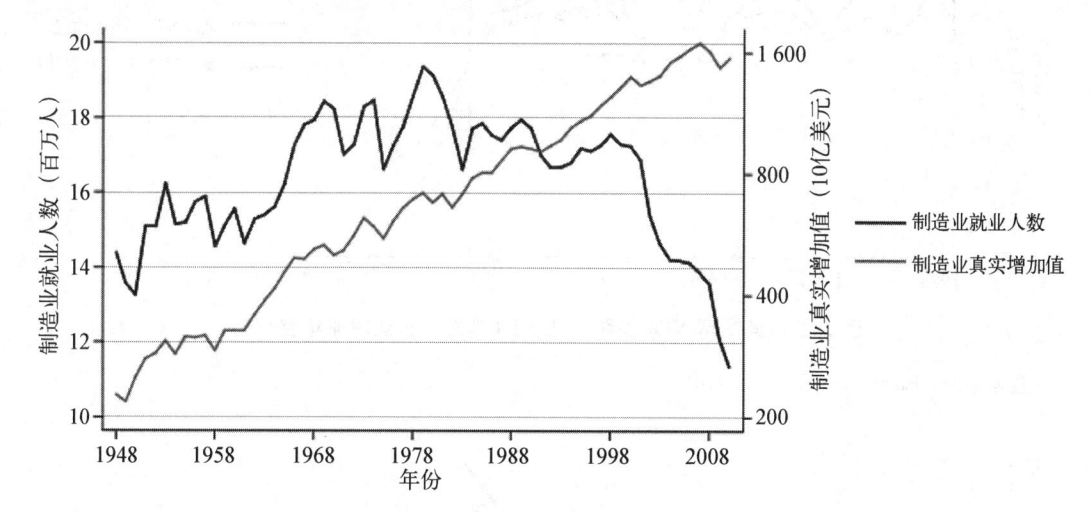

图 2-6　美国制造业就业和制造业增加值年度变化的对比

注：BLS 为美国劳工统计局；BEA 为美国经济分析局。
数据来源：Pierce and Schott(2016)。

自 20 世纪 80 年代以来，美国从中国进口的产品一直受到 WTO 成员相对较低的 NTR (Normal Trade Relations，正常贸易关系)关税税率的影响。但对中国来说，这种低关税需要每年续订，而能否成功续订则存在很大的不确定性，在政治层面也存在争议。如果无法续订，美国对中国商品的进口关税将跃升至分配给非市场经济体的更高的非 NTR 关税，即 1930 年制定的"斯穆特-霍利"关税。然而，美国国会于 2000 年 10 月通过了一项赋予中国永久非关税壁垒地位的法案，该法案于 2001 年中国加入 WTO 后正式生效。该政策冲击的特殊之处在于，其并未直接降低关税，而是消除了未来关税上涨的可能性，降低了续订低关税包含的不确定性。作者使用"斯穆特-霍利"税率(高税率)与 NTR 税率(低税率)的差距衡量该政策冲击对行业 i 的影响，并预计 NTR 差距越大的行业越容易受这项政策冲击的影响：

$$NTR\ GAP_i = Non\text{-}NTR\ Rate_i - NTR\ Rate_i \qquad (2-1)$$

另外，这一冲击也保持了对 2001 年之后就业增长的合理外生性。因为各行业 NTR 差距变化的 89% 是由非 NTR 税率的变化引起的，非 NTR 税率是在 PNTR 通过前 70 年设定的。这一特征有效地排除了设定非 NTR 税率旨在保护就业下降的行业可能出现的反向因果关系。

借助美国人口普查局的纵向商业数据库(LBD)，作者衡量了美国制造业的年度就业情况。使用人口普查局的纵向外贸交易数据库(LFTTD)记录的美国进口交易数据，能够进一步确定 PNTR 对进口贸易的影响。图 2-7 展示了制造业中 NTR 差距较大的部门和 NTR 差距较小的部门就业的年度变化。在 2001 年前，两组就业保持相对平行的变化趋势，而在 2001 年后，NTR 差距较大的部门出现了显著的就业下降。图 2-8 则展示了进口贸易的变化，从中可以看到，2001 年后，相对世界其他国家，来自中国的制造业进口明显增加，NTR 差距更大的部门增速更快。

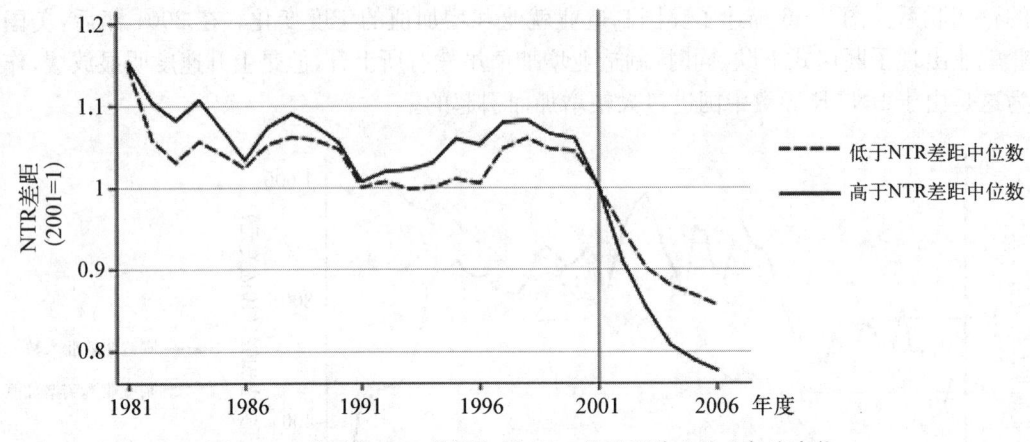

图 2-7　美国高 NTR 差距和低 NTR 差距制造业就业年度变化

数据来源：Pierce and Schott(2016)。

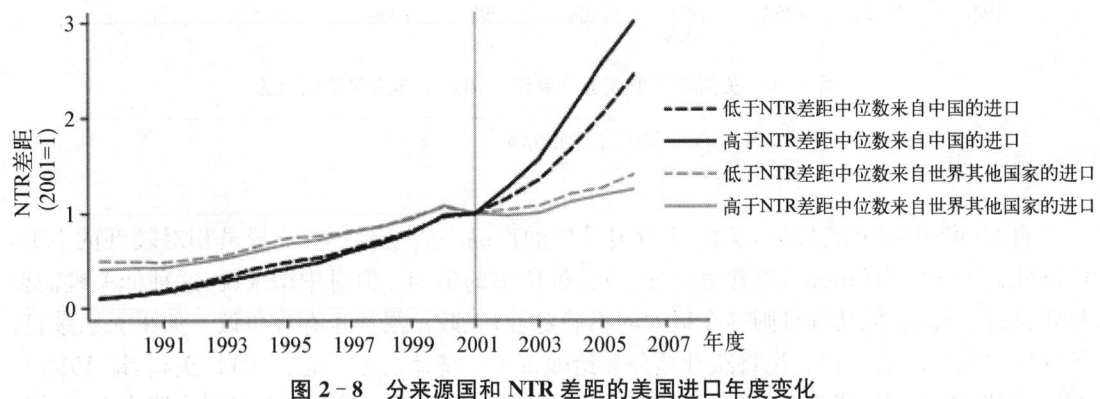

图 2-8　分来源国和 NTR 差距的美国进口年度变化

数据来源：Pierce and Schott(2016)。

作者构建了以下 OLS 回归模型估计 PNTR 对美国制造业就业的影响。将 2001 年(后 PNTR 时期)后 d 年的制造业就业增长与 1990 年美国就业增长峰值后 d 年(前 PNTR 时期)的就业增长进行了比较，以检查 PNTR 对制造业就业的影响如何随时间演变：

$$\frac{\Delta E_{i,t,t+d}}{E_{it}} = \alpha + \theta_d 1\{post - PNTR_t\} \times NTR\ GAP_{i,1999} + \gamma_d X_{it} + \delta_{id} + \delta_{td} + \varepsilon_{itd}$$

(2-2)

回归结果显示(如表 2-2 所示)，2001 年后，PNTR 影响更大的制造业部门(NTR 差距更大)的就业增长受到显著的负向影响，同时该影响还呈现出逐年递增的趋势。这一结果具有 DID 估计的标准属性。虽然 PNTR 后的行业就业增长可能会因行业特征而异，但是通过比较 PNTR 前后行业内的结果消除了与任何时不变行业属性相关的偏差。使用行业和年度层面的固定效应也可以控制对两组行业产生同等影响的总体冲击。此外，所有指标都包括行业资本密集度和技能密集度，以考虑与美国比较优势密切相关的两个随时间变化的行业特征。

表 2-2 制造业就业的回归结果

	NBER 峰值后的行业就业百分比年度变化					
	1	2	3	4	5	6
$1\{post\text{-}PNTR\} \times NTR\,Gap_i$	**−0.104**	**−0.187**	**−0.332**	**−0.387**	**−0.469**	**−0.482**
	0.058	**0.082**	**0.105**	**0.114**	**0.149**	**0.147**
$\ln \dfrac{K}{L}_{it}$	−0.058	−0.032	0.021	0.099	0.140	**0.170**
	0.036	0.056	0.071	0.077	0.101	**0.093**
$\ln \dfrac{S}{L}_{it}$	−0.048	**−0.110**	**−0.140**	−0.131	−0.087	−0.108
	0.046	**0.059**	**0.075**	0.087	0.096	0.111
观测值	652	652	652	652	652	652
R^2	0.67	0.70	0.70	0.70	0.66	0.66
固定效应	i, t	i, t	i, t	i, t	i, t	i, t
就业加权	是	是	是	是	是	是
PNTR 的隐含影响	−0.034	−0.060	−0.107	−0.125	−0.151	−0.156
	0.019	0.026	0.034	0.037	0.048	0.047

注：制造业就业用制造业就业的百分比变化表示。
数据来源：Pierce and Schott(2016)。

由于 PNTR 可能提高中美贸易的吸引力，并且提高美国企业采用劳动力节约型技术的积极性，因此它会影响美国的就业增长。作者进一步使用来自纵向外贸交易数据库的企业级美国进口数据来研究 PNTR 与中美贸易之间的关系。他们比较了 2001—2005 年（后 PNTR 时期）与 1997—2001 年（前 PNTR 时期）贸易的变化。

$$\begin{aligned}\Delta Z_{ch,\,t;\,t+4} =& \alpha + \theta 1\{c=China\} \times 1\{post\text{-}PNTR_t\} \times NTR\,Gap_{h,1999} \\ & + \gamma_1 1\{post\text{-}PNTR_t\} + \gamma_2 1\{post\text{-}PNTR_t\} \times NTR\,Gap_{h,1999} \\ & + \gamma_3 1\{post\text{-}PNTR_t\} \times 1\{c=China\} \\ & + \gamma_4 1\{c=China\} \times NTR\,Gap_{h,1999} + \delta_c + \delta_h + \varepsilon_{ch} \end{aligned} \quad (2-3)$$

结果显示，DID 项的系数估计值在衡量美国进口的四个维度时都显著为正。这表明在平均水平上，2001 年后受 PNTR 影响更大的制造业部门从中国的进口价值的增长比所有其他美国贸易伙伴的进口价值增长高 14%（如表 2-3 所示）。此外，美国进口商、中国出口商和进出口商对数量的相对增长率分别为 12%、12% 和 11%。

这些结果表明，美国从中国的进口激增的正是国内制造业就业损失集中的那类商品。该结果也为 PNTR 鼓励更高水平的离岸外包提供了间接证据，同时说明贸易政策不确定性的减少将显著增加企业在新贸易关系中投资的动机。

欧盟于 1980 年给予中国永久最惠国待遇，因此中国加入 WTO 对欧盟的实际或预期关税影响不大，而且来自中国的进口产品在欧盟不存在潜在关税上涨的影响。然而如果美国的就业趋势是由于受关税影响较大的制造业部门受到的技术冲击或者中国生产率冲击导致的，那么另一个大型发达经济体欧盟就可能出现类似的影响。作者通过比较欧盟和美国的结果发现,欧盟并没有出现和美国类似的就业下降(见表2-4)。这表明与美国受PNTR影响的制造业部门相关的就业下降似乎与影响全球制造业就业的未观察到的冲击无关,说明了该政策冲击与美国制造业就业下降之间的独特联系。

表2-3 对中国采用PNTR税率对贸易的影响

	2001—2005年与1997—2001年标准化变化的比较			
	贸易额	美国进口商数量	中国出口商数量	进口-出口商配对数
$1\{post\text{-}PNTR\} \times 1\{c = China\} \times NTR\ Gap_i$	**0.427** 0.104	**0.381** 0.086	**0.361** 0.088	**0.334** 0.088
观测值	341 239	341 239	341 239	341 239
R^2	0.06	0.07	0.07	0.07
稳健标准误差(Robust SE)	是	是	是	是
固定效应	h,c	h,c	h,c	h,c

数据来源:Pierce and Schott(2016)。

表2-4 采用PNTR税率后美国和欧盟制造业就业影响的比较

	$\ln(EU\ Employment_{iy})$	$\ln(US\ Employment_{iy})$
$1\{y=1998\} \times NTR\ Gap_i$	−0.019 −0.148	−0.079 −0.285
$1\{y=1999\} \times NTR\ Gap_i$	−0.010 −0.120	−0.189 −0.238
$1\{y=2000\} \times NTR\ Gap_i$	0.007 −0.112	−0.304 −0.224
$1\{y=2001\} \times NTR\ Gap_i$	0.032 −0.112	**−0.395** **−0.222**
$1\{y=2002\} \times NTR\ Gap_i$	0.015 −0.115	**−0.636** **−0.235**
$1\{y=2003\} \times NTR\ Gap_i$	0.041 −0.128	
$1\{y=2004\} \times NTR\ Gap_i$	0.010 −0.136	**−1.057** **−0.296**
$1\{y=2005\} \times NTR\ Gap_i$	−0.042 −0.144	**−1.078** **−0.334**
观测值	999	832
R^2	0.99	0.99
就业加权	是	是
固定效应	i,t	i,t

数据来源:Pierce and Schott(2016)。

二、贸易开放与收入不平等的新证据

根据 S-S 定理,贸易引起的产品价格相对变化会增加丰裕要素的实际回报,而减少其他要素的回报。这使得丰裕要素从开放中获益,而稀缺要素则遭受损失。在发达经济体中,资本和熟练劳动力相对丰富,这显然会导致收入向顶层集中,预计收入不平等将会加剧。而在发展中国家,大量用于出口生产的非熟练劳动力将从贸易开放中受益,提高工资和收入,预计收入不平等将会减少。尽管美国的证据表明贸易开放导致了其国内制造业就业受到冲击,收入不平等加剧,但基于更大的国家样本,Dorn 等(2022)借助工具变量法研究贸易开放对国家内部收入不平等的影响时发现,没有结果表明贸易开放会影响全体国家样本中的收入不平等,这一影响存在国家异质性。

作者采用 1970—2014 年期间包含 139 个国家的面板数据作为研究样本。将标准化世界收入不平等数据库(SWIID)中的家庭收入不平等基尼系数作为收入不平等的主要衡量标准。该系数在同一概念下包含一个市场基尼系数和一个净基尼系数,从而可以比较一段时间内通过税收和转移支付进行再分配之前和之后的收入不平等。由于基尼系数没有显示一个国家收入分配的哪些部分不成比例地增加或减少,因此作者同时采用了全球消费和收入项目(GCIP)的相对净收入份额作为收入不平等的衡量标准。一国贸易开放度由进出口总额占 GDP 的比重来衡量,这部分数据取自世界发展指标数据库(WDI)。图 2-9 展示了不同分类的国家样本中贸易自由度与两个基尼系数在研究时间段内的相对变化。可以看到,在包含全部国家的样本中,净基尼系数和市场基尼系数并未呈现出与贸易开放相同的变化趋势;在发达国家样本中,市场基尼系数与贸易开放水平同步上升,说明贸易开放加剧了这些国家的不平等;而在新兴市场和发展中国家样本中,贸易开放伴随着市场基尼系数和净基尼系数的同步下降,说明这些国家的收入不平等水平下降。

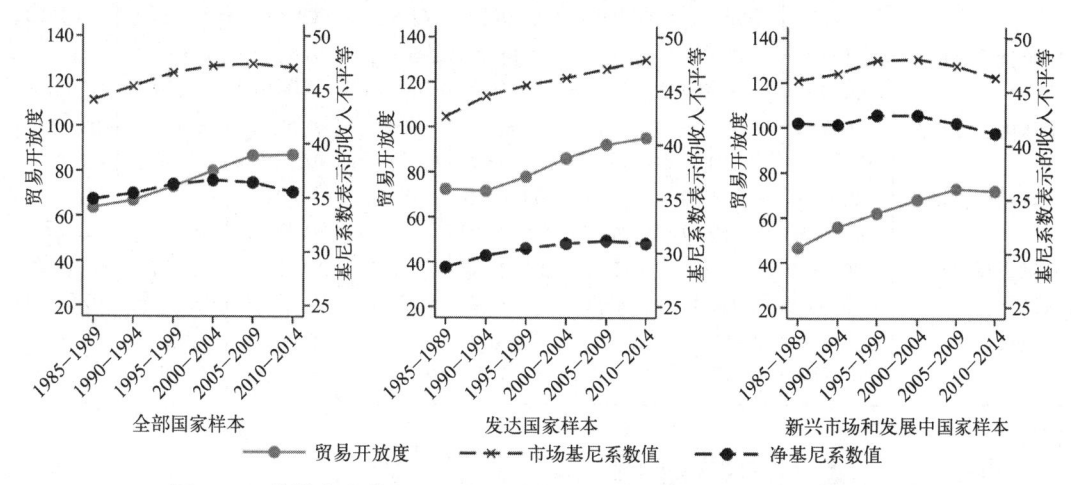

图 2-9 分样本国家贸易开放度、市场基尼系数值和净基尼系数值的变化

数据来源:Dorn 等(2022)。

作者构建了以下实证模型来估计贸易开放对国家内部收入不平等的影响,该模型包含经济发展(GDP p.c.)、人口结构(Population)、全球化水平(Social Glob., Political Glob.)等一系列国家层面的控制变量,以及时间和个体层面的固定效应(Fixed Effects),同时采用聚类到国家层面的稳健标准误差(Robust SE):

$$Y_{i,\tau} = \beta \times TRADE_{i,\tau} + \Theta' \times \chi_{i,\tau} + \upsilon_i + \upsilon_\tau + \epsilon_{i,\tau} \tag{2-4}$$

该模型存在潜在的内生性问题：一方面，没有纳入模型的遗漏变量可能导致估计误差；另一方面，估计偏差来自可能存在的反向因果。收入不平等的变化会影响贸易开放政策的制定，例如，关于跨大西洋贸易和投资伙伴关系（TTIP）的辩论就受到贸易收益分配不均的看法的影响。而一国内部收入分配的变化也可能对该国的贸易开放水平产生直接影响。为此，作者选择基于引力模型的预测开放度作为贸易开放度的工具变量（IV）来解决内生性问题，一国发生地震、飓风或火山爆发等自然灾害[Nat. disasters($t-1$)]会影响其贸易伙伴的开放程度，具体取决于两国地理位置的接近程度。OLS和工具变量法的基准回归结果见表2-5，从中可以发现在更大范围的国家样本中，贸易开放对以基尼系数衡量的国家内部收入不平等并不存在显著影响。

表2-5 贸易开放度和收入不平等分样本OLS回归结果与2SLS回归结果

变量	OLS 全样本 (1) 基尼系数市场值	OLS 全样本 (2) 基尼系数净值	OLS 基准样本 (3) 基尼系数市场值	OLS 基准样本 (4) 基尼系数净值	2SLS 全样本 (5) 基尼系数市场值	2SLS 全样本 (6) 基尼系数净值	2SLS 基准样本 (7) 基尼系数市场值	2SLS 基准样本 (8) 基尼系数净值
贸易开放度	0.008 17 (0.013 3)	0.011 0 (0.010 6)	−0.008 72 (0.015 3)	−0.001 07 (0.011 3)	−0.065 8 (0.069 2)	−0.027 6 (0.056 3)	0.000 943 (0.041 8)	0.023 2 (0.033 9)
经济发展	0.095 2 (0.059 0)	0.023 5 (0.050 0)	0.095 5 (0.057 5)	0.004 34 (0.046 0)	0.150 (0.091 6)	0.052 2 (0.067 3)	0.088 0 (0.074 3)	−0.014 6 (0.051 7)
人口结构(log)	−5.322* (2.835)	−2.298 (2.203)	−2.873 (3.969)	1.146 (3.075)	−5.964** (2.842)	−2.633 (2.204)	−2.660 (3.858)	1.682 (3.186)
年龄抚养比例	0.129** (0.050 9)	0.066 6 (0.043 6)	0.193*** (0.069 2)	0.140** (0.059 7)	0.101 (0.061 3)	0.051 8 (0.051 3)	0.197*** (0.068 3)	0.151*** (0.057 8)
全球化社会水平	0.061 8 (0.050 7)	0.025 2 (0.040 0)	0.043 1 (0.052 2)	0.000 700 (0.039 9)	0.060 4 (0.049 8)	0.024 3 (0.037 5)	0.043 5 (0.050 8)	0.001 56 (0.040 7)
全球化政治水平	−0.034 6 (0.036 9)	−0.017 3 (0.030 3)	−0.010 2 (0.046 4)	0.005 60 (0.037 9)	−0.021 2 (0.039 5)	−0.010 3 (0.031 2)	−0.013 1 (0.046 7)	−0.001 76 (0.037 7)
外国直接投资	0.069 5*** (0.020 8)	0.042 6*** (0.015 4)	0.077 7*** (0.026 0)	0.043 7*** (0.016 2)	0.078 3*** (0.022 2)	0.047 2*** (0.016 8)	0.077 7*** (0.025 4)	0.043 7*** (0.015 9)
自然灾害($t-1$)	2.103*** (0.377)	2.115*** (0.478)	2.390*** (0.315)	2.450*** (0.392)	2.255*** (0.345)	2.194*** (0.445)	2.377*** (0.317)	2.419*** (0.403)
固定效应 国家FE FE时期	是 是	是 是	是 是	是 是	是 是	是 是	是 是	是 是
国家数	139	139	82	82	139	139	82	82
观测值	794	794	516	516	794	794	516	516
部分R^2					0.067		0.131	
F检测，弱ID					45.573		62.899	
F检测，p值					0.000		0.000	

数据来源：Dorn等（2022）。

进一步地，作者区分国家类型，对收入份额进行分位数回归。结果显示，贸易开放显著增加了发达国家中上阶层的收入(见表2-6中的c组)，而减少了最贫困人群的收入，使得发达国家的收入不平等加剧。在发展中国家，贸易开放显著提升了最贫困人群的收入，从而有助于减缓收入不平等现象。

此外，在这些国家样本中，存在一些特殊的个体。例如，中国和中东欧这种转型经济体，这些国家由于经历了快速的贸易开放进程，因此其福利分配体系和劳动力市场机构不如世界其他发达国家和地区健全。又如，中国的改革开放由于集中于经济增长，而没有通过大型公共教育和再分配计划来调节，因此，中国虽崛起为全球经济强国，但国内分布可能不均。中欧和东欧转型国家也经历了向市场经济迈进的系统性变革。通过从国家样本中剔除这些国家，或者控制经济转型的调节效应，回归结果(见表2-7)显示贸易开放对收入不平等的显著影响可能正是这些国家推动的，在发达国家中并未发现贸易开放显著影响了收入不平等。尽管有证据表明发达经济体的就业、收入分配等可能受贸易开放政策的冲击，但是在这些国家，已建立的累进税收和转移支付制度、稳定的政治和民主制度以及广泛的教育机会将缓解贸易开放对收入不平等的不利影响。

也有其他实证研究得到了不一致的结论。虽然有证据(Autor等，2013；Acemoglu等，2016)表明中国对美国制造业的出口造成了机构层面的就业损失，但是Magyari(2017)使用美国人口普查局企业层面的新数据研究发现：美国制造企业也能通过两种主要方式对中国的竞争冲击作出反应，从而实现就业增长。首先，企业内部的重组帮助美国制造企业减轻了来自中国的负面影响。这包括将企业在美国的业务从直接面对中国竞争的市场转向较少暴露的市场，并重新组织供应链，通过替换国内供应商为外国供应商并增加对外直接投资来增强竞争力。其次，由于中国在美国的产出和投入市场上进口的增加，美国制造业就业有所上升。这是因为投入市场的进口增加降低了美国制造企业的材料成本，这种成本下降对企业产生了有利的成本效应，从而抵消了产出市场竞争加剧的部分或全部负面影响。因此，与简单增加产出市场竞争相比，中国对美国制造业就业的影响的实质更加复杂，反映了企业层面的重组和投入及产出市场冲击的综合效应，而这可能导致净就业机会的创造。然而这种就业机会的创造可能并不涵盖同一行业、同一地区或同一机构内的所有工人。因此作者认为后续研究应继续专注于收集和分析经验证据，以深入考察贸易对企业层面的就业和收入的影响。

第四节 国际贸易与收入不平等——来自中国的证据

自加入WTO以来，中国的对外贸易经历了飞速发展，极大地促进了经济增长，同时引发了贸易对中国国内收入分配影响的广泛关注。本节通过介绍国际贸易影响中国收入不平等的机制、影响路径等，旨在分析全球经济一体化背景下，贸易对中国内部收入差距产生的深远影响，以便读者理解我国贸易政策与社会福利之间的复杂关系。

一、贸易自由化与中国企业劳动力收入

余淼杰和梁中华(2014)使用1998—2007年中国制造业贸易企业层面的面板数据，研究了贸易自由化对企业劳动收入份额的影响，发现贸易自由化显著降低了企业层面的劳动收入份额。

表 2-6 区分国家类型的回归结果

	(1) D1	(2) D2	(3) D3	(4) D4	(5) D5	(6) D6	(7) D7	(8) D8	(9) D9	(10) D10	(11) Gini market	(12) Gini net
(c) 排除转型经济体国家												
贸易开放度	−0.001 74	−0.003 16	−0.003 13	−0.002 74	−0.002 09	−0.001 11	0.000 357	0.002 79	0.007 65	0.003 17	−0.045 4	−0.012 0
	(−0.26)	(−0.54)	(−0.55)	(−0.50)	(−0.41)	(−0.24)	(0.09)	(0.75)	(1.33)	(0.09)	(−1.16)	(−0.39)
国家数	69	69	69	69	69	69	69	69	69	69	69	69
观测值	454	454	454	454	454	454	454	454	454	454	454	454
部分 R^2							0.139					
F 检测, 弱 ID							59.729					
F 检测, p 值							0.000					
(d) 转型经济体效应												
贸易开放度	−0.003 33	−0.005 38	−0.005 40	−0.004 85	−0.003 90	−0.002 51	−0.000 453	0.002 86	0.009 39	0.013 6	−0.030 1	−0.001 95
	(−0.48)	(−0.89)	(−0.95)	(−0.90)	(−0.79)	(−0.56)	(−0.12)	(0.74)	(1.56)	(0.41)	(−0.76)	(−0.06)
贸易×转型	−0.016 7*	−0.014 5	−0.012 8	−0.011 2	−0.009 38	−0.007 16	−0.004 12	0.000 701	0.010 6	0.064 6	0.136**	0.111*
	(−1.90)	(−1.58)	(−1.44)	(−1.34)	(−1.24)	(−1.07)	(−0.72)	(0.13)	(1.10)	(1.41)	(2.00)	(1.79)
国家数	81	81	81	81	81	81	81	81	81	81	81	81
观测值	513	513	513	513	513	513	513	513	513	513	513	513
部分 R^2							0.131					
F 检测, 弱 ID							30.608					
F 检测, p 值							0.001					

数据来源: Dorn 等 (2022)。

表2-7 排除转型经济体的回归结果

	(1) D1	(2) D2	(3) D3	(4) D4	(5) D5	(6) D6	(7) D7	(8) D8	(9) D9	(10) D10	(11) Gini market	(12) Gini net
(c) 排除转型经济体国家												
贸易开放度	−0.001 74 (−0.26)	−0.003 16 (−0.54)	−0.003 13 (−0.55)	−0.002 74 (−0.50)	−0.002 09 (−0.41)	−0.001 11 (−0.24)	0.000 357 (0.09)	0.002 79 (0.75)	0.007 65 (1.33)	0.003 17 (0.09)	−0.045 4 (−1.16)	−0.012 0 (−0.39)
国家数	69	69	69	69	69	69	69	69	69	69	69	69
观测值	454	454	454	454	454	454	454	454	454	454	454	454
部分 R^2							0.139					
F检测,弱ID							59.729					
F检测,p值							0.000					
(d) 转型经济体效应												
贸易开放度	−0.003 33 (−0.48)	−0.005 38 (−0.89)	−0.005 40 (−0.95)	−0.004 85 (−0.90)	−0.003 90 (−0.79)	−0.002 51 (−0.56)	−0.000 453 (−0.12)	0.002 86 (0.74)	0.009 39 (1.56)	−0.013 6 (−0.41)	−0.030 1 (−0.76)	−0.001 95 (−0.06)
贸易×转型	−0.016 7* (−1.90)	−0.014 5 (−1.58)	−0.012 8 (−1.44)	−0.011 2 (−1.34)	−0.009 38 (−1.24)	−0.007 16 (−1.07)	−0.004 12 (−0.72)	0.000 701 (0.13)	0.010 6 (1.10)	0.064 6 (1.41)	0.136** (2.00)	0.111* (1.79)
国家数	81	81	81	81	81	81	81	81	81	81	81	81
观测值	513	513	513	513	513	513	513	513	513	513	513	513
部分 R^2							0.131					
F检测,弱ID							30.608					
F检测,p值							0.001					

数据来源:Dorn等(2022)。

文章认为贸易自由化主要通过三条途径影响中国企业层面的劳动收入份额：第一条途径是资本品成本。贸易自由化不仅降低了资本品的进口关税，而且通过加剧资本品市场的竞争带来的国内资本品价格下降，提高了资本品的可获得性。在劳动力成本节节攀升的情况下，资本对劳动力的相对价格降低，企业会使用更多的资本。但贸易自由化通过资本成本影响劳动收入份额的方向不确定：如果资本和劳动力的相对替代弹性足够大，资本成本途径就会降低劳动收入份额；反之，则会提高劳动收入份额。第二条途径是中间投入品价格途径。贸易自由化降低了中间投入品进口关税，企业可以以更低的成本获得更高质量、更加多样化的中间投入品。与第一条途径类似，中间投入品对劳动收入份额有不确定影响：如果中间投入品和劳动之间的替代弹性足够大，中间投入品途径就可以降低劳动收入份额；反之，则会提高劳动收入份额。第三条途径是技术进步。技术进步可以是生产工序、管理方法上的创新，也可以是由引进的资本、中间投入品带来的生产率的提高。研究证明，劳动力的相对稀缺（或劳动力成本的上升）会刺激企业采用劳动替代型的技术。在中国劳动力成本不断上升的背景下，贸易自由化降低了技术引进成本，企业采用劳动替代型的技术，从而降低了劳动份额，所以该途径对劳动收入份额有负向的影响。

具体地，作者将中国从事进口贸易的企业分为两大类：加工进口企业和一般进口企业。加工进口企业是指从国外进口原料、材料或零件，利用本国的廉价劳动力和土地，加工成成品后复出口的企业。自1988年起，海关对加工进口企业进口原材料实行保税政策，即免收关税，而且对加工贸易中外商提供的不作价进口设备也全部免收关税。对一般进口企业进口则不减免关税。加入WTO后，制造业一般进口企业面临的进口关税迅速下降，而加工进口企业一直享受保税政策，所以面临的进口关税几乎无变化（见图2-10）。这就类似一个自然实验，加工进口企业可以被看作"控制组"，一般进口企业可以被看作"处理组"，通过采用倍差法分析贸易自由化对中国制造业进口企业产生的影响。

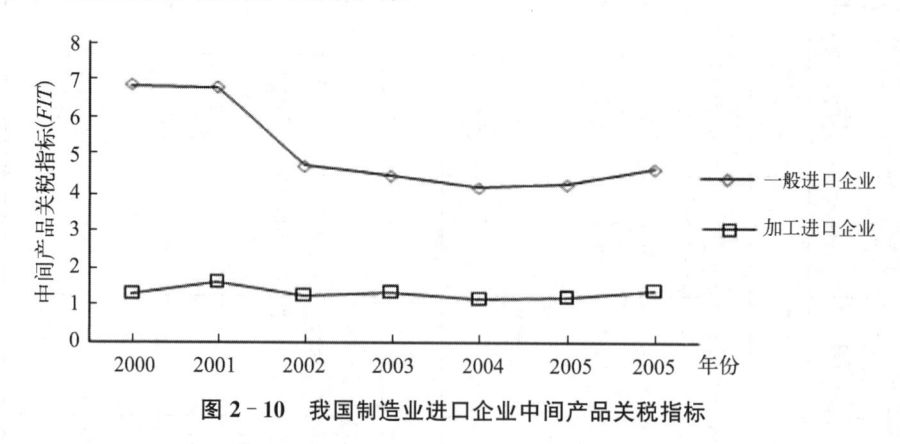

图 2-10 我国制造业进口企业中间产品关税指标

数据来源：余淼杰和梁中华（2014）。

图2-11展示了两类企业劳动收入份额随时间变化的情况。在中国加入WTO前，加工进口企业和一般进口企业的劳动收入份额变化趋势相同；加入WTO后，加工进口企业劳动收入份额不断提高，但一般进口企业的劳动收入份额依旧平稳。尽管两类企业面临的单位劳动成本一直在攀升，但与"控制组"相比，"处理组"的劳动收入份额降低了。

通过构建以下多期倍差法回归方程，对贸易自由化对劳动收入份额总体的影响进行估计。其中，劳动收入份额用劳动收入占企业增加值的比重衡量，劳动收入包括企业支付的员工工

图 2-11 我国制造业进口企业劳动收入份额

数据来源：余淼杰和梁中华(2014)。

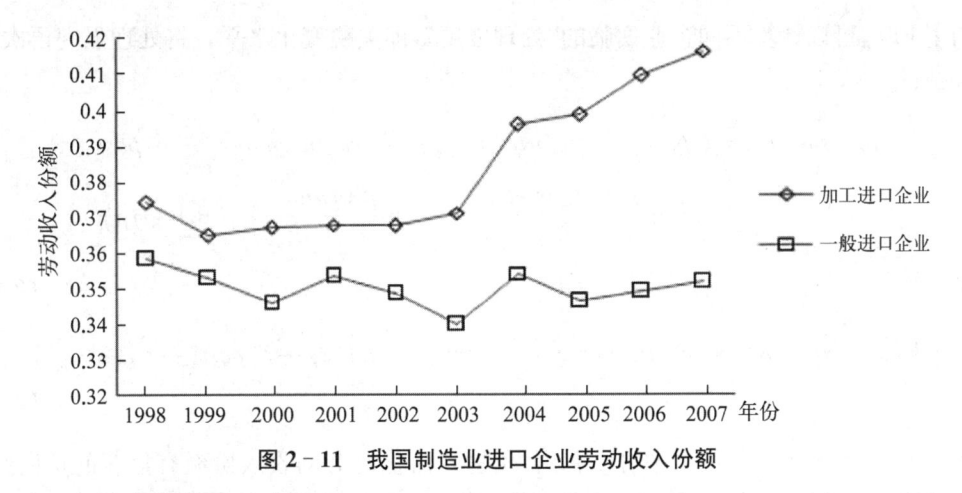

资、劳动与失业保险费、养老保险和医疗保险费、住房公积金和住房补贴、其他应付福利费用。主要解释变量为关税变化年份(2002年)和处理组(一般进口企业)的交乘项。

$$laborshare_{ft} = \beta_1 post_t \times treatment_f + \alpha_f + \lambda_t + \upsilon_{fjt} + \varepsilon_{ft} \quad (2-5)$$

为了分别验证贸易自由化对劳动收入份额影响的三条途径——资本成本、中间投入品价格和劳动替代型技术进步，在回归模型中进一步加入这三条途径的代理变量——劳均固定资产净额、劳均中间投入品和企业层面全要素生产率(TFP)：

$$laborshare_{ft} = \beta_1 post_t \times treatment_f + \beta_2 \ln\left(\frac{fix\_asset_{ft}}{L_{ft}}\right) + \beta_3 \ln\left(\frac{input_{ft}}{L_{ft}}\right)$$
$$+ \beta_4 \ln(tfp_{ft}) + \alpha_f + \lambda_t + \upsilon_{fjt} + \varepsilon_{ft} \quad (2-6)$$

考虑到多期倍差法存在序列相关性问题可能夸大回归系数的显著性，文章将整个样本划分为加入WTO前(1998—2002年)和之后(2003—2007年)两个阶段，仅保留在两个期间均存在的企业样本，建立两期倍差法回归模型：

$$laborshare_{ft} = \beta_1 post_t \times treatment_f + \beta_5 post_t + \alpha_f + \lambda_t + \upsilon_{fjt} + \varepsilon_{ft} \quad (2-7)$$

$$laborshare_{ft} = \beta_1 post_t \times treatment_f + \beta_5 post_t + \beta_2 \ln\left(\frac{fix\_asset_{ft}}{L_{ft}}\right)$$
$$+ \beta_3 \ln\left(\frac{input_{ft}}{L_{ft}}\right) + \beta_4 \ln(tfp_{ft}) + \alpha_f + \upsilon_{fjt} + \varepsilon_{ft} \quad (2-8)$$

另外，如果贸易自由化通过关税下调影响了劳动收入份额，那么关税水平下调幅度不同，企业的劳动收入份额变化也会不同。文章通过以下公式构造了企业层面的中间产品进口关税指标(FIT)，其中 m_{ft}^k 是企业 f 在 t 年对产品 k 的进口额，τ_t^k 是产品 k 在 t 年的从价关税，Θ_{ft} 是企业 f 在 t 年进口的产品集合。

$$FIT_{ft} = \sum_{k \in \Theta_{ft}} \frac{m_{ft}^k}{\sum_{k \in \Theta_{ft}} m_{ft}^k} \tau_t^k \quad (2-9)$$

利用 FIT，可以计算不同企业面临的"处理强度"，即关税变化水平。将处理强度再次加入回归模型：

$$laborshare_{ft} = \beta_1 post_t \times trt\_intensity_f + \beta_6 trt\_intensity_f + \beta_5 post_t$$
$$+ \beta_2 \ln\left(\frac{fix\_asset_{ft}}{L_{ft}}\right) + \beta_3 \ln\left(\frac{input_{ft}}{L_{ft}}\right) + \beta_4 \ln(tfp_{ft})$$
$$+ \alpha_f + \upsilon_{fjt} + \varepsilon_{ft} \tag{2-10}$$

$$laborshare_{ft} = \beta_1 post_t \times trt\_intensity_f + \beta_6 trt\_intensity_f + \beta_5 post_t + \alpha_f + \upsilon_{fjt} + \varepsilon_{ft} \tag{2-11}$$

从表 2-8 展示的回归结果中可以看出，贸易自由化对劳动收入份额有显著的负向影响，与加工进口企业相比，一般进口企业的劳动收入份额在加入 WTO 后显著降低了 3.2%。在考虑了三条途径的代理变量后，倍差法交叉项的系数依然显著，这说明贸易自由化确实通过这三条途径降低了劳动收入份额。

表 2-8 贸易自由化对劳动收入份额影响回归分析结果（多期倍差法）

因变量： 劳动收入份额	方程(1) 非平衡面板		方程(1) 平衡面板		方程(2) 非平衡面板		方程(2) 平衡面板	
	(1)	(2)	(3)	(4)	(5)	(6)	(7)	(8)
$post_t \times treatment_f$	−0.028*** (−11.5)	−0.032*** (−14.2)	−0.032*** (−7.84)	−0.033*** (−8.06)	−0.010*** (−4.91)	−0.017*** (−8.80)	−0.013*** (−3.91)	−0.016*** (−4.77)
$treatment_f$	0.0002 (0.098)		0.006 (1.36)		−0.025*** (−12.7)		−0.024*** (−6.67)	
ln(劳均固定资产)					−0.020*** (−29.2)	−0.017*** (−18.8)	−0.015*** (−9.49)	−0.018*** (−9.73)
ln(劳均中间投入品)					−0.064*** (−47.3)	−0.046*** (−29.9)	−0.062*** (−20.7)	−0.051*** (−15.4)
ln(TFP)					−0.415*** (−43.4)	−0.375*** (−36.6)	−0.379*** (−16.0)	−0.351*** (−13.4)
年份固定效应 企业固定效应	是 否	是 是	是 否	是 是	是 否	是 是	是 否	是 是
样本数	178 868	178 868	45 448	45 448	178 868	178 868	45 448	45 448
R^2	0.09	0.02	0.11	0.05	0.38	0.18	0.39	0.22

注：***表示 $p<0.01$，**表示 $p<0.05$，*表示 $p<0.1$。$post_t$ 是标示企业所处年份是否处在 2002 年之后的哑变量。$treatment_f$ 是标示企业是否属于"处理组"（一般进口企业）的哑变量。如果考虑了企业固定效应，则回归方程中无须加入 $treatment_f$；否则，回归方程中应该加入 $treatment_f$。表中所有回归均考虑了成本加成比、企业规模、年龄等企业层面的控制变量和行业总出口额、国内总销售额、平均 TFP 等行业层面的控制变量。

数据来源：余淼杰和梁中华（2014）。

两期倍差法的回归结果见表 2-9,结果显示贸易自由化对劳动收入份额的负向影响依然非常显著。考虑了三条途径的影响后,倍差法交叉项系数绝对值变小,显著性降低,三条途径对劳动收入份额均有负向影响。这说明贸易自由化通过资本品成本、中间产品价格和劳动替代型的技术显著降低了劳动收入份额。

表 2-9 贸易自由化对劳动收入份额影响回归分析结果(两期倍差法)

因变量: 劳动收入份额	方程(3)		方程(4)	
	(1)	(2)	(3)	(4)
$post_t \times treatment_f$	−0.029*** (−12.0)	−0.030*** (−12.6)	−0.012*** (−5.91)	−0.015*** (−7.12)
$treatment_f$	−0.002 (−0.72)		−0.023*** (−11.1)	
$post_t$	0.022*** (11.8)	0.026*** (12.4)	0.068*** (39.7)	0.068*** (33.6)
ln(劳均固定资产)			−0.022*** (−25.5)	−0.023*** (−14.3)
ln(劳均中间投入品)			−0.064*** (−39.5)	−0.060*** (−24.0)
ln(TFP)			−0.462*** (−42.7)	−0.376*** (−32.7)
年份固定效应	是	是	是	是
企业固定效应	否	是	否	是
样本数	49 794	49 794	49 794	49 794
R^2	0.12	0.02	0.47	0.25

注:***表示 $p<0.01$,**表示 $p<0.05$,*表示 $p<0.1$。$post_t$ 是标示企业所处年份是否处在 2002 年之后的哑变量。$treatment_f$ 是标示企业是否属于"处理组"(一般进口企业)的哑变量。如果考虑了企业固定效应,则回归方程中无须加入 $treatment_f$;否则,回归方程中应该加入 $treatment_f$。表中所有回归均考虑了成本加成比、企业规模、年龄等企业层面的控制变量和行业总出口额、国内总销售额、平均 TFP 等行业层面的控制变量。
数据来源:余淼杰和梁中华(2014)。

考虑处理强度的回归结果见表 2-10。结果显示关税下降水平和劳动收入份额显著正相关,这说明进口关税下降越多的企业,受到的影响越大,劳动份额下降越多。同时,三条传导途径的回归结果也很显著,都说明贸易自由化降低了劳动收入份额。

表 2-10 贸易自由化对劳动收入份额影响的回归分析结果(FIT)

因变量: 劳动收入份额	方程(6)		方程(7)	
	(1)	(2)	(3)	(4)
$post_t \times tr\_intensity_f$	0.008*** (8.12)	0.008*** (8.39)	0.005*** (5.98)	0.005*** (5.52)

续 表

因变量： 劳动收入份额	方程(6)		方程(7)	
	(1)	(2)	(3)	(4)
$tr\_intensity_f$	−0.002* (−1.86)		0.003*** (3.33)	
$post_t$	0.014*** (8.05)	0.017*** (8.79)	0.065*** (41.5)	0.064*** (33.9)
ln(劳均固定资产)			−0.021*** (−24.3)	−0.023*** (−14.0)
ln(劳均中间投入品)			−0.063*** (−38.4)	−0.060*** (−24.1)
ln(TFP)			−0.462*** (−42.6)	−0.375*** (−32.4)
年份固定效应	是	是	是	是
企业固定效应	否	是	否	是
样本数	47 913	47 913	47 913	47 913
R^2	0.12	0.02	0.46	0.25

注：***表示 $p<0.01$，**表示 $p<0.05$，*表示 $p<0.1$。$post_t$ 是标示企业所处年份是否处在 2002 年之后的哑变量。$tr\_intensity_f$ 是衡量企业受到的"处理强度"（由于关税降低，因此为负），即中国加入 WTO 前后面临进口关税的变化量。如果考虑了企业固定效应，回归方程中无须加入 $tr\_intensity_f$；否则，回归方程中应该加入 $tr\_intensity_f$。表中所有回归均考虑了成本加成比、企业规模、年龄等企业层面的控制变量和行业总出口额、国内总销售额、平均 TFP 等行业层面的控制变量。

数据来源：余淼杰和梁中华(2014)。

劳动收入份额自 1995 年以后不断降低，这与国有企业改革、产业结构转型、三大产业的部门转移是密不可分的。但在这个阶段，中国贸易自由化进程的快速推进与劳动收入份额的降低在时间上惊人地一致。该研究使用了中国制造业贸易企业层面的数据，发现在劳动力成本不断上升的背景下，贸易自由化通过降低资本品成本、中间投入品价格和劳动替代型技术引进成本，显著降低了企业层面的劳动收入份额。而且，企业面临的关税水平下降幅度越大，其劳动收入份额下降越多。

二、对外贸易与中国城乡收入差距

中国经济发展、城乡收入差距的变化是在改革开放的背景下发生的。改革开放的具体特征是对内改革、对外开放。从对内来看，农村劳动力流动是对内改革的结果之一；从对外来看，中国实施的是外向型的经济发展模式，积极吸引外资和大力发展加工贸易是经济发展的主要动力。伴随着改革开放步伐的不断加快，农村劳动力流动规模日益扩大，从中西部流向东部沿海地区，从农村流向城市，这种大规模、大范围的劳动力转移，不仅为农村地区提供了大量就业，而且为工业制造业发展、对外贸易特别是加工贸易的发展提供了源源不断的廉价劳动力资源。因此，对内改革和对外开放存在天然的相互关联，农村劳动力流动和对外贸易发展是互相促进、相互影响的。据此，魏浩和赵春明(2012)利用中国 1978—2007 年省级面板数据，实证研究了进出口贸易对城乡收入差距的影响。

作者构建了以下模型开展回归分析,其中,城乡居民收入差距(INEQ)用各地区的城乡居民收入之比来衡量,贸易开放度(lnTrade)按当年的美元与人民币中间价折算的进出口总额占GDP 的百分比来衡量,同时控制了外资开放度(lnFDI)、金融发展水平(FINA)、受教育程度(EDU)、市场化水平(MARKET)、失业水平(UNEMP)、就业结构(WORK)等一系列可能影响城乡居民收入的相关变量。

$$INEQ_{it} = c + \beta_1 \text{lag} INEQ_{it-1} + \beta_2 \ln TRADE_{it} + \beta_3 \ln FDI_{it} + \beta_4 FINA_{it}$$
$$+ \beta_5 EDU_{it} + \beta_6 MARKET_{it} + \beta_7 UNEMP_{it} + \beta_8 WORK_{it} + \varepsilon_{it} \quad (2-12)$$

回归结果显示(见表 2-11),在全国层面,贸易开放是影响城乡居民收入差距的重要因素。随着贸易开放程度的加大,中国的城乡收入差距也显著加大,贸易开放度每提升 1%,全国范围内城乡居民收入差距就增加 0.096%。分地区的结果显示,东部和中部地区的城乡收入差距受到贸易开放的显著影响,而西部地区的城乡收入差距并不受此影响。

表 2-11 总贸易开放度对全国及三大地区的回归结果

解释变量	全国	东部	中部	西部
lag INEQ	0.568***	0.390***	0.355***	0.556***
lnTRADE	0.096***	0.082 1*	0.355***	0.076
lnFDI	0.025**	0.026**	0.024 8	0.029 8
FINA	0.000 4	0.052 8	−0.097	0.000 8
EDU	0.105***	0.135***	0.003	0.241***
MARKET	0.000 2	−0.010	0.992	0.076 9
UNEMP	0.010	−0.011	0.129***	0.005
WORK	0.001 8	−0.293	0.788*	0.000 1
c	−0.105 7	−0.109	1.221	−0.271
R^2	0.87	0.82	0.76	0.80
调整后的 R^2	0.86	0.81	0.73	0.79

注:***、**和*分别表示在 1%、5%和 10%的显著性水平上显著。
数据来源:魏浩和赵春明(2012)。

作者进一步考察了进出口贸易对城乡收入差距的影响,结果显示,进口在全国范围和分地区的样本中都表现出对城乡居民收入差距的显著影响,出口的影响较小且不显著(见表 2-12)。

该研究的实证结果表明,从整体来看,中国对外贸易的发展导致城乡居民收入差距拉大,加剧了收入不平等现象。但是在不同地区可能存在影响程度的差异。作者认为贸易导致的收入不平等主要是贸易的就业质量偏向效应导致的。

表 2-12　进口和出口对全国及三大地区的回归结果

解释变量	全国	东部	中部	西部
lag$INEQ$	0.566***	0.405***	0.344***	0.536***
ln$EXPORT$	0.007	−0.020	0.052 9	0.029
ln$IMPORT$	0.092***	0.082**	0.254***	0.077*
lnFDI	0.008	0.006	−0.011 7	0.023 1
$FINA$	0.000 3	0.038	−0.176	0.000 8
EDU	0.099***	0.121***	−0.024	0.244***
$MARKET$	0.003 7	−0.013 5	0.986	0.051
$UNEMP$	0.009 2	−0.010	0.145***	0.009
$WORK$	0.002 1	−0.474	0.608	0.000 2
c	−0.081	0.014 0	1.551	−0.098
R^2	0.87	0.81	0.76	0.80
调整后的R^2	0.86	0.80	0.74	0.78

注：***、**和*分别表示在1%、5%和10%的显著性水平上显著。
数据来源：魏浩和赵春明(2012)。

一方面，在对外贸易转型升级的过程中，对高端劳动力、熟练劳动力(城市居民)的相对需求将增加，因此城市居民的收入会提高，而对非熟练劳动力(农村劳动力)的相对需求则降低，从而扩大城乡居民收入差距。另一方面，出口结构的升级导致对工人的要求也提高了，需求较多的是熟练劳动力，不再只是简单的非熟练劳动力。然而城市化战略的实施使得越来越多的农村剩余劳动力进入就业市场。这就使得劳动力市场上的供给和需求都增加了，但增加的供给和需求却是错位的，增加的供给主要是非熟练劳动力，增加的需求主要是熟练劳动力，劳动力市场的结构性矛盾日益突出。这在一定程度上会导致熟练劳动力的相对工资水平上升，以及非熟练劳动力的相对工资水平下降，从而加剧了城乡居民之间的收入不平等。

除以上研究外，也有很多其他关于中国贸易开放与收入不平等的经验证据表明，对外贸易的影响在不同的层面和领域内呈现出多样性和复杂性。有研究发现贸易开放通过出口增长在劳动力市场上产生了直接的正面影响，如早期研究使用城市的微观人口和贸易数据发现，出口增长不仅为制造业部门带来了就业增长，而且通过就业乘数效应间接提供了服务业的就业机会。此外，出口活动显著提升了这两个部门从业者的工资水平，尽管这一正面效应在不同部门和劳动力群体之间表现出显著的差异。

通过对制造业企业面板数据的分析，也有研究指出，出口活动并未普遍提高企业员工的收入水平，特别是在劳动力密集型行业中。这种发现暗示着出口对工资提升的效应具有选择性，主要在资本密集型行业或技术密集型行业更为明显。

进一步的研究探讨了贸易与收入不平等之间的非线性关系,展示了一个更加细腻和复杂的画面。一方面,随着对外贸易的不断发展,贸易对收入不平等的影响在中国经历了由初期的扩大作用到后期的逆转,揭示了一个倒U形的关系,这与S-S定理相符。另一方面,基于内生专业化模型的研究发现,国际贸易引起的收入不平等变化呈现出"锯齿状"过程,即随着对外开放的深化,分工水平提高的初期可能加剧了收入不平等,但随着低技能个体专业化水平的提高,收入不平等又会有所减少。

贸易自由化也被发现是促进经济增长和全面减贫的重要渠道。沿海与内陆地区的比较研究表明,虽然贸易自由化对两者均有正面影响,但在内陆地区减贫的边际效应更强。国际贸易的扩张通过增加国内市场需求和创造就业机会,尤其对农村贫困劳动力提供了外出务工的机会,增加了农村家庭的收入来源,进一步促进了地区产业的全面发展,并通过促进劳动力流动和移民网络,帮助低收入贫困人口增加收入来源、提高收入水平,实现脱贫。

综上所述,中国贸易开放对收入不平等的影响是一个多维度、多层次的问题,其结果取决于众多因素的相互作用,包括贸易政策的具体设计、行业特性、劳动力市场的结构以及教育和技能的分布等。

思政案例2-1

对外开放与中国收入不平等

对外开放与中国收入不平等之间的关系是一个复杂而多维的议题。随着中国经济的快速发展和全球化进程的不断深入,对外开放政策已经成为推动中国经济增长的重要动力。然而,在这一进程中如何在不同收入群体之间分配经济成果,即如何影响收入分配的公平性,一直是学术界和政策制定者关注的焦点。

广东外语外贸大学孙楚仁教授和陈瑾博士的研究为我们提供了新的视角。他们发现,贸易自由化在一定程度上可以降低总体的收入不平等。这一结论是基于对工人、国内企业家和出口企业家三个不同群体的分析得出的。贸易自由化扩大了工人的规模,同时,虽然出口企业家的规模也有所扩大,但国内企业家的规模却有所缩小。这种规模的变化伴随着不同群体间相对收入的变化。出口企业家与国内企业家的相对收入有所上升,但增长并不显著,而出口企业家与工人以及国内企业家与工人的相对收入则出现了较大幅度的下降。

这一研究结论具有丰富的政策含义:首先,它表明在个体异质性的情况下,贸易自由化通过改变个体的职业选择和出口行为,影响了拥有某些技能的个体的职业选择和收入,进而影响了不同群体内部以及总体收入不平等的变化。这意味着,对外开放政策不仅仅是经济增长的问题,而且是一个涉及社会公平和个体福祉的问题。政策制定者需要更加细致地考虑如何通过教育、培训和社会保障等措施,帮助那些可能因贸易自由化而面临不利影响的群体。其次,由于贸易自由化可能导致工人内部和出口企业家内部的收入差距扩大,这就需要政府在推进对外开放的同时,关注并妥善处理这些群体内部的矛盾和冲突。例如,政府可以通过税收政策、最低工资标准和劳动保护法规等手段,来调节和缩小这些内部的收入差距。最终研究结果表明贸易自由化有助于降低总体的收入不平等。这对于增强社会对公平公正的信心尤为重要。政府可以通过进一步扩大对外开放来吸引外资,以促进技术转移和产业升级,提高劳动者的技能和收入水平,从而在整体上提高社会的福利水平,改善收入分配,促进社会和谐稳定。

综上所述,对外开放与中国收入不平等之间的关系是复杂的,但现有研究为我们提供了宝贵的启示,即在推进对外开放的同时,必须采取有效的政策措施,以确保经济增长的成果能够公平合理地分配给社会的每一个成员。这不仅是经济发展的需要,更是社会进步和文明发展的要求。

案例来源:贸易自由化、职业选择与个体收入不平等——全球智库——澎湃新闻(thepaper.cn)。

第五节 延伸阅读

一、如何缓解贸易开放导致的收入不平等

本节讨论的核心内容是,贸易与大规模劳动力市场调整相关,并产生了差异化影响。那么是否存在一种方法可以调节贸易利得的分配,以便所有人都能从贸易中受益呢?Dixit and Norman(1980)表明,通过个人之间的一次性转移支付,可以对贸易福利进行帕累托改进。即使在无法进行一次性转移支付的情况下,政府仍然可以通过对贸易后价格下降(上升)的商品消费征税(补贴)或对贸易后价格上升(下降)的要素征税(补贴)来实现帕累托改进。但是,这种理想贸易观与现实相去甚远。近年来,反全球化浪潮愈演愈烈,这表明部分经济领域已经感受到了全球化的代价。

与关于贸易引起的不平等的大量研究相比,关于政府是否应对以及如何应对这种不平等的文献并不多。同时,根据现有经验证据,政府在缓解贸易引起的不平等方面只能发挥有限作用。在某种程度上,政府甚至可能使贸易收益变得更加不平等。研究发现,以政府支出占GDP 的比重来衡量,贸易暴露程度较高的经济体确实拥有规模更大的政府(Epifani Gancia, 2009;Rodrik, 1998),Rodrik(1998)认为这表明政府在提供社会保险以应对外部风险方面发挥着重要作用,政府可以使用多种政策工具来重新分配贸易收益,包括所得税、商品税(消费税和增值税)、工业补贴、工资补贴、就业补贴、失业救济、工人培训计划以及提供公共产品等。

税收几乎是每个国家公共财政体系的重要组成部分。当经济更加开放时,各国应如何调整税收制度?发展中国家和发达国家的主要关注点有所不同。对于许多发展中国家来说,关税税收占政府收入的很大一部分。因此,一个中心问题是政府如何从贸易自由化造成的公共收入损失中恢复过来。早期的理论贡献,如 Diewert 等(1989),确立了税收和关税帕累托改进改革的存在。Keen and Ligthart (2002)建议削减进口关税,同时对应地提高国内消费税。他们的研究表明,在小型开放经济体中,这种政策组合可以提高福利和公共收入。Baunsgaard and Keen(2010)研究了 117 个国家在 1975 年至 2006 年的贸易自由化过程中政府是否可以通过国内税收恢复收入。他们发现答案取决于收入。对于高收入国家来说,其他税源已经完全替代了关税收入损失。对于中等收入国家来说,已经发生了实质性的替代,短期内大约替代了30%~50%的关税收入损失,从长期来看几乎 100%。然而,对于低收入国家来说,虽然已经发生了一些替代,但其幅度还远远不足以实现完全复苏。

对于发达国家来说,关税收入并不是主要问题,因为它只占政府收入的一小部分。相反,问题是设计一种税收制度以有效转移贸易收益,同时对经济造成的扭曲最小化。Lyon and Waugh(2018)使用定量模型研究发现,随着贸易更加开放,所得税应该变得更加累进。Hosseini and Shourideh(2018)建议使用跨部门差别征收的增值税(VAT)来重新分配贸易收益。

还有少量研究调查一个国家的税收制度如何适应国际贸易。Egger 等(2009)实证研究了 65 个国家税收收入构成对贸易和移民的反应。他们发现，企业和高收入工人的全球流动性增加，这种全球化导致政府从流动性最低的因素中寻求更多税收。这表明全球化使得政府减少了对企业产生的税收(如企业所得税)的依赖，但更加依赖雇员产生的税收(如工资税)。同时，相对于极高收入工人，全球化增加了中等收入工人的税收负担。也就是说，一个国家的税收制度对全球化的实际反应可能没有使财富从富人转移到穷人，而是使收入分配最顶层的人受益，从而加剧了不平等。

除税收外，政府还可以通过各种社会保障计划，如失业保险/补贴、工资补贴和工人培训等，保护工人免受贸易冲击的负面影响。对于这些社会转移支付的有效性，不同国家的研究得出了不同的结论。例如，Autor 等(2016)发现，为了应对来自中国的进口竞争，地方政府增加了转移支付，包括失业和贸易调整援助、伤残福利、退休福利、其他政府收入援助和医疗福利。然而，这些转移支付仅抵消了无子女家庭约 10% 的收入损失。对于丹麦来说，Keller and Utar(2021)发现，纺织行业的进口竞争显著增加了政府转移支付，特别是对收入损失较大的女性。这些转移几乎完全补偿了进口竞争造成的劳动力收入损失。

补偿失业工人的另一种方法是增加公共产品的提供，为工人提供临时就业机会。增加教育或医疗保健也可以提高工人的竞争力。然而，政府提供地方公共产品的能力受到政府收入的制约。如果贸易冲击减少了当地经济活动，从而减少了税基，政府就可能因财政压力而减少支出。Feler and Senses(2017)发现，为应对来自中国的进口竞争，当地公共服务和设施的质量实际上恶化了。这是因为美国地方政府收入严重依赖财产税和销售税。中国的进口竞争抑制了当地房价和国内经济活动，并导致地方政府收入减少，这限制了地方政府增加公共支出。因此，政府在缓解贸易引起的不平等方面的作用可能并不像标准理论中那么乐观，其作用效果取决于制度、财政能力和政治考虑。

二、未来的研究方向

在过去的几十年内，经济学界对国际贸易与收入不平等之间的关系进行了深入研究，挑战了传统的 H-O 理论，并探索了导致不平等加剧的多种新渠道。这些新发现不仅涉及南北贸易，而且触及了发展中国家内部以及不同行业和工人阶层之间的差异。得益于越来越丰富的企业层面数据，研究者们得以从新的角度审视这一问题，为国际贸易与收入不平等的关系提供了更为丰富的实证证据。基于现有研究，国际贸易对收入不平等的影响分析仍然在多个维度存在可拓展的空间。

现有研究缺乏对消费者和高维收入分配的深入考察，未来需进一步探索国际贸易对消费者福利的影响，尤其是通过改变商品价格、增加商品的多样性以及提高生活质量的方式产生的影响，都会间接影响收入分配机制。同时，高维收入不平等效应，即贸易如何影响不同收入层次和社会阶层的不平等，也是一个值得深入研究的问题。这包括对不同收入水平家庭的消费能力、储蓄倾向以及投资机会的影响分析。

此外，虽然理论研究已经开始关注贸易开放与不完全契约之间的联系，但相关的实证研究相对较少。未来工作可以着重于研究如何通过国际贸易机制影响企业内部和跨企业的契约安排，以及这些变化如何进一步影响人们的就业和收入。在行业层面，现有研究大量集中于制造业，而忽视了服务业以及其他非制造业部门在全球化过程中的作用。鉴于这些部门在许多国家劳动力市场中的重要性,未来的研究需要更广泛地覆盖这些领域,探索贸易开放对这些部门的就业和收入分配的影响。

虽然技术进步论对国际贸易解释收入不平等提出了质疑,但由于部分技术进步本身是由国际贸易引发的,因此区分国际贸易和技术进步对收入分配影响的研究仍然存在明显的空白。未来的工作需要开发更为精细的方法论,以准确区分这两种因素对收入不平等的影响,特别是在考虑到技术进步可能加剧或缓解由贸易引起的收入不平等时。

最后,目前很少有研究关注国际贸易对不同年龄段人口收入不平等的影响。未来的研究应该考虑人口结构的变化,而不只是按照劳动力技能进行划分,如老龄化社会对劳动市场的影响,以及年轻工人与老年工人在全球贸易中的地位变化,都可能为国际贸易影响收入不平等带来新的解释。

综上所述,国际贸易与收入不平等之间的关系是一个多维度的、复杂的且不断演化的议题。未来的研究需要在理论和实证层面进行创新,不仅要探索新的影响渠道和机制,而且需要利用新的数据和方法来提供更为精确和深入的见解。这不仅能够丰富我们对全球化经济条件下收入分配动态的理解,而且能为制定更为有效的政策提供科学依据。

本章小结

国际贸易在促进全球经济增长的同时对国家之间的利益分配、国家内部的收入分配产生了深刻的影响。

国际贸易影响收入分配的典型事实表明,虽然国际贸易通常增加了一个国家的总体经济福利,但它也可能导致收入分配不均,特别是在不同劳动力群体和产业之间。

国际贸易影响收入分配的机制可以从多个理论角度进行分析:H-O贸易理论强调不同国家因生产要素禀赋不同而导致的贸易模式和收入分配效应也不同,技术进步论指出技术创新如何通过改变劳动力需求结构来影响收入分配,企业异质性理论则着重于不同企业在国际贸易中的表现差异及其对收入不平等的影响。

国际贸易影响收入分配的实证研究进一步验证了上述理论分析,展示了不同国家和地区在开放贸易后收入不平等程度的变化情况。这些研究通常利用实证研究方法来量化贸易开放对收入分配的具体影响。

特别地,针对中国的研究表明,随着中国加入WTO和贸易自由化的深入,中国的收入不平等问题被放大,尤其是城乡之间以及不同收入群体之间的收入差距。

对国际贸易和收入不平等持续深入的研究不仅为理解国际贸易的复杂影响提供了深入的视角,而且为制定相应的政策提供了科学依据——旨在通过宏观调控和制度创新来减少贸易对收入分配的负面影响,促进更为公平和包容的经济增长。

练习思考题

1. 国际贸易对发达国家和发展中国家收入分配的影响有何不同?请举例说明。
2. 传统贸易理论和新贸易理论分别如何解释国际贸易影响收入不平等?
3. 技能偏向型技术进步如何与国际贸易共同影响一国收入不平等?
4. 借助统计数据研究国际贸易对收入不平等的影响,可以采用哪些实证研究方法?请举例说明。

5. 如何缓解国际贸易导致的收入不平等现象？请提出相应的政策建议，并解释其理论依据和预期效果。

参考文献

[1] 包群,邵敏,侯维忠.出口改善了员工收入吗？[J].经济研究,2011,46(9)：41－54.

[2] 郭熙保,罗知.贸易自由化、经济增长与减轻贫困——基于中国省际数据的经验研究[J].管理世界,2008(2)：15－24.

[3] 魏浩,赵春明.对外贸易对我国城乡收入差距影响的实证分析[J].财贸经济,2012(1)：78－86.

[4] 余淼杰,梁中华.贸易自由化与中国劳动收入份额——基于制造业贸易企业数据的实证分析[J].管理世界,2014(7)：22－31.

[5] 张川川.出口对就业、工资和收入不平等的影响——基于微观数据的证据[J].经济学(季刊),2015,14(4)：1611－1630.

[6] 张定胜,杨小凯.国际贸易、经济发展和收入分配[J].世界经济,2004(9)：3－12＋80.

[7] 张莉,李捷瑜,徐现祥.国际贸易、偏向型技术进步与要素收入分配[J].经济学(季刊),2012,11(2)：409－428.

[8] Acemoglu, D. (2002). Technical change, inequality, and the labor market. *Journal of Economic Literature*, 40：7－72.

[9] Akerlof, G. A. (1982). Labor contracts as partial gift exchange. *Quarterly Journal of Economics*, 97(4)：543－569.

[10] Amiti, M., & Davis, D. R. (2011). Trade, firms, and wages: Theory and evidence. *Review of Economic Studies*, 79(1)：1－36.

[11] Beyer, H., Rojas, P., & Vergara, R. (1999). Trade liberalization and wage inequality. *Journal of Development Economics*, 59(1)：103－123.

[12] Bloom, N., Draca, M., & Van Reenen, J. (2016). Trade induced technical change? The impact of Chinese imports on innovation, IT and productivity. *The Review of Economic Studies*, 83(1)：87－117.

[13] Brambilla, I., Lederman, D., & Porto, G. (2012). Exports, export destinations, and skills. *American Economic Review*, 102(7)：3406－3438.

[14] Burstein, A., & Vogel, J. (2017). International trade, technology, and the skill premium. *Journal of Political Economy*, 125：1356－1412.

[15] Burstein, A., Hanson, G., Tian, L., & Vogel, J. (2020). Tradability and the labor-market impact of immigration: Theory and evidence from the United States. *Econometrica*, 88(3)：1071－1112.

[16] Bustos, P. (2011). Trade liberalization, exports, and technology upgrading: Evidence on the impact of MERCOSUR on Argentinian firms. *American Economic Review*, 101(1)：304－340.

[17] David Card, & John E. DiNardo. (2002). Skill-Biased technological change and

rising wage inequality: Some problems and puzzles. *Journal of Labor Economics*, 20(4): 733-783.

[18] Davis, D. R., & Harrigan, J. (2011). Good jobs, bad jobs, and trade liberalization. *Journal of International Economics*, 84(1): 26-36.

[19] Dorn, F., Fuest, C., & Potrafke, N. (2021). Trade openness and income inequality: New empirical evidence. *Economic Inquiry*, 60(1): 202-223.

[20] Egger, H., & Kreickemeier, U. (2009). Firm heterogeneity and the labor market effects of trade liberalization. *International Economic Review*, 50(1): 187-216.

[21] Esquivel, G., & Rodríguez-López, J. A. (2023). Technology, trade, and wage inequality in Mexico before and after NAFTA. *Journal of Development Economics*, 72(2): 543-565.

[22] Feenstra, R., & Kee, H. L. (2008). Export variety and country productivity: Estimating the monopolistic competition model with endogenous productivity. *Journal of International Economics*, 74(2): 500-518.

[23] Galiani, S., & Sanguinetti, P. (2003). The impact of trade liberalization on wage inequality: Evidence from Argentina. *Journal of Development Economics*, 72(2): 497-513.

[24] Goldberg, P. K., & Pavcnik, N. (2007). Distributional effects of globalization in developing countries. *Journal of Economic Literature*, 45(1): 39-82.

[25] Hanson, G., & Harrison, A. (1998). Trade, technology, and wage inequality. *Industrial and Labor Relations Review*, 52(2): 271-288.

[26] Harrison, A., McLaren, J., & McMillan, M. (2011). Recent perspectives on trade and inequality. *Annual Review of Economics*, 3: 261-289.

[27] Harrison, A., McLaren, J., & McMillan, M. S. (2010). Recent findings on trade and inequality. NBER Working Paper(w16425).

[28] Helpman, E., Itskhoki, O., Muendler, M.-A., & Redding, S. J. (2016). Trade and inequality: From theory to estimation. *The Review of Economic Studies*, 84(1): 357-405.

[29] Helpman, E., Itskhoki, O., & Redding, S. J. (2010). Inequality and unemployment in a global economy. *Econometrica*, 78(4): 1239-1283.

[30] Juhn, C., Murphy, K. M., & Pierce, B. (1993). Wage inequality and the rise in returns to skill. *Journal of Political Economy*, 101: 410-442.

[31] Katz, L., & Autor, D. (1999). Changes in the wage structure and earnings inequality. In O. Ashenfelter, & D. Card (Eds.), Handbook of labor economics (Vol. 3A), Elsevier Science.

[32] Lawrence, R. Z., & Slaughter, M. J. (1993). International trade and American wages in the 1980s: Giant sucking sound or small hiccup? Brookings papers on economic activity. *Microeconomics*, 2.

[33] Magyari, I. (2017). Firm reorganization, Chinese imports, and US manufacturing employment. Columbia University.

[34] Melitz, M. J. (2003). The impact of trade on intra-industry reallocations and

aggregate industry productivity. *Econometrica*, 71(6): 1695-1725.

[35] Örnek, D. D. İ., & Elveren, Y. D. D. A. Y. (2010). Trade liberalization and income inequality in Turkey: An empirical analysis [Trade liberalization and income inequality in Turkey: An empirical analysis]. Çukurova Üniversitesi Sosyal Bilimler Enstitüsü Dergisi, 19(2): 62-70.

[36] Pierce, J. R., & Schott, P. K. (2016). The surprisingly swift decline of US manufacturing employment. *American Economic Review*, 106(7): 1632-1662.

[37] Shapiro, C., & Stiglitz, J. E. (1984). Equilibrium as a worker unemployment discipline device. *American Economic Review*, 74(3): 433-444.

[38] Simplice, A., & Batuo, M. E. (2012). The impact of liberalisation policies on inequality in Africa.

[39] Topalova, P. (2007). *Trade liberalization, poverty and inequality: Evidence from Indian districts*. In Globalization and poverty (pp. 291-336). University of Chicago Press.

[40] Trefler, D. (2004). The long and short of the Canada-U.S. free trade agreement. *American Economic Review*, 94(4): 870-895.

[41] Verhoogen, E. A. (2008). Trade, quality upgrading, and wage inequality in the Mexican manufacturing sector. *The Quarterly Journal of Economics*, 123(2): 489-530.

第三章 从跨国到跨地区——中国的区域经济问题

全章提要

引言
学习目标
学习重点
视野拓展
- 第一节　空间经济学的分析框架
- 第二节　中国经济活动的空间分布
- 第三节　经济集聚与城市化
- 第四节　户籍制度与人口流动
- 第五节　土地制度与城镇建设用地
- 第六节　建设全国统一市场

本章小结
练习思考题
参考文献

引言

近年来,经济学研究领域中的一个重要新兴方法是量化空间一般均衡模型。该模型的引入,使得研究者能够更有效地结合实证数据与理论模型,从而促进了空间经济学领域的快速发展。首先,本章将简要介绍量化空间一般均衡模型的基本概念与框架。然后,我们将引导读者利用空间经济学的概念分析中国空间经济中现存的要素市场空间错配问题。本章将主要介绍中国空间经济中的两个关键问题:户籍制度对劳动力流动的限制以及土地政策对建设用地供应的影响。最后,本章将探讨如何通过改革现有制度框架,促进要素资源的跨区域流动,以期加快建设全国统一大市场。

学习目标

通过本章的学习,理解并掌握以下内容:
1. 空间经济学的基本概念与研究方法;
2. 中国经济活动空间分布的基本规律;
3. 经济集聚效应与城市化;
4. 户籍制度对人口流动的阻碍;
5. 现行土地政策带来的建设用地供应问题;
6. 中国经济的空间资源错配与未来要素市场的改革方向。

学习重点

1. 空间经济学的基本框架;
2. 用空间经济学框架考察中国经济问题;
3. 现存的中国空间经济问题及解决方案——进一步构建全国统一市场。

> **视野拓展**
>
> 与本章内容相关的论文导览与阅读,可扫以下二维码深入学习。

第一节　空间经济学的分析框架

一、空间经济学的含义与构成要件

在前文中,我们讨论了有关国际贸易的相关内容。在这一章,我们将用国际经济学的框架去讨论更一般性的空间经济学(Spatial Economics)问题。空间经济学是一个比国际贸易更广泛的概念,它是一门探讨空间上的资源配置,以及地理距离如何影响人类经济活动的经济学分支。国际贸易、城市经济学(Urban Economics)、经济地理学(Economic Geography),都可以视为空间经济学的一部分。空间经济学既讨论不同国家,也讨论同一个国家内不同地区间的人口、货物、创新想法(Idea)及其他生产资源的配置与流动问题,其中有以下两个核心组成要件与概念:

(一) 要素在空间上移动时的摩擦成本

众所周知,任何经济要素从一个地方迁移/流动到另一个地方都需要付出一定的成本。最典型的是可贸易货物在从生产地运往销售地的过程中需要付出的成本。在国际贸易中,这种成本包括各种关税与非关税壁垒,以及货物本身的运输费用。即便在一个国家内部,货物在不同地区的运输也不是完全无摩擦的。例如,我国的电商平台过去只提供江浙沪包邮服务,很多偏远地区的运输成本依然较高(Couture 等,2021;Fan 等,2018)。除了商品货物以外,劳动力在从家乡前往外地务工的时候也面临很大的成本。一方面劳动力需要支付两地之间的交通费用,另一方面他们也需要忍受背井离乡的痛苦。而在我国,劳动力流动还会进一步受到户籍制度的限制,在流入地面临包括医疗、教育在内的公共服务的短缺(Song,2014;林毅夫,2012;陆铭,2017)。与可贸易货物、劳动力相对应,有一些商品和生产要素面临着无穷大的移动摩擦成本,属于不可贸易品。典型的不可贸易品包括土地、住房等不动产,以及不可贸易的服务业产品、本地生活便利设施(Local Amenity)等。比如,想要畅游桂林的山水美景,游客就必须去当地享受,而无法把这些景观搬回家。对于生活在大城市的人来说,他无法享受到乡村地区新鲜的空气;而对于生活在乡村地区的人来说,他就无法享受到大城市完善的医疗卫生和其他公共服务。我们可以说,货物与资源在空间上的摩擦和移动成本是空间经济学这门学科存在的根本原因。如果所有资源在空间上都可以无摩擦随意移动,那么地理空间的概念在经济学上就不再重要。

(二) 经济的集聚与规模效应

区域经济的规模效应是指一个地区的生产效率随着这个地区的生产规模扩大而提高,生产成本随着生产规模扩大而下降。当不同的生产资源在空间上向特定的地点发生集聚时,就会在这些地方实现经济的规模效应。现实中经济集聚与规模效应的例子比比皆是,如全世界金融公司在美国华尔街的集聚,中国互联网高科技巨头在北京和深圳的集聚等。经济学上对集聚和规模效应的微观解释主要有三种(Krugman and Obstfeld, 2009)。第一,创新的理念与想法会从一家公司外溢到本地区的另一家公司。例如,在硅谷,谷歌公司的程序员与脸书公司的程序员会在日常生活中产生交流,从而使一家公司的新创意或新技术很快扩散到另一家公司。第二,同一行业或同一类型的公司集聚在一个地区能够大大降低产业链成本。例如,中国的新能源汽车行业集中在长江三角洲地区,一个新能源整车制造商不需要去北京寻找电池供应商,去新疆寻找轮胎供应商,去广东寻找电机供应商。整条新能源汽车供应链都在长三角地区,大大节省了寻找供应商和运输配件的成本。第三,区域性的经济集聚能够产生劳动力池效应(Labor Pooling)。空间上分散的产业里,企业很难在本地找到技能匹配的劳动力,劳动力也很难找到适合自己的企业。而一旦一个行业集中在有限的区域,有相关技能和工作经验的劳动力就会自然集中在同一区域,从而大大提高了企业与劳动力的匹配效率。集聚与规模效应也是城市化的关键推动力。随着经济增长,工业在特定地区集聚,人口也从分散的农村越来越集中居住于相关地区,城市的规模就会不断扩大(Duranton and Puga, 2020)。我们将在第三节中更加详细、具体地讨论城市化与经济集聚效应。

二、空间经济学的基本研究方法

空间经济学研究的主流框架为空间一般均衡模型,用于讨论空间中人员与货物的流动。在该框架中,劳动力根据不同地区的工资、房价、便利设施、人口流动成本来选择自己的居住地点。劳动力倾向于前往工资高、便利设施好的地区,但是随着人口的聚集,房价也相应提高。因此他们需要在高工资与高房价间进行取舍。相对应地,厂商则需要根据不同地区的商品价格、贸易成本来选择自己的生产与贸易策略。第一代空间一般均衡模型是纯理论模型,比如以Alonso-Muth-Mills(AMM)模型为代表的单中心城市模型(Brueckner, 1987)。这些模型假设一个城市只有一个单点的中央商务区(CBD),所有的工作都在这个单点进行。劳动者需要选择自己的居住地来平衡通勤时间与房租。距离CBD越近的地方房租越高,通勤时间越短。Rosen-Roback模型则考察了人们在不同城市间选择生活地点时面临的工资、房价与便利设施的取舍(Roback, 1982)。这些模型的特点是完全基于理论推导,与数据的结合较弱。作者对数据的使用更多是通过考察简单统计相关性的方式,来验证模型的特定推论,从而间接验证模型的合理性。

进入21世纪以后,以Eaton and Kortum(2002)为基石,新一代的量化空间一般均衡模型诞生了。它与之前研究的最大的区别在于,量化空间一般均衡模型不再是纯理论模型,而是与数据紧密结合,利用数据对模型中的重要参数和不可观测变量进行估计、校准,并能根据估计结果进行量化反事实政策分析的结构模型。它的出现给空间经济学研究带来了革命性的改变,使得新一代的国际经济学者与城市经济学者能够充分利用越来越丰富的宏微观经济数据和快速发展的计算机算力。接下来,我们以Ahlfeldt等(2015)、Eaton and Kortum(2002)、Redding and Rossi-Hansberg(2017)的研究为基础,简单介绍量化空间一般均衡模型的概念与组成部分。量化空间一般均衡模型的使用一般分为构建模型、估计与求解、反事实分析三步。

第一步,我们来介绍模型的构建。在一个基础的静态量化一般空间均衡模型中,我们假设存在不同的地点、不同的劳动力、不同的货物。劳动力根据不同地区的真实收入(名义工资除以价格指数)、房价、便利设施与迁移/通勤成本来选择能使他们的效用最大化的工作与生活地点。厂商依据本地区的工资、不同销售地的商品价格、商品需求和运输成本选择自己的生产与贸易策略,以最大化自己的利润。我们进一步假设劳动力对不同的地点有一个不可观测的偏好,厂商的生产函数中有一个不可观测的生产率参数,同时这两个不可观测的变量均满足弗雷歇分布(Fréchet Distribution)。利用这个分布的特殊性质,我们可以得到人口流动与货物流动的基本关系式——引力方程。之所以将它命名为引力方程,就是因为它的形式与物理学中的万有引力定律方程非常相似。一个地区与另一个地区的人口/货物交流,与这两个地区各自的经济体量正相关,而与这两个地区间的空间距离、流动成本负相关。这两个不可观测变量和随之推导出的引力方程非常重要,因为它们是新一代的空间均衡模型能够与数据结合的关键因素。过去的空间均衡模型大多数是确定性的(Deterministic),模型的解也不存在任何误差。然而在现实中,数据不可能是确定的,而一定充满着噪声。因此过去的模型由于未能引入误差与噪声,除了能大致通过比较静态分析去考察不同变量间相关性的方向以外,很难与数据进一步结合。在加入满足特定分布的不可观测变量后,我们为模型带来了随机与不确定性,就使得空间均衡模型能够拟合存在噪声的数据。最后,利用不同地区的劳动力和货物市场出清条件(劳动力供给等于需求,货物供给等于需求),我们就能得到模型的一般均衡。

在构建完一个量化空间一般均衡模型以后,我们需要将其与数据相结合,这就进入了第二步——估计与求解。我们首先利用能够获取的数据作为模型中的可观测变量,利用引力方程或其他模型推导出的矩条件对模型的参数进行估计。然后根据已经获得的系数和可观测变量的值,反推求解模型中不可观测变量的值,最终获得模型在现有数据下的所有信息。

第三步,利用已经估计完成的模型,我们可以进行反事实政策分析。通过改变模型内部的某些特定参数和变量,我们能够模拟相应的政策变化。比如,我们可以通过降低模型中的货物贸易成本去模拟一项贸易自由化政策,预测在这项政策执行以后不同地区的经济将发生怎样的变化。

第二节 中国经济活动的空间分布

在上一节中,我们简要介绍了空间经济学的基本概念与研究方法。自本节起,我们将利用这个基本框架去考察空间经济学的具体问题。首先,我们要利用一些描述性数据资料来了解中国经济活动空间分布的基本规律,使大家对中国经济的区域发展问题有一个感性的认识。能描述一个国家内不同区域经济活动的数据有很多,较常用的如区域的人均GDP、居民可支配收入等。近年来,随着卫星遥感技术和数据的兴起,越来越多的经济学家开始使用夜间灯光数据来刻画一个地区的经济活动强度(Gibson等,2020)。夜间灯光数据一方面能够非常清晰直观地把不同地区的经济情况展现在同一张地图上,另一方面较少受国民经济统计核算误差的困扰。我们可以从夜间灯光图中得到几个重要的信息。

第一,我国的经济活动空间分布在"总量上"是不平衡的。我们如果以黑龙江省黑河市和云南省腾冲市为两点,斜着画一条自北到南的直线,便会发现中国几乎所有主要的亮点都集中在这条线以东。这也是著名的"胡焕庸线"(胡焕庸,1935,1990)。在1935年胡焕庸先生首次提出这一概念时,这条线以东的国土面积只占全国的36%,人口却占到了96%。我国的大量经济活动集中在发达的东部沿海地区。国家统计局将全国分为四大部分。东部10省市:北京、天津、河北、上海、江苏、浙江、福建、山东、广东、海南;中部6省:山西、安徽、江西、河南、湖北、湖南;西部12省市:内蒙古、广西、重庆、四川、贵州、云南、西藏、陕西、甘肃、青海、宁夏和新疆;东北三省:辽宁、吉林和黑龙江。从这个名单我们也可以看出,东部省份多数为传统意义上的经济发达地区,而西部省份普遍相对落后。除了东西部的总量不平衡外,我国经济活动在南北分布上也有较大差距。我们以秦岭-淮河线为界区分南北方,在表3-1中展示了GDP总量排名全国(大陆地区)前二十的城市。在这20个城市中,南方城市占据了15席,而北方城市只有5个。同时,在前十名的城市中,北方城市仅有首都北京入围。考虑到我们的排名剔除了港澳台地区,我国真实的南北经济总量差距比表3-1所示的更大。

表3-1 中国城市GDP总量排名(2020年)

排 名	城 市 名	GDP总量(亿元)	南方/北方
1	上海市	38 701	南方
2	北京市	36 103	北方
3	深圳市	27 670	南方
4	广州市	25 019	南方
5	重庆市	25 003	南方
6	苏州市	20 170	南方
7	成都市	17 717	南方
8	杭州市	16 106	南方
9	武汉市	15 616	南方
10	南京市	14 818	南方
11	天津市	14 084	北方
12	宁波市	12 409	南方
13	青岛市	12 401	北方
14	无锡市	12 370	南方
15	长沙市	12 143	南方
16	郑州市	12 004	北方
17	佛山市	10 816	南方
18	泉州市	10 159	南方
19	济南市	10 141	北方
20	合肥市	10 046	南方

数据来源:中国城市统计年鉴2021。

第二,我国经济活动有比较明显的集聚效应。在夜间灯光图中,我们可以看到几个重要的经济带。这些经济带的夜间灯光连绵成片,点亮了附近的整个区域。首先,最为明显的两个大城市群为长江三角洲城市群(长三角)和珠江三角洲城市群(珠三角)。长三角以上海为核心,向浙江、江苏和安徽辐射,是我国重要的金融业与制造业中心。珠三角以广州和深圳为核心,涵盖了广东省南部珠江入海口的多个城市,与香港、澳门两个特别行政区一起组成了粤港澳大湾区。其次,台湾地区西部沿海的平原地区也构成了一个重要的城市带,集中了台湾地区主要的大城市。最后,我国北方最大的经济带位于京津冀地区。但是相较于长三角和珠三角,京津冀地区的整体发展水平相对落后一些,特别是北京在这个经济带中遥遥领先于其他地区,发展并不平衡。

第三,即便在我国某一个特定城市中,经济活动也不是均匀分布的。在上海市的夜间灯光图中,我们能很明显地看到,上海市的主要经济活动集中在城市中心区。相对于图中央繁华的陆家嘴和外滩,北方的宝山区、崇明区,南方的奉贤区、金山区的灯光亮度就要暗淡得多。因此,经济的集聚效应不仅体现在跨城市的尺度上,而且体现在城市内部的尺度上。

第三节 经济集聚与城市化

上一节我们展示了中国经济活动在空间中分布的特点与规律,其中一条重要的规律便是经济活动的集聚性。无论是分东西看,还是分南北看,中国的人口和经济活动都不是均匀分布在各个地区的。经济活动的集聚不仅是在中国出现的现象,而且是在不同国家都会出现的普遍规律。这样的集聚,或者说不同地区总量上的不平等,是不是一件坏事呢?过去有很多媒体的报道,甚至政府部门的决策文件,都认为经济活动的集中与区域间总量的不平衡是一件不好的事情。我们将在这一节中破除这一迷思,告诉大家为何经济的集聚与专业化在绝大多数情况下有利于一个国家的经济发展。事实上,集聚效应一般来说能够大大提高生产效率,促进人口向生产率高的地区迁移,从而实现人均意义上的高质量增长。

一、什么是集聚效应

集聚效应是空间经济学和城市经济学上的重要概念,指的是一个地区的生产率、人均GDP和工资会随着这个地区的人口、产业密度的增加而上升。对于在城市j工作的工人i,考虑以下线性回归:

$$\log w_{ij} = \beta_0 + \beta_1 \log population_j + \alpha X_j + \gamma X_i + \varepsilon_{ij} \quad (3-1)$$

其中,$\log w_{ij}$是该工人工资的对数值;$\log population_j$表示城市j的人口密度对数,即常住人口总数除以土地面积的对数;X_j与X_i为个体和城市层面的控制变量;ε_{ij}为误差项。在完全竞争的市场中,工人工资代表工人的边际产出,与劳动生产率正相关。对应地,我们也可以将该回归式左边的因变量换成城市层面的全要素生产率或者GDP。β_1是我们感兴趣的集聚效应参数,代表地区生产率相对于地区人口密度的弹性。由于存在明显的内生性,因此很难用OLS对β_1进行无偏的估计。经济学家们往往使用一些历史上的人口数据(如该地区数百年前的人口总量)或者地理信息数据(如该地区的土壤构成)来作为人口数的工具变量进行处理。但是这些工具变量往往存在不同的问题,比如上海在一百年前的人口总量显然与现在的人口总量高度相关,而这与上海的地理位置、环境因素以及各种不可观测变量紧密关联。因此很难说明这样的工具变量具有外生性。也有少量学者直接构建一般均衡模型,对人口流动的选择进行模型设定上的假设,进而估计集聚效应参数(Baum-Snow and Pavan,2012)。除此之外,还有一部分学者利用一些特定的历史事件如柏林墙的建立与倒塌(Ahlfeldt 等,2015)、广岛与长崎的原子弹爆炸(Davis and Weinstein,2002)作为自然实验,将集聚效应与不可观测的本地固有生产率优势分离开来(我们将在本节后面部分具体讨论)。

总体来说,现有文献发现,在发达国家,β_1 的取值大致在 0.04~0.07。发展中国家的相关数字则更大一些,超过了 0.1。也就是说,在发展中国家,一个城市的总人口翻倍,将使得本城市的生产率上升 10% 以上。这是一个非常大的数字,足以体现人口集聚带来的经济效率的巨大提升。对于更详细的讨论,感兴趣的读者请阅读 Combes and Gobillon(2015)。

集聚效应的本质是经济活动的规模报酬递增。当更多的资源集中到一个特定的地区/行业时,这个地区/行业的要素回报率不仅不会下降,反而会因为生产率的上升而大幅度提高。在国际贸易领域,Krugman(1980)利用一个垄断竞争模型,考察了在规模报酬递增效应下的贸易福利效应。在这个模型中,国际贸易能够让不同的国家集中生产特定商品,进而让他们都能够充分获得规模报酬递增的好处。当我们把研究的尺度缩小为一个国家内部,把研究的单位转变为城市,我们也能得出类似的结论,即国家内部自由的商品和要素流动能够让要素流向回报率最高的地区,从而加强不同地区的专业化,充分发挥不同地区的比较优势。在这个专业化的过程中,不同产业也在不同的地点集聚,形成产业集群的规模效应。

二、为什么会有集聚效应

集聚效应作为一种宏观现象,却有着非常明确的微观基础。在这里我们简单介绍其中的三种:

第一,知识溢出(Knowledge Spillover)。当某一个产业的企业,或者更多的高技能劳动力集中在同一个地理空间时,他们就很容易通过互相交流,实现创新与知识的快速传播(Fu,2007),从而提升一个地区的劳动生产率。想象一下你是一名在谷歌工作的程序员,在一个阳光明媚的午后,你懒洋洋地走入一间旧金山湾区(Bay Area)的咖啡馆,随意地和另一个在脸书工作的程序员聊天,偶然间了解到他们团队刚刚实现的一个创意。第二天上班的时候,你把这个创意告诉了你们团队的负责人,于是很快谷歌也实现了同样的创新。如此简单的咖啡馆和酒吧文化,使得硅谷的高科技企业的各种创新和知识能够很快从一家企业外溢到另一家企业,这也是全世界的信息技术公司都对硅谷的一席之地趋之若鹜的重要原因。如果全世界所有的信息技术公司都分散在不同国家的不同城市,那就永远不可能发生这样的咖啡馆偶遇。咖啡馆和酒吧文化对创新有多重要呢?最近的一项研究显示,美国在 20 世纪 20—30 年代实行的全面禁酒令,使得那些原来不禁酒的地区每年的专利数量下降了 8%~18%(Andrews,2023)。看来酒吧除了让人们放松身心以外还有其他意想不到的作用呢!

第二,经济活动的集聚能够带来产业链的整合,降低产业链成本,从而提高生产效率。我们以我国长三角地区的新能源汽车产业链为例。对于一家位于上海的整车企业,它的锂电池来自江苏常州,电机来自江苏苏州,空调系统来自浙江杭州,遮阳板来自浙江宁波,充电系统和内饰来自上海本地。整个新能源汽车的上下游企业都集中在长三角的几个省份,这使得企业的生产成本大大下降。一方面企业在寻找供应商时需要花费的搜寻成本很低,另一方面所有的零件与子系统的运输成本也非常低。想象一下:如果比亚迪在制造一台电动汽车的时候,需要从乌鲁木齐运来锂电池,从沈阳运来电机,那该多麻烦呀!除了长三角的新能源汽车产业集群外,供应链集聚的例子还包括我国台湾地区的新竹科学园半导体产业集群、深圳的信息通信产业集群、上海的生物医药产业集群等。

第三,经济活动的集聚能够带来劳动力池效应(Labor Pooling),提高劳动力与企业的匹配效率。众所周知,劳动力市场存在摩擦。企业需要付出一定的成本去搜寻拥有合适的相关技能的劳动力,而劳动力也需要付出一定的成本去搜寻最能够发挥自己才能的企业。如果全国所有的劳动力都均匀地分布在不同区域,那么对于一家企业或一个劳动者来说,其就需要在全国范围内搜索自己需要的劳动者或合适的工作。然而,如果企业或人口大量集中在同一个地区,那么搜索的范围就可以大大缩小,为此付出的成本也可以大大减少。对于一个刚毕业的金融硕士来说,他会更愿意去上海找工作。同理,金融机构也知道上海集中了中国最优秀的金融行业毕业生,因此也会更愿意把自己的总部或分支机构设在上海。这两个过程互相加强,最终带来了劳动力池效应,使得经济活动的集聚能够提升一个地区的企业-劳动力匹配效率,进而提高整体的生产率。

思政案例3-1

新能源汽车产业链的集聚

这是生产一辆新能源汽车的4小时"旅程":上海,提供芯片、软件等组成的"大脑";向西约200公里外的江苏常州,提供作为"心脏"的动力电池;向南两百多公里外的浙江宁波,提供完成"身体"的一体化压铸机……在长三角,通过产业集群协同发展,一家新能源汽车整车厂可以在4小时车程内解决所需配套零部件供应,形成体现现代化产业体系特征的"4小时产业圈"。

一、产业集聚

汽车是体现一国制造业实力的重要标志之一,而新能源汽车成为全球汽车产业转型升级、绿色发展的主要方向。中国突破新能源汽车关键核心技术,建成完整产业体系,产销量连续8年世界第一。"4小时产业圈"正是中国新能源汽车崛起的一个缩影。2022年,我国新能源汽车产量705.8万辆,其中长三角的沪、苏、浙、皖四地产量约290万辆,占四成以上。太湖之畔的江苏常州,去年动力电池产销量占全国的1/5。"若以每辆新能源车搭载50千瓦时电量计算,则常州每年生产的动力电池可配套一百多万辆新能源汽车。以此计算,2022年全球每10辆新能源汽车就有一辆搭载常州产电池。"常州市工业和信息化局局长严德群说。动力电池生产有32个主要环节,常州覆盖其中的31个,产业链完整度高达97%。这座城市目前拥有多座国内头部动力电池"链主"企业生产基地,带动正极、负极、隔膜、结构件等超过130家规模以上的配套企业快速发展。

产业链的集聚延伸到整车制造。在常州采访,记者常听到当地人不无自豪地说起"梦之队":城北有"比亚迪",城南有"理想",两家整车厂直线距离不到40公里,2023年上半年两家工厂产量达27万辆。通过强链、补链、延链,常州新能源汽车产业链已覆盖传动系、制动系、转向系、电气仪表系、灯具、汽车车身、汽车饰件等十几个领域,超3 000家相关制造企业汇聚于此,形成了3 000亿元的产值规模。

集聚效应,是汽车产业发展的突出特性。20世纪80年代,大众汽车进入中国,首先落户上海。经过多年努力,首款车型桑塔纳的零部件国产化率从不到4%提高到90%以上,一批零部件制造企业发展壮大。现在,车程4小时范围内的新能源汽车产业集群,既契合产业就近采购原则,能够大幅缩减零部件运输成本,也赋予供应系统快速灵活的响应能力,工厂能够按照生产计划随时调配周边企业零部件。"得益于这种产业链基础,特斯拉上海超级工厂实现了当年开工、当年投产、当年交付。"全国乘用车市场信息联席会秘书长崔东树说。目前,特斯拉上海超级工厂已实现零部件本地化率95%以上,带动上游360家供应商、10万个就业岗位及7000亿元累计订单,60家中国供应商进入特斯拉全球供应商体系。华泰证券研究所汽车行业首席研究员宋亭亭认为,"4小时产业圈"是随着上海新能源汽车产业发展逐渐形成的,现在在长三角布局整车生产工厂的新能源汽车品牌超过10个。处于"4小时产业圈"的江苏,动力电池及配套重点企业超过140家,电机、电控、电驱动总成等关键零部件领域的领军企业不断增加。在浙江,环杭州湾新能源汽车产业集群加速推进,温州、台州沿海汽车产业带转型提升。在安徽,整车-电池-电机-电控全产业链已经形成,整车、零部件、后市场三位一体布局全面实施。"既有完整产业链,又有巨大市场需求,还有出口便利性,这是长三角新能源汽车发展的优势所在。"比亚迪股份有限公司董事长王传福说。

二、先进制造

"4小时产业圈"内的宁波市北仑区,聚集超过110家汽车及关键零部件规模以上企业,去年工业产值超千亿元。在如火如荼的新能源汽车轻量化"车身革命"中,北仑扮演着重要角色。按传统工艺,汽车制造包括冲压、焊装、涂装、总装4个环节,零部件装配最为复杂耗时。2020年,一家新能源整车企业宣布采用一体化压铸后地板总成,将原来通过零部件冲压、焊接的总成转向一次压铸成型。某车型的后地板采用一体化压铸技术后,超70个零件减少为1个零件,减轻了13%的重量。"得益于铸造行业的优势基础,北仑在新能源汽车轻量化零部件领域具有了竞争力,多家企业进入特斯拉供应链。"宁波市北仑区经济和信息化局副局长黄少杰说。几年前,特斯拉找到北仑的一家专精特新企业,双方携手用一年多的时间打造出专用巨型压铸机。"特斯拉团队每隔一段时间就找我们,问这个能不能做,那个能不能做。他们每改一次,我们的机器就要配合着改。"该企业负责人表示。现在,蔚来、小鹏、长安、沃尔沃等一批汽车企业都在跟进一体化压铸技术。专家认为,一体化压铸技术正在给汽车产业带来制造变革。

"4小时产业圈"的形成,正在有力推动长三角制造业水平的整体提升。在宁德时代所属的江苏时代新能源科技有限公司,记者穿上鞋套、不携带任何电子产品,也只能进到车间外的长廊,透过玻璃窗看生产电池的每道工序。这座工厂每小时要过滤25次空气,洁净度与心脏搭桥手术室相当,生产线几乎是全自动化操作,超900米长的生产线只有约50名工人。"一块汽车动力电池包含上百个电芯,要保证性能达标、足够安全,需要这100个电芯有极高的一致性,我们已把人工智能和大数据等引入质检环节。"工厂负责人华夏说。一个个细节,构成先进制造的"密码"。清洁设备时,这家工厂的工人用无水乙醇,而一些电池制造公司会用高浓度酒精。高浓度酒精的含水量是5%,而无水乙醇的含水量不超过1%,后者能减少环境中的水分,提升激光焊接等设备工作时的稳定性。良率是衡量制造能力最直接的指标。制造业中公认,每百万个产品中有一个不良品,就是世界级的制造水平。但宁德时代的制造标准是不良率为十亿分之一,即1000万辆车中只允许出现一颗坏电芯。"动力电池对安全性要求极高,我们提出极限制造的目标,采用传感技术、智能建模、闭环控制等全流程管控安全隐患,降低产品不良率。"宁德时代董事长曾毓群说。企业设立首席制造官,由从事先进制造研究四十余年的倪军担任,他也是上海交通大学溥渊未来技术学院院长。工业和信息化部副部长辛国斌表示,中国的动力电池已建成完备的产业链条,智能工厂、零碳工厂成为先进制造标杆,将继续推动动力电池技术创新,提升产业链、供应链的稳定性和绿色发展水平。

三、协作创新

江苏省溧阳市中关村大道1号,中国科学院物理所长三角研究中心坐落于此。5年前,研究中心落户于这一县级市,多名院士和研究员带团队在此攻关,看重的是"离产业近",瞄准的是科技成果转化和前沿技术研发。"在这里,可以打通产学研。"中国科学院博士罗飞说。他几年前来到溧阳,专注于锂离子电池新型纳米硅碳负极材料的研发,之后将科技成果直接转化为产品。他的不少用户就是当地的企业。"在溧阳中关村大道,可以找到十多家我们企业的供应商,都是我们落户溧阳后,跟着过来的。"华夏说。聚集成"4小时产业圈",更容易产生创新成果。

相比传统的燃油汽车,新能源汽车的更迭周期大幅缩减,整车项目约一年一小改,两年一中改,开发周期在一年半左右。创新供应链,也是"4小时产业圈"的一大优势。"这就对零部件企业响应新需求的速度、同步开发能力等提出更高的要求。处在4小时产业集群圈内,对于整车厂和供应商而言,沟通成本、协同设计、测试效率都将获得改善。"宋亭亭说。"在产业供应链不稳定的时期,江苏作为国内最大的汽车零部件产业基地,积极帮助上汽集团、特斯拉在江苏的汽车零部件配套企业打通物流运输通道。"江苏省工业和信息化厅产业转型升级处处长熊斌谦表示。以2022年春天半个多月的数据为例,江苏累计发往上汽、特斯拉的零部件运输车辆超过600车次,为2家企业解决超450家红灯供应商物流运输问题,占2家企业红灯供应商总数的90%。相比电动化,汽车智能化、网联化变革涉及的领域更多,程度也更深,可以想象的空间也更大。工业和信息化部相关负责人表示,下一步,新能源汽车产业发展将坚持"车-能-路-云"融合发展。专家分析,汽车产业链长,乘数效应达1∶10,即汽车每1个单位的产出,可带动国民经济各环节增加10个单位的产出。新能源汽车产业的融合发展,有望带来更大的拉动效应。2023年夏,长三角一体化发展高层论坛上,长三角勾画了一个新目标:打造新能源汽车世界级产业集群。"4小时产业圈"将继续展现创新活力。

案例来源:熊争艳,潘晔,周蕊,魏一骏.年中经济调研行|探访新能源汽车"4小时产业圈"[N].新华社,2023-07-24.

三、路径依赖与本地基础优势[①]

一个区域的经济活动往往有着强烈的历史稳定性(Persistence)。图3-1与图3-2引自 Holmes and Stevens(2004),分别展示了1947年与1999年美国的大型制造业企业的空间分布。我们能发现,在这半个世纪里,美国的制造业虽然经历了快速的发展壮大,但是整体的地理分布并没有发生明显的变化,主要的工业区始终是加州沿海工业带、五大湖工业区和皮埃蒙特(Piedmont)地区。主要有两种原因造成了这种历史稳定性。一是集聚效应带来的路径依赖,即随着经济活动集聚,本地区生产效率不断提高,产生了正反馈,使历史上的事件决定了未来的地区发展。二是地区性的自然地理基础性优势带来的后果。温带气候、港口地区、富有矿藏等都可以成为经济发展的动力。

我们认为,存在集聚效应时,要素和商品的自由流动能够让要素流向最能够发挥其优势的地区,并且互相加强,让这种优势更大。但是还有一种可能:地区A本来比地区B更适合经

---

① 本节的写作得益于戴夫·唐纳森(Dave Donaldson)教授于2020年城市经济学会主办的城市经济学工作坊所做的演讲。详情请参见 https://urbaneconomics.org/workshops/lectures2020/。

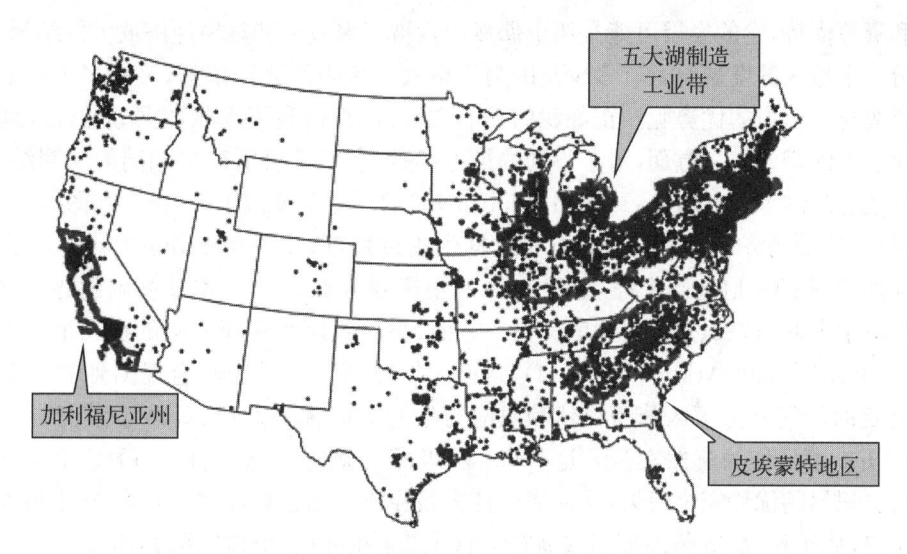

图 3-1　美国大型制造业企业分布示意图(1947 年)

注：图中的每一个点都表示一家雇员超过 250 人的制造业工厂。
数据来源：Holmes and Stevens (2004)。

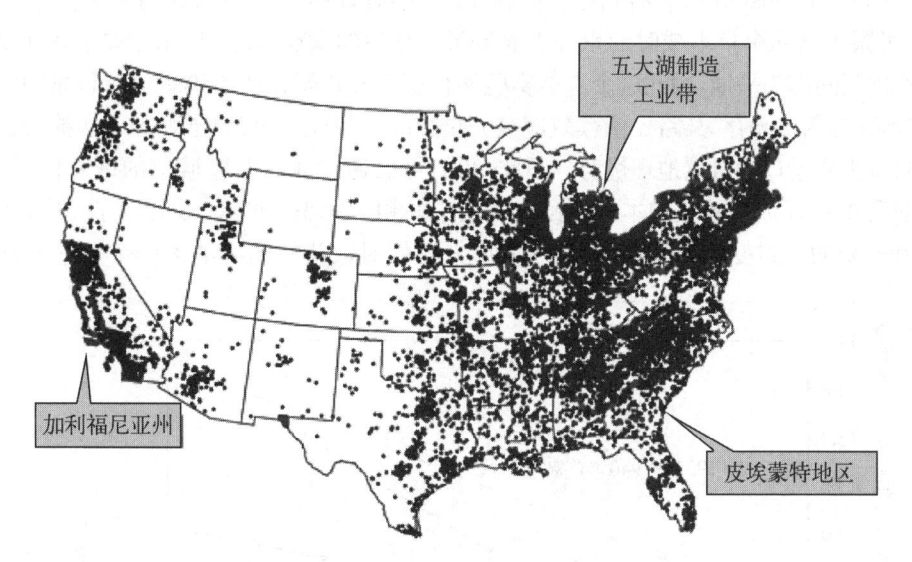

图 3-2　美国大型制造业企业分布示意图(1999 年)

注：图中的每一个点都表示一家雇员超过 250 人的制造业工厂。
数据来源：Holmes and Stevens (2004)。

济发展,却因为地区 B 在历史的机缘巧合下更早培育出发达的经济,更多地享受到了集聚效应的好处,反而使得地区 A 无法与地区 B 竞争。这种现象来自我们所称的路径依赖效应。在空间经济学中,路径依赖效应就是指历史上的一个暂时性冲击(Temporary Shock)因为集聚效应的自我强化作用,塑造了一个地区长期的经济活动(Allen and Donaldson,2020)。比如,一个生活在温州市永嘉县桥头镇的年轻人,可能在改革开放初期因为非常偶然的原因开始从事纽扣贸易,然后这个镇的人逐渐加入,形成纽扣贸易的集聚效应,最终让桥头成为世界上最大的纽扣生产基地。与附近的另一些镇相比,桥头镇在生产纽扣上可能并没有什么特别的自然优势和资源优势,它的发展可能是历史偶然因素被集聚效应和规模经济放大的结果。那么,如何区分一个地区的发展究竟有多少是因为集聚效应带来的路径依赖,又有多少是来源于本地基础资源与生产力的优势呢?正如我们在前文所言,直接利用观测数据去估计这两个渠道的大小是非常困难的。一方面,对于不同的渠道参数,它们都可能产生相同的观测结果,即这些渠道参数是观测等价(Observational Equivalent)的。给定类似于图 3-1 和图 3-2 这样一组面板数据,计量经济学家无法确定真实数据生成过程(Data Generating Process)是 50% 的集聚效应加 50% 的本地基础优势,还是 20% 的集聚效应加 80% 的本地基础优势。这是典型的计量经济学中的因果识别障碍问题。另一方面,集聚效应和规模经济的存在很可能导致多重均衡问题(Allen and Arkolakis, 2014),从而使得经济学家无法确定观测到的数据来源于哪一个特定的均衡。为了区分路径依赖效应与本地基础优势效应,经济学家们尝试利用一些特定的历史事件作为自然实验。这些自然实验需要满足一些条件:(1)这个事件使得一个地区过去积累的优势完全消失,从而完全抹去路径依赖的影响,同时不会影响本地的基本初始经济优势,如矿藏、港口条件等。或者(2)这个事件使得一个地区的初始经济优势完全丧失,却没有影响过去积累的财富与经济活动。我们来用两个例子分别说明这两种自然实验在研究中的应用。

Davis and Weinstein(2002)利用美国在 1945 年对日本广岛和长崎的原子弹轰炸作为自然实验,考察了这两个日本战时的重要工业城市在战后的发展情况。[①] 由于原子弹几乎将这两座城市在顷刻间夷为平地,因此这个自然实验使得广岛和长崎在明治维新以后积累的所有人口优势、技术优势荡然无存,其路径依赖效应被完全抹除。与此同时,原子弹却无法抹去这两座城市作为日本重要港口的自然地理优势。因此,我们可以通过战后两座城市的恢复情况,确定它们发展过程中路径依赖效应和本地基础优势效应的相对大小。图 3-3 展示了 1925—1975 年间广岛和长崎的人口变化,y 轴为这两座城市人口的对数值。图中的每一个数据点都代表了

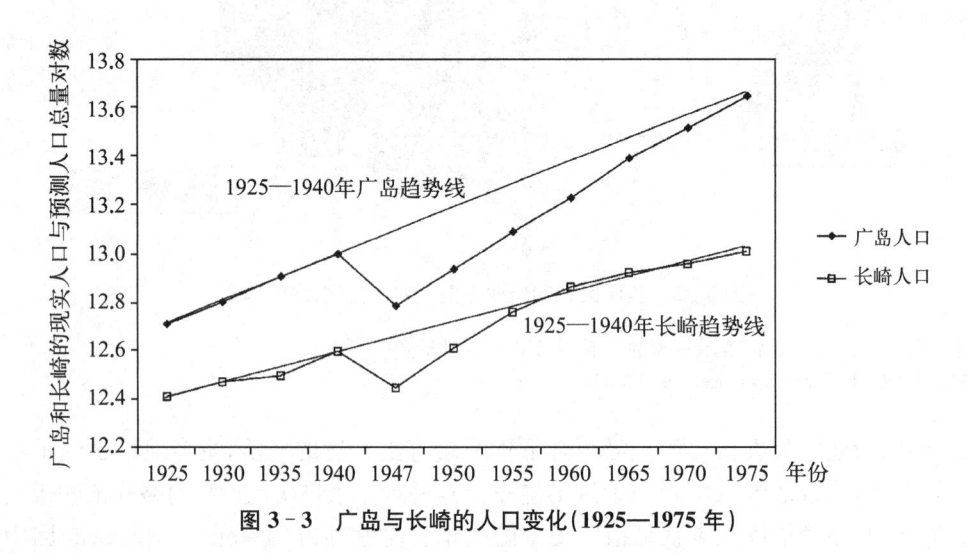

图 3-3 广岛与长崎的人口变化(1925—1975 年)

数据来源:Davis and Weinstein (2002)。

---

① 太平洋战争开始于 1941 年 12 月,结束于 1945 年 8 月。美国为了尽快击败日本法西斯,在 1945 年 8 月 6 日与 9 日,分别在日本广岛和长崎投下原子弹,给这两座城市造成了毁灭性伤害。

当年真实的人口数字,1940年后没有经过数据点的拟合线代表如果没有1945年的原子弹爆炸事件,这两座城市的人口增长趋势是什么样的。我们可以发现,由于原子弹的攻击,广岛和长崎在1947年的人口突然大幅度偏离其正常增长趋势。然而,随着日本战后的经济复苏,这两座城市的人口也逐渐回归到趋势线。到1975年,其人口规模已经与根据太平洋战争前数据预测的值几乎完全一致。这证明,虽然原子弹几乎完全抹去了广岛和长崎在战前积累的经济禀赋,关闭了路径依赖效应带来的影响,但是由于本地的经济、地理禀赋优势依然存在,因此它们依然逐渐回到了原来的增长路径上。这证明了在城市发展过程中本地基础优势的重要性。

与之相对应,Bleakley and Lin(2012)考察了技术进步导致美国瀑布线(Fall Line)城市的自然地理优势消失会如何改变这些城市的发展。内河航运一直是北美商品流通的重要渠道。但是在过去技术不发达的时候,内河航运经常受到各种地理障碍的限制,比如无法通过的瀑布、激流等。一旦遇到这些地理障碍,人们就必须把船上的货物(甚至是船本身)搬上岸,以陆路的方式绕过这些障碍后,再在下游重新装船。这种运输方式称为水陆联运(Portage)。由于这种运输方式需要大量劳动力,因此在运输繁忙的内河地理障碍处,往往会聚集大量人口,形成大型城市。我们称这种城市为联运枢纽(Portage Site)。图3-4展示了一些重要的联运枢纽城市——瀑布线城市。要把商品从美国重要的工业区皮埃蒙特地区运往大西洋,需要经过内河航运。这些内河流入大西洋前遇到的最后一个地理障碍的连线便被称为瀑布线。由于巨大的联运劳动力需求,这条线上兴起了很多大城市,比如费城(Philadelphia)、华盛顿(Washington)、里士满(Richmond)等。但是随着技术的进步,人们开始有了更多快捷的方式去绕过内河上的地理障碍,如开凿运河、直接进行铁路运输等。这些技术进步使得瀑布线城市和其他联运枢纽城市的自然地理优势完全丧失。但是即便如此,在人力水陆联运已经完全消失的今天,这些美国东部瀑布线上的大城市依然保持了自己的经济地位。这证明,在城市发展的过程中,集聚效应带来的路径依赖也非常重要。

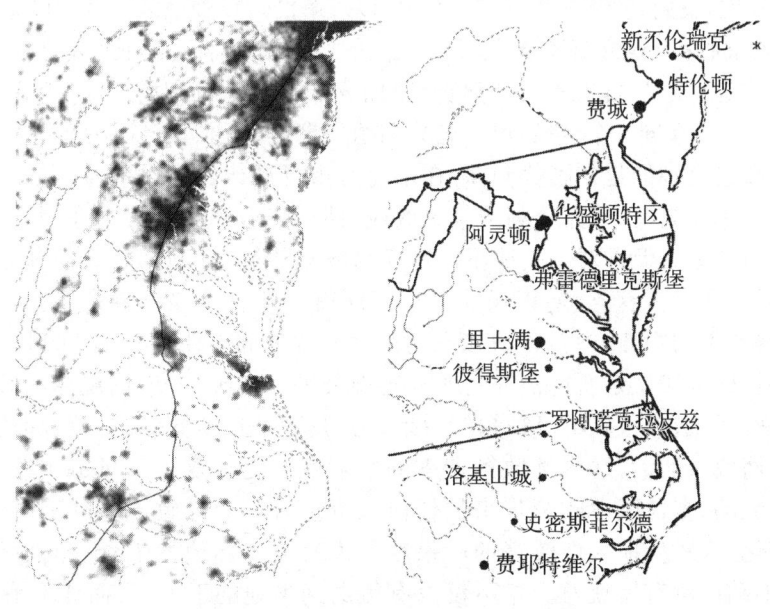

图3-4 美国东部瀑布线城市示意图

数据来源:Bleakley and Lin(2012)。

因此，经济学家利用不同的历史事件发现路径依赖效应和本地基础优势效应都会影响一个区域的经济发展。但是在不同的历史背景和时空环境下，这两个渠道的相对强度会有所变化。我们如何去分析两者的重要性，依赖于每一位研究者对自己所要研究的具体问题的理解与分析，切忌教条主义地套用前人研究的成果。

四、地区性政策、集聚效应与空间不平等

当我们把生产要素和经济活动集中到特定地区时，由于集聚效应的存在，这些地区的生产率会随之上升。如果从全国经济总量的角度来讲，集聚在效率上是一件好事。但是如果从不同区域的均衡发展角度来看，似乎集聚就会导致空间上的不平等加剧。随着生产要素从欠发达地区流向发达地区，两者的经济总量差距拉大，生产效率差距拉大，人口和其他生产要素进一步从欠发达地区流出，形成恶性循环。这种虹吸现象带来的不同地区间的不平等出现在诸多国家，也成为这些国家的政府所关注的重要经济问题。

为了解决地区间的不平等问题，很多国家会采取一些地区性政策（Place-based Policy）。所谓的地区性政策，指的是政府推出的旨在鼓励某一特定地区经济发展的政策。其最重要的特点就是以地区为目标，希望提高这个地区的工作机会、工资、国内生产总值（GDP）等。一部分地区性政策旨在鼓励优势地区进一步壮大，尤其是在研发创新能力上，如在上海建立的张江高科技园区和浦东自由贸易试验区等。而更多的地区性政策则强调平衡发展，试图利用"看得见的手"去削弱集聚效应带来的虹吸现象，帮助相对落后的地区实现对发达地区的追赶。各个经济体都有大量相关的政策实践经验，如欧盟结构与投资基金（European Structural and Investment Funds）、美国联邦赋权区（Federal Empowerment Zones）、中国的西部大开发计划等。Neumark and Simpson（2015）总结了全世界不同国家和地区采取的地区性政策及其政策效果，发现结果是混合的（Mixed）。有些政策，尤其是对地区性基础设施和高校研究园区的资金支持，能够在一定程度上实现其目标；其他的一些则不能实现制定者的目标。

对于这一发现，我们其实在一定程度上是可以理解的。投资地区性基础设施，能够改善本地的公共品供给，优化本地营商环境，降低地区间的要素流动（商品运输、劳动力流动等）摩擦。对高校研究园区提供支持，能够解决科学研究的正外部性导致其市场投资不足的问题，同时让更多的科研机构集中在同一个区域，可以充分利用集聚效应，推动创新在不同企业间的溢出。这两种地区性政策更多的是在因势利导，在不违背市场规律的情况下着重解决公共产品和正外部性带来的市场失灵，并充分利用集聚效应，使得企业和高校集中在同一个区域，互相提高生产与创新效率。但是对于一些不得不逆市场规律操作的政策，往往其效果都不尽如人意，原因有以下几点。首先，逆市场规律很可能就意味着需要牺牲效率。当然我们必须澄清，对于公共政策的判断，绝对不应该只有效率一个标准（Thomson，2011），而很多地区性政策的主要目标其实就是通过牺牲效率来实现公平。其次，逆市场规律的政策需要对抗理性企业与消费者，造成很多不可预知的后果。尤其是一旦我们考虑人口和资本的流动性带来的一般均衡效应的话，地区性政策带来的影响就会更加复杂。Moretti（2011）认为，如果允许劳动力流动，则地区性政策带来的任何工资上升都会导致更多的劳动力流入，从而抵消工资的变化。最终，地区性政策的后果就是没有改变当地的工资，却推高了当地的房价和地价，使不动产所有者获益。这不仅没有帮助到本地的工人，反而让不平等更加扩大。类似的情况也发生在中国。Fang and Huang（2022）与Fang等（2022）发现我国的建设用地指标特意向内地落后地区倾斜以鼓励落后地区城镇化发展，反而一方面导致发达地区房价大幅

上升,扩大了沿海地区内部的不平等;另一方面减少了人口从落后地区向发达地区的迁移,减少了落后地区户籍劳动力的整体收入。地区性政策出现这些问题的根源在于,它把目标定为特定的"地区",而不是这个地区的"人",并且忽略了人是可以流动的。给定有限的总资源,对相对落后地区的投资过度,很可能带来巨大的无效率,同时让很多本可以流动的人口被锁在了老家。这时即便我们在地理层面能够看到落后地区与发达地区的差距缩小,但是事实上并没有真正让落后地区的人获益。我们要记住,经济学关注的永远应该是每一个人,而不是一个特定的地区。

但是,虽然地区性政策在解决空间不平等问题上会有这样或者那样的缺陷,但是它在很多时候依然是不可或缺的,尤其是在公共品问题上。我们之前分析的地区性政策大多指的是"生产性政策"。而对于公共产品的提供,尤其是公共教育服务和医疗服务,我们必须坚持不同地区间的公平性,在政策的天平上适当给予落后地区更多的倾斜与优惠政策。如近年来在我国相对落后地区出现的县中塌陷问题。由于大量人口前往沿海发达地区务工,一些内地省份农村地区的县域高中的财政支持、生源和师资都出现了断崖式下跌,导致这些高中陷入了"财源、生源、师资流失→教学质量下降→财源、生源、师资进一步流失"的恶性循环。教育公平是实现代际机会公平的核心,因此如何帮助这些县中改善教育质量成为教育经济学领域的重要课题。近年来,政府也利用不同的政策进行了大量有益的尝试。首先,通过增加基础教育财政转移支付,落后地区的学校财政状况得以改善。其次,通过高校农村专项招生计划,落后地区中学能够保证每年都有一定数量的学生考上重点大学,进而吸引优质生源留在本地就学。最后,通过师范类高校定向招生定向就业,保证落后地区学校始终有年轻师范生作为新鲜血液补充进教师队伍。我们将在后面的章节中继续深入探讨空间不平等问题。

五、城市化与经济发展

如果说集聚效应是区域经济发展中最重要的规律,那么现代城市和城市群便是这个规律的最佳例证。在前工业化时期,人类社会的主要经济活动是农业和少量手工业。农业几乎不存在集聚效应和规模报酬递增,因此前现代时期很少出现大型城市,人们主要定居在小型村庄。工业化时代来临后,大量的农业人口向非农部门转移,城市的规模逐步扩大。图3-5展示了2022年世界各国人均GDP与人口城镇化率的关系。图中的每一个点表示一个经济体,X轴表示这个经济体的美元现价人均GDP对数值,Y轴表示这个经济体里居住在城镇的人口占总人口的比值。图中的斜线表示X与Y两个变量的简单线性函数拟合线。我们可以发现,一个国家的人均GDP与它的城镇化率呈明显的正相关关系。一个国家的人均GDP越高,经济发展水平越高,其对应的城镇化率也越高。图3-6展示了中国从1960年到2022年的常住人口城镇化率,即常住于城镇地区的人口[①]占总人口的比值。中国的城镇化率是随着经济的增长而快速上升的。在改革开放以前,由于经济的落后和特殊的户籍制度对于人口流动的严格限制,中国的城镇化率始终徘徊在17%左右。1978年改革开放后,在中国共产党领导下,中国经历了可能是人类近代历史上最伟大的经济腾飞。同时户籍制度逐渐放松,大量的人口开始从农村地区向城镇地区迁移,形成了巨大的国内移民浪潮。根据国家统计局公布的最新数据,截至2021年,我国常住人口城镇化率已经达到65.2%。[②] 在四十多年的改革历程中,中国

[①] 常住人口指的是实际居住在某地半年以上的人口。
[②] 详见 http://theory.people.com.cn/n1/2023/0922/c40531-40082942.html。

的城镇化率增长了50个百分点之多,相当于5亿~6亿人口从农村迁移到城市生活。如此规模的经济结构转型成绩,在人类历史上也是少见的。

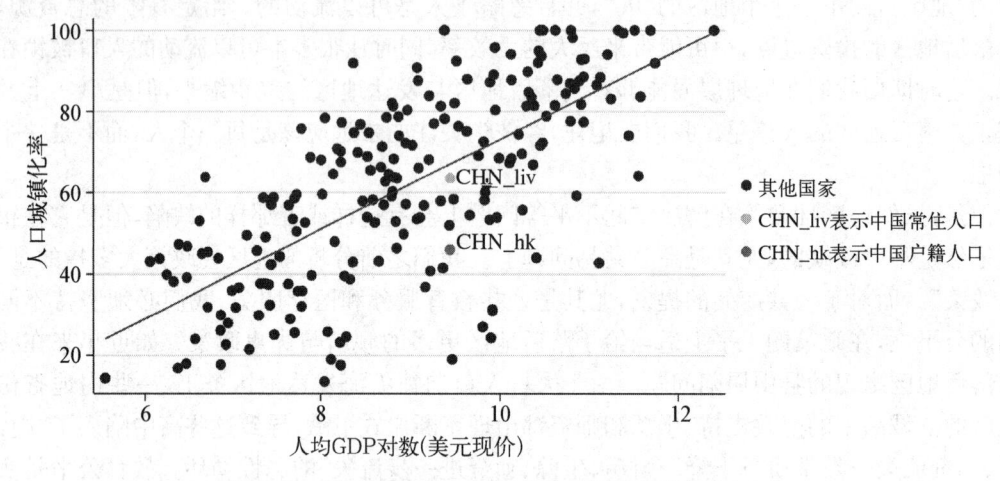

图 3-5　不同国家人均 GDP 与人口城镇化率(2022 年)

数据来源:世界银行。

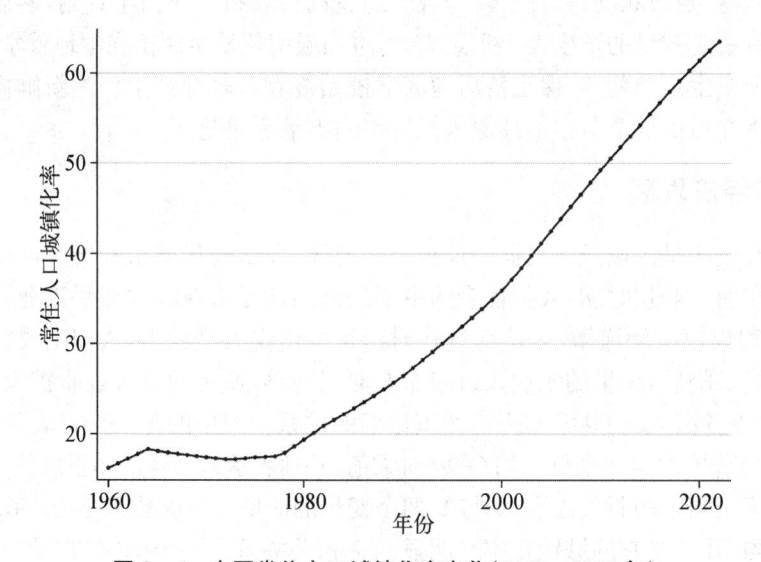

图 3-6　中国常住人口城镇化率变化(1960—2022 年)

数据来源:世界银行。

图 3-5 中的 CHN_liv 圆点是中国的常住人口城镇化率。从这张图来看,中国基本上落在了拟合线上。也就是说,与世界上的其他国家相比,我国的城镇化率基本上能和现有的经济发展水平对应,并没有过于超前或滞后。然而在这里我们忽略了一个重要的问题,我国有着一个非常特殊的政策——户籍制度。在非户籍地工作的流动人口,往往无法获得相应的公共服务,如社会保险、子女教育等。在 2021 年,我国的户籍人口城镇化率仅为 47.7%[①],比常住人

---

① 来源见:http://theory.people.com.cn/nl/2023/0922/c40531-40082942html。

口城镇化率低了接近18个百分点。这部分人口就是长期居住在城市,却没有获得城市户籍的流动人口,其中绝大多数是农民工。因此,如果我们考虑的是户籍人口城镇化率,那么中国在图3-5中就会变成点CHN_hk,它的位置就明显在拟合线以下了。也就是说,我国能享受到完整城市公共服务的人口比例是远远落后于我们的经济发展水平的。

目前阻碍中国经济进一步实现集聚和城市化的因素主要有两个。首先是户籍制度。户籍制度限制了非本地户籍人口的公共服务,进而阻碍了人口流动。其次是土地政策。我国特殊的土地制度安排使得发达地区的建设用地指标远远不足,城市化进程被拖慢,而落后地区的建设用地指标又出现过剩。因此在这改革开放的伟大成绩背后,我们还需要进一步改革,使更多的人口能够来到城市享受现代的公共服务,进一步提高中国的城镇化率,最终实现构建全国统一市场的目标。我们将在后三节中详细探讨中国的经济集聚和城市化问题。

第四节 户籍制度与人口流动

在本节,我们将讨论中国的户籍制度以及它对人口流动和空间经济分布的影响。当代户籍制度的本质是一种对人口流动的限制政策,其核心在于非本地户籍人口无法获得和本地户籍人口同样的公共服务。户籍制度使得劳动力在空间层面上被割裂,在两个方面深刻影响了中国的空间经济分布。首先,它扭曲了劳动力的流动决策,降低了劳动力从生产效率低的落后地区向生产效率高的发达地区迁移的意愿,使得我国无法更好地利用发达地区经济的集聚效应,造成了人力资源的空间错配。其次,户籍制度使得流动人口子女在教育机会上受到了歧视,造成了跨代际的空间不平等。这种空间不平等带来了严重的流动儿童和留守儿童问题,给中国下一代的人力资本积累造成了负面影响,损害了中国经济的长期发展潜力。

一、现代户籍制度的建立

户籍制度在中国自古有之,最早的全国性户籍编组与统计资料可以追溯到秦代。在封建王朝时期,户籍制度起到了编户齐民,统计人口,以方便税收、力役和征兵管理的作用(葛剑雄,1991)。新中国的户籍制度诞生于1958年实行的《中华人民共和国户口登记条例》,规定全体公民均需履行户口登记义务。[①]

现代户籍制度在诞生之初是作为计划经济制度的重要组成部分而出现的。新中国成立后,摆在第一代领导人面前的最重要任务便是在尽可能短的时间内实现中国的工业化。为了这个目标,中国决定学习苏联模式,模仿苏联式的中央指令计划经济,构建了中国自己的计划经济体系。这个体系由两套重要的支柱构成:城市工业的国有化与农村农业的合作化。在城市中,所有的工业企业全部经过社会主义改造变为公有制企业,其运营由政府部门根据计划统一管理。为了加速工业化进程,加快资本积累,这些工业企业的投入要素价格被人为压低。对于资本价格来说,由于金融体系也被完全国有化,利率完全由国家政策确定,因此国家可以简单压低信贷利率。对于劳动力价格来说,国家规定了比较低的工人工资。为了满足低工资条件下工人的基本生活需求,政府从两方面对低工资进行了补偿。一方面,公共部门提供了包

---

① 关于中国古代户籍制度的历史,请参考葛剑雄编写的《中国人口发展史》。关于中国现代户籍制度的历史,请参考林毅夫编写的《解读中国经济》。

医疗、教育、娱乐在内的从摇篮到坟墓的完善公共福利,使得大型工厂变成了生活功能完备的独立社会单元。这样,工人不需要再从其他地方购买必要的生活服务。另一方面,国家通过农业合作化和农产品统购统销政策,从农村低价收购粮食,并在城市以低价卖出,从而降低了工人的生活成本。这种农产品与工业产品交换时价格的人为低估,被称为"剪刀差"(冯海发和李溦,1993)。这样的制度安排事实上是利用农业剩余反哺工业,使得城市里工人的生活水平远高于农村的农民。在这样的情况下,如果人口可以自由流动,很多农民的理性选择就会是前往城市寻找工作。然而,在计划经济时代,中国的城市工业发展重点是资本密集型的重工业,其所能提供的劳动力岗位十分有限。一旦大量农民向城市迁移,与此同时城市却没有足够的工作机会,这些农民就会成为失业流民,对城市的发展造成不利影响。为了防止这样的情况发生,就需要一个限制人口流动的政策,这就是户籍制度起作用的地方。户籍制度将全国人口分为农业和非农两种不同类型,严格限制了一般家庭和劳动力的流动范围。普通农民一般非常难获得前往城市工作的资格。因此,户籍制度直接导致了我国经济长期以来呈现的城乡二元特点。我们需要强调的是,现代户籍在诞生之初所起到的核心作用便不是简单的人口登记与统计,而是一种将人口与所在地区绑定从而限制人口自由流动的制度安排。这样的制度安排是当时的计划经济模式下所必需的,也是自洽于整个计划经济逻辑内的。

自1978年改革开放以来,中国逐渐从计划经济转轨至市场经济。作为计划经济体系内重要一部分的户籍制度,在改革的深入过程中越发显得格格不入,无法与新时代的经济模式相配合。其中最关键的原因在于,市场化改革和对外开放促使中国开始利用其在国际市场上的比较优势——劳动力。中国的沿海地区轻工业,主要是劳动密集型的服装、纺织等行业,在20世纪80年代后蓬勃发展。因此,沿海地区开始出现对劳动力的巨大需求。由此,户籍制度对于人口流动的限制开始放松,越来越多的农村人口开始向城市转移,形成了庞大的农民工群体。

二、改革开放以来的户籍制度

在改革开放以后,虽然我国放开了农民自主进城务工,但是并没有完全取消户籍制度。各种公共服务和社会福利依然与户籍挂钩,形成了"半开放"的户籍制度。这种半开放的户籍制度成为目前阻碍中国人口从落后地区向发达地区、从低生产率地区向高生产率地区迁移的最大不利因素。所谓半开放的户籍制度,指的是虽然户籍制度不再直接严格限制人口流动,农民拥有了自由外出至城镇务工的权利,但是这些流动人口在流入地无法享有与本地户籍人口平等的公共服务。这些公共服务主要包括养老、医疗相关的社会保障,以及子女的义务教育。

(一)医疗保险

首先我们来看医疗保险。目前我国的医疗保险大致可分为四种:城镇职工基本医疗保险(城镇职工医保)、城镇(乡)居民基本医疗保险(居民医保)、新型农村合作医疗(新农合)、公费医疗。城镇职工医保面对的对象为城镇用人单位的职工,保险费由用人单位和职工共同缴纳,不享受政府补贴。居民医保主要面对本地户籍没有工作的老年人、低保对象、残疾人、学生、儿童等,总体上医疗标准低于城镇职工医保,但是享受政府补贴。新农合的对象为农村人口,由政府组织引导,个人、集体、政府多方筹资,享受一定的政府补助。公费医疗比较特殊,只面对一个非常小的群体,即国家工作人员。图3-7展示了在城镇工作的农民工流动人口与本地户籍人口的医疗保险参保情况。63.6%在城镇工作的农民工并不能获得与本地职工相同的城镇职工医保,而是继续缴纳新农合。享受城镇职工医保的农民工仅占14.9%。与之相对比,66.3%的本地人口能够享受城镇职工医保。在绝大多数地区,只有小部分流动人口有资格参加城镇职工医保,而大部分流动人口依然被拒之门外(周钦和刘国恩,2016)。王超群(2023)利用卫计委流动人口动态监测数据(CMDS)发现,2015—2018年参加基本医疗保险的流动人口中只有40%在常住地参保,其余依然在户籍地参保。特别是对于参与了城镇(乡)居民医保的流动人口来说,只有10%在常住地参保。相比只由个人和用人单位缴费的职工医保,居民医保还有一部分由地方政府补贴,因此地方政府更没有动力和意愿为流动人口提供这一部分公共服务。目前依然有17座城市对流动人口参与本地医保设置直接的户籍限制,其中就包括北京、上海、深圳、广州等流动人口最集中的特大城市。在常住地使用异地医保会出现很多困难。一方面,异地使用医保的报销比例较低;另一方面,尚未开通异地就医的地区要求流动人口回到户籍地医保定点医疗机构就医。即便是开通了异地就医服务的地区,也往往需要流动人口首先垫付自己的医疗支出,然后拿着凭证回户籍地报销。这个过程极其烦琐,给流动人口享受医保服务造成了另一重负担(郭珉江和郭琳,2014)。户籍制度带来了对流动人口的医疗服务歧视,使得流动人口在与本地户籍人口一样为城市工作、交税的情况下,却无法享受平等的本地公共医疗资源,并在整体健康状况方面受到了伤害(牛建林,2013),降低了人口流动的意愿。

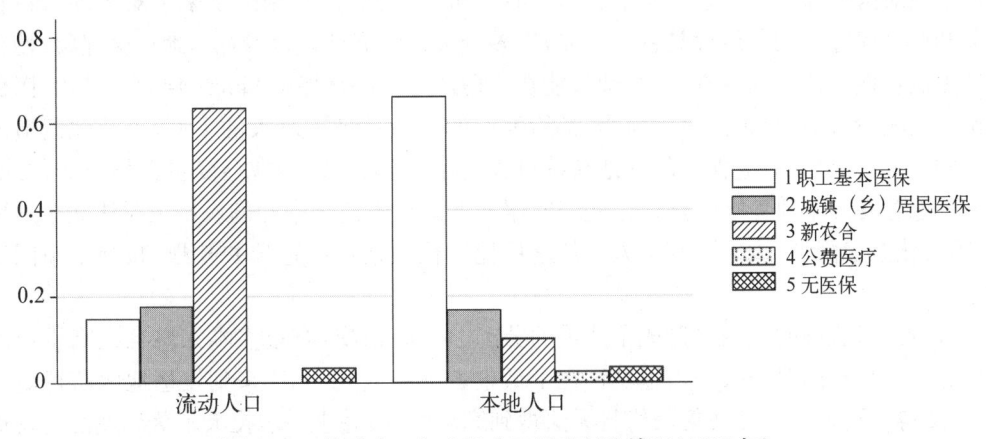

图 3-7 流动人口与本地人口医疗保险情况(2015 年)

数据来源:2015 年全国人口普查微观数据。

(二) 养老保险

我国目前的公共养老保险大致也可以分为四种:城镇职工基本养老保险(城镇职工养老)、城镇(乡)居民社会养老保险(居民养老)、新型农村社会养老保险(新农保)、机关事业单位养老保险。这四种养老保险对应的对象以及缴费结构基本与医疗保险一致。图 3-8 展示了在城镇工作的农民工流动人口与本地户籍人口的养老保险参保情况。在工作于城镇地区的农民工流动人群中,只有16.2%的人参加了职工养老保险,而维持新农保的人则高达44.6%。同时,还有高达22.3%的人没有参加任何养老保险。与此形成鲜明对比的是,城镇地区本地户籍人口中,65.0%的人参加了职工养老保险,只有13.1%的人没有参加任何养老保险。与医疗保险类似,流动人口也没能享受到与本地人口平等的养老保险公共服务。即便是对于常住地享受到了养老保险的群体,由于异地转续的过程非常不顺,大量农民工在不同地区流动的过程中选择了退保(郑秉文,2008)。

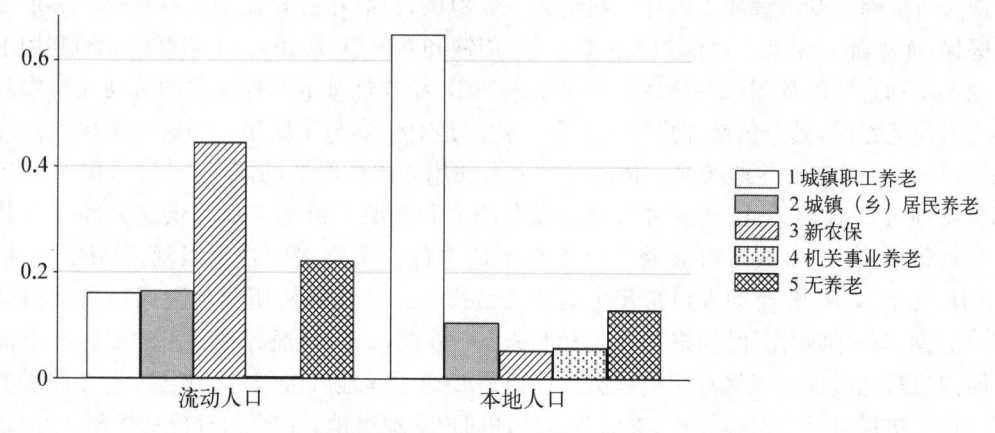

图 3-8　流动人口与本地人口养老保险情况(2015年)

数据来源:2015年全国人口普查微观数据。

(三) 户籍制度、公共服务与人口流动

从上述对医疗保险与养老保险的分析中我们可以看到,户籍制度带来了对流动人口在公共服务和社会保障上的制度性歧视。首先,很多城市拒绝流动人口参加本地社会保险,使得流动人口虽然长期生活工作在常住地,却只能在户籍地参与医疗保险和养老保险。其次,医保异地报销比例减少,以及复杂的报销流程,都给他们的生活带来了巨大的不便,也给他们造成了经济上的损失。最后,养老保险的异地转续过程复杂,流动人口经常会变更工作与居住地,使得他们不愿意办理本地养老保险。这些公共服务上的缺失使得中国的农民工无法完全地融入城市,市民化意愿降低,大大限制了人口从落后地区往发达地区迁移并扎根,减慢了中国城市化的进程。

这种对人口流动的限制也造成了严重的劳动力空间错配,有很多本来愿意在高生产率地区工作、生活、扎根的普通人却被迫被锁在了低生产率的地区,无法来到发达地区获得更高的工资,也使得发达地区的经济集聚优势无法得到完全发挥,并进一步拉大了落后地区与发达地区居民的收入不平等(Fang and Huang,2022;陆铭和陈钊,2004、2008)。造成这种现象的关键在于目前我国的社会保障体系依然存在地区性的分割,长期以来统筹层次为县市,未能实现省级和全国范围内的统筹(顾海和吴迪,2021;郑秉文,2022)。无法实现全国统筹,使得社保的一大部分财政压力要由地方政府承担。不同地方政府各自为政,在提供公共服务上区分本地户籍与非本地户籍,根据自己的财政与人口状况自行决定流动人口政策。如果实现了全国统一的社保体系,那自然不会出现异地医保报销困难、养老保险异地转续困难这些困扰流动人口的问题,地方政府也不会歧视流动人口。这也是我国未来建设全国统一市场的要点之一。

三、流动儿童与留守儿童问题

现行户籍制度带来的另一个重要社会问题是流动儿童与留守儿童问题。流动儿童指的是伴随外出务工的父母前往迁移地生活,却无法在常住地落户的儿童。留守儿童指的是父母双方或其中一方外出务工,而自己留在老家户籍地生活的儿童。根据2020年全国人口普

查统计[①],我国目前有 7 100 万流动儿童,以及 6 700 万留守儿童。总共有约 14 000 万儿童受到了父母流动的影响,占儿童总数的 46%。其中,居住在城镇的流动儿童有 6 407 万,居住在农村的留守儿童有 4 177 万。流动儿童最多的省份为山东、河南、四川、江苏、浙江、广东、湖南、安徽,主要是较为发达的沿海地区。留守儿童最多的省份为四川、河南、贵州、江西、广西、安徽、广东、湖南,主要是较为落后的内陆地区。其中,广东、湖南、河南、安徽和四川省既有大量的流动儿童,又有大量留守儿童。其原因在于这些省内部的人口流动较为频繁。以广东省为例,粤北地区与珠江三角洲地区经济发展水平差距较大,因此有大量人口从粤北迁移到珠三角。

流动儿童与留守儿童是同一个问题的两个不同方面。产生流动儿童与留守儿童问题的根源在于户籍制度对于流动人口子女在常住地教育资源的限制。与医保、养老保险类似,我国义务教育财政支出责任主要在地方政府,而中央对地方政府义务教育支出进行补贴也往往是根据户籍适龄儿童数,而非常住适龄儿童数。因此,地方政府没有对流动人口开放同等公立教育资源的动力(哈巍等,2017;王善迈等,2003)。地方政府通过大量与户籍挂钩的行政规定,直接限制了流动儿童就读本地学校。这些限制主要包括对父母工作稳定性的要求(在本区/县稳定工作一定年限)、对社保缴费的要求、对租房稳定性的要求(一定年限的正规租房合同)、户籍所在地无监护条件证明等。然而流动人口由于其工作与租房的灵活性,往往难以满足这些复杂的要求。在全国范围内流动儿童能够入读公立学校的比例大约在 80% 左右(Huang and Zhang,2023),但是在流动人口集中的特定地区,这个比例非常低。例如,在珠三角部分城市,只有一半的流动儿童能够入读公立学校。在首都北京,为了调控人口,甚至出现了抬高流动儿童入学门槛,强行关闭农民工子弟学校,进而清退流动人口,实现"以教控人"的现象(陈媛媛和傅伟,2023)。对于无法让孩子入读常住地公立学校的流动家庭而言,他们只有两个选择:把孩子带到身边入读常住地农民工子弟学校,或者把孩子留在老家成为留守儿童。对于入读农民工子弟学校的流动儿童来说,他们无法接受与本地儿童平等的教育资源,成为被遗忘的孩子。一些研究显示(Wang 等,2017),农民工子弟学校的质量不仅不如人口流入地的城市公立学校,甚至不如人口流出地的农村公立学校。与之相对应,留守儿童虽然能够在老家的公立学校上学,但要面临在童年时期与父母分离的痛苦。在祖辈文化水平较低,同时缺乏父母的关爱与监护的情况下,留守儿童的家庭教育就会出现严重的缺失。大量研究表明,流动儿童和留守儿童在学习成绩、行为表现上都体现出与非流动家庭孩子的差距,并且这些差距并不是他们自己的天生禀赋导致的,而是没有获得平等的教育资源导致的(Chen and Feng,2013;Huang and Zhang,2023;Zhang 等,2014;冯帅章等,2017)。

除了入读公立学校以外,另一个对流动人口的教育资源限制来自参加常住地中考、高考的机会。在很多流动人口聚集的大城市,非本地户籍儿童往往因为学籍时间、社保缴费等不同限制而无法参加中考(陈媛媛等,2023)。在上海和北京,除了极特殊情况外,非本地户籍儿童可以参加中考,但是不能报考普通高中,而只能报考职业高中。相对于异地中考,异地高考就更加困难,因为这涉及我国高考名额分配和高考移民问题。在北京、上海、天津这三个直辖市,地方政府基本禁止非本地户籍高中生报考本科。因此,很多流动儿童即便能够入读常住地的公立中小学,也不一定能够留在当地参加中考和高考。家长们也被迫在这些孩子小学六年级或者初中的时候将他们送回老家读书,成为回流儿童。回流儿童往往在大城市出生,从小在大城

---

① 详见国家统计局与联合国儿童基金会、联合国人口基金编写的《2020 年中国儿童人口状况:事实与数据》,https://www.stats.gov.cn/zs/tjwh/tjkw/tjzl/202304/t20230419_1938814.html? eqid=cf2fefdc0002e37200000006646983e3。

市长大,接受教育,几乎没有回过老家。这时候被迫回老家读书升学,成为留守儿童,会使得他们的人力资本受到严重的损害。

户籍制度在教育资源上导致了对非本地流动人口的歧视,表现为流动家庭入学以及升学的困难。与社会保障体系的歧视类似,教育资源的歧视导致很多家庭无法在流入地扎根,扭曲了人口流动的选择,降低了中国的空间经济效率,拉大了发达地区与落后地区家庭的差距,既无效率,也不公平。而且,教育资源上的歧视有着强烈的动态代际积累效应。对流动家庭孩子的歧视降低了占全国一半数量的儿童的人力资本,严重损害了中国未来的经济增长潜力。

第五节 土地制度与城镇建设用地

影响中国空间经济分布的第二个重要方面是特殊的土地政策。我国宪法规定土地为公有,其中农村土地为集体所有,城市土地为国有。因此,我国经济的城乡二元状态不仅存在于人口(表现为户籍制度),而且存在于土地。过去的土地政策对发达地区的土地供应进行了严格的管制。由于土地政策的空间割裂性,有限的建设用地配额没能按市场的需求配置到最需要的地方,降低了中国的空间经济效率和集聚效应的发挥,减慢了中国的城市化进程。

一、城乡二元土地制度

我国的土地制度呈现城乡二元的特点。农村土地为集体所有,主要包括农地(耕地、林地、草地)、宅基地、农村集体建设用地。农地指的是农业生产用土地,如基本农田,采取家庭联产承包责任制的方式进行分配。农地的所有者为集体,集体中的每一家农户承包一定数量的责任田用于农业生产。为了鼓励长期投资,农田承包遵守增人不增地、减人不减地的原则,以保障农民对土地的长期使用与收益权。家庭联产承包责任制是改革开放初期的伟大制度创新,打破了原来僵化的公社大锅饭制度,通过给予农民对种植作物的剩余索取权,大大提高了个人的种粮积极性,使得中国的农业生产在20世纪80年代实现了快速增长(Lin, 1992)。农村集体建设用地是集体经济组织或个人投资或集资建设的非农业用途土地,包括乡村公共设施用地等。宅基地是集体分给农户用于建设住房的土地。与农村土地不同,我国城市的土地为国家所有,主要包括各种类型的建设用地,如居住用地、公共设施用地、工业用地、商业用地等。城市与农村的土地市场是割裂的。在城镇化的进程中,要将原来的农业用地转变为工业用地,必须首先由政府将集体土地经补偿后征用,然后通过划拨,以协议或拍卖的方式出让给建设方。农村集体不能够绕过征地环节直接将农业用地出让给建设方转变为城镇建设用地。同时,农村的宅基地一直只能自用,不能商用,也不能以任何形式流转,不能出租也不能买卖。这样的制度安排直接奠定了我国地方政府土地财政和政府引导的城镇化的基础。地方政府以较低的补偿从农村集体手中获得土地,再以较高的价格出售给建设方,或提供给银行作为抵押,就能从中获得大量的资金,用来进行基础设施建设,进一步推动城镇化,提高城市土地收益和价格,从而吸引更多的建设方前来本地投资,形成良性循环。

二、土地管制与空间经济问题

在土地公有制和城乡二元制的双重制度背景下,我国城镇化进程中土地的分配和使用往往无法达到最佳的效率。出于耕地保护目的,中央政府对批准农用地转建设用地的过程进行了严格的限制。这些限制主要包括以下几点。首先是严格的建设用地指标的分配(陆铭,2010)。中央政府对于建设用地实施严格的总量管理,每一年都确定本年度全国总体的建设用地使用量指标,并将这个指标以行政命令的形式分配给不同省份。不同省份在获得这个指标以后,再将其分配给省内不同地级市,地级市政府再将指标分配给所属区县。总量管理与层层分解的模式一方面限制了全国整体的建设用地使用规模与城镇化速度,另一方面使得每一个地区的城镇建设速度都受到刚性的限制。并且由于行政化的建设用地指标分配不一定是按照市场需求进行的,因此可能导致有的地方供地不足、有的地方却指标过剩的情况。其次,在严格的建设用地指标分配中,如果一个地区想突破指标数,则要求实行耕地的占补平衡。所谓占补平衡,就是指耕地与建设用地的动态平衡(邵挺等,2011)。任何地区想要突破建设用地指标的限制,就必须在将一定面积的耕地转变为建设用地的同时,在本省开垦一片面积和质量都相等的耕地,以保证本省的耕地面积不变。最后,在建设用地指标以外,农村建设用地与城市建设用地间实现增减挂钩(谭明智,2014)。各地方还可以通过减少农村建设用地,对地块实行复垦的方式,来对应获得城市建设用地。因此,总体来说,一个地方使用建设用地有三种途径:使用上级分解下来的基础指标;按占补平衡原则,以新开垦耕地换建设用地;按增减挂钩原则,以复垦的农村建设用地换城市建设用地。

我国采用严格的土地管制和耕地保护,旨在保证国家的粮食安全,这一点无可厚非。但是在政策执行的过程中还存在一些不合理的地方。最主要的不合理之处可以概括为土地政策的空间割裂性。这种空间割裂性造成了土地资源的浪费,带来了土地要素的空间错配,限制了中国的城镇化和经济集聚进程。建设用地指标的行政分配不符合市场规律。在2003年以后,大量的建设用地指标被分配给内地相对落后地区。与此同时,本来土地就很紧张的东部发达地区,在急需建设用地的情况下却受到了严苛的指标限制。这样的限制使得东部地区的地价和房价快速上升。地价上升带来企业生产成本上升,降低了劳动需求,而房价和房租的上升又提高了生活成本,两者结合就使得原来很多能够从落后地区迁往发达地区从而获得更高收入的劳动力被迫留守在落后地区,降低了他们的收入(Fang等,2022)。因此,在经济循环一般均衡的作用下,土地市场的空间扭曲被传导到劳动力市场,使得劳动力市场在空间上也出现了扭曲,造成了中国要素市场整体的空间扭曲。劳动力和土地的空间错配使得这些要素没有被用在生产率最高的地方,造成了资源的浪费,降低了中国整体的生产率和经济产出。对内地倾斜的建设用地指标政策原本是希望通过鼓励要素向落后地区聚集,发展相对落后地区的经济,实现不同地区间总量上的平衡,其本意是无可指摘的。但是这个政策真的让落后地区实现了跨越式发展吗?第一,内地省份的很多建设用地指标出于各种原因被浪费,而这些指标原本可以用于发达地区的城市化建设。图3-9展示了1999—2007年间沿海省份与内地省份的建设用地指标数量与建设用地真实增加数量。左图为沿海省份,右图为内地省份。虚线为建设用地真实使用数量,实线为建设用地指标分配数量。我们可以明显看到,2003年后对内地省份的建设用地指标分配陡增,对沿海省份的建设用地指标分配却受到了抑制。然而,沿海省份的建设用地限制始终处于紧绷(Binding)状态,所有指标分配额度基本上被用完,甚至有所超出。与之相反,内地省份的指标在2003年以后却远远超过了其真实使用数量,大量的指标被浪费。第二,一些内地省份在最近十多年时间里,以过剩的建设用地为抵押,向金融机构过量融资,上马了大量不切实际的建设项目,带来了很多空空荡荡的工业园区。由于本地比较优势不在于发展工业,这些工业园区根本无法吸引到企业前来投资,因此也就变成各种巨大的烂尾工程,造成了严重的地方政府债务问题。

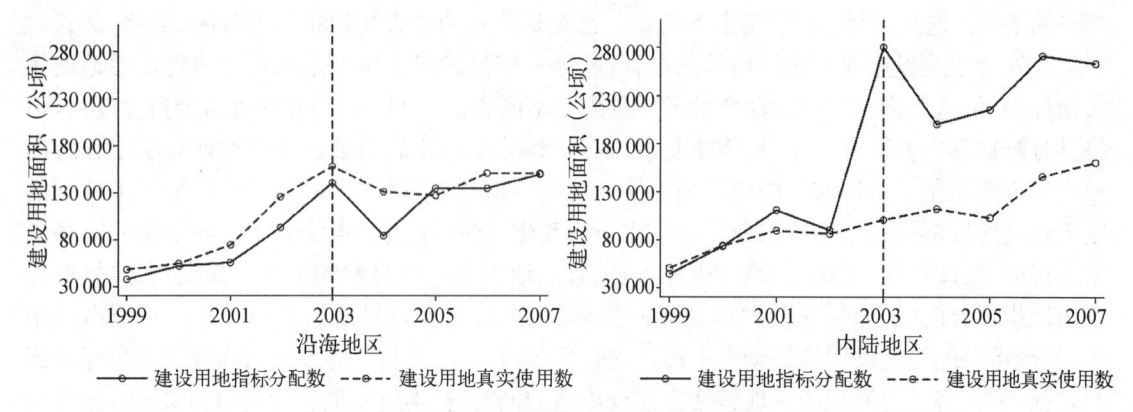

图 3-9 沿海省份与内地省份土地指标和土地使用情况（1999—2007 年）

数据来源：中国国土资源统计年鉴。

造成建设用地分配问题的关键是目前我国土地政策有明显的城-乡和沿海-内地的空间割裂性。一方面，农村的耕地只能通过征地-出让的方式变为建设用地，农村建设用地、宅基地不可以直接在市场中流转。这使得城镇化的效率低下，农民和村集体无法直接通过城镇化获得好处。而且在征地的过程中，基层出现了大量的经济矛盾，造成了一些社会稳定问题。另一方面，不同地区间的建设用地指标无法实现交易与流转，占补平衡和增减挂钩政策也严格限制在同一地区内进行，无法跨地区交易新垦地和复垦地带来的建设用地指标。沿海省份急需建设用地指标，却无法从指标过剩的内地省份购买。一旦这些指标能够跨地区交易，就会大大缓解我国土地要素空间配置上的问题。我们将在最后一节具体讨论这个问题。

第六节 建设全国统一市场

在前两节中，我们分别讨论了户籍制度导致的劳动力空间错配，以及土地政策的空间割裂性导致的用地指标的空间错配。这两者严重影响了中国经济的空间效率，减缓了城镇化和现代化的进程。本节我们将回顾目前存在的问题，并提出改革的可能方案。中国要实现进一步的经济增长，重要的改革策略便是建设全国统一市场。2022 年中共中央国务院在《关于加快建设全国统一大市场的意见》中指出：加快建立全国统一的市场制度规则，打破地方保护和市场分割，打通制约经济循环的关键堵点，促进商品要素资源在更大范围内畅通流动，加快建设高效规范、公平竞争、充分开放的全国统一大市场，全面推动我国市场由大到强转变，为建设高标准市场体系、构建高水平社会主义市场经济体制提供坚强支撑。

所谓全国统一市场，就是要消除中国经济内部循环中的市场摩擦，发挥不同地区的比较优势，让市场成为资源要素空间配置中的主导力量，使得劳动力、土地能够配置到最能充分发挥生产力的地方，通过经济的集聚效应，做大做强不同地区的优势行业。现代市场经济是一个集聚效应强大的经济形式，大量的国家尝试着以地区性贸易协定、关税同盟等形式实现区域一体化，加强本国经济规模效应。中国作为一个巨大的政治统一体，天然地享有巨大的要素市场和商品市场，需要将自己"大一统"的政治优势转化为对应的经济规模优势，成为未来发展的重要动能。

一、户籍制度与劳动力市场改革

第四节中我们讨论了目前我国户籍制度所存在的问题。我们必须清晰地认识到，现代户籍制度本身是一个脱胎并自洽于计划经济体系的系统，在改革开放以后，已经完全不适应新形势下的市场经济制度，是一个既不公平也无效率的制度。目前半开放的户籍制度是一个过渡性的安排，它将户籍与包括医保、养老、教育在内的公共服务挂钩，使得流动人口受到了制度性的歧视，使他们无法在流入地长期扎根，降低了中国劳动力整体的空间配置效率，减缓了中国的经济集聚和城镇化进程。

户籍制度改革的关键有以下几点：

第一步，为流动人口提供更多公共产品，实现流动人口与本地人口间公共服务的均等化。在社会保障体系方面，提高医疗保险、养老保险统筹层次，实现全国范围内社会保障体系的统一化，不再以户籍背景限制不同人群可以享受的社会保障服务。在这一点上，近年来我国已经有了长足的进步。我国的养老保险体系已于2020年年底全面实现省级统筹，并从2022年开始启动全国统筹进程（郑秉文，2022）。在医疗保险体系方面，2021年2月国家医疗保障局印发的《2021年医疗保障工作要点的通知》强调"推进全面落实基本医疗保险市级统筹，推动省级统筹"。医保体系的公平化将是十四五时期改革的重点之一（郑秉文，2021）。在公立教育资源方面，除了某些特殊城市以外，总体上各个城市都在放松对流动儿童入学的限制。在2020年前，全国流动儿童的数量一般只有留守儿童的一半左右。但是在2020年的全国人口普查中，流动儿童的数量超过了留守儿童。其中的重要原因便是流入地公立学校的开放使得流动家庭能够把他们的孩子带到身边来上学。以上海市为例，其早在2008年便颁布了《农民工同住子女义务教育三年行动计划》，逐步关闭市中心城区的所有农民工子弟学校，将这些学校的流动儿童纳入公立学校就读。与公立学校入学相反，异地中考与异地高考的改革依然比较困难，这将是教育改革下一步的重点。

第二步，实现户籍制度与公共服务的脱钩，从根本上改变户籍制度带来的城乡二元劳动力市场体系。目前我国已经取消了农业户籍与非农户籍的区分，而统一采用"居民户籍"，至少在名义上使得农村人口与城市人口有了共同的"名字"。同时，各地的落户政策改革也在近十年内有条不紊地进行。2014年国务院发布《关于进一步推进户籍制度改革的意见》[1]，指出"要全面放开建制镇和小城市落户限制；有序放开中等城市落户限制；合理确定大城市落户条件；严格控制特大城市人口规模"。2018年，国务院发布《推动1亿非户籍人口在城市落户方案的通知》[2]，进一步将政策调整为"全面放开放宽重点群体落户限制。除极少数超大城市外，全面放宽农业转移人口落户条件；调整完善超大城市和特大城市落户政策；调整完善大中城市落户政策。大中城市均不得采取购买房屋、投资纳税等方式设置落户限制。城区常住人口300万以下的城市不得采取积分落户方式。大城市落户条件中对参加城镇社会保险的年限要求不得超过5年，中等城市不得超过3年"。随着落户限制的不断放松，越来越多的流动人口能够直接扎根在自己工作的城市，在为这些城市工作、交税的同时，享受到完整的公共服务。让户籍制度与公共服务完全脱钩，成为单纯的人口居住登记制度，是解决中国流动人口公共服务问题的最根本改革方案。

---

[1] 详见 https://www.gov.cn/gongbao/content/2014/content_2729568.html。
[2] 详见 https://www.gov.cn/gongbao/content/2016/content_5124357.html。

二、土地政策调整与改革

在第五节中我们讨论了中国的土地政策在城-乡和沿海-内地两个层次上的空间割裂性对于经济活动造成的负面影响。如何在保护耕地和粮食安全的前提下进一步提高中国土地的利用效率,使得市场能够在土地资源的分配中起到关键作用呢?专家、学者们给出了许多不同的意见,其中有一些已经开始在基层试行。

第一,建立建设用地指标跨地区交易市场,尤其是跨省交易市场。在这样的市场中,建设用地指标过剩的地区可以将指标卖给建设用地指标不足的地区,同时获得相应的补偿。同时,中央政府保持建设用地指标的分配权,依然可以将更多的指标分配给相对落后的地区。此时这些地区可以通过卖指标的方式从发达地区获得转移支付,而不需要用这些指标强行上马不切实际的建设项目。这些转移支付可以直接用来提高落后地区的公共服务,直接帮助落后地区的"人",而避免地区性政策可能造成的市场扭曲。利用这样的市场,我们就能一方面保障落后地区的经济利益,利用转移支付鼓励落后地区发展,另一方面不去损害发达地区进一步发展的速度和效率,减少土地分配对于要素市场的扭曲。

第二,在给定建设用地指标的情况下,允许占补平衡指标跨省交易。占补平衡作为一项可以突破建设用地指标限制的政策,可以给予土地使用一定的灵活性,即在本省内用新耕地去置换建设用地。但是在执行的过程中,最需要建设用地指标的往往是最发达的沿海省份。这些沿海省份质量较高的未开垦土地已经非常少,很难再通过这种方式获得新增建设用地。与之相对应,在相对落后地区,质量较高的未开垦土地相对较多。因此,如果我们突破占补平衡的省内限制,允许沿海发达省份从内地省份购买占补平衡指标,则既能使沿海省份获得急需的建设用地指标,又能使内地省份通过卖出指标获得转移支付,用于本地的基础设施和公共服务建设。以上两点本质上都是在打破我国土地政策目前存在的沿海-内地壁垒,让土地资源和建设用地指标能够在一个市场中更好地被定价,进而配置到最需要的地方。

第三,允许宅基地以不同的方式进入市场流转,以打破城-乡之间的土地配置壁垒。近十多年来,基层一直在进行相关的改革尝试。比如在一些城乡接合部地区,村集体将宅基地集合在一起,集资修建住宅并直接出售给集体以外的城镇居民。这些住房由于没有经过征地环节,因此没有国家颁发的产权证,而只有村集体颁发的证明,被称为"小产权房"。除了小产权房外,重庆在2007年推出了地票制度,即农民可以将自己闲置的宅基地复垦后形成地票指标,然后在一个地票交易市场上将指标卖给开发商。随着人口向城镇地区流动,越来越多的农村地区出现了大量闲置的宅基地。原来住在这些地方的农民们都已经进城务工了,这些宅基地就变成了无人居住的房子。让宅基地进入市场流转,就能够让这些闲置的资源重新发挥作用,为农村老百姓增加收入。另一种利用这些闲置资源的方式就是开发农家乐和特色小镇旅游,让农村的宅基地作为经营用途出现在市场中。

三、在集聚中走向平衡

在中国经济进一步走向城镇化、集中化的过程中,我们如何保证落后地区的发展权利呢?我们需要强调,在实现经济集聚,提高中国经济效率的同时,我们必须保证不同地区的协同发展。但这种协同发展不是每个区域都要发展现代高新技术行业,每个地区的人口总数都要相等,每个地区的总产出都要相等,而是每个区域都要发展适合自己的产业,每个地区的人均产出都要走向收敛。所谓发展适合自己的产业,就是要利用自己的比较优势。过去的一些地区性政策的不合理之处就在于,它们试图在内陆地区,尤其是内陆非中心城市简单复制沿海地区的模式,却忽略了内陆地区的地理条件、自然和社会资源禀赋与沿海地区完全不同。在一些相对落后地区,地方政府征收了远超需求的建设土地,并以此从金融市场获得了大量的资金,用来建设很多不切实际的工程项目。于是,我们看到了大山深处没有任何企业入驻的科研产业园,以及荒郊野岭里被荒废的大型钢结构体育场。这些项目不仅没有带动本地经济的发展,反而给很多落后地区带来了沉重的债务负担,造成了严重的地方债问题。因此,发展经济的关键在于了解并发挥本地区的比较优势。我们应该在自然地理资源丰富但是位置偏远的地区培育人口和技术需求小的旅游业,在靠近港口与世界市场的地区培育制造业,而不是反其道而行之。这样,虽然发展旅游业的地区可能经济总量上无法与发达制造业地区比拟,但是人均收入能够得到快速提升。同时,由于耕地的自然有限性,农业是一种几乎不存在人口规模效应的产业。在不存在现代制造业的农业社会,人口的上升只能使人均产出下降,过多的人口最终带来饥荒,使社会陷入马尔萨斯陷阱。因此,在建设统一市场的过程中,我们能让更多人口自然地向适合发展制造业的地区集中,使结构转型进一步完成。我国的农业人口也会相应下降,使得人均耕地面积上升,进而提升农民的人均收入。以美国为例,其不同州的GDP总量差距比中国更大。仅加州一个地区的产出就占美国总GDP的15%,而同时近一半州的总产出占比连1%都不到。但与此同时,美国不同州间的人均GDP差距则比中国小很多,城乡之间的差距也远小于中国。通过减少要素流动空间障碍,我们就实现了典型的空间上"总量不均衡",但是"人均均衡"的结果(陆铭,2017)。

现代经济社会中的集聚和市场规模效应促使不同的国家和地区都在努力推动区域一体化进程。无论是北美自由贸易协定、东盟,还是欧盟,这些地区都在试图构建一个更大的统一市场来使不同地区的资源能够更方便地在空间上互通互惠。数千年来,中国相对于欧洲的最大特点就在于政治上的统一。在历史上,政治上的统一需要我们花费巨大的成本去维持,却也在现代经济社会中成为先人留给我们的宝贵财富。我们要让中国真正成为一个统一的大市场,放松劳动力、土地和其他要素资源在空间上流动的限制,让市场成为资源配置的主导力量。只有这样,我们才能充分发挥不同地区的比较优势,让资源集中在最适合的地区,实现高效率的集聚,同时走向人均层面的平衡。

本章小结

本章我们学习了作为国际贸易研究更一般性框架的空间一般均衡的概念,并考察了中国的空间经济问题。

在第一节,我们简要介绍了空间经济学的基本分析框架。空间经济学是一门探讨空间上的资源分配,以及地理距离如何影响人类经济活动的学科。它有两个重要的核心概念:一是要素在空间内移动时的摩擦成本,二是经济的集聚与规模效应。空间一般均衡模型是用来讨论这一问题的重要工具。

在第二节,我们介绍了中国经济活动空间分布的基本特点,包括:(1)总量上的不平衡,以及东西差异和南北差异;(2)明显的集聚效应,如长三角城市群与珠三角城市群;(3)城市内部的经济活动集聚。

在第三节,我们讨论了经济集聚效应与城市化。城市化与经济发展互相促进,经济发展带来产业转型与城市化,城市化也通过集聚效应进一步促进经济发展。集聚效应指的是一个地区的生产率随着这个地区的人口、产业密度的增加而上升。其本质来自现代经济规模报酬递增的特点。微观上导致集聚效应的渠道主要有三个：知识溢出效应、产业链整合效应和劳动力池效应。经济集聚也会带来路径依赖，它与一个地区的基础性优势一起导致了经济活动在地理上的历史稳定性。目前我国的常住人口城市化水平与我国的经济发展水平大致匹配，但是户籍人口城市化水平远低于此。其主要原因有两个：户籍制度与土地政策。

在第四节，我们讨论了户籍制度对人口流动与城市化的阻碍。中国现有户籍制度的核心在于户籍与社会福利的捆绑。非本地户籍人口在医疗保险、养老保险、子女教育等方面受到了制度性歧视，使得流动人口无法在流入地获得应有的公共服务，降低了他们的流动意愿，造成了严重的劳动力错配。

在第五节，我们讨论了土地政策与城市化的关系。中国的城乡二元土地制度导致了数十年来"以政府为主导"的城市化过程，也导致了土地资源在沿海与内地省份间、城市与农村间的错配，使得城市化进程受到限制，并导致了落后地区严重的地方债务问题。

在第六节，我们总结了中国空间经济存在的基本问题，提出了改革的方向：建设全国统一市场。建设全国统一市场的关键在于消除中国经济内部循环中的市场摩擦。一方面通过户籍制度改革让劳动力配置到合适的地方，另一方面通过土地政策改革将不同地区的土地资源配置到最合适的用途中。

练习思考题

1. 讨论空间经济问题为什么需要一般均衡模型。如果使用局部均衡模型，会有怎样的后果？中国经济活动空间分布的规律主要有哪几条？

2. 有一部分社会学学者认为应该发展"农村百业"，让农民能够在老家就业。如何看待乡村振兴与发展大规模城市群之间的辩证关系？

3. 近年来，户籍制度改革进一步深入，很多中小型城市已经基本消除落户门槛，但是很多在这些城市工作的农民工并不愿意将户口迁到常住地。你觉得这种现象背后的主要原因是什么？我们应该如何进一步保障农民工权益？

4. 户籍改革的一部分深层阻力来自中国的高考分省考试、录取制度。近年来，高考制度进行了大量的改革，其中重要的方向便是逐渐回归全国统一考试。如何看待这样的改革？这样做的利弊分别有哪些？

参考文献

[1] Ahlfeldt, G. M., Redding, S. J., Sturm, D. M., & Wolf, N. (2015). The economics of density: Evidence from the Berlin Wall. *Econometrica*, 83(6): 2127–2189.

[2] Allen, T., & Arkolakis, C. (2014). Trade and the topography of the spatial economy. *The Quarterly Journal of Economics*, 129(3): 1085–1140.

[3] Allen, T., & Donaldson, D. (2020). Persistence and path dependence in the spatial economy. *NBER Working Paper* (w28059).

[4] Andrews, M. (2023). Bar talk informal social networks, alcohol prohibition, and invention. *Research Briefs in Economic Policy* (343).

[5] Baum-Snow, N., & Pavan, R. (2012). Understanding the city size wage gap. *The Review of economic studies*, 79(1): 88-127.

[6] Bleakley, H., & Lin, J. (2012). Portage and path dependence. *The Quarterly Journal of Economics*, 127(2): 587-644.

[7] Brueckner, J. K. (1987). The structure of urban equilibria: A unified treatment of the Muth-Mills model. Handbook of regional and urban economics, 2(20): 821-845.

[8] Chen, Y., & Feng, S. (2013). Access to public schools and the education of migrant children in China. *China Economic Review*, 26: 75-88.

[9] Combes, P.-P., & Gobillon, L. (2015). The empirics of agglomeration economies. In Handbook of regional and urban economics, 5: 247-348. Elsevier.

[10] Couture, V., Faber, B., Gu, Y., & Liu, L. (2021). Connecting the countryside via e-commerce: evidence from China. *American Economic Review*. Insights, 3(1): 35-50.

[11] Davis, D. R., & Weinstein, D. E. (2002). Bones, bombs, and break points: The geography of economic activity. *American Economic Review*, 92(5): 1269-1289.

[12] Duranton, G., & Puga, D. (2020). The economics of urban density. *Journal of Economic Perspectives*, 34(3): 3-26.

[13] Eaton, J., & Kortum, S. (2002). Technology, geography, and trade. *Econometrica*, 70(5): 1741-1779.

[14] Fan, J., Tang, L., Zhu, W., & Zou, B. (2018). The Alibaba effect: Spatial consumption inequality and the welfare gains from e-commerce. *Journal of International Economics*, 114: 203-220.

[15] Fang, M., Han, L., Huang, Z., Lu, M., & Zhang, L. (2022). Place-based land policy and spatial misallocation: Theory and evidence from China. Available at SSRN 3846313.

[16] Fang, M., & Huang, Z. (2022). Migration, housing constraints, and inequality: A quantitative analysis of China. *Labour Economics*, 78, 102200.

[17] Fu, S. (2007). Smart café cities: Testing human capital externalities in the Boston metropolitan area. *Journal of Urban Economics*, 61(1): 86-111.

[18] Gibson, J., Olivia, S., & Boe-Gibson, G. (2020). Night lights in economics: Sources and uses 1. *Journal of Economic Surveys*, 34(5): 955-980.

[19] Holmes, T. J., & Stevens, J. J. (2004). Spatial distribution of economic activities in North America. In Handbook of regional and urban economics, 4: 2797-2843. Elsevier.

[20] Huang, Z., & Zhang, J. (2023). School restrictions, migration, and peer effects: A spatial equilibrium analysis of children's human capital in China.

[21] Krugman, P. (1980). Scale economies, product differentiation, and the pattern of trade. *The American Economic Review*, 70(5), 950-959.

[22] Krugman, P. R., & Obstfeld, M. (2009). *International economics: Theory and policy*. Pearson Education.

[23] Lin, J. Y. (1992). Rural reforms and agricultural growth in China. *The American Economic Review*, 82(1): 34-51.

[24] Moretti, E. (2011). Local labor markets. In Handbook of labor economics, 4:

1237-1313. Elsevier.

[25] Neumark, D., & Simpson, H. (2015). Place-based policies. In Handbook of regional and urban economics, 5: 1197-1287. Elsevier.

[26] Redding, S. J., & Rossi-Hansberg, E. (2017). Quantitative spatial economics. *Annual Review of Economics*, 9: 21-58.

[27] Roback, J. (1982). Wages, rents, and the quality of life. *Journal of Political Economy*, 90(6): 1257-1278.

[28] Song, Y. (2014). What should economists know about the current Chinese hukou system? *China Economic Review*, 29: 200-212.

[29] Thomson, W. (2011). Fair allocation rules. In Handbook of social choice and welfare, 2: 393-506. Elsevier.

[30] Wang, X., Luo, R., Zhang, L., & Rozelle, S. (2017). The education gap of China's migrant children and rural counterparts. *The Journal of Development Studies*, 53(11): 1865-1881.

[31] Zhang, H., Behrman, J. R., Fan, C. S., Wei, X., & Zhang, J. (2014). Does parental absence reduce cognitive achievements? Evidence from rural China. *Journal of Development Economics*, 111: 181-195.

[32] 陈媛媛,傅伟.特大城市人口调控政策,入学门槛与儿童留守[J].经济学(季刊),2023(1):17.

[33] 陈媛媛,宋扬,邹月晴.随迁子女教育政策,入学机会与人力资本积累——来自异地中考政策的证据[J].劳动经济研究,2023(3):3-29.

[34] 冯海发,李溦.我国农业为工业化提供资金积累的数量研究[J].经济研究,1993(9):5.

[35] 冯帅章,陈媛媛,金嘉捷.城市的未来:流动儿童教育的上海模式[M].上海:上海财经大学出版社,2017.

[36] 葛剑雄.中国人口发展史[M].福州:福建人民出版社,1991.

[37] 顾海,吴迪."十四五"时期基本医疗保障制度高质量发展的基本内涵与战略构想[J].管理世界,2021(9):158-167.

[38] 郭珉江,郭琳.流动人口异地就医即时结算现状与问题研究[J].中国卫生经济,2014,33(1):3.

[39] 哈巍,陈晓宇,刘叶,张子衿.中国农村义务教育经费体制改革四十年回顾[J].教育学术月刊,2017(12):9.

[40] 胡焕庸.中国人口之分布——附统计表与密度图[J].地理学报,1935(2):33-74.

[41] 胡焕庸.中国人口的分布,区划和展望[J].地理学报,1990,45(2):139-145.

[42] 林毅夫.解读中国经济[M].北京:北京大学出版社,2012.

[43] 陆铭.建设用地指标可交易:城乡和区域统筹发展的突破口[J].国际经济评论,2010(2):12.

[44] 陆铭.大国大城:当代中国的统一,发展与平衡[J].复旦学报(社会科学版),2017(2)(v.59;No.289):196-196.

[45] 陆铭,陈钊.城市化、城市倾向的经济政策与城乡收入差距[J].经济研究,2004(6):9.

[46] 陆铭,陈钊.在集聚中走向平衡:城乡和区域协调发展的"第三条道路"[J].世界经济,2008(8):5.

[47] 牛建林.人口流动对中国城乡居民健康差异的影响[J].中国社会科学,2013(2),18.

[48] 邵挺,崔凡,范英,许庆.土地利用效率、省际差异与异地占补平衡[J].经济学(季刊),2011(2):18.

[49] 谭明智.严控与激励并存:土地增减挂钩的政策脉络及地方实施[J].中国社会科学,2014(7):18.

[50] 王超群.谁没有参保?中国城乡居民医疗保险参保的人群特征研究[J].社会保障评论,2023,7(2):76-93.

[51] 王善迈,袁连生,刘泽云.我国公共教育财政体制改革的进展,问题及对策[J].北京师范大学学报:社会科学版,2003(6):10.

[52] 郑秉文.改革开放30年中国流动人口社会保障的发展与挑战[J].中国人口科学,2008(5):16.

[53] 郑秉文."十四五"时期医疗保障可持续性改革的三项任务[J].社会保障研究,2021(2):3-14.

[54] 郑秉文.职工基本养老保险全国统筹的实现路径与制度目标[J].中国人口科学,2022(2):16.

[55] 周钦,刘国恩.医保受益性的户籍差异——基于本地户籍人口和流动人口的研究[J].南开经济研究,2016(1):77-94.

第四章
多边贸易体系与区域贸易体系

全章提要

引言
学习目标
学习重点
视野拓展
- 第一节　两种贸易体系的概念与历史沿革
- 第二节　互补效应——区域化促进多边贸易自由化的机制
- 第三节　区域化促进多边贸易自由化的实证检验
- 第四节　区域化阻碍多边贸易自由化的机制
- 第五节　区域贸易体系与多边贸易体系的发展和挑战

本章小结
练习思考题
参考文献

引言

自1947年以来,23个国家已签署《关税和贸易总协定》(General Agreement on Tariffs and Trade,GATT),目标是建立一个基于规则的世界贸易体系,推动贸易自由化,实现互利共赢。随着时间的推移,GATT在1995年演变成为世界贸易组织(World Trade Organization,WTO),这一变革标志着其初衷——构建一个全球性的贸易规则体系——已有实质性进展。如今,WTO指导下的这一体系得到了其164个成员的广泛认可和遵守,大多数商品贸易的关税降至5%以下,许多进口商品关税甚至为零。

尽管WTO取得了显著成就,但其也面临诸多挑战。2001年启动的多哈回合谈判至今未能达成预期成果,展现出谈判的复杂性。然而,这种僵局并未阻碍贸易自由化的步伐。相反,在过去十五年,WTO成员通过双边、区域及单边途径显著降低了对贸易、投资和服务的限制,很多改革实际上在WTO框架之外进行。

本章将探讨多边贸易体系与区域贸易体系的发展历程,分析它们之间是否存在互补效应或是相互抑制的情况。基于现有文献,我们将分析和实证检验产生这些效应的机制,并就此提出相关政策建议。

学习目标

通过本章的学习,能够理解和掌握以下内容:
1. 理解多边贸易体系与区域贸易体系的定义、核心特征及其在国际贸易中的作用;
2. 分析超大型区域协定对WTO多边贸易体系的补充效应或抑制效应;
3. 探讨多边贸易体系和区域贸易体系面临的关键挑战及其对全球经济一体化的影响;
4. 思考如何有效整合多边贸易体系与区域贸易体系,推动更公平、包容和可持续的全球贸易体系发展。

学习重点

1. 探究多边贸易体系与区域贸易体系在全球贸易体系中的作用、各自的优势及局限;
2. 分析超大型区域协定在WTO多边谈判进程放缓的背景下,如何推动贸易政策创新与经济一体化;

3. 识别多边贸易体系与区域贸易体系在促进国际贸易自由化、应对全球化挑战方面的共存性与互补性；
4. 理解多边贸易体系与区域贸易体系对全球经济政治格局的影响，培养对全球贸易治理复杂性的深刻认识。

视野拓展

与本章内容相关的论文导览与阅读，可扫以下二维码深入学习。

第一节 两种贸易体系的概念与历史沿革

在全球化背景下，微观个体的活动促进了国际贸易的发展，而国家政府制定的贸易规则则是确保这一过程公平、有效进行的关键。本节旨在概述世界贸易体系中两组关键规则及其特点。首先，我们将讨论在 GATT 及其后继机构 WTO 框架下形成的规则。这些规则旨在通过降低关税、消除非关税壁垒并确保公平竞争，推进国际贸易自由化。WTO 还设立了争端解决机制，以确保其成员遵守明确的政策承诺。其次，我们将探讨特惠贸易协定（Preferential Trade Agreement, PTAs）及一系列新兴的区域贸易协定，这些协定为全球化提供了独特的贸易条件、市场准入标准和经济合作条款，从而重塑了国际贸易的关键维度。

一、多边贸易体系

（一）GATT 和 WTO 下的关税自由化

1. GATT 和 WTO 的历史沿革

1930 年，美国实施的斯穆特-霍利关税法案（Smoot-Hawley Tariffs）及其引发的全球报复性贸易摩擦，促使各国意识到需要建立一个机制来协调国际贸易和降低关税壁垒。这种认识在 1947 年导致了 23 个国家共同创建了 GATT。在接下来的几十年中，随着会员数量的增加，GATT 不断发展，并最终在 1995 年演化成为 WTO，成立了全球贸易规则制定和执行的中心机构。截至 2023 年，WTO 已拥有 164 个成员/经济体，包括以欧盟作为一个整体的成员。

跨大西洋经济体，包括美国、加拿大以及多个欧洲国家，在推动 GATT 的成立方面起到了关键作用，展示了 GATT 是如何逐步促进多边贸易自由化的，同时帮助成员长期维持较低的最惠国关税（MFN Tariffs）水平。这些国家利用 GATT 框架，在定期谈判回合中通过相互削减 MFN 关税（WTO 2007），并通过具有法律约束力的承诺来固定这些较低的关税水平。表 4-1 展示了 1947—1994 年间通过谈判实现的关税削减百分比，也显示了多边贸易自由化的进程。同时，表 4-2 记录了 1952—2005 年间这些国家实施的平均从价关税税率（Average Applied ad Valorem Tariff Rates），进一步证明了贸易自由化策略的成效。

表 4-1 GATT/WTO 成立以来的关税削减动态

实施时间	覆盖的回合	加权关税减让	基于最惠国进口的权重
1948 年	日内瓦(1947 年)	−26	1939 年
1950 年	安锡(1949 年)	−3	1947 年
1952 年	托尔夸伊(1950—1951 年)	−4	1949 年
1956—1958 年	日内瓦(1955—1956 年)	−3	1954 年
1962—1964 年	狄龙回合(1961—1962 年)	−4	1960 年
1968—1972 年	肯尼迪回合(1964—1967 年)	−38	1964 年
1980—1987 年	东京回合(1973—1979 年)	−33	1977 年(或 1976 年)
1995—1999 年	乌拉圭回合(1986—1994 年)	−38	1988 年(或 1989 年)

注：工业国家的最惠国关税减让针对工业产品，不包括石油。前五轮的关税减让仅指美国。在计算关税减让的平均幅度时，根据最惠国进口价值进行加权。

数据来源：Bagwell 等(2016)。

表 4-2 1952 年和 2005 年后的平均执行从价关税税率

经 济 体	1952 年	2005 年
奥地利	17	4.2
比利时-卢森堡经济联盟	9	4.2
丹麦	5	4.2
法国	19	4.2
德国	16	4.2
意大利	24	4.2
瑞典	6	4.2
英国	17	4.2
欧洲联盟(EU-25)	—	4.2
加拿大	11	3.8
美国	16	3.7

注：数值为 1952 年的 52 种产品和 2005 年所有关税线的简单平均值。

数据来源：Bagwell 等(2016)。

然而，跨大西洋经济体通过 MFN 关税的降低以及加入 GATT 的经历，并不适用于所有国家。观察 GATT 中其他国家的经历，我们可以区分两种显著不同的情况，这进一步表明并非所有国家都遵循了与跨大西洋经济体相同的路径。

首先，有些国家并没有在 GATT 成立初期就加入。许多后来加入的国家是在 GATT 的初始成员已经完成主要的 MFN 关税自由化谈判后才加入的。这表明 GATT/WTO 具备灵活性，能够逐步接纳新成员，包括西德（1951 年）、日本（1955 年）、中国（2001 年）和俄罗斯（2012 年）等主要经济体。

其次，许多发展中国家选择不参与 GATT 的各轮互惠关税减让谈判。例如，印度和巴西等 GATT 创始成员，利用了"特殊与差别待遇"条款，以推行进口替代政策而避免贸易自由化中的对等原则。这些国家目前实施的 MFN 关税，从历史角度看，是相对较低的，有的是单边降低关税（如印度），有的则是在一段时间内采取优惠性自由化措施（如巴西）。与跨大西洋经济体逐步降低 MFN 关税的做法不同，这些国家的较低多边关税阶段往往始于 20 世纪 90 年代，并且是较为突然的变化。此外，不同于美国和欧洲联盟，在 WTO 中享受较低 MFN 关税率的国家，如巴西和印度，这些关税率并未受到相同程度的法律约束。

目前，全球至少还有三十多个国家未成为 WTO 的成员，其中绝大多数是发展中国家。这些国家中有些并没有完全依赖 WTO 体系来推进贸易自由化；相反，他们通过其他途径，如实施优惠性关税协议或采取单边措施来降低关税，实现了一定程度的贸易自由化。

2. WTO 下的当代关税承诺

表 4-3 概括了 GATT/WTO 推动的贸易自由化的特点，这种自由化被称为"浅层次"一体化。它详细展示了主要经济体之间以及内部的多边关税情况。该表格将国家分为三类：G20 中的高收入国家、G20 中的新兴经济体（包括金砖五国：巴西、俄罗斯、印度、中国和南非），以及人口超过 5 000 万的关键发展中国家（部分国家目前尚未加入 WTO，而是作为观察员参与）。这些数据揭示了不同国家和行业间在实施 MFN 进口关税方面的显著差异，以及通过法律谈判约束这些关税的力度，显示了它们离达到自由贸易的标准仍有距离。

表 4-3　2012 年 WTO 部分成员的贸易政策

WTO 成员经济体	最惠国税率实际适用	约束税率简单平均	约束税率覆盖度	应用税率超 15% 的比例	最高适用税率	仅限农业的最惠国税率适用	TTB 覆盖度
	(1)	(2)	(3)	(4)	(5)	(6)	(7)
G20 高收入							
澳大利亚	2.7	10.0	97.1	0.1	28.0	1.2	1.0
加拿大	4.3	6.9	99.7	6.9	551.0	16.2	1.2
欧洲联盟	5.5	5.2	100.0	5.1	605.0	13.2	3.0
日本	4.6	5.2	99.7	3.8	692.0	16.6	<0.1
沙特阿拉伯	5.1	11.3	100.0	0.4	427.0	N/A	N/A
韩国	13.3	16.6	94.6	10.4	887.0	52.7	0.5

续 表

WTO 成员经济体	最惠国税率实际适用 (1)	约束税率简单平均 (2)	约束税率覆盖度 (3)	应用税率超15%的比例 (4)	最高适用税率 (5)	仅限农业的最惠国税率适用 (6)	TTB覆盖度 (7)
美国	3.4	3.5	100.0	2.7	350.0	4.7	6.8
G20 新兴经济体							
阿根廷	12.5	31.9	100.0	36.0	35.0	10.5	3.2
巴西	13.5	31.4	100.0	36.2	55.0	10.1	1.9
中国(2011年)	9.6	10.0	100.0	14.6	65.0	15.6	1.3
印度	13.7	48.6	73.8	19.6	150.0	33.5	6.5
印度尼西亚	7.0	37.1	96.6	1.6	150.0	7.9	1.7
墨西哥	7.8	36.1	100.0	13.8	254.0	21.2	1.1
俄罗斯	10.0	7.8	100.0	11.7	292.0	13.3	N/A
南非	7.6	19.0	96.4	20.6	>1 000	8.4	0.6
土耳其	9.6	28.6	50.3	10.8	225.0	41.2	4.9
其他发展中国家							
孟加拉国(2011年)	14.4	169.2	15.5	40.1	25.0	17.2	**
缅甸	5.6	83.4	17.6	5.0	40.0	8.6	**
刚果民主共和国	NA	96.2	100.0	NA	NA	NA	**
埃及	16.8	36.7	99.4	19.2	>1 000	66.7	NA
埃塞俄比亚(仅观察员)	17.3	**	**	50.8	35.0	22.4	**
伊朗†(仅2011年观察员)	26.6	**	**	45.7	400.0	30.4	**
尼日利亚†(2011年)	11.7	119.1	19.1	39.0	35.0	15.5	**
巴基斯坦	13.5	59.9	98.7	36.1	100.0	15.5	0.3
菲律宾	6.2	25.7	67.0	3.1	65.0	9.8	0.1
泰国	9.8	27.8	75.0	22.6	142.0	21.8	0.7
越南	9.5	11.4	100.0	24.7	135.0	16.1	NA

注：括号表示有除2012年以外的其他年份的数据。选择的其他发展中国家是指那些2012年人口超过5 000万的国家。**表示未使用(或未报告使用)该政策工具。NA代表数据不可得。G20代表二十国集团。† 表示非WTO成员。列(1)、(2)、(5)和(6)是从价税率,列(3)、(4)和(7)是进口产品的份额。

数据来源：Bagwell 等(2016)。

以美国为例,对WTO成员进口商品施加的简单平均MFN关税率为3.4%。美国所有关税项目均有约束,其平均约束税率为3.5%。这意味着美国承诺在WTO框架下不提高其现行的MFN关税率,且已向WTO提交了正式的法律承诺。WTO规则允许成员在符合非歧视原则的基础上,将实际关税率设定在约束税率之下。目前,美国的实际执行MFN进口关税率与其约束税率非常接近,表明在WTO规则的约束下,美国几乎无余地单方面提高其MFN进口关税率。

美国实施的最惠国关税平均水平较低,与之相比,其他高收入国家的关税分布在国家内部和国家间显示出显著的差异性。大部分主要工业化经济体已基本实现对所有商品的约束性关税覆盖,这意味着其实际执行关税税率与约束税率紧密相连。尽管在历史上这些国家的MFN关税率普遍较低,但它们的范围从澳大利亚的2.7%到韩国的13.3%不等。值得注意的是,在高收入国家中,某些产品的关税率极高,形成所谓的关税"高峰"。例如,美国约2.7%的商品的实际执行MFN税率超过15%,个别税率高达350%。同样,加拿大、欧盟和韩国也有超过5%的商品关税率超过15%,最高关税率甚至超过500%。

新兴市场和发展中经济体的关税异质性更加显著。虽然这些国家的平均MFN关税率已相对较低,但其中一些较发达的新兴经济体(G20成员)执行的税率通常高于高收入国家。此外,一些国家(如印度)对相当一部分商品未做出任何级别的法律约束承诺。在已经法律约束的产品中,实际适用税率与约束税率之间可能存在显著差异。所有G20新兴经济体均适用此情况(包括阿根廷、巴西、印度和墨西哥),但中国(2001年加入)和俄罗斯(2012年加入)作为相对较新的WTO成员例外,因为这些国家在加入时已根据现有成员的要求,将其MFN关税的约束水平设定得相对较低。

在一些主要的发展中经济体中,特别是那些相对贫困的国家,关税结构的差异性可能尤其显著。例如,部分WTO成员,如孟加拉国、缅甸和尼日利亚,只对少于20%的进口关税项目设置了上限约束。即便对于这些国家在WTO框架下已经约束的产品类别,平均约束关税率也有可能比实际执行的关税率高出逾100个百分点。

此外,国内不同行业面临的MFN关税率存在显著的差异。例如,表4-3展示了农产品的平均实施关税率与其他产品相比在保护水平上有很大的不同。在G20国家中,仅有少数国家如阿根廷、澳大利亚和巴西的农产品进口关税平均低于其他产品。相比之下,大多数国家的农产品关税率显著更高,这一现象在相关研究如Anderson等(2013)中得到了证实。

(二)非关税壁垒降低

自20世纪90年代以来,随着全球化进程的加深,除了最惠国关税之外,非关税壁垒,如反倾销、保障措施和反补贴措施,也成为多边世界贸易组织体系内重要的贸易政策工具。这些措施,统称为临时贸易壁垒(Temporary Trade Barrier, TTB),经常被一些国家用于豁免GATT/WTO协商达成的关税约束。

在1990年前,工业化经济体,如澳大利亚、加拿大、欧洲联盟和美国,在使用TTB,特别是反倾销政策方面占据了主导地位。这一点在Blonigen and Prusa(2003)的研究中得到了明确的阐述。进入20世纪90年代,随着新兴经济体开始降低其进口关税,如Bown(2011)所指出的,这些国家逐渐成为临时贸易壁垒的主要应用者。如表4-3所示,2012年,不同的G20经济体中,有11个国家的超过1%的关税税目产品受到了临时贸易壁垒的约束,显示了临时贸易壁垒策略的普及与增长。在过去的25年,这些国家中有些之前并未有反倾销法的历史,但其对进口产品的临时贸易壁垒覆盖范围在某些情况下达到了4%～6%。

表4-3展现了临时贸易壁垒策略使用的两个显著特点。首先,不是所有WTO成员都采取了TTB政策。特别是,许多经济较为贫困的WTO成员从未正式采用过反倾销或保障措施,其原因在于这些国家的关税约束水平通常远高于它们实际执行的税率,这使得它们在遇到外部贸易冲击时,有能力单方面调高关税以进行自我保护。其次,即使在关税同盟内部,成员在临时贸易壁垒政策的应用上也存在差异。例如,2012年的数据显示,作为关税同盟的伙伴,阿根廷和巴西在临时贸易壁垒覆盖的产品范围上有所不同;土耳其和其欧盟伙伴之间的TTB策略也呈现出类似的差异性。

二、区域贸易协定

(一) 区域贸易协定的相关概念

区域贸易协定(Regional Trade Agreements,RTA)代表了两个或多个国家间基于互惠原则达成的贸易协议,旨在为参与国家设定特定的贸易规则。这些协定在全球贸易体系中扮演着至关重要的角色,通过促进成员间的商品、服务和资本流动,加深经济合作与区域一体化。根据其组织结构和一体化的深度,区域贸易协定可以分为六种基本类型,覆盖了从相对宽松的协作关系到高度整合的经济联盟各个层次。这种分类体现了区域贸易协定在促进经济一体化进程中,从简单的自由贸易区到共同市场、经济联盟乃至完全货币联盟的不同阶段和深度。

1. 优惠贸易安排(Preferential Trade Arrangement,PTA)

在这种安排下,成员间通过签订协议,在部分或全部贸易上互相提供特别的关税优惠,而对非成员维持更高的贸易壁垒。1932年,英国与加拿大、澳大利亚等国之间建立的英联邦特惠制便是一个经典例子。尽管PTA代表了一体化的初始步骤,但由于其一体化程度较低,因此现代区域贸易协定越来越倾向于从自由贸易区这一更高级形式的安排入手,以推动更深层次的经济一体化。

2. 自由贸易区(Free Trade Area,FTA)

自由贸易区是由两个或多个国家或独立经济体通过签署协议形成的,旨在取消或极大减少成员间的进口关税和非关税壁垒。这种安排允许成员之间的商品和服务自由流通,以促进贸易和投资。尽管FTA成员之间的贸易壁垒得到了显著降低或消除,但每个成员或经济体对于非成员方的贸易保护措施仍保持独立,这意味着每个成员对外界均采用自己的关税和贸易政策。这一点区别于关税同盟,后者要求其成员对外部世界采取统一的关税和贸易政策。

3. 关税同盟(Customs Union,CU)

关税同盟构建在自由贸易区的基础之上,涵盖了两个或多个成员通过签订协议相互之间取消关税,并对第三国实行一致的进口关税及其他贸易政策的更高级形式的经济一体化。与自由贸易区不同的是,关税同盟不仅涉及成员之间取消相互间的进口关税,而且包括对外实施一致的关税政策,即所有成员对来自非成员的进口商品征收相同的关税。这种安排促成了成员经济体之间商品流动的自由化,由于存在共同的对外关税,成员间的商品流通不需提供原产地证明,从而简化了贸易流程并深化了经济一体化。

4. 共同市场(Common Market)

共同市场代表了区域经济一体化的更高阶段,其中成员之间不仅消除了所有关税和非关税壁垒并建立了统一的对外关税政策以促进自由贸易,而且扩大了一体化的范围,包括服务、资本和劳动力的自由流动。这意味着,除了商品自由交易外,人员的自由迁移、资本的自由流动以及服务的自由提供也得到了保障和促进,从而允许成员间经济活动的全方位融合。共同市场的实施不仅促进了成员之间的经济合作,而且加深了市场的整合,为成员提供了一个更为深度融合的经济空间。

5. 经济同盟(Economic Union)

经济同盟标志着区域经济一体化的高级阶段,其中成员之间不仅消除了各自的贸易壁垒,实现了商品和生产要素的自由流动,而且采纳了统一的对外贸易政策和进口关税制度。进一步而言,经济同盟的成员基于密切的协调,共同制定和实施了一系列经济政策,并在一些领域达成了统一的社会政策和政治目标。这种深度的一体化不仅仅局限于市场交易,而且扩展到了生产、分配以及国民经济的其他方面,使得成员在更多维度上实现了紧密的合作和整合。

6. 完全的经济一体化(Perfectly Economic Integration)

它代表了区域经济一体化的顶峰。在这一阶段,成员基于经济同盟已达成的紧密合作基础,进一步在经济、政治和法律等系统性层面实现全面协调和统一,致力于构建一个拥有共同政策、法律体系和可能的政治框架的一体化经济实体。这种完全一体化超越了简单的市场共享,包含了货币政策的统一、财政政策的协调,以及在某些情况下政治决策过程的集中化,最终目标是形成一个单一市场,在此基础上实现经济决策和政策的统一制定与执行。

区域贸易协定的多样性体现了区域经济一体化的不同阶段与深度。这一系列从优惠贸易安排延伸至完全经济一体化的协定,标志着成员之间经济联系和合作的逐步加深。每个阶段不仅代表了合作深度的增加,而且反映了成员在政策、法律和经济制度上日益同步与统一的意愿和努力。随着从优惠贸易安排到自由贸易区、关税同盟、共同市场,再到经济同盟的过渡,成员逐步消除了相互间的贸易壁垒,实现了资源的自由流动,在某些情况下,甚至协调了外部贸易政策和内部经济政策,最终朝向完全经济一体化的目标迈进。

(二) 区域贸易协定的基本事实

1. 区域贸易协定的覆盖范围广

截至2016年6月,WTO的所有成员都参与了至少一个区域贸易协定,显示了国际贸易中区域经济一体化的普遍性和重要性。这种广泛的参与不仅反映了各国对于通过区域贸易协定促进贸易自由化和区域合作的积极态度,而且突显了区域贸易协定在全球经济中扮演的关键角色,旨在加强成员之间的经济联系和合作,促进贸易和投资的增长。

2. 区域贸易协定的数量激增

截至2024年1月1日,全球共有361项区域贸易协定生效,这是根据WTO成员提交的594份通报统计的结果。这些通报包含了关于商品、服务和加入情况的详细信息,每一项都被单独计算并报告。图4-1描绘了从1948年到2024年全球已通报的区域贸易协定的发展轨迹,其中包括生效的和不活跃的区域贸易协定。在图4-1中,条形图表示通报的数量,而折线图显示了累计数量。生效的区域贸易协定根据其生效的年份被记录,而不活跃的区域贸易协定则根据它们变得不活跃的年份显示。图4-1中的数据展示了随着时间的推进,区域贸易协定的总量呈现显著增长的趋势,同时记录了一些区域贸易协定变得不活跃的案例。尤其是从20世纪90年代开始,随着全球贸易自由化和区域一体化的加速,新生效的区域贸易协定数量急剧上升。此外,还有一些由非WTO成员签订的优惠贸易协定未被通报给WTO,这些协定不在官方统计数据中。

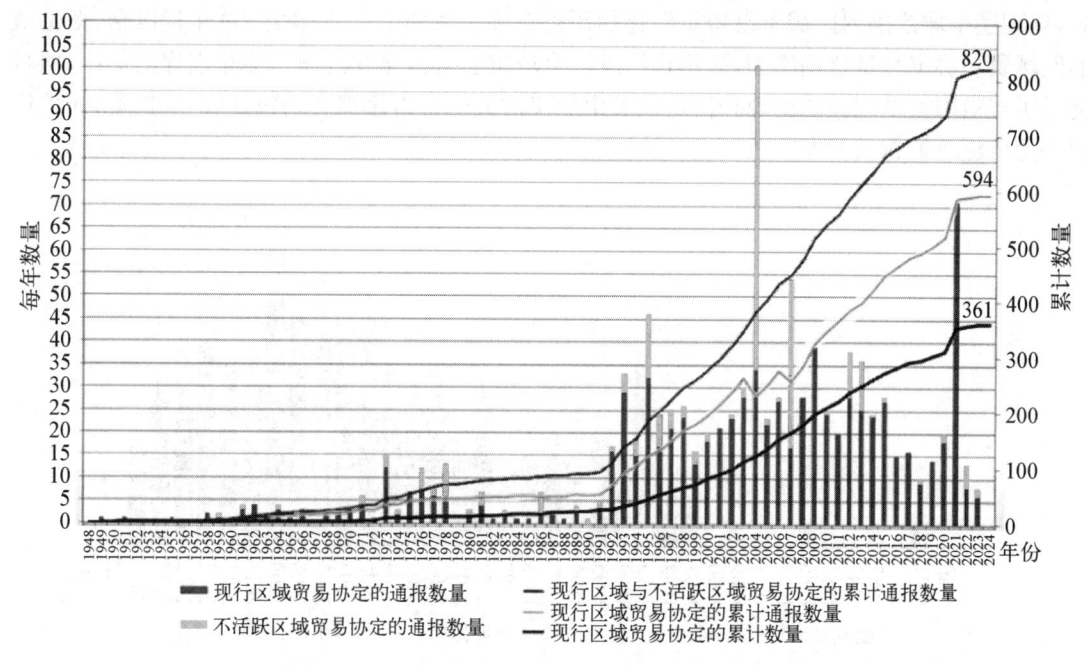

图 4-1 全球区域贸易协定的演变(1948—2024 年)

注：通报包括货物、服务以及加入区域贸易协定的条目是分开计算的。累计线显示了某一特定年份内生效的区域贸易协定/通报以及不活跃区域贸易协定的通报。区域贸易协定的通报是按照条目生效年份展示的。

图片来源：https://rtais.wto.org/UI/Charts.aspx。

资料来源：RTA Section, WTO Secretariat, January 2024.

3. 区域贸易协定的重要性

区域贸易协定在全球贸易体系中发挥着至关重要的作用，它们不仅补充了 WTO 代表的多边贸易体系，而且在促进国际贸易和区域经济一体化方面起到了显著的作用。从贸易量的角度看，1995 年签订的区域贸易协定所涵盖的全球货物贸易额约占全球总量的 25%。到 2019 年，这一比例显著上升，达到了全球货物贸易总额的近 50%，这一增长体现了区域贸易协定在全球贸易中日益增强的影响力。当前，世界上大部分贸易发生在签订了优惠贸易协议的国家之间，这些协议通过降低贸易壁垒和促进成员之间的经济合作，加速了贸易和投资的流动，进一步推动了全球贸易自由化和区域经济一体化的进程。

在全球贸易体系中，区域贸易协定起着至关重要的作用。特别是《区域全面经济伙伴关系协定》(RCEP)、《全面与进步跨太平洋伙伴关系协定》(CPTPP)和《美加墨贸易协定》(USMCA)这三个主要协定，它们在塑造当代全球贸易格局方面尤其关键。RCEP，作为涵盖全球最多人口、贸易规模最大且发展潜力巨大的自由贸易协定，其影响力持续扩大。截至 2023 年 6 月 2 日，随着菲律宾的加入，RCEP 对其所有 15 个签约国家正式全面生效。这些国家在全球的人口、GDP 以及货物贸易总额中所占比重约为 30%，突显了 RCEP 的重要性，以及其作为全球最大和最具发展潜力的自由贸易区的地位。RCEP 的全面实施，标志着这一自由贸易区进入了一个全面运行的新阶段，为全球经济的增长和繁荣注入了新动力。

4. 区域贸易协定的深度与复杂度逐渐增加

图 4-2 描绘了随着时间的推进，区域贸易协定的复杂度如何逐步增加的趋势。该图通过显示不同年份已通报和生效的区域贸易协定数量，以及这些协定的覆盖范围和政策领域的扩

展,展现了全球范围内区域贸易协定演化的历史轨迹。特别是自20世纪90年代以来,新生效的区域贸易协定数量急剧增加,这不仅反映了全球贸易自由化和区域一体化进程的加速,而且突显了成员国重叠现象的出现和协定内容由简单的关税自由化扩展到包括服务、投资、知识产权等更广泛政策领域的发展。

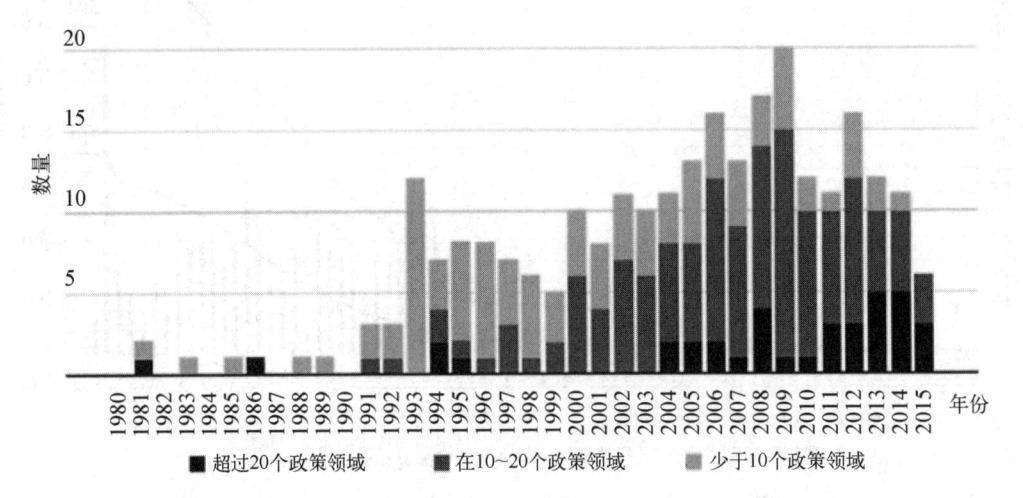

图4-2 全球区域贸易协定复杂度增加（区域贸易协定已变得更深入,现在涵盖多个政策领域）

图片来源：https://www.worldbank.org/en/topic/regional-integration/brief/regional-trade-agreements。

(三) WTO下的区域贸易协定

1. WTO关于区域贸易协定的规则

WTO的核心原则之一是非歧视原则,旨在确保所有成员受到平等对待。然而,区域贸易协定本质上是选择性的,因为它们为签约成员提供相较于非签约第三方更优惠的市场准入条件,从而存在一定程度的歧视性。尽管存在这种看似的矛盾,WTO仍然承认区域贸易协定的合法性,并将其视为全球贸易自由化框架内的补充。根据WTO的规定,区域贸易协定被允许存在,前提是它们旨在深化成员间的贸易自由化,并且不应对外部国家的贸易条件造成不利影响或增设新的贸易壁垒。这种平衡体现了WTO对于促进成员之间贸易自由化的支持,同时确保不损害非区域贸易协定成员的贸易利益。

2. 区域贸易协定的透明度机制 (Transparency Mechanism for RTA)

在2006年12月14日,WTO总理事会建立了一个临时的区域贸易协定透明度机制,旨在增强区域贸易协定的透明度,该机制从设立之日起一直处于有效使用状态。根据透明度机制的规定,所有的区域贸易协定都应当在签署前向WTO进行公告并通报,随后WTO成员将基于WTO秘书处提供的事实陈述来审议这些已通报的协定。这一过程旨在确保所有区域贸易协定的细节对所有WTO成员都是公开透明的,以便监督和评估其与WTO规则的一致性。进一步地,2015年在内罗毕举行的WTO第十届部长级会议上,WTO成员达成一致,同意将这一临时透明度机制升级为一个永久性机制。这一决定体现了WTO对于加强区域贸易协定透明度和促进成员间通信与合作重要性的认可,也强调了在全球贸易体系中维持开放和透明度的持续努力。

3. 区域贸易协定的通报义务 (Notifications of RTA)

作为WTO的成员,存在明确的义务去通报所有参与的区域贸易协定。这一通报义务不仅适用于新签署的协定,而且包括任何新加入已存在协定的成员。这个规定确保了所有区域贸易协定的透明度和可追踪性,允许所有WTO成员以及公众了解哪些协定正在生效,以及这些协定的成员构成。通过这种方式,WTO旨在维护一个开放和透明的多边贸易体系,确保所有成员的行动都能被监督和评估,从而促进全球贸易的公平性和效率。

第二节 互补效应——区域化促进多边贸易自由化的机制

在探讨区域贸易体系和多边贸易体系之间关系的学术文献中,分析区域贸易体系对多边贸易体系所产生的互补效应是一个核心议题。本节意在深入挖掘并回顾这一领域的相关文献,以便更全面地理解区域贸易协定在促进全球贸易自由化进程中所扮演的特殊角色,以及它们如何与多边贸易体系相互作用和补充。通过这一分析,我们旨在揭示区域贸易协定不仅在于促进其成员间实现深层次的经济合作,而且可能通过促进规则的创新和实施,为多边贸易体系提供新的动力和灵感,从而在全球范围内推动更广泛的贸易自由化和规则的统一。

一、区域贸易协定与WTO的互补性

尽管WTO提供了一个更为广泛的贸易框架,覆盖范围更大,但区域贸易协定在减少全球贸易壁垒方面发挥了不可忽视的作用。WTO和区域贸易协定之间存在着明显的差异性以及互补性。其中一个主要区别在于对非歧视原则的遵循。WTO的非歧视原则要求其成员在关税优惠方面必须对所有成员无差别适用,以确保贸易的公平性和普遍性。而区域贸易协定通常仅在签约国之间提供关税优惠,这种做法在某种程度上与WTO推崇的多边贸易体系的非歧视性原则相悖。然而,区域贸易协定可以被视为在特定区域或国家群体中推进贸易自由化的一种补充机制,它们在深化经济合作和促进成员间更紧密贸易联系方面具有独特价值。通过允许这种区域内的深化合作,WTO承认了区域贸易协定在全球贸易自由化进程中的积极作用,尽管这需要在不损害非成员利益的前提下进行。

区域贸易协定为解决由MFN原则引发的"搭便车"问题提供了有效途径,从而支持全球自由贸易的发展。按照MFN原则,一国对某个WTO成员提供的任何贸易优惠必须同等适用于所有其他成员,这可能导致个别国家在没有做出相应贡献的情况下享受其他国家减让关税的好处。这种情况下,国家之间减少贸易壁垒的动力可能会减弱。区域贸易协定的优势在于,它们能够促进成员间实现更深层次的贸易自由化,同时避免了MFN原则下可能出现的"搭便车"现象。尽管GATT/WTO体系强调非歧视原则的重要性,但区域贸易协定的存在和作用被认为是对多边贸易体系的有益补充。例如,Saggi and Yildiz(2010)的研究指出,即便存在非歧视原则,自由贸易区也能促进多边贸易体系的发展。这是因为,如果不允许自由贸易区的存在,各国就可能缺乏加入更广泛多边贸易协议的动力,而倾向于从其他国家的开放政策中"搭便车"。通过限制这种行为,自由贸易区有助于创造实现更广泛自由贸易的条件。

此外,实证研究揭示了国家加入自由贸易区后,其对外部(自贸区以外国家)的贸易壁垒可能减少,这种现象被Bagwell and Staiger (1999a) 描述为"互补效应"。例如,Magee and Lee (2001)观察到欧洲经济共同体(EEC)成立后,其成员国的外部关税有所下降,尽管该研究的样

本限于1968—1983年间51个行业的平均外部关税变化。进一步的研究,如Calvo-Pardo等(2009)发现,东盟成立促使成员国降低了对外部国家的关税;Bohara等(2004)则观察到,随着南方共同市场的形成,巴西对阿根廷的优惠进口增加,进而促使阿根廷降低了外部关税。Estevadeordal等(2008)的则首次系统性地探讨了优惠贸易安排对发展中国家外贸自由化的影响,其使用了1990—2001年间拉丁美洲十个国家的最惠国执行关税及双边优惠数据,检验了区域贸易体系如何影响单边贸易自由化。该研究发现,降低特定领域的优惠关税将导致MFN关税的下降,且如果优惠授予重要的贸易伙伴国,则外部自由化的程度就将更为显著。Kuenzel and Sharma(2021)的研究在更广泛的范围上得到了相似的发现,即来自优惠贸易安排成员国的进口份额每增加10个百分点,或优惠贸易安排导致的执行关税每下降1个百分点,MFN关税率就大约降低0.4个百分点。

在下一部分内容中,我们将细致审视并总结现有文献中的理论框架和研究发现,以探究背后的作用机制。

二、机制1:贸易条件

Bagwell and Staiger(1999a)指出,在考虑贸易条件的背景下,一个国家可能在加入优惠贸易安排之后降低其MFN关税水平。这一理论认为,加入优惠贸易安排可能导致成员国从非成员国的进口量减少,减弱成员国通过提高关税来获取有利贸易条件的动机。Bond等(2004)的研究支持了这一观点,他们发现自由贸易协定的建立提高了非成员国的贸易条件和福利,因为优惠贸易安排的存在为成员国降低外部关税提供了激励。然而,对成员国本身而言,这种改变可能带来两种相反的效果:一方面,与世界其他地区相比,它们的贸易条件可能会恶化,福利减少;另一方面,优惠贸易安排内部贸易的自由化会促使联盟内部贸易增加,福利提升。研究表明,如果成员国规模足够大,则增加内部贸易的福利提升效应将占据主导地位,使得自由贸易协定对成员国整体有益。

Ludema and Mayda(2013)采用了定量和回归分析的方法,进一步研究了国际贸易协定对全球经济体系的重要性及其目的。他们探讨了WTO成员在乌拉圭回合中设定的MFN关税是否符合贸易条件假说,即国家利用关税改善其贸易条件,贸易协定则促使这些国家内部化由于贸易条件变化而对其他国家产生的成本。通过一个包含内生参与的多边贸易谈判模型,研究预测谈判结果的关税水平应与出口国集中度和进口国市场力量的乘积呈负相关。使用三十多个WTO成员的关税、贸易和产量数据,研究发现,通过WTO谈判内部化的贸易条件效应,这些国家的平均关税比非合作状态下降低了22%~27%。

三、机制2:政治经济学视角

Freund and Ornelas(2010)探讨了政治经济学力量如何影响优惠贸易安排成员国减少对非成员国的MFN关税的动机。在Grossman and Helpman(1994)的经典"保护待售"(Protection for Sale)模型框架下,作者指出,一旦优惠贸易安排成立,国内生产商在全球市场中的份额就可能因面临更激烈的竞争而下降。这种市场份额的减少削弱了这些生产商在国内政策制定过程中的影响力。因此,政府在考虑到国内生产商影响力减弱的情况下,更有可能采取降低对非优惠贸易安排成员国关税的政策措施,以促进更广泛的贸易自由化。这种分析揭示了优惠贸易安排的成立不仅通过直接的经济机制影响贸易政策,而且通过影响国内政治经济力量的分布来间接作用于关税政策的调整。因此,从政治经济学视角看,优惠贸易安排有助于推动成员国在更广阔的多边层面上降低关税,尽管这种效果是通过改变国内利益集团对贸易政策的影响力而实现的。

1. 为履行区域贸易协定承诺而降低关税

为了更有效地履行签订区域贸易协定时的承诺,许多区域贸易协定成员国采取了逐步降低关税的措施。这一做法不仅巩固了国内政策改革的成果,而且减少了游说活动对政策制定的影响。特别是当国家面临贸易条件和政策承诺的双重问题时,签订旨在解决贸易条件挑战的协定可以促使政府在实施协定后进一步降低对外的 MFN 关税。这种政策调整有助于纠正长期存在的贸易保护政策可能引起的资源配置扭曲和效率损失,进而推动资源的有效分配和贸易环境的开放。

此外,区域自由贸易的形成有可能促使原本不愿合作的国家选择合作,从而推动贸易自由化的进程。这种趋势在关税同盟形成时尤为明显,因为关税同盟可能对外部国家造成更大的负面影响。Riezman(1999)通过一个三国模型分析发现,若国家间存在足够大的不对称性,则两个较小国家通过形成关税同盟作为威胁,可以促使较大国家重新考虑其立场,更倾向于参与自由贸易。同样,Baldwin(1995)在探讨小国加入现有区域贸易协定的动机时,指出初始区域贸易协定造成的贸易转移减少了非成员国的利益,激励这些非成员国加入区域贸易协定,导致贸易协定的扩展。随着区域贸易协定范围的不断扩大,其他非成员国由于遭受损害而有加入的动机,这一连锁反应最终可能促进区域乃至全球贸易自由化程度的提升。

2. 政治经济学中的滚雪球效应(Juggernaut Effects)

Baldwin and Robert-Nicoud(2015)以及 Baldwin 等(2009)的研究讨论了优惠贸易安排可能触发的滚雪球效应,即在多边关税制度中逐渐导致关税的降低。这种效应是通过 Baldwin and Robert-Nicoud(2015)提出的一个简化的动态政治经济学模型来解释的,该模型阐释了自1947 年到 2000 年间多边贸易体系中逐步实现的互惠自由化过程。在此模型中,贸易谈判被视为一种涉及两国互相降低关税的过程,其中互惠原则发挥了关键作用,因为"我减税如果你也减税"的约定促进了各国内新兴利益集团即出口者对自由化的支持。

随着关税的互惠降低逐步进行,面临进口竞争的企业会逐渐退出市场,而出口导向的企业则会增加,这种初期的关税削减促成了政治经济格局趋向于进一步的自由化。因此,在下一轮关贸总协定谈判时,即便之前的关税削减措施在政治上不被视为最佳选择,此时对两国政府而言,接受新一轮的关税削减成为更受欢迎的政治决策。这一过程揭示了贸易自由化如何通过内部动力学不断深化,展现了滚雪球效应在全球贸易自由化历程中的作用。

四、机制 3:对非成员国的保护

一系列研究关注了区域贸易协定可能对非成员国加强保护措施的影响。Freund and Ornelas(2010)、Grossman and Helpman(1995)、Krishna(1998)的研究显示,当由特定利益集团驱动的生产商在政策制定过程中具有较大影响力时,政府更倾向于通过提高对非优惠贸易安排成员国的关税壁垒来实施区域贸易协定。Stoyanov(2009)从非成员国贸易保护的角度出发,研究了外国游说团体如何影响加入自由贸易区国家的贸易政策。通过一个考虑了垄断竞争和政治经济内生性的模型,并利用加拿大各行业的贸易数据进行分析,发现外国游说在塑造国内贸易政策中起到了显著作用。异质性分析揭示,自由贸易区成员国的游说团体倾向于促使提高贸易壁垒,而非自由贸易区成员国的出口商游说则倾向于降低贸易保护。此外,Saggi 等(2018)的研究与之前的发现有所不同,他们发现区域贸易协定的建立实际上降低了成员国对全球其他国家的出口。贸易转移的效应削弱了非成员国调整与区域贸易协定成员国间贸易条件的能力,导致非成员国降低了对区域贸易协定成员国的关税。

第三节 区域化促进多边贸易自由化的实证检验

一、区域贸易协定与世贸组织的互补性

Estevadeordal 等(2008)的研究是探讨区域贸易协定和 WTO 互补性的领域中的里程碑式工作。该研究基于广泛的数据集,对大量发展中国家进行了实证分析,考察了优惠关税的降低如何影响对外部贸易的自由化。这项工作首次系统性地使用丰富的数据资源来量化分析区域贸易体系与多边贸易体系如何在实际政策中互动,并评估这种互动对全球贸易自由化进程的影响。研究发现,通过实施区域贸易协定而降低的优惠关税,实际上有助于推进成员国对于非成员国的贸易自由化,揭示了区域贸易协定不仅促进了区域内部的经济一体化,而且为全球贸易自由化贡献了力量。

(一) 概要

作者采用了 1990—2001 年间 10 个拉丁美洲国家的行业层面数据,包括 MFN 关税和双边优惠关税,来详细分析区域贸易体系如何影响单边贸易自由化。结果显示,当给予特定部门优惠关税减免时,该部门的 MFN 外部关税通常会相应下降。这表明,对关键贸易伙伴提供更多优惠关税有助于进一步促进对外部世界的贸易自由化。然而,需要注意的是,在关税联盟的特定情况下,区域贸易体系与外部贸易自由化之间的互补效应并不明显。整体上,这项研究的发现缓解了人们对于区域贸易体系可能抑制外部贸易自由化的担忧,为制定未来的贸易政策提供了重要的实证依据。

(二) 实证分析

表 4-4 汇报了上述研究基准回归的结果。回归分析的被解释变量是 MFN 关税变化的百分比。核心的解释变量是滞后一期的优惠关税百分比变化以及该变量与是不是关税联盟的虚拟变量的交互项。其中,优惠关税 PREF 使用一国给予贸易伙伴国的最低优惠税率来衡量。我们定义 t 年 j 国 i 行业的优惠关税为 $PREF_{ijt}$,构造方法如下:

$$PREF_{ijt} = \min_{k} \tau_{ijt}^{k} \tag{4-1}$$

其中,τ_{ijt}^{k} 代表 t 年 j 国 i 行业从区域贸易协定伙伴国 k 的进口关税,只有当 $\tau_{ijt}^{k} < MFN_{ijt}$ 时,k 国才被称作 j 国的贸易伙伴国。此外,作者还引入了一系列固定效应,包括国家-年份和国家-行业固定效应,标准误差被聚类到国家-行业层面。

表 4-4 的列(1)为 OLS 的回归结果。滞后的 $\Delta PREF_{ijt}$ 的系数显著为正,意味着自由贸易区的优惠关税下降后 MFN 关税下降。滞后的 $\Delta PREFCU$ 的系数显著为负,意味着在采取关税联盟的形式下,先前得到的结论并不成立。

表 4-4 最惠国关税变化(因变量)与优惠关税变化之间的关系

	OLS (1)	IV-partner (2)	GMM (3)	ROO (4)	CUalign (5)	Period (6)
$L.\Delta PREF$	0.122** [4.86]	0.259** [8.19]	0.206** [5.43]	0.130** [3.64]	0.124** [4.92]	
$L.\Delta PREFCU$	−0.166** [5.40]	−0.243** [5.95]	−0.437** [6.55]	−0.152** [3.73]	−0.175** [5.52]	−0.076** [3.29]
$L.MFN$			−0.479** [14.77]			
$L.CUalign\_andean$					−0.065+ [1.65]	
$L.CUalign\_mercosur$					0.262** [3.25]	
$L.\Delta PREF\_per1$						0.126** [4.83]
$L.\Delta PREF\_per2$						0.032* [2.50]
Test:						
$L.\Delta PREF+L.\Delta PREFCU=0$	5.31 (0.02)	0.29 (0.59)	16.91 (0.00)	1.33 (0.25)	7.11 (0.01)	5.27^a (0.02)
汉森 J 统计量		2.64 (0.62)	2.47 (0.48)			
Cragg-Donaldson		45.52	33.52			
观测值	9 745	8 410	7 924	8 403	9 736	9 745
R^2	0.65	0.04	0.30	0.68	0.65	0.65

表格来源：Estevadeordal 等(2008)。所有回归中均包含国家-年份和国家-行业的固定效应。方括号内的稳健 $t(z)$ 统计量已根据国家-行业层面的聚类进行调整。圆括号内为 P 值。IV-partner 的解释变量是三个伙伴国家的滞后优惠关税，及其与关税同盟的交互项。在 GMM 中，工具变量是 $L2.PREF$、$L3.PREF$、$L2.PREFCU$、$L3.PREFCU$、$L2.MFN$ 和 $L3.MFN$。检验 $L.PREF\_per2+L.PREFCU=0$。*、**和***分别代表在 10%、5%和 1%的水平上显著。

列(2)为工具变量的回归结果。为了控制潜在的内生性，我们使用区域贸易协定合作伙伴国的优惠关税的滞后值作为工具变量。具体而言，$\Delta PREF_{ipj,t-1}=1,2,3$($pj$ 是 j 国的区域贸易协定合作伙伴国)是 $\Delta PREF_{ijt-1}$ 的工具变量，并且同样与关税联盟的虚拟变量做交互。回归结果支持了区域贸易协定关税下降会降低 MFN 关税这一结论。

列(3)使用了二阶或三阶滞后的优惠关税水平作为 $\Delta PREF_{ijt-1}$ 的工具变量。考虑到高 MFN 关税的国家可能会降低更多关税，该研究加入了滞后的 MFN 关税水平作为工具变量，以及使用之后两期和三期的值作为工具变量。回归结果再次证明了其核心结论的稳健性，即自由贸易区会给多边贸易体系带来互补效应，但是在关税同盟并未发现类似的证据。

接下来的几列展示了稳健性检验的结果。首先，作者在列(4)中剔除了优惠关税下降幅度小于 2.5%的样本，因为太小的优惠幅度可能并不产生实际影响。回归结果依然稳健。

列(5)中控制了1995年起生效的关税协调程度$CUalign_{ijt}$。$CUalign_{ijt}$代表着行业层面关税联盟加权平均的MFN关税减去国家自身的MFN关税,具体构造方法如下所示:

$$CUalign_{ijt} \equiv \sum \left[MFN_{imt} \frac{M_{imt}}{M(CU_j)_{it}}\right] - MFN_{ijt} \quad (4-2)$$

其中,$M(CU_j)_{it} \equiv \sum_{m \in CU_j} M_{imt}$代表$j$国参与的$t$年$i$行业来自关税联盟(由$m$代表)的总进口。当国家$j$处于一个关税联盟中[只要该国隶属于南共市(Mercosur)或安第斯共同体(CAN),但不包括秘鲁,并且时间为1995年以后]时,该变量为0,但外部关税并不是均等的。如果j国的外部关税高于(或低于)关税同盟的平均值,那么$CUalign_{ijt}$就是正的(或负的)。回归系数为正,意味着关税同盟成员正在随着时间的推移调整其外部关税以达到与其外部关税一致的目的。这里有两个关于关税调整的变量,一个对应南共市,一个对应安第斯共同体。本文在前者发现了支持的证据,但是没有在后者发现类似的证据。

最后,为了排除本文的识别结果只在早期出现的可能,我们将$\Delta PREF$分为两个时期。时期一是1990—1994年,时期二是1995—2001年。$\Delta PREF$的回归系数在两个时期内是相同的。

二、贸易条件渠道

Mai and Stoyanov(2015)的研究揭示了1989年签订的加拿大-美国自由贸易协定(CUSFTA)对加拿大对外MFN关税产生的影响。研究发现,该协定实施后的关税优惠政策直接导致了加拿大对非缔约方国家的MFN关税显著下降。作者通过模型发现优惠关税调整导致"贸易条件"变化,降低了加拿大的外部关税。下面将对该研究加以介绍。

(一) 概要

Mai and Stoyanov(2015)的主要发现是CUSFTA推动了加拿大的多边关税自由化。促进优惠关税与MFN关税互补效应的关键因素在于贸易条件和关税收入两条渠道。研究结果显示,每当加拿大的优惠关税率降低1个百分点,MFN关税就会相应降低0.3~0.35个百分点。这一降幅约占WTO乌拉圭回合谈判期间观察到的关税总降幅的约55%。此外,该研究并未发现CUSFTA对国内特殊利益集团的游说力产生负面影响的证据。最后,该研究也为加拿大和美国之间存在的贸易政策合作提供了有力证据。

(二) 基准回归结果

这里简要介绍Mai and Stoyanov(2015)的短期模型的简约式估计结果。表4-5的被解释变量是Δt_{it}^F,代表加拿大在t年i行业对外部国家征收的MFN关税的削减值;核心解释变量是$\Delta tariff\ us_{it-1}$,代表加拿大在$t-1$年i行业优惠关税的削减值(加拿大对贸易伙伴美国征收的进口税的一阶差分值)。

列(1)中的核心解释变量系数显著为正,这一结果支持了关税互补性假说。它表明在加拿大给予美国关税优惠之后的下一年,加拿大对外征收的MFN关税会有所降低。当然,在解读这一结果时,我们需要考虑可能存在遗漏变量的问题。这些遗漏变量可能在一定程度上影响了20世纪80年代CUSFTA的缔结,以及该协定对加拿大最惠国关税趋势的潜在作用。然而,如果我们能够合理地排除这些遗漏变量的干扰,或者证明它们对结果的影响微乎其微,那么列(1)的回归结果就可以被视为一种因果关系。

表 4-5 基准回归结果

	(1) OLS	(2) OLS	(3) OLS	(4) OLS	(5) IV-GMM	(6) IV-GMM	(7) IV-GMM	(8) IV-GMM
$\Delta tariff\_us_{it-1}$	0.105 3*** (6.69)			0.105 4*** (6.97)			0.099 6*** (6.92)	0.106 7*** (6.01)
$\Delta tariff\_us_{it-2}$								0.054 0*** (4.87)
$\Delta tariff\_us_{it-3}$								0.031 6*** (4.59)
US imports indicator (D)†		0.000 9 (0.73)		0.001 9 (1.29)	−0.006 7 (−1.30)		0.035 8 (0.90)	0.181 6** (2.22)
Exp. share, quintile 1 (D^1)†			−0.000 0 (−0.04)	0.000 3 (0.83)		−0.000 1 (−0.29)	0.000 8 (1.45)	0.001 0 (1.42)
Exp. share, quintile 2 (D^2)†			−0.000 6 (−1.43)	−0.000 2 (−0.62)		−0.001 4*** (−2.65)	−0.001 2** (−2.01)	−0.001 2** (−2.17)
Exp. share, quintile 3 (D^3)†			−0.000 2 (−0.71)	−0.000 0 (−0.12)		−0.000 3 (−0.79)	−0.000 2 (−0.57)	−0.000 0 (−0.01)
Exp. share, quintile 4 (D^4)†			−0.000 1 (−0.23)	0.000 1 (0.38)		−0.000 5 (−1.14)	−0.000 4 (−0.99)	−0.000 3 (−0.74)
R^2	0.050	0.041	0.041	0.050	0.38	0.68	0.50	0.69
汉森 J 统计量 P 值 (1)					0.256	0.000	0.006	0.036
内生性检验 P 值 (2)								
观测值数量	37 508	38 854	38 854	37 508	37 170	37 170	36 190	28 390

注：因变量是最惠国关税的年度变化。*、**和***分别代表在10%、5%和1%的水平上显著。标准误差按照6位数的北美行业分类体系（NAICS）行业级别进行聚类。所有回归均包括1988年的最惠国关税税率作为额外的控制变量。(1) 检验过度识别限制。原假设是工具变量是外生的，普通最小二乘法（OLS）是一致的。(2) 豪斯曼规范检验标记有†的变量的内生性。在原假设下，变量是外生的。

表格中第一列的项目译文为：

US imports indicator (D)：美国进口指标。
Exp. Share, quintile 1 (D^1)：出口份额，第一五分位。
Exp. Share, quintile 2 (D^2)：出口份额，第二五分位。
Exp. Share, quintile 3 (D^3)：出口份额，第三五分位。
Exp. Share, quintile 4 (D^4)：出口份额，第四五分位。
数据来源：Mai and Stoyanov(2015)。

为验证加拿大 MFN 关税下降并非由特定因素驱动的假设,作者在列(2)的回归分析中引入了变量 D_{it}。此变量代表 t 年加拿大的 i 行业进口美国产品的比重,用以探究美国进口商品在加拿大各行业中的份额是否对 MFN 关税的调整速度产生影响。如果 CUSFTA 成立后的加拿大 MFN 关税确实是由美加两国共同制定的,那么可以预期加拿大政府在制定贸易政策时会倾向于保护美国企业在加拿大的市场份额和利益。在这种情况下,对于那些美国进口商品份额较大的行业,MFN 关税的下调速度可能相对较慢以维持或保障美国企业的竞争力。然而,列(2)的回归结果显示 D_{it} 的系数并不显著。这意味着美国进口商品在加拿大各行业中的份额对 MFN 关税调整速度的影响并不明显。因此,这一结果并不支持加拿大与美国在设定最惠国关税时采取合作策略的假设。

在列(3)的回归分析中,为检验美加两国是否协商降低关税,作者引入了一系列虚拟变量 $Exp.share, quintile\ n(D^n)$,其中 $n=1,2,3,4$,用于表示加拿大各行业内美国出口产品的份额 D_{it} 所处的五分位数。具体来说,当某个行业内的美国出口份额排序处于第 n 个五分位数时,对应的虚拟变量取值为 1;而第 5 个五分位数(行业内美国出口份额最高的部分)被作为对照组,其影响在模型中不予考虑。这样的设置旨在探究美加两国之间是否存在协商降低 MFN 关税的情况。若存在协商降税情况,则预期美国出口份额较低的行业关税下降更快。但回归结果显示这些虚拟变量的系数不显著,这表明不存在美加两国协商降低关税的情况。

该研究在识别上可能存在两方面的问题。第一,优惠关税削减和多边贸易政策可能相互影响,两者存在潜在的反向因果关系,这可能导致 OLS 估计量偏误。第二,可能存在其他未观察到的因素同时影响着优惠关税和多边关税,从而导致内生性问题。例如,行业特定的经济和政治条件变化可能同时影响优惠和 MFN 关税。因此,作者采取了如下变量作为 D_{it} 的工具变量以解决内生性问题:

第一个工具变量为美国出口到加拿大的产品(1988 年)。该变量是虚拟变量,对于 1988 年美国出口到加拿大的产品取值为 1。这个变量在 CUSFTA 关税削减之前的数据是独立于关税偏好的,但与美国出口到加拿大的结构高度相关。

第二个工具变量为美国出口到其他国家(ROW)的产品(1988 年)。该变量是虚拟变量,对于 1988 年美国出口到其他国家的产品取值为 1。这个工具变量独立于加拿大在 1989—1998 年间的贸易政策,但同时与美国出口到加拿大的结构呈正相关。

第三个工具变量为世界价格变化。这个工具变量衡量了产品 i 的世界价格变化。它表示前一年的绝对价格变化,这些价格变化在决定调整 MFN 关税之前发生,因此可能是外生的。

最后,基于同样的逻辑,我们使用 1988 年的产品 i 分位数虚拟变量及其与上述价格变化的交互项作为工具变量 D_{it}^k。D_{it}^k 具备工具变量的有效性,原因在于在 CUSFTA 形成之前,美国出口到加拿大的行业排名与随后的 MFN 变化无关,但随时间推移高度相关。当与价格变化进行交互时,这些变量能够捕捉到由于世界价格的外生变化而导致的美国出口份额分布随时间跨五分位数的转变。

列(5)~列(8)采取了工具变量法。回归结果进一步支持了本文的核心结论,即优惠关税下降会降低加拿大的外部 MFN 关税。最后一列展示了在三年的时间跨度内,外部 MFN 关税的降幅将达到 0.179 个百分点。同时,对于那些对美国经济更为重要的行业,其最惠国关税削减速度更慢的证据较为薄弱,因为在这部分行业中,只有其中一个虚拟变量表现出预期的方向且统计上显著。

(三)"贸易条件"渠道

作者展示了一个差异化产品和限制性市场进入的垄断竞争模型,说明自由贸易协定影响成员国对外关税的主要渠道,并且推导出不同理论假设下自由贸易协定的均衡贸易政策。这里主要介绍"贸易条件"渠道。

该模型参考了一系列关于内生贸易政策下自由贸易区的文献,假设自由贸易区成员国政府不存在政治经济动机,并且采取非合作方式设定进口关税。在这种情况下,政府的目标函数 $G_0(\tau)$ 等于国家福利 $W_0(\tau)$,在均衡状态下,对于第 t 年从 F 国(模型假定共存在三类国家 H、P 和 F,分别代表国内、自由贸易区伙伴国和世界上其他国家)进口的产品 i 的从价进口关税 t_{it}^F 将会最大化国家福利,其形式表现为:

$$\epsilon_i t_{it}^F = (\sigma_i - 1)s_{it}^P t_{it}^P + \frac{\sigma_i - 1}{\sigma_i} s_{it}^H \qquad (4-3)$$

其中,ϵ_i 是国内进口需求价格弹性,t_{it}^P 是来自伙伴国的优惠从价关税税率,s_{it}^j 是国家 $j=H$,P 提供的产品在国内的市场份额。式(4-3)等号右边第一项是我们所关注的,代表自由贸易区的外部关税与内部关税是正相关的,这一结果被称为"关税互补效应"。直观来说,降低对自由贸易区伙伴国的关税率会减少来自世界其他地区的进口量,因此关税收入会按伙伴国市场份额的比例相应减少。

这一变动可以通过"贸易条件"渠道得到深入了解,即当自由贸易区成员国降低对伙伴国的关税时,贸易条件会发生相应调整。当本国降低对自由贸易协定伙伴国的关税时,会导致从其他国家的进口减少,这可能暂时恶化与其他国家的贸易条件。为了优化整体贸易条件,本国可能会选择同步降低对其他国家的外部关税,以平衡自由贸易区关税调整带来的影响,促进贸易多元化和市场竞争力,确保在新的贸易格局中维持有利的相对购买力。

三、政治经济学视角:租金破坏渠道

Ornelas(2005a)研究了自由贸易协定的政治可行性。分析的关键要素是这些贸易协定产生的"租金破坏":通过消除集团内部贸易壁垒,自由贸易协定减弱了进口竞争产业对外部关税上调进行游说的动机,从而减少了游说过程中产生的租金。通过使用传统的竞争模型,研究发现租金的破坏可能严重损害(在某些情况下完全排除了)福利降低型自由贸易协定的政治可行性。这一结论与早期地区主义文献的发现形成了鲜明的对比。

图4-3描述了各行业联合游说以影响有关自由贸易协定的决定的四种可能情况。该图纵坐标是政府偏向特定利益的程度(用 b 表示),横坐标是自由贸易协定内的出口部门数量(用 E 表示),三条等值曲线揭示不同条件下自由贸易协定对国家福利($W_{\Delta F}$)和行业净收益总和($\prod_{\Delta F}$)的影响。

$W_{\Delta F}=0$ 是一条代表国家福利不会因自由贸易协定而发生变化的等值线。在这一线上方的区域内,自由贸易协定能够提高国家整体福利;而在下方区域,自由贸易协定会导致国家福利下降,此时出口部门太少,扭曲的租金也太低。

$\prod_{\Delta F}=0$ 表示行业总利润无变化的等值线。位于该线左边的区域,实施自由贸易协定会降低行业总利润,因为此时出口部门太少,租金太高,自由贸易协定无法摧毁租金;右边的区域则是自由贸易区提高了行业总利润。

图 4-3 福利曲线图

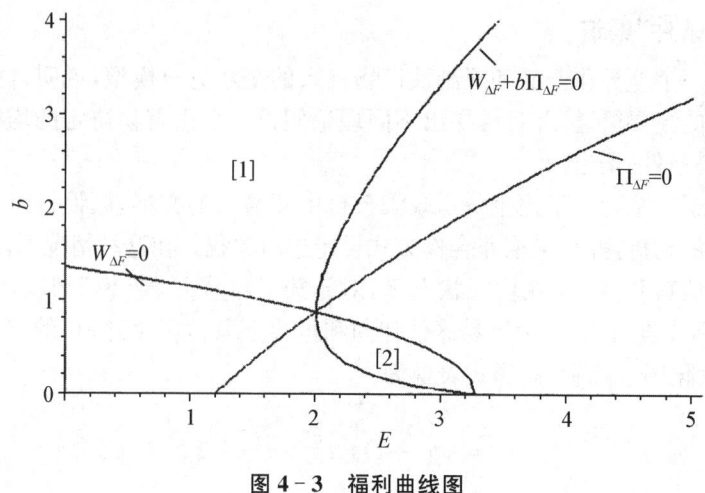

数据来源：Ornelas（2005a）。

$W_{\Delta F} + b \prod_{\Delta F} = 0$ 是综合考虑国家福利和政府基于特殊利益调整后的行业利润总和等于零的等值线。在这条曲线下面的区域，即便自由贸易协定降低了国家福利，在计入政治因素后（例如政府受到特殊利益集团的影响），由于总效用（包括政治收益）依然为正，自由贸易协定也仍有可能具备政治上的可行性。

存在一个区域（图 4-3 中的区域[2]），在这个区域内，虽然自由贸易协定减少了国家福利，但由于满足特定条件，它依然可能成为政治上可行的政策选择。然而，随着政府对特殊利益响应度增加（b 增大）以及出口部门与进口竞争行业供应差异减小，$W_{\Delta F}=0$ 曲线会变得更陡峭并向下移动，而 $\prod_{\Delta F}=0$ 曲线则变得平坦并向右移动，两条曲线可能不再相交，从而使得原本出现不均衡结果的区域消失。

第四节 区域化阻碍多边贸易自由化的机制

一、政治经济学视角

从政治经济学角度看，有研究通过不同的理论框架分析了贸易协定对个人收入影响以及其对多边贸易协定支持度的影响。Levy(1997)基于 H-O 理论框架和 S-S 定理，探讨了双边贸易协议如何通过影响商品价格进而改变个人收入分配，发现这可能为国内中间选民带来更多经济利益，但同时削弱了原本可能得到支持的多边贸易协定。Krishna(1998)则提出了一个不同的视角，认为由于市场分割和寡头企业的存在，区域贸易协定可能导致原本支持多边协议的生产者反对多边贸易体系，因为自由贸易协议可能削弱区域贸易协定创造的经济租金。

这些研究表明，虽然区域贸易协定为特定群体带来了直接收益，但进一步推动自由贸易可能导致这些收益的损失。如果这些受益群体在政治上具有显著影响力，那么在政治层面实现更广泛的自由贸易就变得更加困难。此外，其他文献从谈判成本和行业特定的投资沉没成本的角度出发，指出区域贸易协定可能对全球自由贸易的进展构成威胁。Mclaren（2002）的发现指出,区域贸易协定可能鼓励成员之间的私人企业相互投资和专业化,从而降低了从更广泛的多边自由贸易中获得的潜在利益。

在贸易协定的研究中,一个共同的理解是贸易政策的设定往往被视为内生的,即由国内政治经济因素决定,而其他贸易政策因素则被认为是外生的,由外部环境影响。然而,Ornelas(2005b)的研究提供了一种不同的视角,即所有贸易政策都应被认为是内生的,由国内政治经济动态直接驱动。Ornelas(2005b)发现,随着特殊利益集团对政府决策的影响力减弱,政府设置阻碍自由贸易政策的可能性也相应降低。这一发现突出了在评估区域贸易体系对全球贸易自由化的影响时,重要的不仅是考虑外部因素,而且需要深入理解政府贸易政策选择的内部动态因素。这种视角强调,在分析区域贸易协定及其对全球贸易格局的影响时,政策制定过程的复杂性和多维性是不可忽视的。政府的政策选择不仅受外部经济环境的影响,而且深受国内政治力量、特殊利益集团的游说活动以及公众舆论的影响。因此,贸易政策的研究需要采取一个全面的视角,考虑政策决策的所有可能驱动因素。

在考虑外部关税作为内生因素的情况下,并不自动导致区域贸易体系促进多边贸易体系的发展。Ornelas(2005c)通过分析一个内置内生外部关税机制的模型[该模型在某种程度上类似于 Krishna(1998)的框架]指出,未加入自由贸易区的外部国家可能成为全球自由贸易的障碍。这些外部国家可能反对区域贸易协定的形成,主要是因为区域贸易协定可能带来的贸易创造效应。然而,如果外部国家的关税降低到足以补偿其因区域贸易协定成员国间的贸易偏好而遭受的贸易歧视损失,这些国家就可能反对进一步的多边贸易自由化。这是因为,在自由贸易的框架下,外部国家将失去因区域贸易协定成员国间非互惠的贸易自由化而间接获得的好处。

另外,政治游说也可能提高外部关税。Cadot 等(1999)在其研究中指出,当一般均衡效应强烈到足以通过工资水平产生显著影响时,至少有一部分自由贸易区成员国可能倾向于提高对非成员国的外部关税。Panagariya and Findlay(1996)提供了相似的观点,他们分析了关税水平如何受投入游说活动的劳动力的影响,发现建立自由贸易区可能减少成员国内部针对伙伴国的关税游说活动。随着参与游说的劳动力工资降低,自由贸易区外部国家的游说成本也相应降低,这可能在某种程度上促使外部国家加强对自由贸易区成员国的游说活动,以求提高对其的外部关税。因此,在特定情况下,自由贸易区的建立并不一定导致外部关税的普遍降低,而是可能在均衡状态下导致外部关税的增加。

二、不同类型区域贸易协定的影响

区域贸易带来的影响通常与其类型(是否开放)有关。Yi(1996)提出了一个关键观点,即开放型区域贸易体系(如关税联盟)可能作为全球自由贸易的"垫脚石",而封闭型区域贸易体系则可能成为"绊脚石"。这种区分强调了区域贸易协定的性质对其可能产生的全球贸易自由化效应的影响。进一步的研究,如 Goyal and Joshi(2006)关注长期均衡状态,即所有双边协议均得到两国支持的情况。这些研究发现,在国家之间对称且政府致力于最大化社会福利的条件下,区域贸易体系的广泛扩散有助于促进自由贸易的整体发展。

然而,Riezman(1999)及 Saggi and Yildiz(2010)的研究指出,当存在资源禀赋或生产成本的不对称时,区域贸易体系的角色更加复杂,它既有可能成为推动自由贸易的"垫脚石",也有可能成为阻碍自由贸易的"绊脚石"。这种分析揭示了区域贸易体系对全球贸易自由化的影响是条件性的,取决于协定的具体类型和参与国之间的经济异质性。

当区域一体化采取关税同盟的形式时,成员国需要统一其对外贸易政策,这对外部关税水平产生了两方面的影响。一方面，Bond and Syropoulos(1996)指出，由于关税同盟成员国采取共同的对外关税，能够在全球市场上作为一个集体运用市场力量，因此这样可能导致对非成员国实施更高的外部关税。另一方面，关税同盟可能不太倾向于降低外部关税以减少贸易转移效应。这是因为较低的外部关税会减少加入关税同盟的相对优势，从而减少成员国从协定中获得的利益。在协商外部关税时，这种影响通常会被关税同盟成员内部化，如 Bagwell and Staiger(1999b)所述，最终可能导致更高的外部关税水平。

相反，根据 Richardson(1994)和 Panagariya and Findlay(1994)的研究，如果在关税同盟内部游说活动存在"搭便车"问题，即单个国家依靠其他成员国的游说活动来降低外部关税，那么这可能导致关税同盟中降低外部关税的动机较自由贸易区更弱。这是因为游说成本的分散和效果的共享减少了单个国家对降低外部关税的个别努力。

Aghion 等(2007)通过使用一个包含国家间转移支付的动态谈判模型，深入探讨了自由贸易区与多边贸易主义之间的关系。在该模型中，一个主导国家决定是否以及按何种顺序与两个追随国家就贸易协定进行谈判。谈判涉及两个关键因素：(1)区域贸易协定为成员国带来的利益是否足够大，以至于成员国对多边协议失去兴趣；(2)区域贸易协定的建立对外部国家产生利益还是损失？

Aghion 等(2007)发现，如果多边贸易体系能够最大化各国政府间的联合收益，那么政府会倾向于选择多边贸易体系路径，无论自由贸易区是否形成。因此，自由贸易区的作用在于影响达成自由贸易的方式，这依赖因素(2)的具体情况。当外部国家从自由贸易区的形成中获益时，主导国家将倾向于通过多边谈判实现自由贸易；反之，如果外部国家因自由贸易区的形成而受损，则主导国家可能采用逐步扩展的自由贸易区来实现自由贸易目标。如果自由贸易不是最大化政府间联合收益的路径，自由贸易区的角色则取决于主导国在现状下相对于实现自由贸易的利益大小以及自由贸易区产生的外部性。在这种情况下，如果自由贸易未能最大化政府间的联合收益，则政府可能不会主动推动自由贸易进程。

三、区域贸易协定的复杂度/深度也会阻碍多边贸易自由化

Limão(2006)的研究揭示了区域贸易体系如何影响多边贸易自由化的进程，特别是在美国和欧盟这样的全球贸易重要参与者中的作用。美国和欧盟已经通过区域贸易协定与多个国家和地区建立了密切的贸易关系，这种区域贸易网络的扩散可能会使它们在多边贸易谈判中表现出更多的谨慎，从而可能限制多边贸易自由化的程度。这一发现表明，虽然区域贸易协定在促进区域内部贸易自由化方面发挥了作用，但它们的复杂度和深度也可能成为全球贸易自由化进程中的潜在障碍。

Limão(2007)的研究探讨了区域贸易协定在促进"非贸易"领域合作方面的作用及其对外部国家关税壁垒的潜在影响。这一研究指出，当区域贸易协定的参与国寻求在非贸易问题上(例如毒品打击合作或劳工标准)促进与伙伴国的合作时，这种协议可能导致对非成员国施加更高的关税壁垒。其原因在于，降低对外部国家的关税将减少特惠关税的吸引力，可能导致合作伙伴国撤销在非贸易领域所作的让步；相反，较高的外部关税则为合作伙伴提供了更显著的优惠市场准入条件，增强了它们在非贸易领域合作的激励。

总的来说，虽然关于区域贸易体系如何影响各国政府参与多边贸易协定谈判意愿的理论研究已经提供了一些关键的见解，但目前对于这个问题的理解仍然存在显著的不确定性。实证研究主要集中在相关性分析和案例研究上，这限制了能够得出的明确结论的范围。在缺乏

可靠的反事实情况下,当前的辩论难以得到彻底解决。这表明,在这一领域,还需要更多的研究和数据来深化我们对区域贸易体系和多边贸易体系相互作用的理解。

第五节　区域贸易体系与多边贸易体系的发展和挑战

思政案例4-1

区域贸易体系在中国的应用

截至目前,中国已经构建了一个持续扩展的自由贸易区合作伙伴网络,与29个国家和地区签署了总共22个自贸协定,覆盖了中国对外贸易总量的近1/3。在2023年,中国的自贸协定网络进一步扩大(如表4-6所示),包括与厄瓜多尔、尼加拉瓜和塞尔维亚成功签订自贸协定,同时完成了与新加坡现有自贸协定的升级。此外,中国与洪都拉斯的自贸协定早期谈判也取得了重要进展。

表4-6　中国区域贸易协定发展现状

已签协议的自贸区	正在谈判的自贸区
中国-塞尔维亚	中国-海合会
中国-厄瓜多尔	中日韩
中国-尼加拉瓜	中国-斯里兰卡
《区域全面经济伙伴关系协定》(RCEP)	中国-以色列
中国-柬埔寨	中国-挪威
中国-毛里求斯	中国-摩尔多瓦
中国-马尔代夫	中国-巴拿马
中国-格鲁吉亚	中国-韩国自贸协定第二阶段谈判
中国-澳大利亚	中国-巴勒斯坦
中国-韩国	中国-秘鲁自贸协定升级谈判
中国-瑞士	正在研究的自贸区
中国-冰岛	中国-哥伦比亚
中国-哥斯达黎加	中国-斐济
中国-秘鲁	中国-尼泊尔
中国-新西兰(含升级)	中国-巴新
中国-新加坡(含升级)	中国-加拿大

续　表

已签协议的自贸区	正在研究的自贸区
中国-智利(含升级)	中国-孟加拉国
中国-巴基斯坦(含第二阶段)	中国-蒙古国
中国-东盟(含"10+1"升级)	中国-瑞士自贸协定升级联合研究
内地与港澳更紧密经贸关系安排	优惠贸易安排
	亚太贸易协定

数据来源：中国自由贸易区网。

随着中国自由贸易区网络的不断扩大，"朋友圈"的扩大使得自由贸易区的内容变得更加丰富和完善。特别是中国与尼加拉瓜签订的自贸协定，标志着一个创新的里程碑，因为它首次采用负面清单方式来对跨境服务贸易和投资实施开放。这种模式要求所有领域均默认开放，除非明确列出限制或禁止的例外，这与以往的正面清单方法(仅列出允许开放的领域)形成了鲜明的对比。

此外，在中国与新加坡自由贸易协定的升级议定书中，两国也采纳了负面清单模式，对服务贸易和投资领域做出了更为深入的开放承诺。这一进步不仅为双方的投资者和服务业提供了更广泛的市场准入机会，而且加深了在数字经济等新兴领域的互利合作。通过这些升级和创新措施，中国旨在构建一个更加开放和包容的经济合作环境，推动经济全球化向前发展。

一、区域贸易体系与多边贸易体系面临的问题

(一) 区域贸易协定的复杂度增加

WTO强调，区域贸易协定的主要目的是促进成员之间的贸易，同时力求不对非成员造成贸易壁垒。然而，随着区域贸易协定数量的增长和成员之间的关系日益复杂，出现了所谓的"重叠"现象，即一个国家可能同时是多个区域贸易协定的成员。这导致该国需要同时遵循多套不同的贸易规则，这种复杂性可能妨碍贸易的顺畅流动。尤其是当区域贸易协定的覆盖范围扩展到多边贸易体系尚未充分监管的政策领域时，不同区域贸易协定之间规则的不一致性风险可能增加，这不仅会增加企业操作的复杂性，而且可能引发规则解释和实施的困难，从而对全球贸易体系的效率和公正性产生负面影响。

最近的区域贸易协定越来越倾向于涵盖多个WTO成员，超越传统的双边协议框架，进而涉及广泛的多边谈判和新型协议，如RCEP和CPTPP。WTO认为，这类多边协议如果能够逐渐替代旧的双边协议，并为所有成员制定统一的规则，就有潜力缓解所谓的"意大利面碗"现象造成的复杂性和混乱。所谓的"意大利面碗"现象，指的是由于多个协议中规定的不同优惠待遇和原产地规则的相互交错和重叠，导致企业和国家在实践中难以明确遵循的情况。这种现象不仅加大了跨国贸易的行政负担，而且增加了遵守成本，对全球贸易体系的效率和透明度构成挑战。

虽然区域贸易协定在处理新兴现象和传统问题方面积累了大量成功的经验，对WTO成员在多边贸易领域的实践提供了宝贵的参考和借鉴，但WTO强调，区域贸易协定并不能完全

取代多边贸易体系的角色和功能。在当前全球化进程中多极化特征日益明显的背景下,一个有效的多边贸易治理框架显得格外重要。这意味着,仅依靠与特定合作伙伴之间的贸易协定,不能全面满足全球化时代各国面临的贸易挑战和需求。因此,虽然区域贸易协定可以补充多边贸易体系,推动贸易自由化和规则的创新,但全球贸易问题的解决仍需坚持和强化多边贸易谈判与合作的全球框架。

(二) WTO 面临的挑战

Baldwin(2016)指出,WTO 在面对区域贸易协定的快速增长中遇到的挑战主要可归结于两个因素:首先,多哈回合谈判的议程设定反映了过去的世界经济格局,如果该议程能够在预定时间内顺利完成,就可能触发所谓的"滚雪球效应",从而带来显著的正面影响。然而,随着时间的推移和全球经济格局的变化,尤其是中国的崛起、外包业务的扩展和单边主义的增强,多哈回合的议程已经不再能够满足所有参与国的利益,难以实现预期的共赢结果。其次,WTO 在尝试扩展其议程以纳入深度区域贸易协定中常见的规范性条款时,遇到了阻力。这种阻力主要来自那些在全球化进程中感到被边缘化的国家,特别是那些因全球外包趋势而受到影响的国家。这些国家认为,2001 年时他们被承诺会有一种"再平衡",旨在减少对农产品和劳动密集型产品出口的壁垒。在实现这种再平衡之前,这些国家持有保留意见,对议程的扩展持谨慎态度。

WTO 的谈判与决策过程长期面临其发展中国家成员关于包容性、透明度和效率的挑战和批评。WTO 决策的核心原则是基于"协商一致"机制,该机制确保了每个成员无论其经济规模大小都有平等的决策权。为了通过一项决议,必须得到所有出席并参与投票的成员的简单多数支持。考虑到 WTO 目前拥有 164 个成员,且每项贸易协议都涉及复杂的内容,并与成员的核心经济利益紧密相关,实现所有成员间的全面协商一致是一个极其困难的任务。这种决策机制虽然旨在确保每个成员的利益得到平等对待和尊重,但在实践中,它也导致了决策过程的低效和僵化。特别是在处理紧急问题或需要迅速响应的全球经济变化时,这种机制可能成为 WTO 高效运作的障碍。因此,关于如何改进 WTO 的决策流程,使其更加高效和反应灵敏的讨论与建议已成为国际贸易讨论中的一个重要议题。

尽管如此,区域贸易协定在特定条件下还是可能作为多边贸易体系的替代。区域贸易协定中普遍存在的深层规定和复杂条款,以及向多边贸易体系转变时可能产生的重要网络外部效应,表明 WTO 的停滞间接推动了许多国家在其他框架下寻求实现多边贸易体系的机会。虽然全球存在成千上万份内容各异的区域贸易协定,但从理论上而言,如果能够有效地整合这些协定,就可能实现网络外部性的好处。例如,RCEP 和 CPTPP 这样的大规模区域协定的出现,实际上反映了一些深度参与全球化进程的 WTO 成员正试图通过区域贸易体系在更广泛的多边层面上推进合作。

二、多边贸易体系的未来

超大型区域协议虽然在理论上提供了一种跨越国界的贸易和合作框架,但它们并不能有效替代 WTO 内部的多边化进程。这些协议往往导致国际交易体系出现碎片化和排他性特征,原因是这些协定之间缺乏协调一致性。虽然将这些超大型区域协议整合进 WTO 体系看似有其优势,但 WTO 当前的架构似乎并不具备承担这一任务的能力。首先,WTO 在超越多哈回合谈判和解决深层次规则议题方面面临困难。其次,大型新兴市场如中国和印度可能选择保持在这些超大型区域协议之外,这种状况对于那些有能力利用其市场规模和单边策略来抵消由此带来的负面影响的大国而言,可能并不构成严重损害。例如,选择不加入欧盟的欧洲国家可以通过自我调整来应对这种"软性优惠",从而继续在国际舞台上生存和发展。然而,这种趋势可能引发一种连锁效应,即较小的外围国家为了加入超大型区域协议内的国际生产网络而寻求加入,这进一步强调了多边体系内整合和协调的重要性,以及为所有国家提供公平参与全球贸易体系的机会。

当前的全球贸易治理机制正逐步演变成一种双轨制架构。在这一架构下,第一轨道由WTO构成,WTO自成立以来一直扮演着管理和规范传统国际贸易活动的角色。第二轨道则由一系列超大型区域协定组成,这些协定在推动多边化的新阶段方面起到了关键作用,它们扩展了对中间产品与服务贸易、投资、知识产权保护、资本流动及核心人力资源跨国移动等方面的规定。

特别值得注意的是,中国和其他一些具有重要经济影响力的新兴市场经济体,有潜力利用其经济实力来有效抵消在这些超大型区域协定中可能面临的排斥或边缘化风险。这些经济体的参与不仅能够为自身带来利益,而且可能促进这些区域协定向更加包容和平衡的方向发展。

在这样的双轨并行的全球贸易治理体系下,"共存而不干预"的策略极有可能成为未来趋势。这意味着WTO和各个超大型区域协定可以在相互尊重和互补的基础上共同存在,共同推动全球贸易自由化和经济全球化的进程。这种共生态势能够为全球经济的稳定与发展提供一个更加多元化和富有弹性的框架。

本章小结

在探讨多边贸易体系与区域贸易体系的这一章中,我们深入分析了这两种国际贸易架构的功能、挑战,以及它们在当今全球经济中的相互作用。

1. 多边贸易体系与区域贸易体系的基本概念:我们首先区分了多边贸易体系和区域贸易体系的定义和核心特点,强调多边贸易体系在全球范围内推动贸易自由化的广泛目标,以及区域贸易体系通过更有限的成员间促进经济一体化的方法。

2. 超大型区域协定的影响:随着如RCEP和CPTPP这样的超大型区域协定的出现,我们讨论了它们如何在一定程度上填补了WTO进程放缓的空白,并推动了贸易政策的新进展,包括在服务贸易、投资和数字经济等领域的规则制定。

3. 挑战与批评:尽管区域贸易协定在推动经济一体化方面取得了一定的成功,但我们也分析了它们面临的主要挑战,包括可能导致的贸易体系碎片化、协定间规则不一致的问题,以及对WTO多边体系的潜在影响。

4. WTO的角色与未来:我们探讨了WTO在处理全球贸易治理中面临的挑战,包括谈判僵局和适应新兴经济现实的需求,同时讨论了多边贸易体系和区域贸易体系双轨系统的可能发展趋势,以及WTO在此过程中可能扮演的角色。

5. 经济大国的战略选择:特别关注了中国等新兴经济体如何利用区域贸易协定来增强其全球贸易和经济影响力,以及这些行动对全球贸易格局的潜在影响。

6. 共存与互补:我们强调了多边贸易体系与区域贸易体系不是相互排斥的概念,而是可以互补和共存的,尤其是在推动全球经济一体化和应对全球经济挑战的过程中。

通过上述讨论,我们可以看到,虽然多边贸易体系和区域贸易体系各有优势和局限,但它们共同构成了当今世界贸易体系的基石。理解它们的相互作用对于制定有效的全球贸易政策和促进全球经济增长至关重要。

练习思考题

1. 比较多边贸易体系与区域贸易体系的主要区别和相似之处。在比较时,请考虑两者在目标、参与成员和实施机制方面的差异。
2. 选择一个具体的区域贸易协定(如 RCEP 或 CPTPP),分析该协定是如何超越传统双边框架的,以及它对全球贸易治理可能产生的影响。
3. 讨论在当前全球化背景下 WTO 面临的主要挑战是什么。您认为 WTO 应如何改革,以适应超大型区域协定的崛起和全球经济的变化?
4. 评估超大型区域协定可能对非成员造成的负面影响,包括贸易转移和碎片化风险。您认为全球贸易体系应如何应对这些挑战,以保证贸易公平性和包容性?
5. 假设您是一个国家的贸易代表,正在考虑加入一个新的区域贸易协定。请列出您会考虑的关键因素,并解释这些因素如何影响您的决策。
6. 基于当前的国际贸易趋势和政策发展,对未来十年多边贸易体系与区域贸易体系之间的相互作用进行预测。您认为哪种模式将在未来的全球贸易体系中占据主导地位?

参考文献

[1] 曹亮,张相文,符大海.区域主义与多边主义:共存或冲突?——一个政治经济方法的分析视角[J].管理世界,2007(4):156-157.

[2] 盛斌.区域贸易协定与多边贸易体制[J].世界经济,1998,21(9):41-44.

[3] Aghion, P., P. Antr A. S., E. Helpman. (2007). Negotiating free trade. *Journal of International Economics*, 73 (1): 1-30.

[4] Anderson, K., G. Rausser, J. Swinnen. (2013). Political economy of public policies: Insights from distortions to agricultural and food markets. *Journal of Economic Literature*, 51 (2): 423-477.

[5] Bagwell, K., C. P. Bown, R. W. Staiger. (2016). Is the WTO passé?. *Journal of Economic Literature*, 54 (4): 1125-1231.

[6] Bagwell, K., R. W. Staiger. (1999a). An economic theory of GATT. *American Economic Review*, 89 (1): 215-248.

[7] Bagwell, K., R. W. Staiger. (1999b). Regionalism and multilateral tariff cooperation. In Piggott, J. & A. D. Woodland (eds), *International Trade Policy and the Pacific Rim*. London: Palgrave Macmillan.

[8] Baldwin, R. E. (1995). A domino theory of regionalism. In Baldwin, R. et al (eds), *Expanding Membership of the European Union*. New York: Cambridge University Press.

[9] Baldwin, R. (2016). The World Trade Organization and the future of multilateralism. *Journal of Economic Perspectives*, 30 (1): 95-116.

[10] Baldwin, R., F. Robert-Nicoud. (2015). A simple model of the juggernaut effect

of trade liberalisation. *International Economics*, 143: 70 – 79.

[11] Baldwin, R., S. Evenett, P. Low. (2009), *Beyond tariffs: Multilateralizing non-tariff RTA commitments*, Cambridge University Press.

[12] Blonigen, B. A., T. J. Prusa. (2003). Antidumping, in Choi, E.K. & J. Harrigan (eds), *Handbook of International Trade* Blackwell.

[13] Bohara, A. K., K. Gawande, P. Sanguinetti. (2004). Trade diversion and declining tariffs: Evidence from Mercosur. *Journal of International Economics*, 64 (1): 65 – 88.

[14] Bond, E. W., C. Syropoulos. (1996). The size of trading blocs market power and world welfare effects. *Journal of International Economics*, 40 (3 – 4): 411 – 437.

[15] Bond, E. W., R. Riezman, C. Syropoulos. (2004). A strategic and welfare theoretic analysis of free trade areas. *Journal of International Economics*, 64: 1 – 27.

[16] Bown, C. P. (2011). Taking stock of antidumping, safeguards and countervailing duties, 1990 – 2009. *World Economy*, 34 (12): 1955 – 1998.

[17] Cadot, O., J. de Melo, M. Olarreaga. (1999). Regional integration and lobbying for tariffs against non-Members. *International Economic Review*, 40: 635 – 657.

[18] Calvo-Pardo, H., C. Freund, E. Ornelas. (2009). The ASEAN free trade agreement: Impact on trade flows and external trade barriers. CEP Discussion Papers.

[19] Estevadeordal, A., C. Freund, E. Ornelas. (2008). Does regionalism affect trade liberalization toward nonmembers?. *The Quarterly Journal of Economics*, 123 (4): 1531 – 1575.

[20] Freund, Caroline, and Emanuel Ornelas. Regional trade agreements. *Annual Reviews of Economics* 2.1 (2010): 139 – 166.

[21] Goyal, S., S. Joshi. (2006). Bilateralism and free trade. *International Economic Review*, 47 (3): 749 – 778.

[22] Grossman, G. M., E. Helpman. (1994). Protection for sale. *American Economic Review*, 84 (4): 833 – 850.

[23] Grossman, G. M., E. Helpman. (1995). The politics of free-trade agreements. *American Economic Review*, 85 (4): 667 – 690.

[24] Krishna, P. (1998). Regionalism and multilateralism: A political economy approach*. *The Quarterly Journal of Economics*, 113 (1): 227 – 251.

[25] Kuenzel, D. J., R. R. Sharma. (2021). Preferential trade agreements and MFN tariffs: Global evidence. *European Economic Review*. 138 (103850).

[26] Levy, P. I. (1997). A political-economic analysis of free-trade agreements. *The American Economic Review*, 87(4): 506 – 519.

[27] Limão, N. (2006). Preferential trade agreements as stumbling blocks for multilateral trade liberalization: Evidence for the United States. *American Economic Review*, 96 (3): 896 – 914.

[28] Limão, N. (2007). Are preferential trade agreements with non-trade objectives a stumbling block for multilateral liberalization?. *The Review of Economic Studies*, 74 (3): 821 – 855.

[29] Ludema, R. D., A. M. Mayda. (2013). Do terms-of-trade effects matter for trade agreements? Theory and evidence from WTO Countries*. *The Quarterly Journal of Economics*, 128 (4): 1837-1893.

[30] Mai, Joseph, and Andrey Stoyanov. (2015). The effect of the Canada-US free trade agreement on Canadian multilateral trade liberalization. *Canadian Journal of Economics/Revue canadienne d'économique*, 48(3): 1067-1098.

[31] Magee, S. P., H. Lee. (2001). Endogenous tariff creation and tariff diversion in a customs union. *European Economic Review*, 45 (3): 495-518.

[32] Mclaren, J. (2002). A theory of insidious regionalism. *The Quarterly Journal of Economics*, 117 (2): 571-608.

[33] Ornelas, E. (2005a). Rent destruction and the political viability of free trade agreements. *The Quarterly Journal of Economics*, 120 (4): 1475-1506.

[34] Ornelas, E. (2005b). Endogenous free trade agreements and the multilateral trading system. *Journal of International Economics*, 67 (2): 471-497.

[35] Ornelas, E. (2005c). Trade creating free trade areas and the undermining of multilateralism. *European Economic Review*, 49 (7): 1717-1735.

[36] Panagariya, A., R. Findlay. (1994). *A political-economy analysis of free trade areas and customs unions*, World Bank Publications.

[37] Panagariya, A., R. Findlay. (1996). A political-economy analysis of free-trade areas and customs unions, in Feenstra, R. et al (eds), *The Political Economy of Trade Reform: Essays in Honor of J. Bhagwati*. Cambridge, MA: MIT Press.

[38] Richardson, M. (1994). Why a free trade area? The tariff also rises. *Economics & Politics*, 6 (1): 79-96.

[39] Riezman, R. (1999). Can bilateral trade agreements help to induce free trade?. *Canadian Journal of Economics*, 32(3): 751-766.

[40] Saggi, K., A. Stoyanov, H. M. Yildiz. (2018). Do free trade agreements affect tariffs of nonmember countries? A theoretical and empirical investigation. *American Economic Journal: Applied Economics*, 10 (3): 128-170.

[41] Saggi, K., H. M. Yildiz. (2010). Bilateralism, multilateralism, and the quest for global free trade. *World Scientific Studies in International Economics*, 81: 26-27.

[42] Stoyanov, A. (2009). Trade policy of a free trade agreement in the presence of foreign lobbying. *Journal of International Economics*, 77 (1): 37-49.

[43] Yi, S. (1996). Endogenous formation of customs unions under imperfect competition: open regionalism is good. *Journal of International Economics*, 1 (41): 153-177.

第五章
国际贸易政策与贸易摩擦

全章提要

引言
学习目标
学习重点
视野拓展
- 第一节　国际贸易政策的特征事实
- 第二节　国际贸易政策的动因分析
- 第三节　国际贸易政策的经济效应
- 第四节　国际贸易摩擦与冲突
- 第五节　国际贸易政策与贸易摩擦的量化分析
- 第六节　国际贸易政策的中国实践

本章小结
练习思考题
参考文献

引言

国际贸易,作为各国发展经济、提升社会福利的关键途径,其重要性不言而喻。根据传统的国际贸易理论,国际贸易不仅能够帮助一国拓展市场、促进产业发展,而且能够通过进口丰富多样的产品,为国内生产商和消费者带来实实在在的利益。然而,正如每个硬币都有两面,参与国际贸易同样意味着置身于更为激烈的国际市场竞争之中,这种竞争可能对本国企业的利益造成损害,甚至抑制本国产业的健康发展。在这一背景下,如何平衡好贸易自由化与贸易保护,以实现本国社会福利的最大化,成为各国政府必须面对的关键议题。

而政府间博弈的主要手段,便是制定和实施国际贸易政策。这些政策工具能够直接影响一国的进出口水平,进而对产业发展、企业经营乃至个体福利产生深远的影响。然而,当不同国家间出现贸易利益的严重冲突或分歧时,可能引发国际贸易摩擦。一国可能采用非常态化的贸易政策工具,如惩罚性高关税、实体清单等,以维护自身利益。以中美贸易摩擦为例,美国对中国采取的这一系列措施,不仅直接影响了双边贸易关系,而且引发了广泛而深远的经济效应。不仅如此,贸易政策的每一次变动,都会引发人们对未来贸易政策的预期变化,这种预期的变化又会进一步塑造和影响更为长远的国际经贸格局。因此,贸易政策的制定不仅重要,而且极为复杂,它涉及对国内外经济形势的深刻洞察、对各方利益的精准权衡,以及对未来发展趋势的科学预判。

正是基于这样的认识,本章旨在系统地介绍国际贸易政策的基本原理、制定过程和实施效果,深入剖析贸易摩擦的影响和应对策略。通过本章的学习,我们希望读者能回答以下几个主要问题:国际贸易政策包括哪些主要的政策工具?一国在制定国际贸易政策时需要进行哪些方面的考量?贸易政策的实施会对一国经济产生怎样的影响?以中美贸易摩擦为例,我们如何分析和评估贸易摩擦与冲突的经济效应?通过一系列的阐述与分析,我们希望帮助读者认识到贸易政策的复杂性和重要性,同时为读者提供一个分析贸易政策背后深层逻辑的框架,以便其更好地把握贸易政策以及贸易摩擦对经济的可能影响,从而更好地理解中国国际贸易政策实践,为构建更加开放、包容、共赢的国际经贸格局贡献自己的力量。

学习目标

通过本章的学习,能够理解和掌握以下内容:
1. 国际贸易政策的特征事实及测度方法;

2. 国际贸易政策制定的主要动因;
3. 国际贸易政策对经济发展在宏观和微观层面的影响;
4. 国际贸易摩擦的经济效应;
5. 评估贸易政策实施效果的量化分析模型。

学习重点

1. 国际贸易政策的主要特征;
2. 政府制定国际贸易政策的考量因素;
3. 国际贸易政策的经济效应;
4. 中美贸易摩擦影响的量化分析方法。

视野拓展

与本章内容相关的论文导览与阅读,可扫以下二维码深入学习。

第一节 国际贸易政策的特征事实

一、国际贸易政策的概念及常用措施

国际经济关系是国家整体外交关系的重要内容,而国际贸易政策则是各国外交政策中最持久的部分之一。随着 20 世纪 60 年代国际政治经济学的出现,贸易政策(Trade Policy)这一概念引发了经济学家与政治学家的共同关注,并逐渐成为学术界的重要议题。然而,贸易政策的权威界定始终较为模糊。学界公认的首次对贸易政策进行概念定义的学者是本杰明·科恩(Benjamin Cohen,1968)。他认为,"贸易政策是一个国家试图影响外部经济环境的那些行动的总称","贸易政策也是一个国家整体外交政策的组成部分,服务于共同的政策目标"。国内学者对国际贸易政策的定义有异曲同工之处。薛荣久(2008)认为,贸易政策通常是指一国政府在一定时期内,通过经济、法律和行政手段,管理和协调对外贸易活动的措施总和,进而达到不同时期既定的社会经济发展的目的。综观国际贸易政策的发展史可以发现,历史上具有主导作用的贸易政策理论可以总结为:重商主义贸易保护、完全竞争基础上的自由贸易、幼稚产业保护贸易和

凯恩斯主义贸易保护等(佟家栋和王艳,2002)。其中,贸易保护主义是各国制定国际贸易政策的重要内容。日本经济学家小岛清(1920年)提出,贸易政策可以用贸易障碍(Barriers to Trade)来解释,即只要政府出于各种目的对自由贸易进行了干预,直接或间接地、选择性地差别对待本国或其他国家的产品,阻碍或扰乱世界自由贸易,就会造成种种贸易障碍(小岛清,1987)。贸易政策的保护性质是其中的重要内容,基于此,本章的后续内容将重点从保护主义贸易政策展开。

就对外贸易政策的常用措施而言,第二次世界大战之前,国际贸易政策的工具主要是关税。随着1947年关税与贸易总协定(General Agreement on Tariffs and Trade,GATT)的成立,各国进出口关税普遍下降,非关税措施,如进出口配额、进出口许可证、进出口补贴、歧视性政府采购等逐渐成为实施贸易政策的重要工具(关嘉麟,2013)。然而WTO成立后,对于自由贸易呼声的增加,引致各国实施国际贸易政策的手段愈发隐蔽。如以当下较为流行的反倾销和技术性贸易壁垒为例,在国家经济低迷时,各国倾向于采取反倾销手段来保护国内产业。技术性贸易壁垒因其具有灵活多变、难以适应和保护程度难以估计等特点,而成为国际贸易中最隐蔽、最难对付的非关税壁垒之一。此外,贸易政策的范围逐渐扩大,并表现出与国家产业政策、财政政策和货币政策等宏观经济政策相结合的特征。如出口退税政策,就是符合WTO规则的鼓励出口的财政性措施,目前已成为各国对外贸易政策的主要手段(孟繁华,2011)。

二、国际贸易政策的测度方法

(一) 关税壁垒

1. 从价税与从量税

关税通常由海关管理部门使用从价税或从量税收取。从价税是按照进口(或出口)产品价值(Cost Insurance and Freight,CIF)的一定百分比来表示,通常是成本、保险费加运费的进口(或出口)价值的百分比。而从量税是以每单位产品收取一个固定的货币金额表示。从量税依赖产品度量单位,相较来说,从价税更具优势,更易于汇总和比较,结果更加透明,这在国家关税承诺谈判时尤其重要,因而从价税比从量税应用更为广泛。进行比较时,一般将从量税转换成相同征收标准的等值从价税。其计算公式如下:

$$\tau_{AVE} = 100\frac{\tau_{specific}}{p} \tag{5-1}$$

其中,τ_{AVE}为从价税等值,用每吨产品的货币金额$\tau_{specific}$占国际价格p的百分比表示。

2. 关税的有效保护率

由于关税使国内生产商可以提高相关进口竞争产品的价格,进而扩大这些产品的生产,对国内生产商提供了保护,因此科登提出了关税的有效保护率(Corden,1966)。他将关税的有效保护率定义为关税制度引起的国内增加值的提高部分与自由贸易情况下增值部分的比率。有效的保护效应度量的是一个特定部门对国内生产商整体关税结构的净保护效应。其具体的计算公式如下:

$$\tau_j^E = \frac{\tau_j p_j^* - \sum_i a_{ij}\tau_i p_i^*}{p_j^* - \sum_i a_{ij} p_i^*} \tag{5-2}$$

其中,j代表最终产品,i代表投入(中间产品),p_i和p_j代表它们的世界价格,τ_i和τ_j分别代表它们各自的名义关税(如果国内投入或产出在国内销售,则关税为零),a_{ij}为生产单位产品j

时所使用投入 i 的价值。

3. 行业层面的关税水平

现有研究大多基于行业最终品或中间品关税水平来衡量贸易自由化程度（Schor，2004；盛斌和毛其淋，2015）。

衡量行业层面的最终品关税的具体公式如下：

$$OutputTariff_{jt} = \frac{\sum_{h \in I_j} n_{ht} \cdot Tariff_{ht}^{HS6}}{\sum_{h \in I_j} n_{ht}} \tag{5-3}$$

其中，下标 j 和 t 分别表示行业和年份，h 表示协调编码 6 位码（HS6）产品，I_j 表示行业 j 的产品集合，n_{ht} 表示第 t 年 HS6 位码产品 h 的税目数，$Tariff_{ht}^{HS6}$ 表示第 t 年 HS6 位码产品 h 的进口关税税率。

衡量行业层面的中间投入品关税的具体公式如下：

$$InputTariff_{jt} = \sum_{g \in G_j} \alpha_{gt} \cdot OutputTariff_{gt}$$
$$= \sum_{g \in G_j} \frac{Input_{gt}}{\sum_{g \in G_j} Input_{gt}} \cdot OutputTariff_{gt} \tag{5-4}$$

其中，$\alpha_{gt} = \dfrac{Input_{gt}}{\sum_{g \in G_j} Input_{gt}}$ 为要素 g 的投入权重，用投入要素 g 的成本占行业 j 总投入要素成本的比重来表示，其中 G_j 表示行业 j 的投入集合，$OutputTariff_{jt} = \dfrac{\sum_{h \in I_j} n_{ht} \cdot Tariff_{ht}^{HS6}}{\sum_{h \in I_j} n_{ht}}$ 表示行业最终品关税率。

4. 企业层面的关税水平

基于对企业生产需求的考量，且随着数据可得性的增加，目前研究主要聚焦于企业生产过程中面临的关税，即企业层面的中间品进口关税水平（毛其淋和许家云，2016）。利用丰富的生产与贸易数据，企业层面的中间品关税的衡量方法如下：

$$\tau_{it}^{input} = \sum_{p \in \Omega_{it}} \alpha_{ipt} \cdot \tau_{pt} = \sum_{p \in \Omega_{it}} \left(\frac{m_{ipt}}{\sum_{p \in \Omega_{it}} m_{ipt}} \right) \cdot \tau_{pt} \tag{5-5}$$

其中，下标 i 表示企业，p 表示 HS6 位码产品，t 表示年份；Ω_{it} 表示企业 i 在第 t 年进口的产品集合；τ_{pt} 表示产品 p 在第 t 年的进口关税率；m_{ipt} 表示企业 i 对产品 p 在第 t 年的进口额；权重 $\alpha_{ipt} = \dfrac{m_{ipt}}{\sum_{p \in \Omega_{it}} m_{ipt}}$ 由第 t 年产品 p 的进口占企业 i 中间品总进口的比重来表示，它的取值随年份而变化。可见，企业层面的中间品关税的测度指标，将同一行业内不同企业面临的不同中间品关税率纳入了考虑，而行业层面的中间品关税指标则可能掩盖这种异质性。

（二）非关税壁垒

非关税壁垒的形式十分丰富，各国政府（或地区）对非关税壁垒的界定本身又存在一定的偏差，且其相关数据相对匮乏，因而量化非关税措施始终是一个挑战。目前，学界从不同角度量化非关税壁垒的方法都具有各自的优势和局限。常用的方法主要包括：价格差和关税等价法、频数比率法以及贸易覆盖率法。

1. 价格差和关税等价法

该方法的基础是将本国价格与参考价格进行比较。其中,较常用的方法是关税等价法,该方法是通过计算进口产品价格和本国市场上可比商品的价格之差,衡量非关税壁垒。但是,为了计算没有壁垒时的价格,实践中通常需要调整本国产品和进口产品的贸易数量和供给、需求弹性(鲍晓华和朱钟棣,2006)。若将关税、交通成本和产品质量差异在内的因素进行修正,则价格差异也可以作为关税等价(Beghin and Bureau,2001)。度量非关税措施价格差异的常见表达式如下:

$$TE_{NTM} = \frac{p_d}{p_w} - (1+\tau+c) \tag{5-6}$$

其中,p_d 是内部价,即内部批发和零售利润的净值,p_w 是国际价格,即国际批发和零售利润的净值,τ 是从价税,c 是以从价税表示的国际运输利润(CIF/FOB 的利润)。

2. 频数比率法

若基于存量指标进行研究,则可以估计非关税壁垒对贸易的影响范围和程度,进而定量分析国内法规的作用(Beghin and Bureau,2001)。具体来看,一是可以将法规本身,即其数量、本国法规文本页数作为量化指标;二是就企业对于歧视性法规的指控数据及国际通报数据进行衡量;三是包括限制数量、发生频率的占比和进口覆盖率在内的,受影响的产品数据或频率数据。以上方法可以在一定程度上弥补关税等价法的缺陷。其中,常用手段之一是频数比率法(Frequency Ratio)。单边频数比率法主要指代某个进口国的关税税则号产品受到某个特定非关税壁垒或者几种非关税壁垒影响的比例;双边频数指标反映了一个出口国的产品受到其进口国的非关税壁垒限制的比例。传统单边频数比率可表示为

$$C_{jt} = \frac{100 \sum D_{it} M_{it}}{\sum M_{it}} \tag{5-7}$$

其中,当产品 i 受到非关税壁垒作用时,虚拟变量 D 为 1,否则为 0;当存在来自任何贸易伙伴的进口产品 i 时,虚拟变量 M 为 1,否则为 0。那么 $\sum DM$ 为所有受到非关税壁垒影响的产品数目;$\sum M$ 为商品总数;t 为测量非关税壁垒的时间。相应地,如果将 M 定义为,有来自特定出口国 j 的进口产品 i 时为 1,反之为 0,那么该式子就是双边频数比率的表述形式。

3. 贸易覆盖率法

由于频数比率法不能反映受影响产品的相对价值,因此它不能说明非关税壁垒对出口的相对重要性。而贸易覆盖率(进口覆盖率,Trade/Import Coverage Ratio)则能克服这一缺陷(鲍晓华和朱钟棣,2006)。具体来看,进口覆盖率是某个国家在指定进口商品上实施非关税壁垒的比率,其权重以实际进口贸易额来衡量。交易覆盖率是测度一国特定出口产品遭受非关税壁垒的比率。传统贸易覆盖率可以表示为

$$C_{jt} = \frac{100 \sum D_{it} V_{iT}}{\sum V_{iT}} \tag{5-8}$$

其中,当产品 i 受到非关税壁垒作用时,虚拟变量 D 为 0,否则为 0;V 是来自所有出口国的某关

税项目的进口价值；t 是贸易壁垒的衡量时间，T 是作为进口权重的年度，则 C_{jt} 表示进口覆盖率。相应地，如果将 V 定义为来自出口国 j 产品的进口价值，则其表示的便是交易覆盖率。

（三）贸易政策的其他度量

近年来，随着全球政治经济格局的不断演变，贸易政策的不确定性呈现出上升趋势。所以一些学者的研究重心发生了转移，他们更加关注贸易政策的不确定性（Trade Policy Uncertainty，TPU），进而探讨一国贸易政策发生变化的可能性对贸易及相关问题的影响。其主要的量化方式包括贸易政策不确定性指数和关税差额法。

1. 贸易政策不确定性指数

贸易政策不确定性指数的测算方式以 Baker 等（2016）创立的"政策不确定性指数"为代表，通过统计各国主要报纸上出现的关于政策不确定性文章的数量来确定。如将各国某一时段报纸或新闻网站的报道中，同时提及"贸易""不确定性""政策"等关键词的文章篇数加以标准化处理，生成贸易政策不确定性指数。

2. 关税差额法

衡量贸易政策不确定性的另一方法为关税差额法。这一测算方式的雏形源于对中美建立永久正常贸易关系的研究，其中，将《斯穆特霍利法案》设定的非正常贸易关税（non-NTR Rate）与正常贸易关税（NTR Rate）之间的差额（NTR Gap），表示为中美贸易政策不确定性下降程度（TPU）。Handley（2014）在研究中将这一方法延伸到 WTO 各成员之间，用约束关税与最惠国关税的差额表示贸易政策不确定性。基于传统的关税差额法，得到如下公式：

$$TPU = non\text{-}NTR\ Rate - NTR\ Rate \tag{5-9}$$

随后，应用在对所有 WTO 成员之间的测度公式为

$$TPU = T_b - T_{MFN} \tag{5-10}$$

其中，T_b 表示 WTO 规定的约束关税，T_{MFN} 表示最惠国关税，约束关税与最惠国关税的差可以客观直接地表示关税扭转的程度。

三、国际贸易政策的特征事实

（一）关税逐步下调，中间品税率低于最终品税率

图 5-1 展示了 1995—2021 年间全球中间品和最终品的加权平均关税，两者呈现出相似的变化趋势。具体来看，全球关税整体呈现出下降趋势，最终品和中间品的关税均不断下降，且中间品关税始终低于最终品关税。1995—2001 年间，中间品关税下降 23.95%，最终品关税下降 24.81%。这是由于随着关税有效保护效率的降低，各国开始竞相使用非关税壁垒手段，以更难以应对和隐蔽的方式，抵御外部产品对本土产业的不利竞争。相比之下，2001—2007 年，中间品平均关税税率从 6.63% 下降到 3.93%，最终品关税税率从 7.87% 下降到 4.91%，下降幅度分别为 40.65% 和 37.56%。在这 7 年间，关税下降幅度较大。其原因在于，自加入 WTO 以来，WTO 成员需要遵守降低关税壁垒的承诺，这将进一步提升各国的自由贸易水平。此外，相比最终品而言，中间品关税的有效保护率较低，且较低水平的中间品关税将在一定程度上提高企业的成本加成（刘政文和马弘，2019），因而中间品关税水平始终低于最终品关税水平。2007 年后，全球关税基本保持在一个平缓下降的水平。到 2021 年，中间品和最终品的平均关税税率分别下降至 2.63% 和 3.77%，较 1995 年分别下降 69.84% 和 64%。

图 5-1　1995—2021 年全球中间品及最终品的加权平均关税

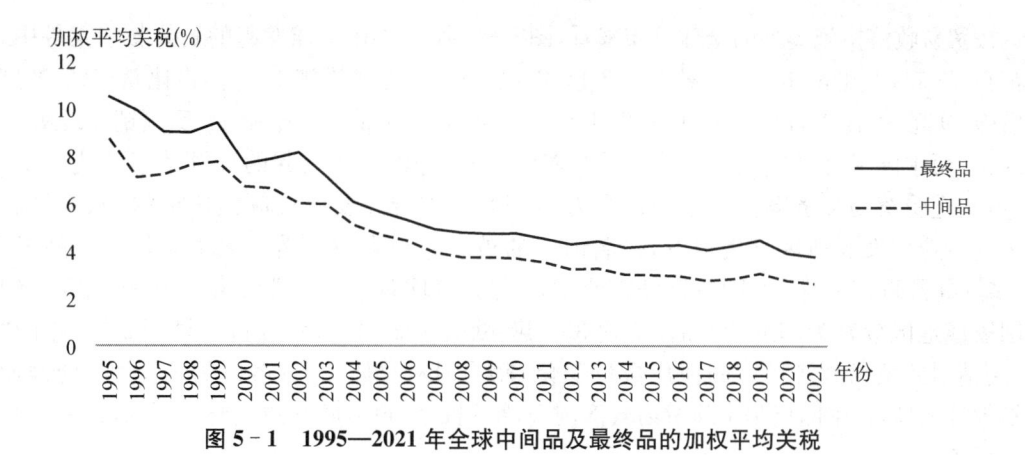

数据来源：WITS，https://wits.worldbank.org/WITS/WITS/Restricted/Login.aspx。

（二）非关税壁垒攀升，贸易救济措施成为关键保护手段

在这个贸易保护主义盛行的时代，越来越多的国家凭借贸易救济措施保护本国产业。如图 5-2 显示，1995 年至 2023 年，全球发起贸易救济案件数量整体呈现出上升趋势，累计达到 7 620 起。具体而言，1995 年和 2023 年分别为 161 起和 222 起，同比增速为 96.46%。其中，1995—2020 年，全球发起贸易救济案件数稳步上升，并于 2020 年达到峰值 547 起，随后便显著下降至 2022 年的 113 起，达到近 20 年来最低值，从 2022 年开始才逐渐恢复。究其原因在于，2020 年"新冠"疫情引致全球经济呈现出低迷趋势，各国间贸易往来因受到供应链紧缺、全球海运费上涨等因素的影响而大幅减少，这使得全球贸易救济案件的数量随之明显下降，部分国家甚至暂停使用贸易救济措施。直至 2022 年，全球贸易进入疫情后的恢复阶段，贸易救济案件数量开始逐步上升。就涉华贸易救济案件而言，在报告年间，全球对华发起的贸易救济案例整体也呈现出上升趋势，以中国为被诉国的案件共计 2 414 起，占世界比重的 31.68%，是世界各国中被诉最多的一个国家。其中，1995 年 25 起，占全球贸易救济措施发起数的 15.53%；2023 年共计 87 起，占比为 39.19%，较 1995 年上升幅度为 89.13%，并在 2020 年达到峰值 174 起。

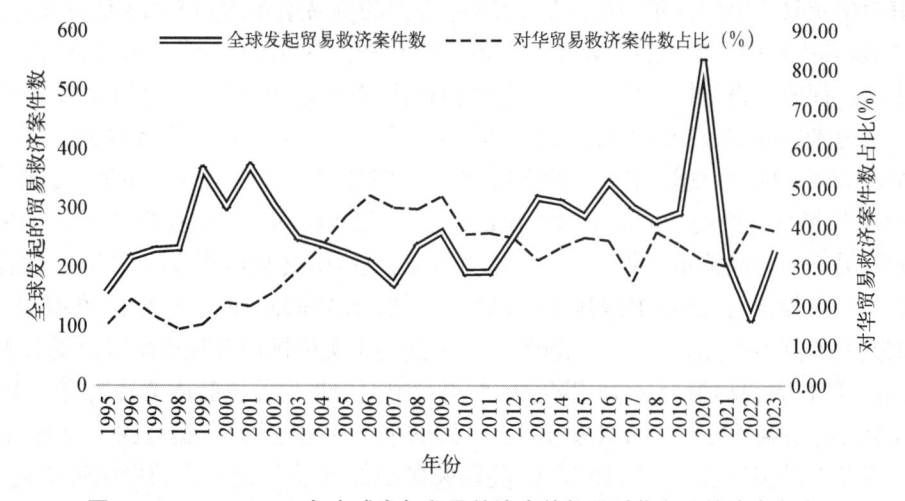

图 5-2　1995—2023 年全球发起贸易救济案件数及对华贸易救济案占比

数据来源：中国贸易救济信息网，https://cacs.mofcom.gov.cn。

按贸易救济措施类型的全球分布来看,图5-3报告了在全球发起的贸易救济案件中,反倾销6 375起,占比83.66%;反补贴672起,占比8.82%;保障措施484起,占比6.35%;特别保障措施89起,占比1.17%。可见,从发生频率上讲,各类贸易救济措施中,反倾销始终处于核心地位,而中国又是其中主要的受害者。在此期间,外国对华发起的反倾销案件达到1 704起,占其遭受贸易救济案件总数的比重为70.59%,占全球发起反倾销比重的26.73%。按被审查行业和发起地区分类来看,排名前三的被审查行业分别为:化学原料和制品工业,432起;金属制品工业,395起;钢铁工业,314起。全球对华贸易救济案件中,排名前三的申诉国家或地区分别为印度399起、美国357起、欧盟193起。综合而言,尽管2020年的"新冠"疫情引致贸易救济措施的使用数量变化较大,但从总体来看,各国仍然较为广泛地使用贸易救济工具,且中国仍是全球贸易救济调查,特别是反倾销调查的主要被诉国,涉案产品涵盖各行各业。

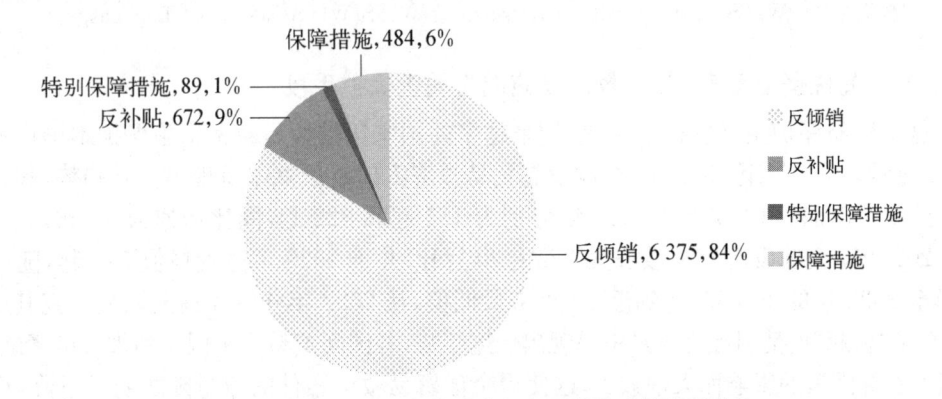

图5-3　1995—2023年全球发起贸易救济案件类型分布

数据来源:中国贸易救济信息网,https://cacs.mofcom.gov.cn。

(三)贸易摩擦频发,凸显非常态化制裁新动向

2018年,特朗普政府对从中国进口的特定产品发起了几波加征关税的行动,其主要原因之一是其对华贸易赤字的逐年增加。如2018年美国的贸易逆差达到8 913亿美元,是有史以来的最高值,其中与中国的贸易逆差整体上占美国总逆差的47.03%。相应地,中国对美国向中国的出口也征收了报复性关税。中美两国之间的摩擦开始于2018年,美国对中国进口的钢铁和铝产品分别征收25%和10%的关税。同年6月15日,美国对两份从中国进口的产品清单分别征收25%的附加关税,中国开始征收25%的附加进口关税。进一步地,美国对进口产品征收额外10%从价税的清单也于同年开始生效,并逐步将附加关税提高到25%。中国关税司也开始对另一份产品清单征收5%~10%的附加关税,随之提高到5%~25%。然而,互加关税的脚步并未停止,美国对中国额外产品继续征收15%的附加关税,中国也增加了5%~10%附加关税的其他产品。图5-4和图5-5分别为中美两国的关税税率以及受关税影响的贸易占比。经分析可见,截至2018年9月,美国对中国的平均关税已从贸易战前的3.1%提高到12%,新关税涵盖了近一半的双边进口。中国的平均税率也从8%提高到18.3%,其反击产品涵盖了近2/3的美国进口。2019年底,美国关税最终涵盖了近2/3的中国进口商品,中国的反制关税覆盖了从美国进口的58%以上。此外,中国在贸易战期间单方面降低了适用的最惠国待遇关税,关税削减涉及数百种产品。中国适用的最惠国待遇平均关税从2018年1月的

8.0%下降到11月的6.7%,并进一步将对世界其他地区的关税再削减0.6个百分点,可见与之前相比,2018—2020年间,中国最惠国待遇关税削减规模较大。

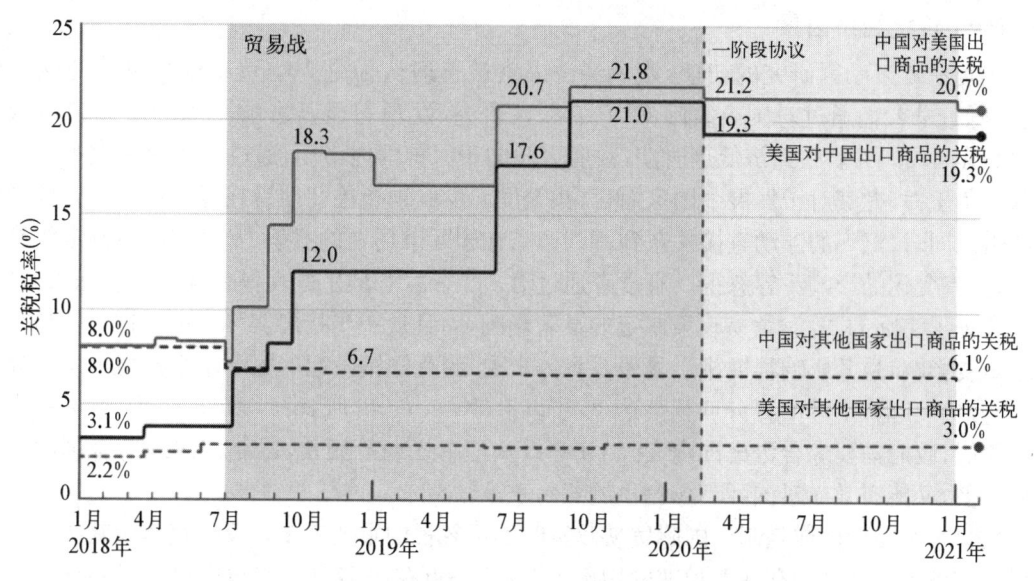

图 5-4 中美两国对彼此以及对世界其他国家的关税税率

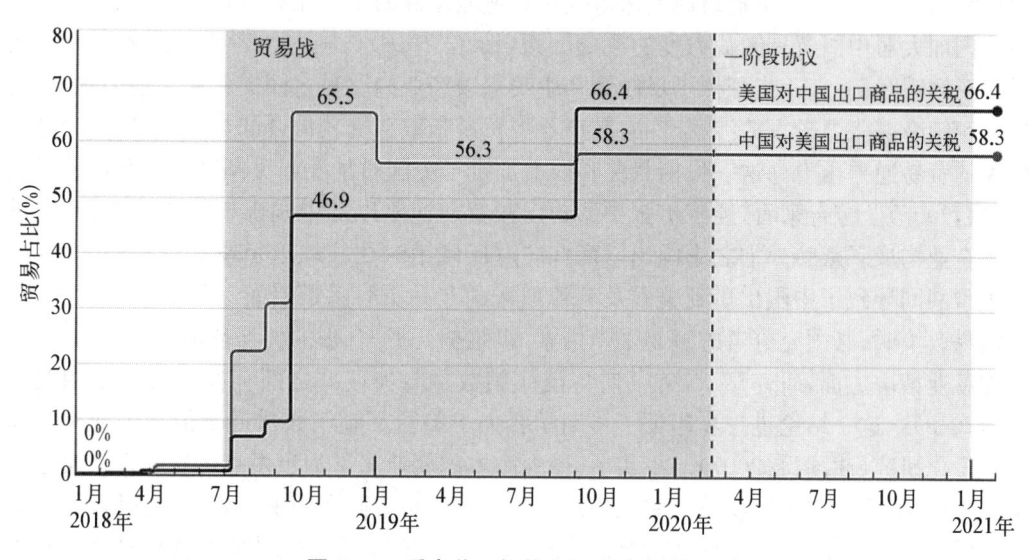

图 5-5 受中美互加关税影响的贸易占比

数据来源:Chad(2021)。

第二节　国际贸易政策的动因分析

一、经济因素

国际贸易政策的动因可归结为两大方面:一是传统经济因素,二是全球价值链背景下的经济因素。传统经济因素涵盖了诸如GDP水平、汇率变动、贸易规模和就业状况等核心要素。而在全球价值链的视角下，国际贸易政策的动因有了更丰富的内涵。

（一）传统经济因素

在贸易政策动因研究的初期，宏观经济因素被普遍认为是影响贸易壁垒决策的核心要素。例如，学者们通过对国内实际GDP的深入研究，发现它显著影响一国的反倾销申请水平（Michael，2003）。在经济低迷时期，政府更倾向于保护国内市场，通过贸易保护政策来抵御外部竞争压力，尤其对于发展中国家而言，频繁发起反倾销指控往往旨在保护本土企业免受外部冲击。同时，汇率的浮动直接关系到一国产品在国际市场上的竞争力。因此，在制定贸易政策时，汇率变化的影响不容忽视。有学者通过对多个国家和地区的反倾销案例进行深入分析，不仅验证了实际GDP对贸易政策制定的显著影响，而且进一步指出实际汇率同样对贸易政策产生重要影响，且其影响程度相当显著。具体来说，当反倾销发起的汇率水平升值一个百分点时，反倾销发起数上升的百分点竟高达30倍以上（Knetter and Prusa，2003）。因此，在制定贸易政策时，政府需要综合考虑国内实际GDP以及汇率变动等因素，以制定出既符合国内经济发展需要，又能有效应对国际市场竞争的贸易政策。

贸易平衡因素同样是制定国际贸易政策时不可忽视的重要考量。反倾销肯定裁决百分比的增长与贸易差额之间存在着长期的均衡关系，这一点在诸多贸易实践中得到了验证。以中美贸易摩擦为例，美国对华贸易逆差额占其贸易逆差总额的一半左右，这一显著特征被学者认为是美国加大对中国贸易制裁力度的重要因素（Lau，2018）。国内学者通过深入研究早期美国对华反倾销案例，进一步分析了反倾销与中美双边产业内贸易之间的关系。他们发现，美国对华反倾销摩擦张力较大的涉案产品，其产业内贸易指数普遍较低，同时美方在这些产品上存在较大的贸易逆差压力。这一失衡状况实质上加剧了美国对华发起反倾销贸易摩擦的可能性（沈国兵，2008）。综合来看，经济扩张导致的巨额贸易逆差以及中国出口的高速增长，对进口国本土企业构成了威胁。加之中国出口商在应对反倾销时往往缺乏足够的辩护能力和经验，这些因素共同导致了中国出口到美国及其他地区的产品更容易遭受贸易制裁。因此，在制定国际贸易政策时，必须充分考虑贸易平衡因素，以维护公平、合理的贸易环境。

在就业情况方面，研究显示，美国对华反倾销数量与失业率之间存在显著的正相关关系（郭杰，2013）。这一结论进一步印证了早期学者关于美国反倾销数量期望值和失业率之间关系的定量化研究（沈国兵，2007）。事实上，以保障本国就业水平为出发点的贸易政策调整不只在美国出现，欧盟在制定贸易政策时也表现出类似的逻辑。除了失业率这一直接因素外，贸易政策的结果还深受个人对贸易政策偏好的影响，而个人偏好又往往取决于贸易对个人收入和福利的影响。在这个过程中，跨部门流动劳动力的技能禀赋成为决定其收入情况的关键因素，进而间接影响贸易政策的指向（Blonigen，2010）。例如，对于居住在高技能国家的低技能工人而言，他们的实际收入往往与贸易自由化成反比，因此他们更倾向于支持贸易保护政策。可见，政府在制定贸易政策时，需要综合考虑失业率、个人偏好以及劳动力技能禀赋等多个方面，以制定出既符合国内就业需求，又能促进国际贸易发展的合理政策。

（二）全球价值链背景下的经济因素

在传统视角中，贸易政策的制定主要基于贸易总量的考量来衡量贸易利得。然而，在全球价值链的背景下，由于国际分工和碎片化生产的兴起，出于对贸易保护政策可能损害本国企业利益的担忧，各国在制定贸易政策时需要考虑更为复杂的经济因素。

前沿文献为全球价值链如何塑造贸易政策提供了有力的经验证据。Blanchard 等(2017)通过分析双边进口保护和增值含量的数据,发现国外最终品的国内增加值及国内最终品的国外增加值越高,适用的双边关税就越低。这一结论表明,全球价值链有助于抑制国家的贸易保护动机。此外,也有学者从反倾销税这一非关税壁垒的角度提供了支持性证据(Bown 等,2020)。他们观察到,当国外产品的国内附加值增长较快时,反倾销税更有可能被取消。这进一步证明了全球价值链对贸易保护政策的抑制作用。

值得注意的是,这一抑制效应的强度随国内上游供应商经济和政治影响力的增大而加强。最新文献也证实了这一点,并发现无论是本国上游还是下游生产商的相关组织,在面对来自中国的进口产品时,都可能表现出警惕的贸易保护主义态度。然而,当中国进口产品中的国内增加值份额较大时,上游生产商对进口保护的支持力度会下降。此外,如果上游生产商没有成立政治组织,那么该国对中国产品的进口关税可能不受国内增加值份额的影响(Rodney 等,2021)。这表示,基于全球价值链的广义贸易政策,需要重新界定与考虑国家经济和政治的核心利益所在,通过更精心的顶层设计实现进一步的产业升级(盛斌和陈帅,2015)。

二、非经济因素

除了经济因素外,非经济因素在贸易政策制定中也占据着举足轻重的地位。这些因素,包括政治因素、制度和法规因素等,将对国际贸易政策的制定带来深远影响。

(一) 政治因素

早期学者通过深入研究利益集团、工会和选举等政治因素对贸易保护政策的影响,发现利益集中且组织力量强大的行业对贸易政策的制定具有显著的影响。这种政治压力被认为是导致反倾销起诉的重要原因之一(Prusa,2001)。其他学者进一步的研究也证实,相比经济因素,政治因素在反倾销决策中的作用更为突出(Aggarwal,2004)。

国际贸易政策的政治经济学模型主要包括两大分支。第一大分支是直接民主理论,它强调贸易政策的制定应当基于大多数人的意见,通过直接投票的方式来实现。在这种模型里,政府会充分考虑民众的声音,并将其作为国家贸易政策制定的主要依据。例如,经典的中间选民理论强调中间选民的立场是决定选举胜负的关键。第二大分支是利益集团理论,它认为贸易政策的制定实际上是政府和利益集团之间互动的结果。在这一框架下,保护待售模型指出,利益集团通过向政府提供政治献金来换取关税或出口补贴等贸易政策上的优惠,其核心目标就是影响贸易政策的制定。而政治支持模型则更加注重权衡利益集团和消费者之间的利益,寻求能够获得最大政治支持的贸易政策。

以中国学者的近期研究为例,他们运用"保护待售"模型,通过对印度对华反倾销数据的深入分析,发现印度对中国的反倾销税率与其国内申诉者的政治势力之间存在显著的正向关系。这表明印度政府在制定贸易政策时,意图通过限制中国产品的进口来保护本土利益集团的利益(王孝松和谢申祥,2013)。这一结论也在早期探讨中美政治关联与美国对华反倾销的研究中得到了体现(谢建国,2006)。进一步观察美国不同行业的反倾销涉案产品,可以发现进口渗透率以及参加工会的工人比例与反倾销案件数量之间存在密切关系。当进口渗透率较高或工会工人比例较大时,这些行业的反倾销案件数量会显著增加(Herander and Schwartz,1984)。王孝松(2010)进一步将"执政者谋求在竞选中获胜"的政治因素纳入考量,并建立了一个扩展的"保护待售"模型。他的研究结果显示,这一模型的基本观点仍然成立。为了获取利益相关者的支持或选票以赢得总统大选,总统候选人常常会将诸如汇率、知识产权、失业率等议题与中国挂钩。美国总统的换届选举以及对华战略遏制或打击等议题,常常是引发中美双边贸易摩擦的重要原因。时任美国总统特朗普就是一个典型例子,他为了争取政治支持,大肆渲染中国对美贸易以及自由贸易对美国经济发展、就业和安全的威胁。这种做法不仅加剧了中美贸易摩擦,而且对美国经济的发展造成了严重影响(Michael,2016)。

此外,有趣的是,在众多政治考虑中,反倾销是具有报复功能的策略工具,具有显著的"以牙还牙"(Tit-for-Tat)报复倾向,即一国更倾向于向那些曾经对自身发起过反倾销调查的国家实施反倾销报复,这在以美国为例的反倾销案例中得到了证实(Feinberg and Olson,2006)。而一国对他国贸易保护政策侵害的反击能力,会在一定程度上抑制其遭受非关税壁垒的程度。具体来看,美国针对那些有积极反倾销条款的国家,以及在WTO贸易争端中有经验的国家提起反倾销的可能性较小。中国也是如此,对于中国总体反倾销报复能力与受到反倾销程度的相关研究(王孝松和谢申祥,2009),也得到了相似的结论。

(二) 制度及法规因素

非关税壁垒的深层成因复杂,一方面源于发达国家为转移国内经济和政治矛盾所采取的策略,另一方面反映了发展中国家在市场秩序规范化方面存在的不足。这种复杂的背景导致贸易伙伴间在制度和法规制定上存在显著差异,进而引发了外国贸易伙伴在市场准入、公平竞争等方面的顾虑,从而影响了其对中国贸易政策的制定。

欧美等传统西方大国,面对与中国等发展中国家不同的发展模式,往往采取贸易保护措施。以欧盟为例,作为一个重要的国际力量,当面临多重发展危机时,其不可避免地会对日益扩大的"中国模式"影响力产生恐慌情绪(刘兰芬和刘明理,2020)。这种恐慌情绪进一步影响了欧盟对华贸易政策的制定方向,制度和发展模式的差异成为影响双方贸易关系的重要因素。以美国为例,其频繁发起反倾销的行为背后,是乌拉圭回合谈判后反倾销法的变化。这一变化使得美国企业更容易提起反倾销诉讼。我们发现反倾销作为WTO允许的保护手段,其不要求征收反倾销税的国家对受影响国提供补偿,受影响国也不能进行报复。这一规则为美国征收反倾销税提供了便利(Prusa,2005)。此外,美国商务部和美国贸易委员会通过管理包括反倾销法在内的关键贸易法律,在贸易政策制定中扮演着重要角色。

与此同时,中国学者也在关注制度和法规在贸易关系中的重要作用。许家云(2017)通过分析制度距离对"一带一路"国家与中国的影响,再次强调了制度差异在双边贸易中的重要性。这一研究为制度和法规在贸易政策制定和实施中的关键作用提供了有力证据。针对这些问题,中国等发展中国家在加强自身市场秩序和法规建设的同时,应积极参与国际贸易规则的制定和完善。同时,通过加强与其他国家的沟通和合作,减少制度差异带来的负面影响,共同推动国际贸易体系的完善和发展。

第三节 国际贸易政策的经济效应

通过对国际贸易政策经济效应文献的分析,我们发现国际贸易政策的影响主要体现在宏观经济效应和微观经济效应两方面。其中,宏观经济效应是其对贸易的影响以及对劳动力市场的作用;微观经济效应则是从企业生产率、创新水平、价格加成率以及个人收入视角出发,探究国际贸易政策的深远影响。

一、贸易政策的宏观经济效应

(一) 贸易政策对贸易的影响

1. 贸易政策对双边贸易的直接影响

贸易政策对双边贸易的直接影响是经济效应的重要体现。大量文献研究表明,贸易政策在推动贸易增长方面扮演着至关重要的角色。学者们在研究 OECD 国家的贸易数据时,将运输成本、关税降低、收入等变量纳入引力方程框架中,发现关税削减和优惠贸易协定对贸易增长的贡献率超过 23%,而运输成本削减的影响相对较小,仅为 1/10 左右。这一结果表明,贸易政策的贸易增长效应大约是成本变化的近 3 倍,凸显了贸易政策在促进贸易增长中的重要地位(Baier and Bergstrand,2001)。尽管这一研究主要针对 OECD 内的发达国家,但其结论具有普遍性。近年来,随着货物过境频率的增加,贸易总额数据常常出现重复计算的问题,这给实证研究带来了一定的挑战。然而,最新的研究在考虑了贸易增值和总出口水平后,进一步证实了贸易政策对贸易模式变化的影响。Johnson and Noguera(2014)通过衡量国际垂直专业化,发现增加值与出口总额的比率在近 40 年内下降了近 10%。他们进一步将这一比率与区域贸易协定联系起来,发现区域贸易协定对这一比率的下降有显著影响。由此可见,贸易政策不仅解释了双边贸易模式的变化,而且在全球增加值与出口总额之比下降中的解释力约占 20%。这一结论与 Baier and Bergstrand(2001)的研究结果相吻合,进一步强调了贸易政策在影响双边贸易中的重要性和关键作用。

最新的文献将研究视角转向了贸易政策不确定性领域,深入探讨了其测度方法以及对贸易的影响。学者们通常基于贸易壁垒的变化来刻画贸易政策的不确定性水平。例如,他们将贸易政策的不确定性定义为产品(或行业)面临的最大可能进口关税与适用关税之间的差距的函数(Handley and Limão,2014)。当这种关税差距缩小时,产品(或行业)面临的贸易政策不确定性就会相应减少。进一步的分析显示,尽管贸易政策不确定性的变化幅度相对较小,但其对贸易流量的影响则是显著的(Handley and Limão,2015)。以 2000 年后美国制造业从中国进口的情况为例,其进口数量的增加与美国调整对中国进口商品的潜在关税密切相关(Pierce and Schott,2016)。这一观察结果为贸易政策不确定性减少会显著促进中国出口的结论提供了有力支持(Feng 等,2017)。

除了关税贸易壁垒的削减,贸易协定也是降低贸易政策不确定性的重要因素。例如,中美贸易协定等贸易安排可以通过更持久地让各国遵守特定的贸易政策制度来降低贸易政策的不确定性。以中国加入 WTO 为例,如果取消中国的最惠国待遇,则其出口商将面临平均超过一半的利润损失,这一潜在的威胁对贸易的影响是巨大的。如果在 2005 年再次实施这一威胁,则中国的出口将可能下降 1/5 以上(Handley and Limão,2017)。

2. 贸易政策的第三国贸易效应

反倾销调查等歧视性的贸易政策,由于其仅仅针对某些进口来源国的产品,因此其影响并不仅限于被指控国与发起国之间的贸易关系,而且会引致涉及第三国市场的贸易效应。早期的大量研究已经揭示,反倾销措施的实施会引发显著的贸易破坏(Trade Destruction)效应,这意味着,一旦对某一特定国家的进口产品实施反倾销,该国的相关产品在进口国的市场份额和进口数量就都会受到明显限制。这不仅影响被指控国的出口利益,而且会对进口国的消费者和下游产业带来一定的影响。此外,反倾销措施还会产生贸易转向(Trade Diversion)效应。这意味着,在反倾销措施的影响下,原本可能被指控国占据的市场份额,会被其他非指控对象国所填补。然而,反倾销的影响并不止于此。后续的研究进一步发现,这类措施还会扭曲外国对第三方市场的出口。例如,当美国对某一国家实施贸易救济措施时,不仅直接影响被指控国与美国的贸易,而且可能对第三方国家,如日本的出口产生间接影响。具体来说,美国的反倾销税可能使日本增加对非美国贸易伙伴的出口,形成贸易偏移(Trade Deflection)效应;同时,当美国对第三国征收反倾销税时,日本对第三国同类产品的出口也可能受到抑制,从而形成贸易抑制(Trade Depression)效应。这种贸易偏移效应和贸易抑制效应还会随其目的地国家的不同和产品的不同而存在差异(Bown and Crowley,2007)。

通过分析以中国企业为研究对象的文献,我们深入了解到反倾销调查对中国企业出口贸易产生的具体影响。当中国企业成为美国反倾销制裁的被调查对象时,反倾销措施在 HS-6 位数的产品层面上表现出了显著的贸易破坏作用。这种贸易破坏作用主要体现在广延边际上,即导致出口商数量的减少,而非集约边际上单个出口商出口量的缩减。这意味着面对反倾销制裁,中国企业将通过内部的资源配置来应对负面冲击(Lu 等,2013)。在中国对外发起的反倾销调查方面,研究发现,当中国仅针对某一国家发起反倾销调查并征收较高的反倾销税时,这一举措会强化贸易转向效应。这一结论在竞争性较弱或市场份额较高的涉案产品中得到了进一步的验证(陈勇兵等,2020)。此外,研究还发现反倾销税的实施有助于挤出效率低下的企业,从而提高中国出口企业的整体竞争水平。在利润率的驱动下,受到反倾销影响的企业开始寻找新的市场机会,增加对第三国的出口(Felbermayr 等,2020)。这种调整不仅有助于企业缓解短期内的贸易压力,而且有助于推动中国出口结构的优化和升级。在第三方受益国方面,研究发现,往往是与贸易摩擦双方关系较为密切的国家或地区能够从中获益。例如,在中美贸易摩擦中,欧盟、加拿大、日本、韩国等经济体成为主要的受益者(黄鹏等,2018;李春顶等,2018)。同时,越南、泰国、加拿大、墨西哥等国的出口绩效也得到了明显改善(王霞,2019)。

(二)贸易政策对劳动力市场的影响

贸易政策与劳动力市场之间的关系一直是学术界研究的热点。在中国加入 WTO 这一重要背景下,相关文献对于贸易政策对劳动力市场的影响进行了深入探讨。与早期研究主要关注贸易政策对行业就业的直接影响不同,近期的研究更多地关注贸易政策不确定性对劳动力市场的影响。例如,Pierce and Schott(2016)用中国出口商面临的非最惠国待遇关税和 MNF 关税之间的差距来衡量贸易政策不确定因素。他们发现,这种不确定性不仅影响出口商的决策,而且进一步影响劳动力市场的稳定和工人的就业状况。然而,不同国家内部的劳动力市场摩擦存在显著差异。即使在相似的贸易政策环境下,由于行业隶属关系和本地劳动力市场条件的不同,相似条件的工人可能会获得不同水平的工资,因此,相同的贸易政策对于不同国家的工人工资和就业的影响也会有所差异(Goldberg,2015;Harrison 等,2011)。具体来看,美国对中国潜在进口关税的调整导致了美国内部相关产业就业人数的急剧下降(Pierce and Schott,2016)。然而,中国加入 WTO 这一事件,对欧盟制造业就业的影响并不显著。这可能是因为欧盟在中国加入 WTO 之前就已经给予中国永久最惠国待遇,因此中国加入 WTO 并没有改变欧盟与中国的贸易政策不确定性。

二、贸易政策的微观经济效应

(一)贸易政策对企业生产率的影响

贸易政策对企业生产率的影响一直是学术界研究的热点。众多研究表明,贸易政策壁垒的降低和贸易自由化程度的提高,从整体上对企业生产率产生了积极的影响。然而,当涉及投入关税和产出关税的具体影响效应时,学界给出了不同的结论。

投入关税相比产出关税对于企业生产率更加重要(De Loecker 等,2016)。多项研究指出,降低投入关税能够显著提高制造业企业的生产率。这主要归因于企业能够获得更多种类和更高质量的中间投入品,从而提升了生产效率。以中国为例,较低的投入关税对中国制造业企业的生产率产生了显著的正向影响(Hu and Liu,2014)。对埃塞俄比亚城镇企业的研究也得出了类似的结论,他们进一步解释称,尽管贸易自由化可能加剧了进口竞争,但投入品关税的降低更多地反映在投入品价格的下降上,这激励了企业采用新的进口中间投入品和资本密集型生产技术,从而推动了生产率的提升(Matteo 等,2021)。

相比之下,产出关税对企业生产率的影响则较为复杂且存在争议。一些学者认为,降低产出关税可能对企业的生产率产生负面冲击(Hu and Liu,2014)。然而,也有研究指出,尽管产出关税的下降可能对企业的加成率带来负向影响,但它仍然有助于提高全要素生产率(Brandt 等,2017)。

(二)贸易政策对创新的影响

企业创新作为经济长期增长的核心驱动力,一直是贸易政策经济效应研究的焦点。其中,专利数量常被用作衡量创新水平的重要指标。近期研究揭示,进口关税的降低显著增大了龙头企业的专利申请概率,这表明贸易自由化所带来的进口竞争对生产率高的企业具有显著的创新激励效应。无论是从行业整体还是企业个体的关税水平来观察,进口竞争对创新的促进作用均显著存在。面对国外企业的激烈竞争,顶尖企业不仅加强了其核心技术的研发,而且扩大了专利组合的范围(Bombardini 等,2018)。

中国加入 WTO 后,进口壁垒的降低与专利申请数量的迅速增长现象,引起了学者们的广泛关注。以发明专利作为创新质量的重要衡量标准,有关文献深入探讨了贸易政策不确定性对企业创新活动的影响。研究显示,企业对贸易政策不确定性的减少表现出异质性反应,并且这种不确定性的减少对中国企业的专利申请产生了巨大的正面影响(Liu and Ma,2020)。考虑到不同行业间贸易政策不确定性的显著差异,学者们对比了中国加入 WTO 前后不确定性变化程度不同的行业厂商的专利申请行为,进一步证实了贸易政策不确定性的降低有助于提升专利申请水平。此外,这一研究还从发明专利这一特定创新类型的角度,为贸易政策对不同创新类型存在异质性影响的观点提供了有力支持(Liu 等,2021)。值得一提的是,贸易政策不确定性的降低不仅通过扩大出口市场促进了创新行为,而且直接对创新产生了积极影响。

然而,对于中国这一特定情境的研究,也存在一些与之相反的结论。基于中国加入 WTO 的准自然实验,部分学者发现,降低投入关税反而抑制了中国企业创新能力的提升。这可能是因为投入品关税的降低使企业能够更容易地获取高质量的中间投入品,从而降低了其进行创新的动力(Liu and Qiu,2016)。这一发现表明,不同类型产品的关税调整可能引发截然不同的创新效应。

(三)贸易政策对成本加成(Mark-up)的影响

在分析贸易政策的价格效应时,贸易自由化对企业成本加成的影响成为一个重要的议题。成本加成,作为价格和边际成本的比值,是衡量市场竞争程度的关键指标(尹恒和张子尧,2019)。尽管在现实中获取企业或特定产品的价格数据可能存在一定的难度,但基于 Hall

(1986)提出的开创性方法,研究者们仍能够推断出贸易自由化对成本加成的影响。早期的研究,如土耳其的贸易改革(Levinsohn,1993)和科特迪瓦的贸易自由化(Harrison,1994),均显示贸易自由化加剧了市场竞争。进一步的研究则将关税的影响细分为投入品和最终品两个层面。Brandt等(2017)的研究揭示了一个有意义的现象:降低中间投入产品的关税会提高成本加成率,而降低产出关税则会降低成本加成率。这表明,不同类型的关税调整对企业定价策略有着不同的影响。值得注意的是,上述研究主要关注单边贸易自由化的影响。然而,在双边贸易自由化的背景下,情况会变得更加复杂。由于出口商和进口商都会根据新的贸易环境调整价格,因此对成本加成率的总体影响变得难以预测(Arkolakis等,2015)。

近年来,定量研究在贸易政策的价格效应方面取得了一定进展。通过反事实模拟等方法,研究者们能够量化贸易政策的促竞争效应,发现贸易自由化通常会导致更低的价格加成率(Edmond等,2015)。另一项针对印度的研究则直接考察了价格对贸易自由化的反应,发现印度的贸易自由化使得价格下降了约10%(De Loecker等,2016)。可见,贸易自由化不仅影响了企业的定价策略,而且通过降低成本加成率促进了市场竞争。这一结论对于理解贸易政策对企业和市场结构的影响具有启示意义。

(四)贸易政策对收入的影响

在对贸易政策收入效应的研究中,学者们深入探讨了贸易自由化对收入分配的影响。特别是在2001年中国加入WTO后,对美国的出口热潮不仅推动了出口贸易的蓬勃发展,而且引发了显著的收入变动。Handley and Limão(2017)的研究显示,如果2005年重新实施取消最惠国待遇的威胁,则这种政策不确定性不仅会影响出口贸易,而且会对消费者的实际收入造成冲击。

此外,贸易政策的收入效应在不同地区呈现出异质性的特征。对发展中国家单边关税自由化的研究发现,那些保护行业相对集中的地区,在贸易改革后贫困下降的幅度较小(Kovak,2013)。这是因为这些地区的工业工资水平和农业工资水平在贸易改革后均出现下降,而贫困家庭往往更容易受到这种工资下降的影响。

贸易自由化对当地工人收入的影响也是研究的重点之一。贸易自由化降低了主要贸易伙伴对低工资国家产品的进口关税,这直接影响了该国的收入水平(McCaig,2011)。以《美越双边贸易协定》为例,美国对越南产品进口关税的降低,显著减少了越南各地区的贫困程度。特别是那些能从贸易协议中获益的区域,以及受教育程度较低的工人的工资水平得到了提升。

值得注意的是,贸易政策不仅影响家庭的经济状况,而且通过作用于家庭的生活水平来影响他们对子女是否上学的教育决策(Edmonds等,2010),这一发现进一步揭示了贸易政策对社会多个层面的深远影响。

第四节 国际贸易摩擦与冲突

贸易摩擦,是指国家之间在国际贸易往来过程中出现的贸易争端与纠纷,往往是由于在贸易收支上一国持续顺差、另一国逆差,或一国的贸易活动触及或伤害另一国的产业所引起的。如常态化下的非歧视性关税政策,作为一种保护主义的惯用手段,旨在起到限制进口、保护本国弱小企业的作用。然而,极端主义的、带有歧视色彩的惩罚性关税政策,将可能导致国际贸易争端。近年来引起广泛关注和深远影响的中美贸易摩擦,就是美国施加惩罚性关税导致国际贸易争端的典型案例,这也使得学界的关注点回归至惩罚性关税的作用。因而,本节内容将重点围绕中美贸易摩擦的主要影响展开。

一、中美贸易摩擦对进出口贸易的影响

在美国针对中国采取一系列贸易保护措施的背景下,中国果断采取了反制关税作为回应。大量国内外学者围绕2018年美国对从中国进口的特定产品实施多轮关税上调这一特征事实,深入探讨了贸易保护对出口行为的影响。其中,部分研究从中国视角出发,对比了征收额外关税前后,受影响产品类别与未受影响产品类型出口商的贸易结果。这些研究揭示了一个重要现象:尽管中美贸易摩擦显著抑制了中国向美国的出口行为,但中国与欧盟之间的贸易水平却呈现出上升趋势,而中国与世界的整体贸易受到的影响相对较小(Jiang 等,2023)。若进一步将其对出口总额的影响分解为数量效应和价格效应,则发现中国出口受到的影响更多体现在数量层面,而非价格层面。此外,不同行业对中美贸易摩擦的反应存在异质性。具有比较优势的行业,如劳动密集型、非技术劳动密集型、研发稀缺型行业,受到的贸易冲击更为显著,而资本密集型、技术劳动密集型以及研发密集型行业则相对较为稳定。这种异质性特点在出口增长率高、出口初始值大、替代弹性高的行业中尤为明显。

与此同时,中国学者也高度关注贸易摩擦对贸易的影响。张国峰等(2021)利用中国海关数据库的月度产品进出口数据,详细分析了中国对美国反制关税的效应。研究结果显示,在加征反制关税后,中国从美国进口的贸易总额和数量均显著下降。然而,由于中国对其他经济规模较大区域的进口贸易得到了改善,因此其对世界整体的进口影响并不显著。这一结论再次印证了进口贸易转移效应的存在(Taheripour and Tyner,2018;Carvalho 等,2019)。综上所述,中美贸易摩擦的关税效应主要体现在产品数量层面,而非价格层面。面对美国的贸易保护措施,中国的反制关税措施显示出科学性和必要性,有助于在一定程度上抵消负面影响并维护自身利益。这也表明,在全球化背景下,国家间的贸易摩擦与反制是一个复杂而微妙的博弈过程,需要综合考虑多方面的因素和效应。

二、中美贸易摩擦对价格的影响

美国对中国加征了巨额的关税,那么关税的承担者究竟是谁?是消费者还是生产者?为了解答这一问题,学界开展了深入研究,主要聚焦于美国进出口产品的月度数据、关税清单以及各国对美反制关税的清单内容。研究发现,美国的贸易保护措施显著降低了其进口量,而世界各国的反制关税则进一步减少了美国的出口(Fajgelbaum 等,2020)。一个有趣的现象是,美国施加的惩罚性关税并未导致目标产品的税前价格下降。这意味着,美国对中国的关税最终被完全转嫁到了含税价格上,实际承担者是美国本土的消费者。

Jiao 等(2022)的研究也支持了这一观点。他们聚焦于中国的微观企业,分析了中美贸易摩擦对中国出口产品离岸价格的影响。研究发现,尽管贸易摩擦导致中国对美国的贸易量大幅下降,但并未对中国出口产品的离岸价格产生显著冲击。这表明,中国采取的反击关税措施最终由美国消费者承担。可能的原因在于,作为生产成本的重要组成部分,劳动工资在贸易摩擦期间并未发生显著变化(Jiang 等,2023)。因此,关税的增加并没有直接反映在生产成本上,而是通过市场价格机制传递给了最终消费者。这一结论不仅揭示了贸易摩擦的经济影响,而且为我们理解国际贸易中的关税传导机制提供了重要启示。

三、中美贸易摩擦的其他效应

中美贸易摩擦的爆发,无疑开创了一个贸易政策不确定性的新纪元。学者们对此展开了广泛而深入的研究,从多个维度探讨了美国保护主义关税的作用效果。为了深入研究中美贸易摩擦对中国企业不确定性的影响,学者们运用新型文本分析法,构建了随企业和时间变化的贸易政策不确定性指数(TPU)。通过将该指数与中美双方互加关税的行为相联系,他们发现,无论是美国关税还是中国的反制关税,都显著增加了中国企业面临的不确定性(Benguria 等,2022)。这种不确定性导致中国企业的投资水平、研发支出和销售利润均出现下降趋势,且这种影响在不同类型的企业间存在异质性。具体而言,小型企业受到的冲击更为显著,而那些产品种类丰富、拥有较多出口目的地的企业因具备较强的抗风险能力而所受影响相对较小。相应地,关税也将会更多地作用于过度依赖美国市场的出口企业。

此外,关税的影响还体现为对美国"软实力"的波及。一项有趣的研究指出,如果将中美贸易摩擦的关税视为美国的"硬实力",而美国电影在中国的票房作为"软实力"的衡量指标,那么美国的"硬实力"会在一定程度上削弱其"软实力"(Fan 等,2022)。在那些受关税冲击较为严重的地区,美国电影的票房收入也显著下降。据估计,2018—2019 年间,美国电影在中国的收入减少了约 27 亿元人民币。这种现象并未在非美国电影中显现,这进一步证明了关税对文化产品的影响具有选择性。不仅如此,中美贸易摩擦还对企业股价和美国的资本回报率产生了显著的负向冲击(Amiti,2020)。美国旅游目的地、美国品牌运动鞋的在线搜索量以及总体资产价格都受到了中美互加关税公告的影响。可见,中美贸易摩擦不仅增加了企业面临的不确定性,影响了企业投资决策和经济效益,而且波及文化交流和资本市场。这些研究为我们全面理解贸易摩擦的复杂性和深远影响提供了宝贵的视角和证据。

第五节 国际贸易政策与贸易摩擦的量化分析

近年来,随着逆全球化事件的频发,全球经济发展面临着极大的不确定性。其中,尤以中美贸易摩擦最为典型。特朗普执政后,中国一度成为其贸易摩擦的主要对象,作为全球最大的两个经济体,中美爆发贸易摩擦势必对两国及世界其他国家的福利水平产生影响。那么,这一贸易摩擦的影响具体有多大?该如何构建合适的模型来对国际贸易政策和贸易摩擦进行较为准确的量化评估?本节将基于中美贸易摩擦的背景,介绍贸易政策和贸易摩擦的量化分析方法及研究现状,并回答上述问题。

由于传统实证分析方法下的定性化研究结论已不能满足对贸易政策效果的评估需求,因此有关贸易政策和贸易摩擦的定量分析逐渐受到研究者及政策制定者的关注。现常用于政策评估的量化分析法主要有两类:一类为传统意义上基于可计算的一般均衡模型(Computable General Equilibrium, CGE)下的量化分析,另一类则为结构模型分析法(Quantitative Analysis)。考虑到后者相对具备更为坚实的理论微观基础,对参数的依赖相对较少,且某种程度上不受数据的局限,同时可避免"卢卡斯批判"[①]等挑战,因此能够更精确、有效地分析和预测各种政策的

[①] 卢卡斯批判指传统政策分析没有充分考虑政策变动对人们预期的影响。它是新古典宏观经济学对凯恩斯主义理论批判的主要代表和集中体现。

预期效果,进而被国内外学者普遍采用。

一、国际贸易政策与贸易摩擦的量化分析方法

(一) 一般均衡分析框架

通过对《可计算一般均衡建模手册》进行学习和探究,我们可以全面了解传统定量一般均衡模型(CGE)的相关内容(Dixon and Jorgenson,2013)。从本质上讲,CGE 模型是针对一般经济主体的、假设市场均衡的、可计算的多部门应用模型,其关键设定在所有竞争性市场中不存在对商品和要素的超额需求(或供给)。在一些更新的研究中,出现了一些将理论与数据联系起来的新技术,这些技术与早期 CGE 文献中的方法有着密切的对应关系。如精准帽子代数法(Exact-hat Algerbra)与 CGE 研究中以"校准份额形式"表达平衡条件的标准方法非常相似(Dekle 等,2007)。可见,新旧量化分析贸易模型之间的主要区别似乎是,现在通常使用相同的模型关系来估计重要的模型参数(如贸易弹性),并将其用于反事实分析,而不仅仅是取自文献中的现有结论。

就 CGE 模型的分类来看,通常采用多国多部门一般均衡模型——全球贸易分析模型(Global Trade Analysis Project,GTAP)。一方面,其优势在于,开发好的 GTAP 模型能够评估贸易政策的多方面影响,且可以分析不同贸易措施及政策冲击带来的影响。此外,在实际应用中,这种方法通常是利用一个设定好的完全参数化的偏好、技术、贸易成本等外生参数系统,对某一政策的具体效果进行模拟,故整体研究对参数的要求相对更高。另一方面,其劣势也非常明显,由于受模型本身的限制,其所需参数较多,最新的 GTAP 模型有近 13 000 个参数,因此其参数几乎无法准确估计,对核心参数的选择也具有较大的随意性,相对缺乏坚实的微观基础,这在很大程度上降低了模型估计结果的准确性及有效性。同时,由于在该类模型下,所有的反事实分析均基于一套开发好的系统,整体研究过程就类似于一个"黑箱",相对缺乏透明度。

(二) 结构模型下的分析方法

在国际贸易领域的近期研究中,较为前沿的量化分析方法主要是基于结构模型,探究国际贸易政策及贸易摩擦的福利效应。结构模型分析法,又称结构计量模型方法或结构模型下的量化分析方法,是评估真实世界中因果联系的另一种实证方法。具体而言,结构模型是将正式的经济学模型与统计模型相结合的实证研究工具,通过构建可量化的理论模型,利用估计描述现实的参数来模拟现实世界,进而对现实政策效果进行评估。基于此,与简约式(Reduced-form)的实证分析方法及传统 CGE 模型下的量化分析方法相比,结构模型分析方法具有很大的优势。

一方面,首先是相比传统简约式的实证分析方法而言,在评估变量的因果关系时,结构模型方法对实证(数据)与理论间的相互联系要求更高,从而可以更好地处理传统简约式实证计量分析中的内生性、解释变量之间的共线性等问题,并在某种程度上不受数据的局限(樊海潮和张丽娜,2018)。其次是与传统 CGE 模型下的量化分析方法相比,结构模型下的量化分析方法由于可以在各种已有经济学模型的基础上,搭建可量化的框架系统,因此具备更为坚实的理论微观基础(郭美新等,2018)。同时,模型中描述现实的参数可从数据及模型中进行估计较准(Calibration),其理论框架与现实数据的联系也就更为紧密(Caliendo and Parro,2015),进而可以有效地克服 CGE 模型下的量化分析方法存在的机制不透明、缺乏与现实数据联系的缺

陷。可见,结构模型方法可以更为精确、有效地分析和预测即将实施的各种政策与其预期效果。另一方面,回归到国际贸易政策评估以及结构模型方法本身的特点方面,就国际贸易领域内的政策评估问题而言,这一问题的核心在于对贸易政策福利效应的探究,即贸易政策或贸易成本(及其影响因素)的变化是如何影响贸易参与国福利水平的。尽管 GTAP 模型也可以用来分析福利效应,但相比之下,结构模型方法所重点关注的研究对象就是福利效应或者福利水平的变化,因而它可以成为政策评估的重要依据。然而现实中,福利水平变化的数据往往难以直接获取,这便使得在对贸易政策效果进行评估时,结构模型下的量化分析方法拥有巨大优势(王子和周雁翎,2019)。

二、基于量化方法的贸易政策分析

(一)基于一般均衡模型的贸易政策分析

在量化分析贸易摩擦福利效应方面,目前定量分析的文献较少,且基本是基于可计算一般均衡的模拟方法。这种方法不仅能够评估福利效应,而且可以分析贸易措施和政策冲击对其他多个方面的影响。通过使用成熟的 GTAP 模型,研究者们能够模拟不同情境下的经济变动,为政策制定提供依据。

在多国一般均衡模型的框架下,关税与非关税措施对两国及世界其他国家福利水平的影响是一个复杂而多维度的议题。早期基于传统模型的研究发现,两国相互报复的贸易摩擦有利于贸易条件改善和福利提升(Dong and Whalley,2012),却导致中国福利、生产、消费和出口受损(Li,2017)。然而当引入贸易顺差与贸易逆差等现实因素时,模型的结果发生了变化:美国等贸易逆差地区也将经历福利损失;反之,中国等贸易顺差地区则具有一定的福利收益(Dong and Whalley,2012)。近期的研究则更加关注 2018 年中美贸易摩擦这一具体事件,并发现两国福利水平均呈现恶化趋势(Li 等,2018)。

(二)基于结构模型的贸易政策分析

结构模型下的量化分析法因其能够精确、有效地预测政策实施效果而成为贸易摩擦领域研究的热点模型。如国内学者以中美两国贸易摩擦为研究背景,通过此方法深入讨论了进口中间产品和最终产品的关税变化对一国福利水平的影响(樊海潮和张丽娜,2018)。研究发现,当美国单方面提高其进口中间产品关税时,其福利水平将恶化;相反,提高进口最终产品关税时,其福利水平则会有所改善。当中美双方互相加征关税时,这种举措对两国短期和长期的福利水平均产生了不同程度的负面影响。值得注意的是,中国福利水平的恶化程度相比美国更为严重,这主要归因于中美两国对对方国家的贸易顺差占 GDP 份额的相对大小(樊海潮等,2020)。国外学者的研究也支持了这些结论。如果将贸易弹性引入美国经济模型进行考察,就会发现当综合考虑关税和国内生产者收入时,实际收入合计将受到负面冲击(Fajgelbaum 等,2020)。此外,尽管贸易摩擦对就业的影响相对较小,但对中国分配效应带来的冲击则是难以挽回的(Caliendo and Parro,2022)。这些研究通过结构性分解福利效应得出的量化分析结论,不仅进一步支撑了其理论及机制分析,而且为我们全面、详实地评估中美贸易摩擦的影响提供了有力依据。

在考虑汇率波动和关税变动的双重影响时,分析它们对福利水平的具体作用机制变得尤为重要。通过构建相应的理论模型,并结合结构模型下的量化分析方法,可以更加深入地探讨关税及汇率变动如何共同影响福利水平。樊海潮等(2021)的研究发现,虽然加征关税通常会降低中美两国的整体福利水平,但人民币对外币的贬值可以在一定程度上对冲这一负面效应,从而减轻两国福利水平的恶化程度。这一发现揭示了汇率变动在贸易摩擦背景下对福利水平的重要调节作用。与此同时,国外学者也对关税和非关税壁垒的异质性作用进行了研究。他们发现,中国从美国进口量减少所导致的福利损失,并非主要源于关税壁垒的增加,而是非关税壁垒产生了更为重要的影响(Chen等,2022)。这一发现强调了非关税壁垒在贸易摩擦中的重要作用,及其对福利水平的潜在影响。另外,最新的一项研究给出了一个值得关注的结论。该研究指出,"中国制造2025"补贴往往会改善中美两国的福利水平。如果这一举措能够实施得当,工业补贴所导致的扭曲程度就可能小于作为国际竞争常用手段的进口关税壁垒(Ju等,2024)。这一结论为我们提供了一种新的视角,即通过合理的产业政策和补贴措施,可以在一定程度上缓解贸易摩擦对福利水平的负面影响。

由于结构模型下的量化分析法可以更加精确、有效地分析和预测将实施的各种政策的预期效果,因此这一方法也普遍适用于对其他贸易政策的研究。在量化分析国际贸易政策的福利效应方面,学者以Eaton-Kortum模型为基础,构建了具有李嘉图性质的量化贸易模型,该模型通过纳入多部门、生产异质性和中间产品等复杂因素,能够更全面地评估北美自由贸易协定(NAFTA)对成员贸易量和福利水平的影响(Caliendo and Parro,2015)。此外,最优关税下的贸易利得问题(Alvarez and Lucas,2016),尤其是纳入政治经济学研究范式的美国最优关税的设定问题也被大家关注(Ossa,2014)。在对中国的相关研究方面,学者们利用Ricardian-Heckscher-Ohlin模型,量化分析并评估了中国贸易一体化及技术进步对各国福利水平的影响(Di Giovanni等,2014)。其福利水平的变化也表现在中国生产率增长的影响效应方面(Hsieh and Ossa,2016)。

在RCEP的研究中,结构模型下的量化分析法同样发挥了重要作用。尽管RCEP的贸易和福利影响已经引起了学界和政策层的广泛关注,但现有的讨论大多停留在理论和定性层面。因此,通过构建结构模型对其进行量化评估具有重大意义。部分学者已经基于全球价值链下的跨境分工和投入产出关联,构建了多国多部门的一般均衡结构模型分析框架(Ossa,2014),并引入全球投入产出关联(Caliendo and Parro,2015),利用反事实分析,模拟了RCEP自贸区建成后各国的最终承诺关税水平及其影响。这些研究发现,RCEP将显著提升除新西兰以外成员国的福利水平,并促进区域内的贸易增长,为RCEP的推进提供了有力的政策依据。

综上所述,结构模型下的量化分析法在贸易政策研究中具有广泛的应用前景。通过构建精确、有效的模型,我们可以更深入地理解各种贸易政策对福利水平的影响机制,为政策制定提供科学依据。同时,随着全球贸易体系的不断演变和新的贸易政策的不断涌现,这一方法将继续发挥重要作用,推动贸易政策研究不断向前发展。

第六节 国际贸易政策的中国实践

随着全球贸易形势的日趋复杂,贸易摩擦成为国际经济交往中的常态。在这样的背景下,国际贸易政策的制定和实施显得尤为重要,它不仅关系到国家经济的健康发展,而且深刻影响国内产业的国际竞争力。中国作为世界第二大经济体,其电动汽车产业在全球市场中扮演着越来越重要的角色。本节介绍国际贸易政策的中国实践,以中国电动车产业遭遇反补贴为例,分析面对国外针对性的贸易手段,中国如何采取应对措施以化解潜在风险。

一、欧盟对华电动汽车反补贴案例[①]

(一)欧盟对中国电动汽车发起反补贴调查

"两反一保"指代反补贴、反倾销和保障措施调查,其实施的法律依据是 WTO 的《补贴与反补贴措施协定》和《关于实施1994年关税与贸易总协定第6条的协定》。具体来看,反补贴调查是针对企业出口产品是否存在政府或公共机构提供的相关补贴,对进口国国内产业造成实质损害或实质损害威胁进行调查。2023年10月4日,欧盟委员会发布公告,决定依职权主动对中国电动载人汽车(New Battery Electric Vehicles for the Transport of Persons,不包括摩托车)发起反补贴调查。这是自2012年光伏案之后,欧盟再次对中国新能源产业发起的反补贴调查,也是首起针对中国电动汽车发起的反补贴调查。根据规定,包括上汽、吉利、比亚迪、一汽、蔚来等在内的中国电动汽车重要出口车企,以及在中国建厂投资的外国车企,如特斯拉等在此期间均对欧盟有出口,因此需要参与应诉,否则将被视为不合作企业而适用最高的惩罚性税率。

其实在此之前,欧盟委员会主席冯德莱恩在欧洲议会发表第四次"盟情咨文"时,就曾表示,欧盟委员会将启动一项针对从中国进口的电动汽车的反补贴调查,并声称,全球电动车市场"充斥着平价的中国汽车",因为"巨额补贴"使得中国电动汽车的价格更低,而这正在"扭曲欧洲市场"。此外,美国和英国也对中国电动汽车行业产生了恐慌情绪。2024年3月16日,特朗普也曾在俄亥俄州代顿的演讲中放话称,如果他赢得2024美国大选,就会对中国企业在墨西哥生产的汽车征收100%的关税。就英国方面而言,它也准备对中国电动汽车进行反补贴调查或国家安全风险调查。此外,我们还发现,这类调查在中国外贸历史上并不罕见。如欧盟也曾于2010年和2013年,分别对中国铜版纸产业和光伏产业等发起过类似的反补贴调查。但许多主要大国,包括欧盟自己,也曾向半导体制造商提供补贴。美国,甚至印度等亚洲国家,也曾通过反倾销调查、基本关税、提高本土光伏产能等贸易政策,来限制中国光伏的进口,以降低对中国光伏产品的需求。韩国、法国等国家,则以保护本土光伏企业的发展为由,利用碳足迹标准等方式限制其他国家光伏的出口。可见,中国各行业的崛起之路从来都不是一帆风顺的,尤其是在当下,巨大的机遇与挑战并存。

(二)中国相应的贸易反制

面对如欧盟反补贴在内的恶意贸易审查,中国在制定相关贸易反击政策的同时,也在调整产业政策,以更好地将贸易政策与产业政策相结合,保障本国电动汽车行业的核心利益。一方面,就中国企业自身的政策而言,中国电动车企业加强了对海外其他国家的投资力度,增加并购交易和绿地投资,这有助于更多国家和地区对中国先进电动汽车行业前沿资源的引进,不仅为其提高自身生产能力和市场开发能力带来了新的机遇,而且使中国逐步成为跨国公司的制造业核心,为其电动汽车行业提供了更多现实保障。如随着中国电动汽车产业不断扩大对泰国企业的投资,中国已经成为泰国电动汽车销售领域的主要进口商。此外,中国全面取消制造业领域外资准入限制措施,各国先进汽车企业均有机会在进入中国大门的同时,共享中国大市场的红利。另一方面,中方还将制定相应的贸易政策。若欧盟对中国电动汽车行业施加如惩

[①] 资料来源:Deloitte US 税务快讯——欧盟对中国新型电池电动汽车开展反补贴调查的分析及应对建议(www2.deloitte.com)。

罚性关税在内的贸易保护措施,则随着其惩罚性关税政策的落地,中方势必针对欧方发起严厉的对等贸易反击措施。中欧双方针锋相对的惩罚性政策"较量",极有可能发展为经济上的对峙以及持久的贸易争端,并进一步恶化为继中美贸易摩擦后的第二轮大型贸易摩擦。

二、进一步分析与延伸阅读

(一)明知是一把"双刃剑",欧盟为何还会高举"反补贴"大旗

对于贸易政策制定的影响因子而言,正如本章第二节所述,贸易不平衡是制约各国调整贸易政策措施并进行最终裁定的关键因素之一。这在国内学者对早期中国受到美国反倾销制裁的案例中,得到了进一步的验证(沈国兵,2008)。综合来看,巨额的贸易逆差、中国出口补贴政策以及中国出口的高速增长,将对各进口国本土企业造成一定的威胁,均会引致中国出口产品遭受贸易制裁(Jiang and Ellinger,2003)。贸易政策的上述动因也在前文欧盟对华电动汽车反补贴案例中,得到了进一步验证。

一方面,随着电动汽车产业的智能化、网联化和电动化,中国电动汽车行业逐渐建立了供应链优势,并成为世界电动汽车第一大出口国,欧盟则是其主要的出口目的地。另一方面,贸易不平衡以及中国出口的迅猛增长,在一定程度上激发了发达国家和地区的恐慌和不满。例如,欧洲汽车商已经意识到,想要降低其电动汽车的生产成本,撼动中国在世界的领先地位,势必是一场鏖战。

通过回顾欧盟对华电动汽车产业发起反补贴的事实,可以发现,随着全球经贸格局变化、气候变化、产业转型升级和绿色发展需求的不断增强,电动汽车是全球汽车产业发展的主要方向。就欧盟针对中国电动汽车产业发起反补贴调查的起源而言,可以追溯到在慕尼黑举办的IAA Mobility 车展。从会议组织者的发言中可以发现,上到比亚迪这样的头部企业,下到诸如小鹏这一类的萌芽企业,都竞相参加此次车展。根据国际能源署发布的《全球电动汽车展望2023》,中国、欧洲、美国在世界电动汽车销量领域排名前三。2022 年,中国电动汽车销量占全球总销量的六成以上(超过 600 万辆)。就出口目的地而言,据海关统计,中国对欧盟出口 55万辆。欧盟委员会表示,到 2025 年,中国在欧洲销售的电动汽车占比预计达到 15%。这一预测也在近期的公告中得到了证实。他们认为,较欧洲地区而言,中国电动汽车便宜五成左右。上述事实均是引发欧盟对华反补贴制裁的重要动因。

(二)欧盟对华反补贴将带来的影响

总体而言,欧盟对华反补贴这一贸易保护政策,虽然可以在一定程度上限制中国向欧盟市场的扩张步伐,但此举自身就是一把"双刃剑",不仅会影响中国新能源汽车的发展,而且可能产生"回旋镖效应",对欧盟自身带来冲击。

一方面,尽管中国新能源汽车产业并不是完全依赖欧洲市场,但欧洲市场无疑是中国的主要出口目标地区,各企业也正在进一步布局欧洲市场。所以欧盟发起的反补贴调查,尽管对目前出口的影响可能较为有限,但在未来几年内,将会放缓中国打入欧洲市场的进度,势必对中国新能源汽车在欧洲市场的扩张带来障碍。

另一方面,就欧方而言,欧盟发起的反补贴调查并不能从根本上解决其自身新能源产业面临的发展问题,反而会使得问题进一步恶化。随着制裁措施的落地,中方必将发起对等的政策反击,这也必将给欧盟汽车市场带来一定的损伤。如反补贴举措将在一定程度上影响中国对新能源汽车价格的规定,引致欧洲国家被迫以更高的价格进口中国电动汽车。再如,欧盟此前

针对光伏产业的反补贴调查就是一个重要的前车之鉴。

此外,针对该项反补贴调查,中国企业将会适当调整其产业政策和外贸政策,并将两者有机结合,以适应新能源汽车面临的全新出口现状。这也再次验证了前文(本章第三节和第四节)提到的,具有针对性的极端贸易措施,在提高了全球汽车行业贸易政策不确定性的同时,将引发国际贸易摩擦,这不仅在一定程度上引导了各国产业政策及贸易政策调整的方向,而且会对双方产品价格、进出口贸易等造成直接影响(Handley and Limão,2015)。

(三)面对此类调查,中国政府及企业的应对

面对欧盟发起的反补贴调查,中国需要把握"坚决应诉""调整政策"和"提质创新"等几个抓手。

一是企业团结一致,坚决应对调查。正如"华尔街见闻·见智研究"认为的,就补贴而言,中国已经于2023年取消了对新能源汽车的补贴,坚守补贴的地区反而是欧洲各国家。从倾销情况来看,欧洲进口自中国的新能源汽车,并没有出现低价的情况。基于中国已经全面取消电动汽车补贴的事实,中国出口企业需要紧密团结起来,坚定抵制欧盟对华新能源汽车产业的反补贴调查,有理有据有节地积极应对调查,以争取最有利的调查结果。

二是调整贸易政策,使其与产业政策有机结合。通过对国际贸易政策在中国的这一实践案例的介绍可以发现,国际贸易政策和产业政策介入后,中国电动汽车产业的迅猛发展以及不断增加的出口量,最终引来许多国家的恐慌及不满。此外,尽管中国新能源汽车产业的贸易数据表现出高速增长的趋势,但需要注意的是,在出口过程中面临的一些现实问题仍然存在。如就目前中国新能源汽车的海外布局而言,中国汽车产业的国际化水平处于起步阶段,距离"站稳脚跟"还有一段距离。因而,贸易政策和产业政策对一国产业的保护和发展具有重要的导向性作用。中国应当在及时调整国际贸易政策的同时,制定与相关行业协配合的产业政策,使两者能够有机结合,进而平衡国内产业保护和国家间产业竞争,为新能源汽车产业自身的发展以及在全球竞争优势的建立,提供最大限度的政策保障。

三是以高质量走出去实现提质创新。就欧盟发起的反补贴调查的本质而言,其看似是利用贸易手段保护其产业发展,重新建立欧盟市场的公平竞争秩序,但其本质上是欧盟对于电动汽车供应链主导权和定价权的竞争。然而中国车企的高性价比不代表着一味的低价,更重要的是质价比。只有进一步提升中国车企在该领域的创新能力和产品质量,才能以更高的抗风险能力应对现在以及未来可能存在的挑战。除此之外,考虑到中国各大车企的出口是以整装车辆为主,我们与国外市场的高额的运输成本、文化和政治冲突、发达国家或地区的关税壁垒等,都是制约汽车产业崛起之路的重要变量。可见,中国应该进一步加快走出去的步伐,高效整合全球先进资源,在欧洲之外的其他地区建立全球化多点式布局。如在海外投资建厂,这才是中国新能源汽车的未来发展方向。

综合而言,对于欧盟此次竞争性贸易保护举措,中国企业要在积极应诉的同时,将产业政策与贸易政策有机结合,并通过"高质量走出去"来提高自身创新水平和产品质量,突破对发达资本主义国家的贸易依赖,最终在贸易摩擦中占据主动优势,捍卫中方供应链的主导权和话语权。

本章小结

国际贸易政策主要分为关税政策和非关税政策。随着关税有效保护率的下降,非关税壁

垒(特别是反倾销和技术性贸易壁垒)逐渐成为各国常用的贸易保护手段。

国际贸易政策可以从三个方面展开测度。一是关税壁垒,可通过从价税与从量税的水平,或计算关税有效保护率测度。二是非关税壁垒,可通过关税等价法、频数比率法和贸易覆盖率法测度。三是以贸易不确定性为代表的其他贸易政策指标。

制定国际贸易政策的动因主要可以分为经济因素和非经济因素。经济因素包括传统经济因素以及全球价值链背景下经济因素;非经济动因主要有政治因素、制度及法规因素等。

国际贸易政策的实施将产生一系列的经济效应。宏观层面,主要体现在对进出口贸易的影响以及对劳动力市场的影响;微观层面,主要体现为对企业和个体的影响,如企业的生产率、创新水平和价格加成以及个体的收入。

贸易摩擦与国际贸易政策密切相关,贸易摩擦发生后,各国会采取保护性贸易政策措施。以中美贸易摩擦为例,保护性贸易政策措施将直接对进出口贸易、产品价格产生影响,并对企业股价、企业投资等其他方面造成负面冲击。

国际贸易政策的量化分析方法主要包括:一般均衡模型下的量化分析以及结构模型下的量化分析。结构模型方法能够克服简约式实证分析方法以及一般均衡模型下分析方法的缺陷,是当下国际贸易领域内较为前沿的量化分析方法。

练习思考题

1. 国际贸易政策有哪些分类与趋势性特征?
2. 常见的测度关税和非关税壁垒的方法有哪些?
3. 哪些因素影响一国国际贸易政策的制定?
4. 国际贸易政策的实施将在哪些方面产生影响?
5. 引发国际贸易摩擦的原因是什么?其对经济有什么影响?
6. 如何量化国际贸易政策的经济效应?前沿量化分析方法有哪些?

参考文献

[1] 陈勇兵,王进宇,潘夏梦.对外反倾销与贸易转移:来自中国的证据[J].世界经济,2020(9).

[2] 樊海潮,张军,张丽娜.开放还是封闭——基于"中美贸易摩擦"的量化分析[J].经济学(季刊),2020(4).

[3] 樊海潮,张丽娜,丁关祖,彭方平.关税与汇率变化对福利水平的影响——基于理论与量化分析的研究[J].管理世界,2021(7).

[4] 樊海潮,张丽娜.中间品贸易与中美贸易摩擦的福利效应:基于理论与量化分析的研究[J].中国工业经济,2018(9).

[5] 关嘉麟.转型时期中国对外贸易政策研究[D].长春:吉林大学,2013.

[6] 郭杰.美国对华反倾销的宏观成因研究[J].世界经济研究,2013(10).

[7] 郭美新,陆琳,盛柳刚,余淼杰.反制中美贸易摩擦和扩大开放[J].学术月刊,2018(6).

[8] 黄鹏,汪建新,孟雪.经济全球化再平衡与中美贸易摩擦[J].中国工业经济,2018(10).

[9] 李春顶,何传添,林创伟.中美贸易摩擦应对政策的效果评估[J].中国工业经济,2018(10).

[10] 林桂军,Tatiana Prazeres.国家安全问题对国际贸易政策的影响及改革方向[J].国际贸易问题,2021(1).

[11] 刘兰芬,刘明礼.欧盟对华经济合作中的"安全顾虑"[J].现代国际关系,2020(10).

[12] 刘政文,马弘.中间品贸易自由化、市场结构与企业成本加成[J].经济评论,2019(6).

[13] 孟繁华.中国出口退税政策的发展历程及调整原因[J].中国商贸,2011(18).

[14] 沈国兵.反倾销等贸易壁垒与中美双边贸易问题[J].财经研究,2007(1).

[15] 盛斌,陈帅.全球价值链如何改变了贸易政策:对产业升级的影响和启示[J].国际经济评论,2015(01).

[16] 佟家栋,王艳.国际贸易政策的发展、演变及其启示[J].南开学报,2002(5).

[17] 王霞.中美贸易摩擦对全球制造业格局的影响研究[J].数量经济技术经济研究,2019(06).

[18] 王孝松.美国对华贸易政策的决策机制和形成因素[D].天津:南开大学,2010.

[19] 王孝松,谢申祥.发展中大国间贸易摩擦的微观形成机制——以印度对华反倾销为例[J].中国社会科学,2013(9).

[20] 王孝松,谢申祥.中国究竟为何遭遇反倾销——基于跨国跨行业数据的经验分析[J].管理世界,2009(12).

[21] 王子,周雁翎.结构模型在国际贸易研究中的应用[J].中国工业经济,2019(4).

[22] 小岛清.对外贸易论[M].天津:南开大学出版社,1987.

[23] 谢建国.经济影响、政治分歧与制度摩擦——美国对华贸易反倾销实证研究[J].管理世界,2006(12).

[24] 谢申祥,刘培德,王孝松.价格竞争、战略性贸易政策调整与企业出口模式选择[J].经济研究,2018(10).

[25] 许家云,周绍杰,胡鞍钢.制度距离、相邻效应与双边贸易——基于"一带一路"国家空间面板模型的实证分析[J].财经研究,2017(1).

[26] 薛荣久.国际贸易:第5版[M].北京:对外经济贸易大学出版社,2008.

[27] 尹恒,张子尧.需求异质与企业加成率估计[J].中国工业经济,2019(12).

[28] 张国峰,陆毅,蒋灵多.关税冲击与中国进口行为[J].金融研究,2021(10).

[29] Aggarwal A. (2004). Macroeconomic determinants of antidumping: A comparative analysis of developed and developing countries. *World Development*, 32 (6): 1043 - 1057.

[30] Alvarez F., R. E. Lucas Jr. (2016). General equilibrium analysis of the Eaton-Kortum model of international trade. *Journal of Monetary Economics*, 54 (4): 1726 - 1768.

[31] Amiti M., Kong S. H., Weinstein D. (2020). The effect of the US-China trade war on US investment. *National Bureau of Economic Research*. NBER Working Paper (w27114).

[32] Arkolakis C., Costinot A., Donaldson D., Rodriguez-Clare A. (2015). The elusive pro-competitive effects of trade. National Bureau of Economic Research Working Paper. No. 21370.

[33] Baier S., Bergstrand J. (2001). The growth of world trade: Tariffs, transport costs, and income similarity. *Journal of International Economics*, 53: 1 - 27.

[34] Baker S. R., Bloom N., Davis S. J. (2016). Measuring economic policy uncertainty. *The Quarterly Journal of Economics*, 131 (4): 1593 - 1636.

[35] Beghin John C., Bureau Jean-Christophe. (2001). Quantification of sanitary, phytosanitary, and technical barriers to trade for trade policy analysis. Center for Agricultural and Rural Development, working paper. 01 - WP 291.

[36] Benguria F., Choi J., Swenson D. L., et al. (2022). Anxiety or pain? The impact of tariffs and uncertainty on Chinese firms in the trade war. *Journal of International Economics*, 137: 103608.

[37] Blanchard E. J., Bown C. P., Johnson, R. C. (2017). Global supply chains and trade policy. National Bureau of Economic Research Working Paper. 21883.

[38] Blonigen B. A. (2010). Revisiting the evidence on trade policy preferences. *Journal of International Economics*, 85 (1): 129 - 135.

[39] Bombardini, Matilde, Li Bingjing, Wang Ruoying. (2018). Import competition and innovation: Theory and evidence from China. Working paper.

[40] Bown C.P., Erbahar A., Zanardi M. (2020). Global value chains and the removal of trade protection, CEPR Discussion Papers. 14451.

[41] Bown C.P., Crowley M. A. (2007). Trade deflection and trade depression. *Journal of International Economics*, 72: 176 - 201.

[42] Brandt L., Van Biesebroeck J., Wang L., Zhang Y. (2017). WTO accession and performance of Chinese manufacturing firms. *American Economic Review*, 107 (9): 2784 - 2820.

[43] Caliendo L., Parro F. (2015). Estimates of the trade and welfare effects of NAFTA. *The Review of Economic Studies*, 82 (1): 1 - 44.

[44] Carvalho M., Fendel R. (2019). Emerging countries and the effects of the trade war between US and China. *Economies*, 123: 73 - 85.

[45] Chad P. Bown. (2021). The US-China trade war and phase one agreement. *Journal of Policy Modeling*, 43(4): 805 - 843.

[46] Cohen Benjamin J. (1968). *American Foreign Economic Policy: Essays and Comments*. New York: Harper and Row Press.

[47] De Loecker J., Goldberg P., Khandelwal A., Pavcnik N. (2016). Prices, markups and trade reform. *Econometrica*, 84 (2): 445 - 510.

[48] Dekle R., Eaton J., Kortum S. (2007). Unbalanced trade. *American Economic Review*, 97 (2): 351 - 355.

[49] Di Giovanni, Julian, A. A. Levchenko, and J. Zhang. (2014). The Global welfare impact of China: Trade integration and technological change. *American Economic Journal: Macroeconomics*, 6 (3): 153 - 183.

[50] Dixon P., Jorgenson D. (2013). Handbook of computable general equilibrium modeling. North Holland, Amsterdam, The Netherlands.

[51] Dong Y., Whalley J. (2012). Gains, and losses from potential bilateral U.S.-China trade retaliation. *Economic Modelling*, (29): 2226 - 2236.

[52] Edmond C., Midrigan V., Xu D. (2015). Competition, markups, and the gains from international trade. *American Economic Review*, 105 (10): 3183 - 3221.

[53] Edmonds E., Pavcnik N., Topalova P. (2010). Trade adjustment and human capital investment: evidence from Indian tariff reforms. *American Economic Journal: Apply Economies*, 2 (4): 42-75.

[54] Fajgelbaum P. D., Goldberg P. K., Kennedy P. J., et al. (2020). The return to protectionism. *The Quarterly Journal of Economics*, 135 (1): 1-55.

[55] Fan H., Hu Y., Tang L., et al. (2022). Is the American soft power a casualty of the trade war?, National Bureau of Economic Research.

[56] Feinberg R. M., Olson K. (2006). The Spread of antidumping regimes and the role of retaliation in filings. *Southern Economic Journal*, 72 (4): 877-90.

[57] Felbermayr, Gabriel, Alexander Sandkamp. (2020). The trade effects of anti-dumping duties: Firm-level evidence from China. *European Economic Review*, 122, 103367.

[58] Feng L., Li Z., Swenson D. L. (2017). Trade policy uncertainty and exports: Evidence from China's WTO accession. *Journal of Intenational Economics*, 106: 20-36.

[59] Goldberg P., Khandelwal A., Pavcnik N., Topalova P. (2010). Imported intermediate inputs and domestic product growth: evidence from India. *The Quarterly Journal of Economics*, 125 (4): 1727-1767.

[60] Guo M., Lu L., Sheng L., Yu M. (2018). The day after tomorrow: Evaluating the burden of Trump's trade war. *Asian Economic Papers*, 17 (1): 101-120.

[61] Halpern L., Koren M., Szeidl A. (2015). Imported inputs and productivity. *American Economic Review*, 105 (12): 3660-3703.

[62] Handley K., Limão N. (2017). Policy uncertainty, trade and welfare: Theory and evidence for China and the U.S., *American Economic Review*, 107 (9): 2731-2783.

[63] Harrison A., McLaren J., McMillan M. (2011). Recent perspectives on trade and inequality. *Annual Review of Economics*, (3)261-289.

[64] Harrison A. E. (1994). Productivity, imperfect competition and trade reform: Theory and evidence. *Journal of International Economics*, 36 (1): 53-73.

[65] Herander M. and Schwartz J. (1984). An empirical test of the impact of the threat of us trade policy: The case of antidumping duties. *Southern Economic Journal*, 51: 59-79.

[66] Hsich C., and R. Ossa. (2016). A global view of productivity growth in China. *Journal of International Economics*, 102: 209-224.

[67] Hu A.G. and Liu Z. (2014). Trade liberalization and firm productivity. *Review of International Economics*, 22: 488-512.

[68] Jiandong Ju, Hong Ma, Zi Wang, Xiaodong Zhu. (2024). Trade wars and industrial policy competitions: Understanding the US-China economic conflicts. *Journal of Monetary Economics*, 141: 42-58.

[69] Jiang L., Lu Y., Song H., et al. (2023). Responses of exporters to trade protectionism: Inferences from the US-China trade war. *Journal of International Economics*, 140: 103687.

[70] Jiao Y., Liu Z., Tian Z., et al. (2022). The impacts of the US trade war on Chinese exporters. *Review of Economics and Statistics*. 1-34.

[71] Johnson R., Noguera G. (2014). A portrait of trade in value added over four decades. mimeo. Dartmouth College, Hanover, NH.

[72] Knetter M. M., Prusa T. J. (2003). Macroeconomic factors and antidumping filings: Evidence from four countries. *Journal of International Economics*, (61): 1-17.

[73] Kovak B. (2013). Regional effects of trade reform: What is the correct measure of liberalization?, *American Economic Review*, 103 (5): 1960-1976.

[74] Lau L. J. (2018). A better alternative to a trade war. *SSRN Electronic Journal*, (2): 43-52.

[75] Levinsohn J. (1993). Testing the imports-as-market-discipline hypothesis. *Journal of Intenational Economics*, 35 (1): 1-22.

[76] Li C. (2017). How would bilateral trade retaliation affect China. *Computational Economics*, 49: 459-479.

[77] Li C., He C., Lin C. (2018). Economic impacts of the possible China-US trade war. *Emerging Markets Finance and Trade*, 54 (7): 1557-1577.

[78] Liu Q., Qiu L. D., (2016). Intermediate input imports and innovations: Evidence from Chinese firms' patent filings. *Journal of Intenational Economics*, 103: 166-183.

[79] Lu Yi, Zhigang Tao, Yan Zhang. (2013). How do exporters respond to antidumping investigations?. *Journal of International Economics*, 91: 290-300.

[80] Matteo Fiorini, Marco Sanfilippo, Asha Sundaram. (2021). Trade liberalization, roads and firm productivity. *Journal of Development Economics*, 153, 102712.

[81] McCaig B. (2011). Exporting out of poverty: Provincial poverty in Vietnam and U.S. market access. *Journal of Intenational Economics*, 85 (1): 102-113.

[82] Michael K. (2016). Trump and American populism. *Foreign Affairs*, 95 (6): 17-24.

[83] Michael M., Knetter and Thomas J. (2003). Prusa. macroeconomic factors and anti-dumping filings: Evidence from four countries. *Journal of International Economics*, 61 (1): 1-17.

[84] OSSA R. (2014). Trade wars and trade talks with data. *American Economic Review*, 104 (12): 4104-4146.

[85] Petri, P. A., M. G. Plummer, and F. Zhai. (2012). The trans-pacific partnership and Asia-pacific integration: A quantitative assessment. Washington, DC: Peterson Institute. Vol.98.

[86] Pierce J.R., Schott P. K. (2016). The surprisingly swift decline of U.S. manufacturing employment. *American Economic Review*, 106 (7): 1632-1662.

[87] Prusa Thomas. (2005). Anti-dumping: A growing problem in international trade. *The World Economy*, 28 (5): 683-700.

[88] Prusa Tomas J., Susan Skeath. (2001). The economic and strategic motives for antidumping filings. NBER Working Paper, 8424.

[89] Qing Liu, Hong Ma. (2020). Trade policy uncertainty and innovation: Firm level evidence from China's WTO accession. *Journal of International Economics*, 127, 103387.

［90］Qing Liu, Ruosi Lu, Yi Lu, Tuan Anh Luong. (2021). Import competition and firm innovation: Evidence from China. *Journal of Development Economics*, 151, 102650.

［91］Rodney D. Ludema, Anna Maria Mayda, Zhi Yu, Miaojie Yu. (2021). The political economy of protection in GVCs: Evidence from Chinese micro data. *Journal of International Economics*, 131, 103479.

［92］Taheripour F., and Tyner W. E. (2018). Impacts of Possible Chinese 25% tariff on US soybeans and other agricultural commodities Choices. *The Magazine of Food, Farm, and Resource Issues*, 33 (2): 1-7.

第六章
国际经济周期典型事实与量化分析

全章提要

引言
学习目标
学习重点
视野拓展
- 第一节　国际经济周期的特征事实
- 第二节　研究国际经济周期的理论模型
- 第三节　国际经济学中的六大"谜题"
- 第四节　理论模型的拓展解释
- 第五节　进一步分析与延伸阅读

本章小结
练习思考题
参考文献

引言

2008年9月15日,美国第四大投资银行雷曼兄弟宣布破产,成为2008年全球金融危机的触发点。此次金融危机的爆发源于美国次贷市场,但其影响很快传播到全球,导致全球金融市场剧烈波动,股票和商品价格下跌,各国货币贬值。伴随着金融市场的崩溃和信心的丧失,全球范围内多个国家的产业和贸易受到了冲击,国内生产总值下降,失业率上升,导致了全球范围内的经济衰退。

随着经济全球化的步伐不断加快,一些国家的经济问题会传播到其他国家,并对其他国家的经济造成冲击,共同形成国际经济周期。同时,国际经济周期不仅是金融领域的问题,而且涉及实体经济和国际贸易。2008年全球金融危机的例子便凸显出国际经济周期的复杂性,以及不同国家经济活动在全球范围内的相互影响和协同性。

什么是国际经济周期?国际经济周期为什么会产生?其作用是什么?本章将基于事实和理论分析国际经济周期及其特征,并介绍国际经济学中存在的六大"谜题"。

学习目标

通过本章的学习,能够理解和掌握以下内容:
1. 国际经济周期的概念和特征事实;
2. 结合实际,探讨中国的经济周期情况;
3. 研究国际经济周期的相关理论模型;
4. 认识国际经济学中存在的六大"谜题"。

学习重点

1. 国际经济周期的衡量方法;
2. 国际经济周期的主要特征;
3. 研究经济周期的理论模型;
4. 国际经济学中的六大"谜题"。

> **视野拓展**
>
> 与本章内容相关的论文导览与阅读,可扫以下二维码深入学习。

第一节 国际经济周期的特征事实

一、国际经济周期的概念

经济周期是指一定时期内市场经济活动不断重复从繁荣(Expansion)、衰退(Recession)、萧条(Depression)到复苏(Recovery)这一循环过程的内在变化规律,如图6-1所示。在宏观经济学的研究中,"经济周期"是指价格、产出、就业、消费和投资等宏观变量随时间的变化行为(Long and Plosser,1983)。20世纪70年代,宏观经济研究从传统的凯恩斯主义理论转向经济周期理论,即研究经济波动的性质和原因。新古典宏观经济学的兴起重新引起了对经济周期的关注,试图解释在具有理性预期和完全竞争条件下出现周期性的现象。它强调了信息不完全的影响,并将货币错误感知视为产生经济周期的主要原因。新古典理论对凯恩斯主义经济学提出了挑战,推动了新凯恩斯主义经济学和真实经济周期(Real Business Cycle,RBC)理论的发展。新凯恩斯主义经济学接受了理性预期的观点,但强调了市场不完全竞争、价格调整成本和外部性的重要性,认为名义冲击是周期的主要驱动力。

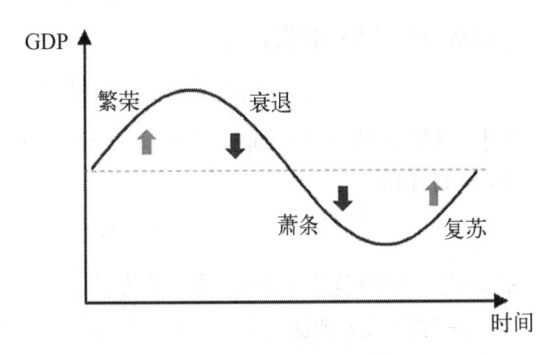

图6-1 经济周期示意图

注:图6-1展示了经济周期中繁荣、衰退、萧条和复苏四个阶段。

RBC理论是与新凯恩斯主义经济学同时发展的理论,但与新凯恩斯主义经济学不同,它认为周期是在无摩擦、完全竞争的经济环境中产生的。这些经济体会受到真实冲击的影响。RBC模型表明,即使在该市场环境的设定下,追求优化的经济主体对真实冲击(如技术或生产力的随机变化)的反应也会导致周期性波动。此类模型能够模拟数据中经济周期所展示的代表性规律,因此RBC理论做出了重要贡献,表明经济活动的波动与竞争性一般均衡环境下的结果一致。在这种环境中所有主体都是理性决策者,类似于协调失败、价格黏性、乐观或悲观情绪、货币政策等政府的宏观政策通常不用于解释商业周期。RBC理论将生产力的随机波动视为经济周期的主要来源(Stadler,1994)。

然而,随着国家间经济往来的发展,一国的经济周期已经不能完全通过封闭经济的真实经济周期理论来解释。自 20 世纪 80 年代起，经济学家们就开始探讨开放经济下的国际真实经济周期理论，其中经典的 IRBC(International Real Business Cycle，或者 BKK)模型应运而生。通过与实际数据相结合，IRBC 模型在很大程度上解释了一国真实经济周期产生的原因和特征，还揭示了国家之间经济活动的协同性，即国际经济周期的特点。后面关于国际经济周期的研究都基于 IRBC 模型进行修改，以弥补其中的不足，并解释一些新的现象，如增加需求端的冲击、加入异质性贸易品等。

二、国际经济周期的典型特征

（一）国际经济周期的衡量

正如前文提及，国际经济周期研究的重点是了解开放经济体中经济周期的总体波动，即偏离经济增长趋势的部分。因此，如何从原始的时间序列数据中提取出相关的周期性成分至关重要。已有文献提出了多种方法来分离时间序列数据中的周期性成分(Cycle，波动)，其中较受欢迎的是对数线性法、对数二次项法、HP(Hodrick-Prescott)滤波法、一阶差分法和 BP(Band-Pass)滤波法。

这里我们主要介绍对数线性法、对数二次项法、HP 滤波法和一阶差分法。令 $y_t \equiv \ln Y_t$ 表示时间序列数据 Y_t 的自然对数，t 代表时间。我们令 y_t^c 表示时间序列数据 y_t 中的周期性成分，y_t^s 表示其增长趋势部分，则有：

$$y_t = y_t^c + y_t^s \tag{6-1}$$

在对数线性法中，假设：

$$y_t = a + bt + \epsilon_t \tag{6-2}$$

其中，参数 a 和 b 可以通过最小二乘法(Ordinary Least Square，OLS)进行估计。根据线性假设，我们可知：

$$y_t^c = \epsilon_t \qquad y_t^s = a + bt \tag{6-3}$$

King 等(1988)就用了对数线性的方法。

在对数二次项法中(见图 6-2)，假设变量 y_t 的变化趋势遵循时间 t 的二次项，可以用于描述一些非线性的趋势：

$$y_t = a + bt + ct^2 + \epsilon_t \tag{6-4}$$

同样，参数 a，b 和 c 可以通过最小二乘法进行估计，而对应的周期性和增长趋势为

$$y_t^c = \epsilon_t \qquad y_t^s = a + bt + ct^2 \tag{6-5}$$

例如，Mendoza(1991)利用了对数二次项法在小型开放经济体真实经济周期模型(Small-Open-Economy Real-Business-Cycle Model，SOE RBC Model)中定义了加拿大的时间序列数据的周期性部分。

Hodrick and Prescott(1997)介绍了一种新的时间序列分析方法(如图 6-3 所示)，被称为 HP 滤波(HP Filter)，其原理是挑出 y_t^c 和 y_t^s 满足：

$$\min_{\{y_t^c, y_t^s\}_{t=1}^T} \left\{ \sum_{t=1}^T (y_t^c)^2 + \lambda \sum_{t=2}^{T-1} [(y_{t+1}^s - y_t^s) - (y_t^s - y_{t-1}^s)]^2 \right\} \tag{6-6}$$

其中，λ 是调整参数，当 λ → ∞ 时，y_t^s 的增长率变化会使得 $\lambda \sum_{t=2}^{T-1}[(y_{t+1}^s - y_t^s) - (y_t^s - y_{t-1}^s)]^2$ 变得无穷大，则趋势成分 y_t^s 会趋近于对数线性法的情况；当 λ → 0 时，y_t^s 的增长率变化会使 $\lambda \sum_{t=2}^{T-1}[(y_{t+1}^s - y_t^s) - (y_t^s - y_{t-1}^s)]^2$ 变得不重要，则波动成分 y_t^c 会完全消失（$y_t^c = 0$），趋势就是时间序列本身（$y_t^s = y_t$）。

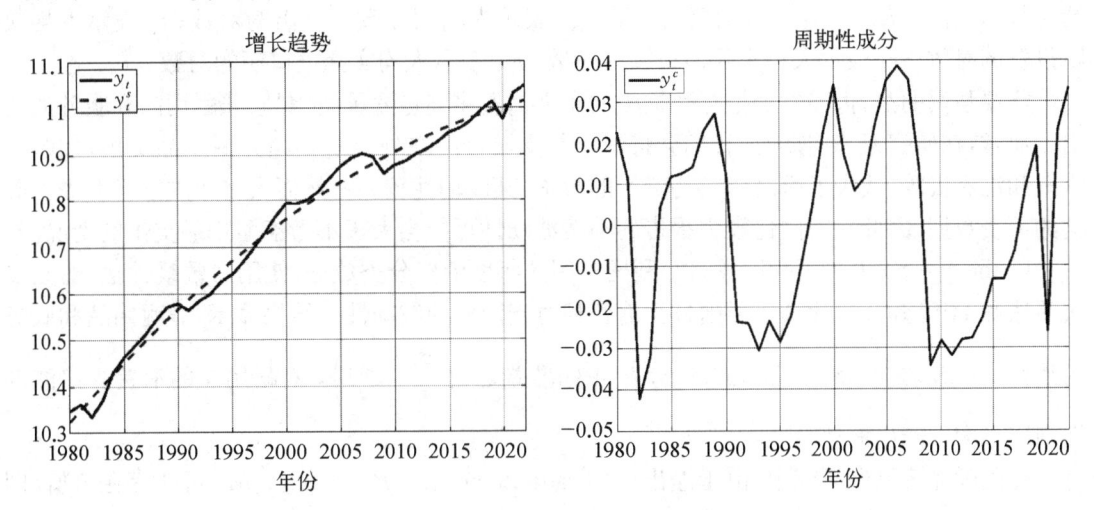

图 6-2 美国年度人均实际 GDP 增长趋势和周期性成分

注：图中画出了美国 1980—2022 年年度人均实际 GDP 数据利用对数二次项法过滤出来的增长趋势和周期性成分。
数据来源：World Bank。

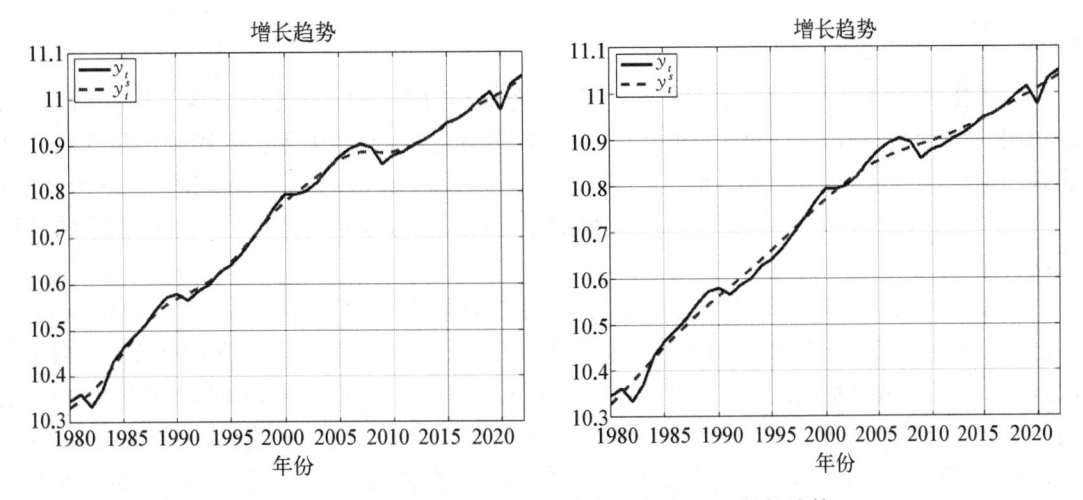

图 6-3 HP 滤波法的美国年度人均实际 GDP 增长趋势

注：图中画出了美国 1980—2022 年年度人均实际 GDP 数据利用 HP 滤波法过滤出来的增长趋势，其中调整参数 λ 分别是 100 和 6.25。
数据来源：World Bank。

除了以上方法，我们在研究经济周期的过程中，还可以利用一阶差分的方法把非稳态时间序列数据中的平均趋势剔除，如下所示：

$$\Delta y_t \equiv \ln Y_t - \ln Y_{t-1} \tag{6-7}$$

(二) 国际经济周期的特征事实

我们参考 Uribe and Schmitt-Grohé(2017)的方法,利用世界银行提供的世界发展指标(World Development Indicators,WDI)数据研究国际经济周期。我们采用了 1980—2022 年的年度数据,涵盖了以下 6 个变量在 117 个样本国家的数据:y_t 表示人均实际国内生产总值的对数;c_t 表示人均实际个人消费的对数;g_t 表示人均实际政府支出的对数;i_t 表示人均实际投资的对数;x_t 表示人均实际出口额的对数;m_t 表示人均实际进口额的对数。

需要强调的是,世界发展指标数据中的私人消费序列包含了耐用品、非耐用品和服务的支出。通常,在研究经济周期时,我们会将耐用品支出排除在外。这是因为耐用品支出,如购买汽车和洗衣机等,代表了家庭对实物资本的投资,其波动性较大。然而大多数国家没有提供分类的消费数据,因此在跨国比较中报告的消费波动性可能会大于不考虑耐用品支出的情况。

Uribe and Schmitt-Grohé(2017)利用美国的年度消费分类数据,使用对数线性法、对数二次项法和 HP 滤波法,计算了美国各类消费相对于产出的波动性。结果显示,非耐用品和服务的消费支出波动性相对于产出波动性较小$\left(\text{标准差之比}\dfrac{\sigma_c}{\sigma_y}<1\right)$,而耐用品的消费支出波动性则明显大于产出波动性。

在国际经济周期研究中,由于净出口(Trade Balance) $TB_t \equiv X_t - M_t$ 可能存在负值,即出口少于进口,无法直接进行对数化处理,因此我们可以利用产出数据中的趋势成分对贸易差额数据进行标准化处理,得到 $tb_t \equiv \dfrac{(X_t - M_t)}{\exp(y_t^s)}$,然后通过线性法、二次项法或者 HP 滤波法等剔除数据中的周期性成分。同理,经常账户(Current Account)的数据(CA_t)也需要进行类似的处理:$ca_t = \dfrac{CA_t}{\exp(y_t^s)}$。

为了比较不同收入水平国家的情况,我们将根据世界银行的划分标准,以美元计价的 2022 年人均国民总收入(GNI)将国家划分为低收入国家(Low)、中等收入国家(Middle)和高收入国家(High)。根据该标准,低收入国家有 17 个(约占 1/6),中等收入国家有 59 个(约占 1/2),高收入国家有 41 个(约占 1/3)。这样的划分可以更好地观察不同收入水平国家的经济周期特征。

表 6-1 展示了通过 HP 滤波法得到的国际经济周期数据,其中包括八个重要特征:(1) 全部国家的平均产出标准差大于中国产出的标准差;(2) 低收入和中等收入国家的经济周期比高收入国家的经济周期更具波动性;(3) 平均而言,各国的私人消费比产出的波动性更大;(4) 政府支出份额与产出之间呈负相关关系,这在高收入国家样本中更为明显;(5) 平均而言,各国的消费、投资、出口和进口与产出呈正相关关系,即具有顺周期性;(6) 贸易差额、贸易差额与产出比率、经常账户、经常账户与产出比率几个变量与产出之间呈负相关关系,即具有逆周期性;(7) 构成总供给成分的产出和进口,以及构成总需求的消费、政府支出、投资和出口等,都表现出正的序列相关性,例如当期产出高于平均值,则下一期产出也很可能高于平均值;(8) 平均标准差从大到小的排序依次为投资、进口、出口、政府支出、消费和产出。有兴趣的读者还可以通过一阶差分和对数二次项的办法或者不同分类标准(如人口规模)计算不同国家的经济周期,或者使用季度数据对国际经济周期的特征进行稳健性检验。

表 6-1 不同收入水平国家组的经济周期

	HP 滤波法				
统 计 量	中 国	全部国家	低收入国家	中等收入国家	高收入国家
标 准 差					
σ_y	2.89	3.73	4.70	3.69	3.38
σ_c/σ_y	1.13	1.39	1.47	1.51	1.20
σ_g/σ_y	1.58	2.20	3.27	2.54	1.27
σ_i/σ_y	2.40	4.18	5.78	4.11	3.65
σ_x/σ_y	3.56	3.58	3.91	3.97	2.91
σ_m/σ_y	4.52	3.35	3.48	3.65	2.88
$\sigma_{tb/y}$	1.58	3.29	3.22	3.84	2.54
$\sigma_{ca/y}$	1.82	3.25	2.81	3.76	2.68
与 y 的相关性					
y	1.00	1.00	1.00	1.00	1.00
c	0.51	0.56	0.41	0.52	0.68
g/y	−0.27	−0.26	−0.04	−0.14	−0.52
i	0.76	0.58	0.35	0.54	0.73
x	0.27	0.35	0.27	0.31	0.43
m	0.55	0.46	0.29	0.41	0.59
tb/y	−0.20	−0.16	−0.04	−0.20	−0.22
tb	−0.17	−0.19	−0.14	−0.20	−0.21
ca/y	−0.24	−0.17	−0.07	−0.20	−0.18
ca	−0.22	−0.20	−0.11	−0.23	−0.19
序列相关性					
y	0.69	0.48	0.42	0.49	0.50
c	0.73	0.38	0.26	0.38	0.42
g	0.58	0.48	0.32	0.47	0.56
i	0.60	0.43	0.29	0.42	0.49
x	0.33	0.38	0.38	0.37	0.38

续 表

	HP 滤波法				
统 计 量	中 国	全部国家	低收入国家	中等收入国家	高收入国家
m	0.50	0.37	0.35	0.37	0.36
tb/y	0.48	0.35	0.27	0.35	0.38
ca/y	0.50	0.30	0.21	0.31	0.33
	均 值				
tb/y	2.10	−2.12	−10.56	−3.19	2.42
$(x+m)/y$	35.81	77.93	44.33	64.34	109.34

数据来源：World Bank。

三、中国的经济周期情况

我们用中国 1980—2022 年度实际人均 GDP 数据计算中国经济周期，图 6-4 中左图是实际人均 GDP 对数值和利用对数 HP 滤波法计算出来的增长趋势部分的曲线（其中参数 $\lambda = 100$），右图表示的是对应的波动部分曲线。

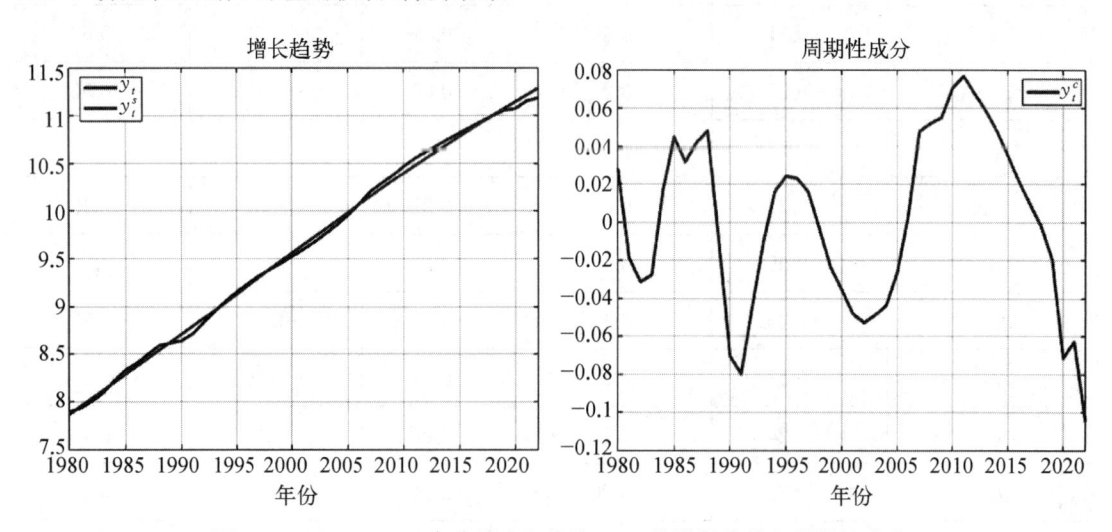

图 6-4 1980—2022 年中国实际人均 GDP 的增长趋势和周期性成分

注：图中画出了 1980—2022 年中国实际人均 GDP 年度数据通过 HP 滤波法处理后的增长趋势和周期性成分。
数据来源：World Bank。

我们可以发现中国 1980—2022 年经济的增长趋势接近于一条直线，实际人均 GDP 线围绕增长趋势波动的幅度不大。但是，从右图的波动曲线可以看出 1980—2022 年中国大致经历了 4 个经济周期低谷：首先是 20 世纪 80 年代初国内改革，调整投资所导致的经济紧缩，随后很快就恢复；其次是 20 世纪 90 年代初世界局势剧变，经历了东欧剧变、苏联解体，对我国经济也造成了一定的影响;再次是21世纪初,亚洲金融危机造成了持续的负面影响,全球经济放缓;最后是2019年暴发的"新冠"疫情对我国经济增长造成了冲击。

思政案例6-1

逆周期和跨周期调节

2024年1月24日,国务院新闻办公室举行贯彻落实中央经济工作会议部署、金融服务实体经济高质量发展新闻发布会。中国人民银行行长潘功胜表示,中国人民银行、国家外汇局将以专业务实的精神,贯彻落实好中央决策部署,坚持金融服务实体经济的根本宗旨,加大宏观调控力度,强化逆周期和跨周期调节,巩固和增强经济回升向好态势,持续推动经济高质量发展。

潘功胜介绍,2024年将重点抓好五项工作:

一是坚持稳健的货币政策,落实好灵活适度、精准有效的要求,继续为实体经济稳定增长营造良好的货币金融环境。过去的一年,中国人民银行适时强化逆周期调节,两次下调存款准备金率,两次下调政策利率,引导有序降低存量房贷利率,引导金融机构保持信贷总量适度、节奏平稳,取得了较好的成效。2024年,在总量方面,将综合运用多种货币政策工具,保持流动性合理充裕,使社会融资规模、货币供应量同经济增长和价格水平预期目标相匹配。在节奏上把握好新增信贷的均衡投放,增强信贷增长的稳定性。在结构方面,将不断优化信贷结构,加大对民营企业、小微企业的金融支持,落实好不久前发布的金融支持民营经济25条举措,提升金融服务实体经济质效。同时,要注重盘活被低效占用的金融资源,提高存量资金使用效率。在价格方面,兼顾内外均衡,促进综合融资成本稳中有降,保持人民币汇率在合理均衡水平上的基本稳定。

二是加大对重大战略、重点领域和薄弱环节的金融支持力度,做好金融"五篇大文章"。2023年,中国人民银行进一步提升货币政策对促进经济结构调整、转型升级、新旧动能转换的效能,引导金融机构加大对重点领域、薄弱环节的信贷支持力度,普惠小微企业、科技型中小企业、制造业中长期贷款、绿色贷款增速均明显高于各项贷款平均增速。下一步,中国人民银行将继续发挥货币政策工具总量和结构双重功能,加强工具创新,继续引导金融机构做好科技金融、绿色金融、普惠金融、养老金融、数字金融"五篇大文章"。经中央批准,中国人民银行将设立信贷市场司,重点做好"五篇大文章"的相关工作。

三是稳妥有效地防范、化解重点领域金融风险。防控金融风险是金融工作的永恒主题。当前,我国金融风险总体可控,金融机构经营整体稳健,金融市场平稳运行。下一步,中国人民银行将加强金融风险监测、预警和评估能力建设,推动建立权责对等、激励约束相容的金融风险处置责任机制。按照市场化、法治化原则,配合地方政府和有关部门稳妥有效地化解重点领域和重点机构的风险。健全完善金融安全网,继续推动金融稳定立法。

四是持续深化金融改革开放。一方面,深入推进金融改革。着力建设规范、透明、开放、有活力、有韧性的金融市场,进一步优化融资结构、市场体系、产品体系,为实体经济发展提供更高质量、更有效率的融资服务。进一步推进征信市场和支付市场发展。近期,人民银行正会同浙江省政府指导钱塘征信申请办理个人征信牌照。另一方面,坚定不移地推动金融业高水平开放。深化金融领域制度型开放,拓展境内外金融市场互联互通。稳健扎实地推进人民币国际化。继续支持香港和上海提升国际金融中心地位。

五是积极参与国际金融治理,深化国际金融合作。践行多边主义,加强对话沟通,依托二十国集团、国际货币基金组织、国际清算银行等平台,推进全球宏观经济金融政策协调。落实中美两国元首旧金山会晤共识,牵头做好中美以及中欧金融工作组工作。

案例来源:马梅若.强化逆周期和跨周期调节 巩固和增强经济回升向好态势[N].金融时报,2024-01-25(001).

第二节 研究国际经济周期的理论模型

一、基本模型设定

为了研究现实数据中所体现的经济周期,宏观经济学家们一般通过建立 RBC 模型来解释经济周期产生的原因、特征。在此,我们利用 Li 等(2017)的完全信息理性预期(Full-Information Rational Expectation, FI-RE)的小型开放经济体(Small Open Economy, SOE)模型对小型开放经济体的经济周期进行分析。

该经济体中存在一个代表性家庭,并假设唯一在国际上交易的资产是无风险债券。家庭需要解决式(6-8)中的效用最大化问题,其中 c_t 表示消费,$u(\cdot)$ 代表效用函数,$\beta \in (0,1)$ 表示折现率,符号 E_t 表示基于 t 期所有可用信息的条件期望运算符:

$$\max_{\{c_t\}} E_0 \left[\sum_{t=0}^{\infty} \beta^t u(c_t) \right] \quad (6-8)$$

需要满足的预算约束为

$$b_{t+1} = Rb_t - c_t + y_t \quad (6-9)$$

假设效用函数形式为 $u(c_t) = -\dfrac{(\bar{c}-c_t)^2}{2}$,$\bar{c}$ 表示满足点(Bliss Point),当 $c_t > \bar{c}$ 时,边际效用为负值,因此理性个体不会选择高于 $\bar{c}$ 的消费。$R \geqslant 1$ 是外生且恒定的世界毛利率,b_t 是第 t 期开始时持有的无风险债券的数量,y_t 是第 t 期的实际收入。我们将家庭部门的产出 y_t 视为给定,使得模型容易求解。模型假设了完美的资本流动性,即国内消费者可以获得世界其他地区提供的债券,并且该债券的实际回报在各国之间是相同的。最后,我们假设非蓬齐博弈条件(No-Ponzi Game Condition)成立。

同理,我们可以对世界其他地区(ROW)做同样的设定。我们使用星号(*)来表示世界其他地区的变量。例如,我们假设 y_t^* 是世界其他地区的总收入。此外,我们假设本国收入 y_t 和世界其他地区的收入 y_t^* 存在相关性。

假设 $\beta R = 1$,可以得到家庭的最优消费选择由永久收入决定:

$$c_t = (R-1)s_t \quad (6-10)$$

其中,$s_t = b_t + \dfrac{1}{R} \sum_{j=0}^{\infty} R^{-j} E_t[y_{t+j}]$ 是终身总财富的预期贴现值,包括金融财富(无风险外国债券 b_t)和所有未来收入流的折现加总。

为了将模型简单化,我们将具有一般收入过程的多变量模型简化为一个具有独立同分布残差项的总财富 s_t 的单变量模型,以方便求得解析解。定义总财富 s_t 为新的状态变量,我们可以将模型写为

$$v(s_0) = \max_{\{c_t\}_{t=0}^{\infty}} \left\{ E_0 \left[\sum_{t=0}^{\infty} \beta^t u(c_t) \right] \right\} \quad (6-11)$$

约束为

$$s_{t+1} = Rs_t - c_t + \zeta_{t+1} \quad (6-12)$$

其中,ζ_{t+1} 表示 $t+1$ 期的总财富受到的随机扰动:

$$\zeta_{t+1} = \frac{1}{R} \sum_{j=t+1}^{\infty} \left(\frac{1}{R}\right)^{j-(t+1)} [E_{t+1}(y_j) - E_t(y_j)] \quad (6-13)$$

$v(s_0)$ 是完全信息理性预期下的消费者价值函数。在完全信息理性预期的假设下,这个带有二次项效用的模型会推导出 Hall(1978)的随机游走结果:

$$\Delta c_t = \frac{R-1}{R} (E_t - E_{t-1}) \left[\sum_{j=0}^{\infty} \left(\frac{1}{R}\right)^j (y_{t+j}) \right] = (R-1)\zeta_t \quad (6-14)$$

这将消费的变化与收入的残差项联系起来。在这种情况下,消费的变化既不取决于过去的劳动收入,也不取决于劳动收入的预期变化。

正如 Hansen(1987)和 Cochrane(2005,第 2 章)所指出的,上述禀赋经济模型可以被视为具有线性生产技术的一般均衡模型。具体来说,在我们的模型设置中,R 可以被视为技术回报率,而不是利率(单期消费要求的均衡回报率)。我们首先在模型中找到最优消费选择,将 R^f 表示无风险率,我们对本国有以下欧拉方程:

$$\frac{1}{R^f} = E_t \left[\beta \frac{u'(c_{t+1})}{u'(c_t)} \right] = \beta E_t \left[\frac{\bar{c} - c_{t+1}}{\bar{c} - c_t} \right] = \beta = \frac{1}{R}$$

上式表明均衡利率 R^f 与技术回报率 R 相等。由于世界其他地区具有相同的贴现因子 β,并面临类似的欧拉方程,因此本国和世界其他地区都面临相同的均衡利率。

二、估计收入路径

我们假设本国的收入 y_t 路径包含两个成分——随机游走和白噪声:

$$y_t = y_t^P + y_t^i \quad (6-15)$$

$$y_t^P = y_{t-1}^P + \varepsilon_t \quad (6-16)$$

$$y_t^i = \bar{y} + \epsilon_t \quad (6-17)$$

其中,y_t^P 和 y_t^i 分别是永久性收入和暂时性收入成分;ε_t 和 ϵ_t 是正交独立同分布的冲击项,两者的均值为 0,方差分别为 ω_ε^2 和 ω_ϵ^2。对于 ROW,我们假设收入同样遵循相似的路径(变量带 * 号)。此外,我们允许小型开放经济体和 ROW 之间存在同期相关性,即

$$\text{corr}(\varepsilon_t, \varepsilon_t^*) = \eta > 0 \text{ 和 } \text{corr}(\epsilon_t, \epsilon_t^*) = \rho > 0$$

由于 $\Delta y_t = \varepsilon_t + \epsilon_t - \epsilon_{t-1}$ 和 $\Delta y_t^* = \varepsilon_t^* + \epsilon_t^* - \epsilon_{t-1}^*$,因此收入增长率的国际相关性可以写成:

$$\text{corr}(\Delta y_t, \Delta y_t^*) = \frac{E[\varepsilon_t \varepsilon_t^*] + 2E[\epsilon_t \epsilon_t^*]}{\sqrt{\omega^2 + 2\omega_\epsilon^2}\sqrt{\omega^{*2} + 2\omega_\epsilon^{*2}}}$$

使用PWT(Penn World Tables,7.1版)的1950—2010年年度GDP数据,我们发现收入波动主要取决于七国集团(G7)国家的永久冲击。例如,对于美国来说,$\frac{\omega}{\omega_\epsilon}$约为75 000,表明$\omega \gg \omega_\epsilon$。这一实证结果与关于估计双成分收入路径的现有研究一致。对于其他G7国家和不同版本的PWT实际GDP数据,暂时性冲击的方差相比永久冲击的方差仍然很小。因此,在下面的讨论中,我们将重点放在永久收入部分。跨国收入相关性可以近似如下:

$$\text{corr}(\Delta y_t, \Delta y_t^*) \approx \frac{E[\varepsilon_t \varepsilon_t^*]}{\omega \omega^*} = \text{corr}(\varepsilon_{t+1}, \varepsilon_{t+1}^*)$$

根据上式,对终身财富的残差项可以减少到$\zeta_t = \frac{\varepsilon_t}{R-1} + \frac{\epsilon_t}{R} \sim N(0, \omega_\zeta^2)$,约等于$\frac{\varepsilon_t}{R-1}$,方差为$\frac{\omega^2}{(R-1)^2}$。

三、对跨国消费相关性的影响

在上述完全信息理性预期模型中,本国和世界其他地区的消费增长可以写成:

$$\Delta c_t = (R-1)\zeta_t \qquad \Delta c_t^* = (R-1)\zeta_t^*$$

这意味着消费增长是白噪声的,消费对收入冲击的脉冲响应是平坦的,在初始阶段立即上升,并无限期持续。但这种消费行为与数据不太相符。正如关于消费的文献[如Reis(2006)]中展示的那样,总消费对总收入的脉冲响应是呈驼峰形的,这意味着总消费增长会逐渐对收入冲击做出反应。因此,国际消费相关性可以写成

$$\text{corr}(\Delta c_t, \Delta c_t^*) \approx \text{corr}(\varepsilon_t, \varepsilon_t^*) \approx \text{corr}(\Delta y_t, \Delta y_t^*)$$

然而,这一模型预测的结果与实证证据不一致。如表6-2所示,实证表明国际消费相关性低于大多数国家的产出相关性,这就是著名的国际消费相关性之"谜"。

表6-2 国际消费相关性之"谜"

国　　家	corr(Δy, Δy^*)	corr(Δc, Δc^*)
加拿大	0.83	0.56
法　国	0.51	0.33
英　国	0.75	0.70
意大利	0.44	0.11
加拿大-美国	0.87	0.58

资料来源:Li等(2017)。

第三节　国际经济学中的六大"谜题"

我们的模型结果与实际数据存在差异，说明模型设定并没有精确地刻画现实世界中国际经济运行的全部规律。同理，宏观经济学者们在研究国际经济周期的过程中会发现其中一些特征事实难以用一般的理论模型给出解释。Obstfeld and Rogoff(2000)总结了国际宏观经济学中的六大"谜题"，上节描述的国际消费相关性之"谜"是其中之一。本节我们就简单介绍一下国际经济学中的六大"谜题"。

一、贸易的本土偏好之"谜"

John Mccallum(1995)在研究美国和加拿大区域贸易时发现了美国和加拿大的国内贸易额远大于两国之间的贸易额。考虑到当时北美自由贸易协议(NAFTA)的作用可能尚未完全起效，Helliwell(1998)在后续研究加拿大和美国的边界效应时，发现加拿大省份之间的贸易额同加拿大与美国间的贸易额之比虽然从 John Maccallum(1995)的 20 减少到了 12，但贸易的本土偏好依然很明显。Wei(1996)和 Evans(1999)在研究 OECD 国家的贸易时也发现了贸易本土偏好的现象，这一现象被称为贸易的本土偏好之"谜"(The Puzzle of Home Bias in Trade)。

我们该如何解释国际贸易中存在本土偏好？显然，国际贸易中会涉及额外的边境成本，如关税、非关税壁垒、汇率风险和运输成本等。然而，这些成本是否足以解释所观察到的本土偏好？Obstfeld and Rogoff(2000)认为边境成本与国内和外国商品间的替代弹性在其中的作用至关重要。

考虑一个简单的两国经济，其中代表性家庭消费者的效用函数为

$$C = \left(C_H^{\frac{\theta-1}{\theta}} + C_F^{\frac{\theta-1}{\theta}} \right)^{\frac{\theta}{\theta-1}}$$

其中，C_H 是家庭消费的本土商品，C_F 是家庭消费的外国商品。假设外国代表性家庭消费者具有相同的效用函数，其消费包括 C_H^* 和 C_F^*。我们假设单位运输成本为 τ，对于运往国外的 1 单位本土(外国)货物，只有 $1-\tau$ 的部分到达外国(本土)海岸。设 $P_H(P_F)$ 为在本国内本国(外国)商品的价格，$P_H^*(P_F^*)$ 为相应的外国商品价格。在竞争市场中，根据无套利条件：

$$P_F = \frac{P_F^*}{1-\tau}, \quad P_H = (1-\tau)P_H^*$$

令 $p \equiv \frac{P_F}{P_H}$，$p^* \equiv \frac{P_F^*}{P_H^*}$，则：

$$p^* = p(1-\tau)^2$$

根据本国和外国家庭效用最大化的一阶条件来看，我们有：

$$\frac{C_H}{C_F} = p^\theta, \quad \frac{C_H^*}{C_F^*} = (p^*)^\theta$$

结合上式，则有：

$$\frac{C_H}{C_F} = (1-\tau)^{-2\theta} \frac{C_H^*}{C_F^*}$$

假设两国的初始禀赋相同，即 $Y_H = Y_F$，由于对称性，我们可以知道：

$$\frac{C_H}{C_F} = \frac{C_F^*}{C_H^*} = (1-\tau)^{-\theta} = p^\theta$$

这个等式表明，国内（外国）进口支出与国内（外国）商品支出的比率如下：

$$\frac{C_H}{pC_F} = \frac{p^*C_F^*}{C_H^*} = (1-\tau)^{1-\theta}$$

因此，如果没有贸易成本（$\tau=0$），则 $\frac{C_H}{pC_F}=1$。如果 $\tau=0.25$ 和 $\theta=6$，则 $\frac{C_H}{pC_F}=4.2$。这个比例与我们在许多 OECD 国家观察到的比率一致。通过提高贸易成本 τ 和国内外商品替代弹性 θ，或假设本国是与许多类似规模的其他国家进行贸易的小国，贸易中的本土偏好程度就可以很容易地提高。

二、储蓄-投资之"谜"

Feldstein and Horioka(1980)提出了著名的储蓄-投资之"谜"（The Feldstein-Horioka Puzzle），是指在 OECD 国家，国家储蓄率的长期平均水平与国内投资率的平均水平高度相关。如果投资者可以在世界任何地方投资，且没有其他限制，他们就会理性地投资到回报率最高的国家。这将推高投资价格，直到不同国家的回报率相似。因此，如果这一假设成立，并且资本完全自由流动，我们就应该观察到国内投资和储蓄之间的低相关性。但事实上，在他们研究的国家样本中，从 1960 年至 20 世纪 70 年代中期，投资对储蓄的横截面回归得到的斜率系数非常接近 1。这个 Feldstein-Horioka 系数，最初被解释为衡量储蓄率对投资率的影响，或衡量"储蓄留存"，随着时间的推移而下降。

表 6-3 给出了投资（相对于 GDP）与国民储蓄（相对于 GDP）的横截面回归结果。对于 OECD 国家来说，系数为 0.60，比 Feldstein and Horioka(1980)中的 0.89 小得多，但它仍然不可小视。如果包括 OECD 以外的国家（特别是贫穷国家），该系数就会进一步下降，但鉴于大多数非 OECD 国家的国民收入和产出数据质量较差，必须辩证地看待其回归结果。

表 6-3 Feldstein & Horioka 的回归结果

Feldstein-Horioka 回归	$\frac{I}{Y} = \alpha + \beta \frac{NS}{Y} + \epsilon$, 1990—1997 年			
	观测值数量	α	β	R^2
全部国家	56	0.15 (0.02)	0.41 (0.08)	0.33
人均 GNP 大于 1 000 的国家	48	0.13 (0.02)	0.48 (0.09)	0.39
人均 GNP 大于 2 000 的国家	41	0.07 (0.02)	0.70 (0.09)	0.62
OECD 国家	24	0.08 (0.02)	0.60 (0.09)	0.68

资料来源：Obstfeld and Rogoff(2000)。

储蓄-投资之"谜"还总结了 OECD 国家的经常账户相对于总储蓄和投资而言较小的事实。对于发展中国家来说,特别是许多反复暴发过主权债务违约的国家,这也许并不奇怪,因为债权人会阻止他们出现巨额持续赤字。但这对 OECD 国家的主权违约风险很难解释,特别是人们一般认为金融资产的国际流动总额应该比国际流动净额大得多。

Obstfeld and Rogoff(2000)利用国际货物贸易的交易成本提出了一个解释,他们的模型既内生化了贸易壁垒的价格和利息影响,也表明了适度的运输成本如何在金融市场完全一体化的情况下产生与实证相符的实际利率国际差异。

三、股票投资组合的本土偏好之"谜"

尽管国际资本市场在 20 世纪末迅速增长,世界股票市场大幅扩张,但股市投资者仍然对本国资产保持着相当的偏好。French and Poterba(1991)首次强调投资组合本土偏好之"谜"(The Puzzle of Home Bias in Equity Portfolios),发现美国人持有的约 94% 股权财富在美国股市中,而日本人持有的约 98% 股权财富在其本国内。图 6-5 表明小国的本土股权偏好已经减弱,并显示出一些随着时间推移而下降的趋势——到 20 世纪 90 年代中期,约 10% 的美国股权财富被投资到国外。然而,与最优国际投资组合多样化的标准模型不同,股权投资者仍然没有像模型认为的那样在国际上进行多样化投资。

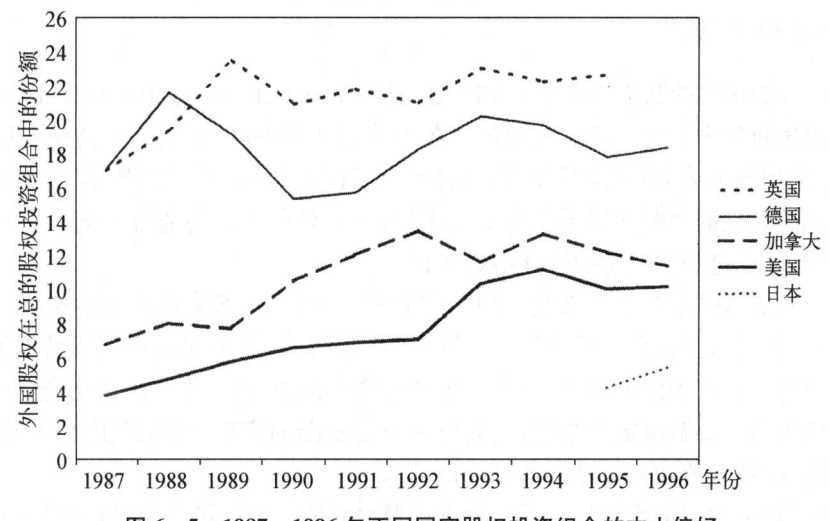

图 6-5 1987—1996 年不同国家股权投资组合的本土偏好

注:图中画出了英国、德国、加拿大、美国和日本在 1987—1996 年间外国股权在总的股权投资组合中的份额。
资料来源:Obstfeld and Rogoff(2000)。

可能的解释原因包括人力资本等不可交易要素、不可贸易商品、信息的不对称性,以及数据不足。然而目前还没有一个因素能对观察到的本土偏好提供令人满意的量化解释。通过引入贸易成本,模型表明,凭借合理的商品间替代弹性和合理规模的交易成本,模型可以产生非常高且与实际数据匹配的投资组合本土偏好。

四、国际消费相关性之"谜"

如果我们假设国内和国际资本市场都能近似地理解为阿罗-德布鲁(Arrow-Debreu)完全

市场,那么国际消费变化率的低相关性看起来就较为奇怪。在阿罗-德布鲁的模型中,国家特定的产出风险可以得到有效分担,因此国内人均消费增长不应过于受到国家特定收入冲击的影响。在某种程度上,消费相关性之"谜"几乎可以看作储蓄-投资之"谜"和股权投资本土偏好的一个推论。在跨国市场中,如果债务和股权交易等最透明的消费平滑手段不如在国内市场中有效,那就会出现较低的国际消费相关性。然而,还有其他原因可以解释消费相关性,比如,我们对股权和债务的国际贸易衡量非常不完善,或者可能存在其他市场渠道(如直接投资)用于风险分担。

国际消费相关性之"谜"衍生出其他谜题。Backus等(1992)展示了国际产出波动率实际上比消费波动率具有更强的相关性。Backus and Smith(1993)指出,在有可贸易商品和不可贸易商品的世界中,有效的风险分担要求将更高的消费增长率分配给那些实际消费价格相对下降的国家。例如,美国和加拿大应该签订合同,在加拿大货币疲软的状态下向加拿大提供巨额转移,以便加拿大人利用加拿大物价的优势;反之亦然。

正如我们将看到的那样,大多数消费相关性之"谜"往往是非常依赖模型的(取决于市场完整性的设定和效用函数的确切形式等),因此它们并不像股权本土偏好之"谜"那样显然是现实数据中的谜题。然而,消费相关性之"谜"在评估不同的一般均衡模型中起着非常重要的作用,我们可以进一步研究为什么国内跨地区的消费风险分担往往高于跨国的。

五、购买力平价之"谜"

Rogoff(1996)提出的购买力平价(PPP)之"谜"(The Purchasing-Power-Parity Puzzle)凸显了汇率和国家价格水平之间薄弱的联系。在先前的文献中,学者们通过使用各种不同的技术和数据集,发现各种冲击对实际汇率影响的半衰期长达3~4年。然而,这种长期持续性与金融市场短期波动性的重要性似乎存在矛盾,因为如果只有短暂的金融市场动荡对短期波动有很大的影响,那么这种长期持续性就很难解释。

购买力平价之"谜"是关于名义变量的真实影响——汇率,即货币的相对价格。与前面的四个谜题相反,购买力平价之"谜"主要在于解释中短期现象,而不是长期持续的现象。购买力平价之"谜"也可以被视为定价难题,因为它指的是价格行为,包括价格和其他宏观经济变量之间的动态协整关系。要解决定价难题,就需要一个更复杂的模型框架,除其他基本要素外,还需要纳入垄断和货物、劳动力的黏性名义价格。

同时,相对短期的定价难题与长期的数量难题之间的一个关键区别是,我们不能再通过较高的弹性替代来抬高中等规模贸易成本的作用。如果跨境短期价格套利只受到少量障碍,那么短期价格差异就会很小。在消费者层面上,套利成本可能相当大,因为大多数商品一旦在零售层面到达消费者手中,就会有非常大的非贸易成分。

设 Q 为两国之间的实际汇率,并考虑回归方程:

$$\log Q_t = \alpha + \eta t + \gamma \log Q_{t-1} + \epsilon_t$$

ϵ_t 是随机扰动项。实际汇率 $Q = \dfrac{\zeta P^*}{P}$ 是用总体 CPI 数据作为价格水平计算出来的,其中名义汇率 ζ 是按本国货币计算的外币价格。P 表示以本国货币衡量的国内价格水平,P^* 表示以外币衡量的外国价格水平。使用 1973—1995 年加拿大、法国、德国、日本和美国的月度数据,并构建该样本中所有 10 种可能的实际汇率,我们发现 γ 的值从 0.99(美国-加拿大,意味着半衰期为 69 个月)到 0.97(德国-日本,意味着半衰期为 21 个月)不等,平均半衰期约为 39 个月,即 3 年。

对于实际汇率和名义汇率的显著波动来说,如果货币和金融冲击在实际汇率波动中没有发挥主要作用,那么这种波动似乎很难解释。然而,如果货币和金融冲击是波动的主要来源,那么很难想象什么名义刚性来源会如此持久,以解释实际汇率偏差的延长。

六、汇率脱钩之"谜"

汇率脱钩之"谜"(The Exchange-Rate Disconnect Puzzle)同样是一个定价难题,展示了汇率和几乎所有宏观经济总量之间极其薄弱的关系。例如,Meese and Rogoff(1983)表明,即使利用基本面的事后数据,标准宏观经济汇率模型也无法比单纯的随机游走更好地预测中短期的汇率变动。Baxter and Stockman(1989)指出,一国向浮动汇率制度的过渡进程中,名义汇率和实际汇率的变动性急剧增加,但基本宏观经济变量并没有发生相应的变化。

与之前讨论的购买力平价之"谜"类似,我们可以将前述的推理应用于汇率脱钩之"谜"。从某种意义上说,购买力平价之"谜"只是汇率脱钩之"谜"的一个特例。要理解汇率波动性,我们需要一个更广泛的模型来解释我们在所有资产市场中观察到的高波动性。

在这种模型中,金融市场冲击可能导致汇率波动,但在相当长的时间内几乎没有经济影响。各种贸易成本使得市场分割可能相当普遍,并导致大多数商品的市场尚未完全整合。消费者在汇率影响传导到零售价格之前受到保护,因此名义价格刚性可能导致汇率对冲击做出巨大反应。这种汇率脱钩的情况与贸易成本、垄断以及当地货币的市场定价相互作用。进口商和出口商的反应可能逐渐达到零售水平,但调整速度可能太慢,无法在短期内清理金融市场。因此,高波动性和汇率脱节是由贸易成本、垄断和当地货币的市场定价共同造成的。要充分解释价格调整的动态,完整模型就需要考虑这些因素,同时需要考虑汇率可能通过其他渠道影响实体经济。

第四节 理论模型的拓展解释

一、理性疏忽的小型开放经济体模型

(一) 模型设定

为了解释国际经济学中存在的谜题,我们需要对一般模型进行拓展改进,从而让它更好地贴合现实数据特征。在本节,我们根据 Li 等(2017)的研究,将由于有限信息处理能力而导致的理性疏忽(Rational Inattention,RI)纳入第二节中的完全信息理性预期的小型开放经济体(FI-RE SOE)模型中,为国际消费相关性之"谜"提供一个可能的解释。

在理性疏忽下,代理人只有有限的信息处理能力来观察世界状况,因此观察不到真实的状态。具体来说,我们假设家庭观察到一个关于财富状态变量 s_t 的信号:

$$s_t^* = s_t + \xi_t \tag{6-18}$$

其中 ξ_t 是由于理性疏忽带来的噪声,观察到信号后该家庭使用以下的卡尔曼滤波(Kalman

Filter)来更新感知状态 $\hat{s}_t = E_t[s_t]$，则：

$$\hat{s}_{t+1} = (1+\theta)(R\hat{s}_t - c_t) + \theta(s_{t+1} + \xi_{t+1}) \tag{6-19}$$

其中 θ 是卡尔曼增益(Kalman Gain)，即我们模型中刻画疏忽程度的参数。当 $\theta < 1$ 时，由于消费者内生的理性疏忽诱导噪声 ξ 的存在，因此真实状态不可观察；θ 越小，意味着疏忽的程度越大，离完全信息越远。

在理性疏忽的情况下，本国典型消费者的最佳消费是

$$c_t = (R-1)\hat{s}_t \tag{6-20}$$

消费的变化可以表示为

$$\Delta c_t^{RI} = \theta(R-1)\left[\frac{\zeta_t}{1-(1-\theta)R \cdot L} + \xi_t - \frac{\theta R \xi_{t-1}}{1-(1-\theta)R \cdot L}\right] \tag{6-21}$$

其中 L 是滞后运算符。在这里，我们假设消费者有足够的信息处理能力 $\left(\theta > 1 - \frac{1}{R}\right)$，以确保 Δc_t^{RI} 序列收敛。同样，对 ROW，我们有类似的表达式。

每个人因自己的信息处理能力有限而导致的信息噪声有异质性，通常所有个体加总以后，由于大数定理，这些噪声正好互相抵消。但是现实中因为一国之内的人们接收信息的渠道比较集中，比如都从同样的社交平台获取信息，就可能存在所有人共同的噪声。假设这部分无法消除的噪声占比为 $\mu \in [0,1]$。μ 越大即共同噪声越重要。给定 μ，跨国消费相关性可以写成

$$\mathrm{corr}(\Delta c_t, \Delta c_t^*) \approx \Pi \mathrm{corr}(\Delta y_t, \Delta y_t^*) \tag{6-22}$$

其中：

$$\Pi = \frac{1}{[1-(1-\theta)(1-\theta^*)R^2]\sigma(\theta,\mu)\sigma(\theta^*,\mu)} \tag{6-23}$$

$$\sigma(\theta,\mu) = \sqrt{\frac{1}{1-[(1-\theta)R]^2} + \mu^2\left\{\frac{1}{1-[(1-\theta)R]^2\theta} - \frac{1}{1-[(1-\theta)R]^2}\right\}}$$

$$\sigma(\theta^*,\mu) = \sqrt{\frac{1}{1-[(1-\theta^*)R]^2} + \mu^2\left\{\frac{1}{1-[(1-\theta^*)R]^2\theta^*} - \frac{1}{1-[(1-\theta^*)R]^2}\right\}}$$

当 $\theta = \theta^* = 1$，$\Pi = 1$ 时，就意味着消费相关性与收入相关性一样强，这与实证结果矛盾。

(二) 对跨国消费相关性的影响

在引入理性疏忽模型后，可以通过三个主要通道来影响消费相关性。

1. 缓慢调整通道

理性疏忽导致消费者对收入变化的反应是逐步的，而非即时的。消费者因注意力资源有限，不能立即将新的收入信息完全反映在消费上，这就产生了消费增长的平滑效应(如图 6-6 所示)。所以，跨国间的消费增长相关性会降低，因为每个国家的消费者都在经历这个渐进的调整过程。

图 6-6　总消费对收入冲击的脉冲响应

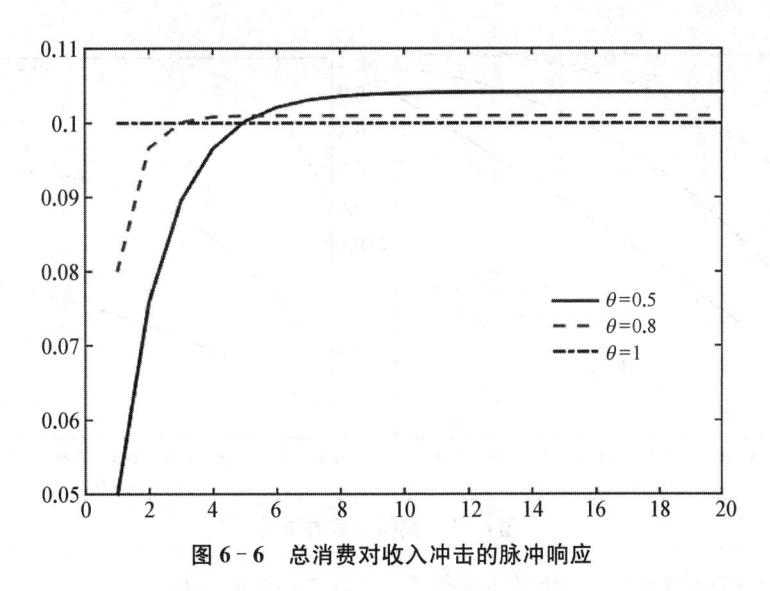

资料来源：Li 等（2017）。

2. 共同噪声通道

在理性疏忽的框架中，由于消费者的注意力限制，他们观察到的经济状态是带有噪声的。这种噪声在一个国家内部是共同的。然而，由于这种噪声不跨国共享，因此它增加了消费的方差，却不影响跨国的消费协方差，进而降低了不同国家间消费模式的相关性。

比较唯一共同噪声情况（$\mu=1$）和无共同噪声情况（$\mu=0$）中获得的对消费相关性的影响，我们有 $\Pi \in [\underline{\Pi}, \bar{\Pi}]$，其中：

$$\underline{\Pi} = \frac{\sqrt{\theta\theta^*[1-(1-\theta)R^2][1-(1-\theta^*)R^2]}}{1-(1-\theta)(1-\theta^*)R^2}$$

$$\bar{\Pi} = \frac{\sqrt{[1-(1-\theta)^2R^2][1-(1-\theta^*)^2R^2]}}{1-(1-\theta)(1-\theta^*)R^2}$$

利用这些表达式，如图 6-7 所示，我们可以通过改变 μ 和 θ^* 的值来探究弹性关注对不同国家相关性的影响。我们可以发现：首先，给定 θ 和 θ^* 之间的差异，消费相关性会随 μ 增加而减少。μ 值越高，就意味着共同噪声在降低相关性方面发挥着越重要的作用。其次，给定 μ，corr(Δc_t, Δc_t^*) 会随 θ^* 增加而增加，这与代表性代理人模型（$\mu=1$）相同。

3. 弹性注意力通道

我们假设疏忽程度是具有弹性的，给定同样的信息处理成本，所处经济体的不确定性越大，我们就越倾向于投入更多精力处理更多的信息。不同国家中消费者的注意力水平（θ）差异也影响着消费相关性。如果不同国家之间的收入不确定性存在差异，就会导致每个国家的消费者选择不同的注意力水平来处理信息。收入不确定性越大，越需要更多的注意力来处理有关收入变化的信息，从而导致在消费上的调整更加显著。当这些注意力水平在不同国家之间的差异显著时，它们的消费模式相关性进一步减弱。

图 6-8 表明，θ 值随着由 $\omega_\xi^2 \left(\frac{\partial \theta}{\partial \omega_\xi^2} > 0 \right)$ 测量的宏观经济不确定性水平的增加而增加。也就是说，收入不确定性越大，用于监测状态演变的能力就越强。有了固定的信息处理成本，代理

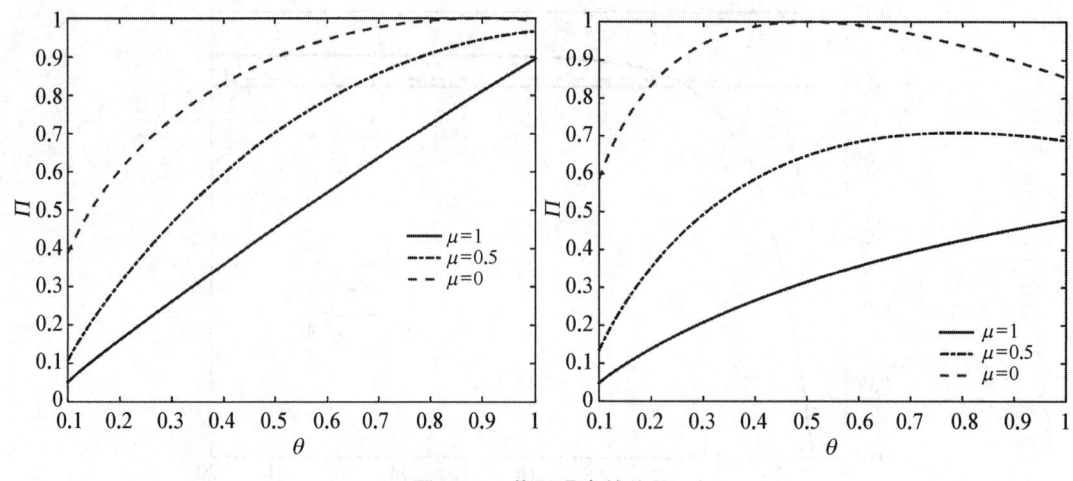

图 6-7 共同噪声的作用

注：图中画出了共同噪声对 Π 的作用，左图的 $\theta^* = 0.9$，右图的 $\theta^* = 0.5$。
资料来源：Li 等（2017）。

人就可以调整最佳的容量和注意力水平，以便手头问题的信息处理边际成本保持不变。这一结果与 Kahneman（1973）提出的"弹性"能力概念一致。Coibion and Gorodnichenko（2015）使用机构投资者预测调查数据来测试信息刚性的程度，发现信息刚性随着宏观经济条件的波动而下降。具体来说，他们发现信息刚性从 20 世纪 60 年代末到大缓和时期（1983—1984）一直在下降，此后便开始上升，并认为人们应该警惕将信息刚性程度视为结构参数，因为它响应了宏观经济条件的变化。不同程度的收入波动会导致不同程度的 θ。θ 值越高，一个国家处理的新信息就越多。不同的 θ 值会导致不同的消费调整速度。这有助于解释为什么消费相关性通常低于相应的收入相关性。

注意力水平 θ 和 θ^* 是由消费者根据本国收入不确定性做出的最佳选择。图 6-9 显示了 Π 在给定 θ^* 下，会如何随着 θ 值而变化。为了进一步探索弹性注意力对消费相关性的影响，考

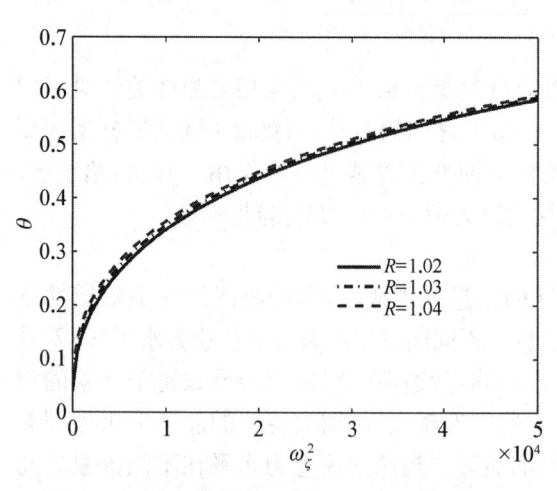

图 6-8 基本面不确定性对卡尔曼增益的作用

注：图中画出了基本面不确定性对卡尔曼增益的作用（$\lambda = 6.4 \times 10^4$）。
资料来源：Li 等（2017）。

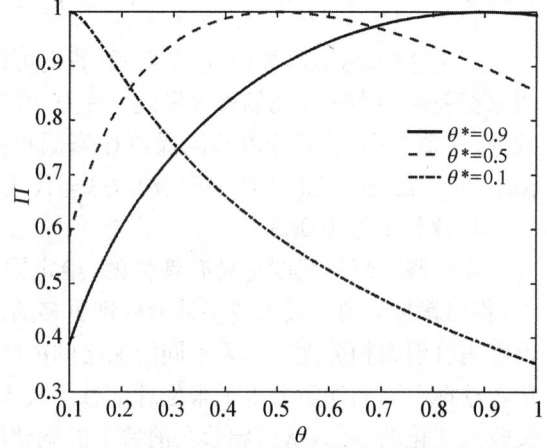

图 6-9 弹性注意力对消费相关性的作用

注：图中画出了弹性注意力对消费相关性的作用，其中 $\mu = 0$。
资料来源：Li 等（2017）。

虑一个特殊情况,即所有噪声都是特异的($\mu=0$)。在这种情况下,我们对母国总消费的变化有以下表达式:

$$\Delta c_t^{RI} = \theta(R-1)\frac{\zeta_t}{1-(1-\theta)R \cdot L} \tag{6-24}$$

当 $\theta=\theta^*$,$\bar{\Pi}=1$ 时,给出了与标准完全信息理性预期模型相同的预测。随着 θ 和 θ^* 之间差异的增加,消费相关性相对于收入相关性变小。

二、量化分析

(一) 数据

我们使用 PWT(7.1 版,8.0 版)的 1950—2010 年年度数据,研究了 G7 国家中四个小型经济体(加拿大、意大利、英国和法国)与 ROW 之间的消费相关性和收入相关性。所有变量均以 2005 年的恒定价格表示。对于每个国家的 ROW 都是使用除了该国家之外 G7 国家的加权平均值构建的。由于加拿大 70% 以上的跨国贸易是与美国进行的,因此我们将美国视为加拿大的 ROW(例如,Miyamoto and Nguyen,2017)。

表 6-2 展示了国际消费相关性之"谜"。这一谜题在人均数据和总量数据中都存在。在本文中,我们选择讨论总量数据,这与我们在模型中对总量的讨论更一致。表 6-4 总结了主要的实证结果。其中,括号里的数据是经过 GMM 校正的标准误差。

表 6-4 统计数据摘要

国　家	corr(Δy, Δy^*)	corr(Δc, Δc^*)	$\dfrac{sd(\Delta c)}{sd(\Delta y)}$	corr(Δc, Δy)	autocorr(Δc)
加拿大	0.83 (0.05)	0.56 (0.08)	0.52 (0.07)	0.75 (0.07)	0.60 (0.08)
法　国	0.51 (0.17)	0.33 (0.13)	0.45 (0.07)	0.76 (0.06)	0.49 (0.11)
英　国	0.75 (0.08)	0.70 (0.07)	0.73 (0.05)	0.93 (0.02)	0.56 (0.15)
意大利	0.44 (0.20)	0.11 (0.16)	0.48 (0.10)	0.75 (0.03)	0.46 (0.10)
加拿大-美国	0.87 (0.04)	0.58 (0.08)			
美　国			0.57 (0.05)	0.91 (0.02)	0.64 (0.09)

资料来源:Li 等(2017)。

(二) 参数估计

我们选择用于世界其他地区的固定卡尔曼增益 θ^*,以适应与世界其他地区之间的消费和收入动态。对于我们构建的四个 ROW 以及美国经济,我们得到 $\dfrac{sd(\Delta c^*)}{sd(\Delta y^*)} \in [0.57, 0.58]$ 和

corr(Δc^*, Δy^*) $\in$ [0.91, 0.93]。如果我们假设 ROW 中没有共同的噪声,那么我们的基准模型就可以在 $\theta^* \in$ [0.48, 0.50] 的范围内匹配 $\frac{sd(\Delta c^*)}{sd(\Delta y^*)}$,并且可以在 $\theta^* \in$ [0.60, 0.62] 的范围内匹配 corr(Δc^*, Δy^*)。在以下分析中,为便于处理,我们假设 θ^* 值落在 [0.5, 1] 的范围内。θ 小于 1 的值可以通过考虑有限容量的福利效应来合理解释。在理性疏忽的文献中,为了解释观察到的总量波动和货币政策对宏观经济的影响,θ 的校准值较低并且与完全信息理性预期的情况有更大的偏差。虽然这个范围内的 θ 值并不是一个很大的数值,并且远低于人类的总信息处理能力,但对于普通消费者来说,在实践中可能是合理的,因为他们在日常生活中也面临着许多非经济决策相关的信息处理。

我们首先不指定 μ 的值,而是研究当我们将 μ 从 0 变化到 0.9 时消费相关性如何变化。较高的 μ 意味着信息噪声的较大部分在个体之间是共同的。在此,我们将根据国家媒体集中度的指标来校准 μ 的值。如果一个国家的媒体高度集中并且缺乏多样性,那么个人接收到的信息来源就是有限的,并且更趋于相同。媒体集中度的度量均来自 Noam(2016)。虽然有一些替代的度量方法,但以下是与我们对 μ 的定义相关的指标:(1) 合并 C1(Pooled C1);(2) 平均 C1(Average C1);(3) 内容 C1(Content C1)。

最后,根据 Glick and Rogoff(1995)的方法,将利率(R)和折旧率(δ)设置为 1.04 和 0.05。现在我们已经可以计算 Π,然后使用式(6 - 22)来确定 corr(Δc_t^{RI}, Δc_t^{*RI})。

(三) 主要结果

表 6 - 4 报告了统计数据摘要。corr(Δy, Δy^*)[以及 corr(Δc, Δc^*)] 的值是国家实际产出(和消费)年度变化与 ROW 实际产出(和消费)年度变化之间的简单相关系数,其中 ROW 被定义为 PWT(7.1 版)中其余 G7 国家的产出加权平均值。加拿大-美国相关性是加拿大和美国之间的产出(或消费)相关性。

表 6 - 5 比较了 ROW 具有不同的卡尔曼增益(θ^*)和加总因子(μ)的 FI‐RE 模型与 RI 模型之间的跨国消费相关性。(第一列总结了来自数据的实证结果。)我们可以看到,引入理性疏忽能改善模型在匹配跨国消费相关性和收入相关性方面的特性。如表 6 - 5 第二列所示,FI‐RE 模型预测的消费相关性几乎与收入相关性一样强。相反,如最后五列所示,在对应不同 θ^* 值的情况下,我们可以看到引入弹性注意力后,与 FI‐RE 模型相比,微小的偏离可以显著改善模型的预测,并生成更弱的消费相关性,更符合实际数据。例如,FI‐RE 模型预测加拿大与 ROW 之间的消费相关性为 0.83;当 $\theta^* = 0.9$ 和 $\mu = 0.3$(新信号消除了 90% 的不确定性,加总后保留了 30% 的噪声信息)时,弹性注意力模型将其减少到与其实证相对应的 0.56。

表 6 - 5 不同模型的消费增长相关性

国家	数据	RE ($\theta^* = 1$)	RI ($\theta^* = 0.9$)	RI ($\theta^* = 0.8$)	RI ($\theta^* = 0.7$)	RI ($\theta^* = 0.6$)	RI ($\theta^* = 0.5$)
加拿大							
($\mu = 0$)	0.56	0.83	0.66	0.62	0.60	0.59	0.59
($\mu = 0.1$)	0.56	0.83	0.65	0.59	0.57	0.55	0.54

续 表

国　家	数据	RE ($\theta^*=1$)	RI ($\theta^*=0.9$)	RI ($\theta^*=0.8$)	RI ($\theta^*=0.7$)	RI ($\theta^*=0.6$)	RI ($\theta^*=0.5$)
($\mu=0.3$)	0.56	0.83	0.56	0.47	0.42	0.37	0.33
($\mu=0.9$)	0.56	0.83	0.29	0.20	0.15	0.12	0.09
($\mu=$ pooled C1/100)	0.56	0.83	0.56	0.47	0.42	0.37	0.33
法国							
($\mu=0$)	0.33	0.51	0.43	0.41	0.40	0.39	0.39
($\mu=0.1$)	0.33	0.51	0.43	0.40	0.38	0.37	0.36
($\mu=0.3$)	0.33	0.51	0.38	0.33	0.30	0.27	0.24
($\mu=0.9$)	0.33	0.51	0.22	0.15	0.11	0.09	0.07
($\mu=$ pooled C1/100)	0.33	0.51	0.38	0.33	0.29	0.26	0.23
英国							
($\mu=0$)	0.70	0.75	0.70	0.67	0.65	0.64	0.64
($\mu=0.1$)	0.70	0.75	0.69	0.65	0.63	0.62	0.61
($\mu=0.3$)	0.70	0.75	0.64	0.58	0.53	0.48	0.43
($\mu=0.9$)	0.70	0.75	0.41	0.30	0.23	0.17	0.13
($\mu=$ pooled C1/100)	0.70	0.75	0.69	0.65	0.63	0.62	0.60
意大利							
($\mu=0$)	0.11	0.44	0.39	0.37	0.36	0.36	0.35
($\mu=0.1$)	0.11	0.44	0.38	0.36	0.35	0.34	0.33
($\mu=0.3$)	0.11	0.44	0.35	0.31	0.28	0.25	0.23
($\mu=0.9$)	0.11	0.44	0.21	0.15	0.11	0.09	0.07
($\mu=$ pooled C1/100)	0.11	0.44	0.32	0.27	0.23	0.20	0.17
加拿大-美国							
($\mu=0$)	0.58	0.87	0.61	0.56	0.55	0.54	0.55
($\mu=0.1$)	0.58	0.87	0.58	0.53	0.50	0.49	0.48
($\mu=0.3$)	0.58	0.87	0.47	0.39	0.33	0.29	0.26
($\mu=0.9$)	0.58	0.87	0.22	0.15	0.11	0.08	0.06
($\mu=$ pooled C1/100)	0.58	0.87	0.47	0.39	0.33	0.29	0.26

资料来源：Li 等（2017）。

此外,我们可以看到,在 $\mu=0$ 的情况下(加总后取消了所有理性疏忽引起的噪声),当 $\theta^*=0.9$ 时,相关性减少到 0.66,当 $\theta^*=0.5$ 时为 0.59。对于法国,当 $\theta^*=0.8$ 且 $\mu=0.3$ 时,弹性注意力模型预测 $\text{corr}(\Delta c, \Delta c^*)=0.33$,与实证相对应的值相同。根据 μ 的值,从表 6-5 中可以清楚地看出,相关性随着注意力程度的增加而降低,因为当疏忽的程度增加时,弹性注意力渠道变得越来越重要。此外,我们还可以从表 6-5 中看到,相关性随着 μ 的增加而减小,因为随着 μ 的增加,共同噪声渠道变得更加重要。在所有情况下,弹性注意力有助于降低消费相关性,并使模型更好地匹配数据。

表 6-5 中每个国家的最佳关注程度是不同的。也就是说,我们固定了获取信息的成本 λ 的值,且注意力程度 θ 是由最优决策[式(6-28)]隐含确定的。表 6-6 报告了表 6-5 中每个国家每种情况下 θ 的隐含值。表 6-5 中 $\mu=0$ 一行显示了在消除共同噪声渠道时,仅使用弹性注意力渠道的模型得到的结果。这些结果表明,对于所有的 θ^* 值,一般来说,消费相关性都较低。即使是与 FI-RE 模型略有偏离($\theta^*=0.9$)的偏差也会降低消费相关性。

表 6-6 参数 θ 校准

国　　家	$\theta^*=0.9$	$\theta^*=0.8$	$\theta^*=0.7$	$\theta^*=0.6$	$\theta^*=0.5$
加拿大	0.36	0.26	0.21	0.17	0.14
法　国	0.43	0.31	0.25	0.20	0.17
英　国	0.56	0.42	0.33	0.27	0.21
意大利	0.49	0.36	0.28	0.23	0.19
加拿大-美国	0.26	0.19	0.15	0.13	0.11

资料来源:Li 等(2017)。

在表 6-5 的 $\mu = pooled\ C1/100$ 一行中,μ 是使用每个小型开放经济体中的一个国家媒体集中度测量值合并 C1 进行校准的。为简单起见,这里我们假设对于 ROW,$\mu^*=\mu$。结果清楚地表明,对于使用国家媒体集中度测量值进行校准的 μ 的值,即使是疏忽程度较低时,即 RI 模型只略微偏离 FI-RE 模型的情况下,我们的 RI 模型在匹配观察到的跨国消费相关性方面也表现良好。例如,当 $\theta^*=0.9$ 并使用合并 C1 度量时,模型预测加拿大、法国和英国的 $\text{corr}(\Delta c, \Delta c^*)$ 分别为 0.56、0.38 和 0.69,非常接近实证值。

第五节　进一步分析与延伸阅读

一、贸易成本、非位似偏好与贸易的本土偏好

Caron 等(2014)在模型中加入贸易成本的同时,还采用了非位似偏好,认为除了贸易成本外,非位似偏好也可以解释为什么总体贸易与 GDP 比率并没有更高,即贸易的本土偏好之"谜"。非位似偏好还可以通过至少两个渠道影响贸易总量与 GDP 比率——衡量一国贸易开

放程度的指标。首先,如果高收入国家往往在有收入弹性的商品上具有比较优势,那么处于收入分布两端的国家将消费比在位似偏好下的情况更大比例的本国商品。这就导致了较低的贸易与GDP比率,并有助于解释贸易的本土偏好之"谜"。其次,如果低收入弹性商品的贸易成本较大,或者说此类商品的贸易对贸易成本更敏感,那么观察到的总体贸易开放程度往往对较贫困的国家而言是比较低的。

二、有限执行、有限覆盖与储蓄-投资之"谜"

Bai and Zhang(2010)定量研究了两种类型的金融摩擦对储蓄相关性和投资相关性的影响。一种是有限执行力,即合同通过违约惩罚来执行。另一种是有限覆盖,即唯一可用的资产是非或有债券。他们发现,带有这两种摩擦的校准模型产生了接近数据的储蓄-投资相关性和资本流动量。为了解决储蓄-投资之"谜",有限执行力摩擦需要低违约惩罚,使得资本流动远低于数据中的水平;而有限覆盖摩擦则需要外生地将资本流动限制在观察到的水平。当这两种摩擦相结合时,它们相互作用以内生地限制资本流动,从而可以解释储蓄-投资之"谜"。

Eaton等(2016)通过利用一个动态多国贸易、生产和投资模型,结合19个国家的数据,对Obstfeld and Rogoff(2000)的命题进行了定量评估。通过在一个没有制造业贸易摩擦的反事实世界中重新探讨了前面的谜题,发现消除贸易摩擦在很大程度上能解决多个谜题。例如,国内投资对国内储蓄的依赖减少了一半或完全消失,缓解了储蓄-投资之"谜";以美元计价的名义GDP的变化在各国之间的变动减少,并与实际GDP的变化和实际汇率的变动一致,缓解了汇率脱钩之"谜";消费变化在各国之间的相关性增加,缓解了国际消费相关性之"谜";实际汇率在各国之间的变动变小,缓解了相对购买力平价之"谜"。

三、贸易成本、风险对冲、信息选择与股票投资组合的本土偏好

Coeurdacier(2009)在一个两国两商品的随机均衡模型中考虑了贸易成本,并求解了国际股权投资组合问题。该研究表明,仅引入贸易成本并不足以同时解释贸易的本土偏好和股票投资组合的本土偏好两个谜题。相反,他发现,对于合理的参数值,贸易成本会导致投资组合中存在外国偏好。这一结果在标准偏好的设定中加入不可贸易商品时也是稳健的。

而Berriel and Bhattarai(2013)在一个标准的无摩擦国际宏观经济模型中,考虑了股票交易和政府发行名义债券的情况,展示了均衡投资组合对于国内股票和债券存在偏好。在模型中,持有国内名义债务可提供对由政策冲击引起的价格水平风险的保险,以及对税收变化的对冲,而持有国内股票则可提供对政府支出冲击的最佳对冲,这些冲击对国内商品的影响较大。要使名义债券存在国内偏好,模型只需具备两个特征。首先,债券收益中必须存在一定程度的价格水平不确定性。其次,政府对国内代理人征税的比例必须相对高于对外国代理人的征税比例。

此外,Van Nieuwerburgh and Veldkamp(2009)的研究揭示了信息选择和信息不对称在投资决策中的作用,从而给股票投资组合的本土偏好提供了一个新的解释。他们认为投资者在选择学习哪些信息时具有一定的优势,他们会选择学习那些能够带来超额回报的信息。这种信息选择的行为导致了信息不对称的持续存在,甚至在某些情况下,这种不对称性会被放大。因此,即使本土投资者有能力学习外国资产的信息,他们也可能选择不这样做,因为专注于他们已经了解的本地资产信息会带来更高的利润。

四、本土信息偏差与国际消费相关性之"谜"

Iliopulos 等(2021)提出了一个机制,用以解释国际宏观经济学和国际金融学中的标准事实。他们利用新凯恩斯 DSGE 模型,并在该模型中偏离了完全信息理性预期(FI‑RE)的假设,加入了关键因素——预期中的本土信息偏差(Home Information Bias,HIB)。虽然 FI‑RE 模型预测了较高消费的共同波动、遵循无套利条件和逆周期的贸易差额,但在 HIB 的情况下,模型产生了较低的国际消费相关性,从而解决了谜题,同时内生偏离无套利条件并匹配了逆周期的贸易差额。

五、价格异质性、价格黏性与购买力平价之"谜"

Imbs 等(2005)展示了动态加总偏差在解释购买力平价之"谜"中的重要性。他们证明,由于没有考虑不同部门相对价格动态的异质性,因此之前文献中使用的标准估计方法大大夸大了实际汇率的持久性。当适当考虑异质性时,实际汇率半衰期的估计显著下降,仅略高于一年,甚至显著低于罗格夫(Rogoff)的"共识观点"3～5 年。我们表明,修正后的估计与合理的名义刚性一致,即参数异质性可能是解释著名的购买力平价之"谜"的答案。

Carvalho and Nechio(2011)在一个两国多部门的黏性价格模型中研究了购买力平价之"谜"。各个国家价格设定的微观经济证据,表明企业的价格黏性在不同部门之间存在差异。结合本币定价,这些差异导致部门间的实际汇率表现出异质性动态。它们表明,在这种情况下,实际汇率与购买力平价偏离的程度比起具有相同平均价格变动频率的反事实单部门世界经济波动更大且更持久。当模型具有与美国微观经济证据相匹配的部门价格黏性分布时,模型产生的实际汇率偏离购买力平价的半衰期为 45 个月。相比之下,反事实单部门经济中这种偏离的半衰期仅略高于 1 年。另外,他们的模型提供了对这种持久性差异的分解,这使得可以对加总和实际汇率的实证文献中发现的方法进行结构解释。

六、金融冲击与汇率脱钩之"谜"

Itskhoki and Mukhin(2021)提出了一个动态一般均衡模型,用于解释所有主要的汇率谜题,包括 Meese and Rogoff(1983)提出的脱钩之"谜"、购买力平价之"谜"、贸易条件之"谜",以及 Backus and Smith(1993)提出的国际消费相关性之"谜"和无套利条件(UIP)之"谜"。基于一个标准的国际真实经济周期模型(其中包含消费的本国偏好),并增加了一个分割的国际金融市场(包括噪声交易者和风险规避的中介机构),导致了由于套利限制而产生的均衡 UIP 偏差。他们展示了金融市场的冲击导致汇率形成了一个波动性大、持久性强的近似鞅过程,并确保了汇率与宏观变量之间的实证相关性,包括通货膨胀、消费、产出和利率。相比之下,传统的生产率和货币冲击虽然成功地解释了国际经济周期的协同性,但导致了与事实不符的波动性不足的汇率动态。将金融和宏观冲击结合起来使得其模型能够再现汇率脱钩的特性,而不影响商业周期时刻的拟合。

本章小结

经济周期是指一定时期内市场经济活动不断重复从繁荣、衰退、萧条到复苏这一循环过程的内在变化规律。

经济周期研究价格、产出、就业、消费和投资等宏观变量随时间变动的联合变化,从而找到总体经济活动波动的原因。

为了研究经济中的波动性,我们需要对原始时间序列数据分离出趋势部分和波动部分,常用的方法有对数线性法、对数二次项法、HP 滤波法、一阶差分法和 BP 滤波法。

国际经济周期有八个主要的特征事实:全球产出的高波动性;中低收入国家的高度波动性;私人消费比产出波动大;政府支出的逆周期性随着收入的增加而增加;总需求组成部分的顺周期性;贸易差额和经常账户的逆周期性;经济周期具有持久性;波动性排名从大到小的排序依次为投资、进口、出口、政府支出、消费和产出。

通过建立小型开放经济体模型,加入理性疏忽假设,我们可以较好地模拟出经济周期中消费和收入相关性的特征,为国际消费相关性之"谜"提供可能的解释。

国际开放宏观经济学存在六大"谜题":贸易的本土偏好之"谜"、储蓄-投资之"谜"、股票投资组合的本土偏好之"谜"、国际消费相关性之"谜"、购买力平价之"谜"、汇率脱钩之"谜"。

练习思考题

1. 请利用加拿大的年度数据,画出加拿大的经济周期。在所选的时间区间内,加拿大大概经历了多少个经济周期?大致的复苏、扩张、收缩和衰退阶段如何?

2. 利用中国的季度和月度数据(不局限于 GDP 数据)计算经济周期,短期经济和长期经济的周期性如何?不同经济周期的动因是什么?

3. 根据经济周期数据表,指出对于产出来说,哪些宏观经济变量是顺周期、逆周期和没有周期性的。

4. 请用季度数据以及一阶差分的办法计算国家间的经济周期。请问计算出来的结果与表 6-1 的结果是否大致一样?国际经济周期的几个特征事实还成立吗?

5. 挑选一个新兴国家,利用本章的小型开放经济体模型对其经济周期进行模拟。请问模拟结果和数据情况是否大致相同?如果模型对实际经济周期的解释力度较差,请问是什么原因造成的,如何改进模型?

6. 你认为小型开放经济体的完全信息理性预期模型中的假设都是合理的吗?可以通过哪些方法对模型进行改进?

7. 根据思政案例,思考为什么要研究经济周期?请问经济周期对我国经济发展能起到什么作用?

8. 挑选一个感兴趣的谜题,查阅相关的文献进行研究。例如,看看中国等发展中国家是否存在贸易的本土偏好之"谜"?相关的文献能否很好地解释该现象?

参考文献

[1] Backus, D. K., Kehoe, P. J., & Kydland, F. E. (1992). International real business cycles. *Journal of Political Economy*, 100(4): 745-775.

[2] Backus, D. K., & Smith, G. W. (1993). Consumption and real exchange rates in dynamic economies with non-traded goods. *Journal of International Economics*, 35(3-4): 297-316.

[3] Bai, Y., & Zhang, J. (2010). Solving the Feldstein-Horioka puzzle with financial frictions. *Econometrica*, 78(2): 603–632.

[4] Baxter, M., & Stockman, A. C. (1989). Some International Evidence. *Journal of Monetary Economics*, 23: 377–400.

[5] Berriel, T. C., & Bhattarai, S. (2013). Hedging against the government: A solution to the home asset bias puzzle. *American Economic Journal: Macroeconomics*, 5(1): 102–134.

[6] Caron, J., Fally, T., & Markusen, J. R. (2014). International trade puzzles: A solution linking production and preferences. *The Quarterly Journal of Economics*, 129(3): 1501–1552.

[7] Carvalho, C., & Nechio, F. (2011). Aggregation and the PPP puzzle in a sticky-price model. *American Economic Review*, 101(6): 2391–2424.

[8] Cochrane, J. (2005). *Asset pricing*. Princeton University Press.

[9] Coeurdacier, N. (2009). Do trade costs in goods market lead to home bias in equities?. *Journal of International Economics*, 77(1): 86–100.

[10] Coibion, O., & Gorodnichenko, Y. (2015). Information rigidity and the expectations formation process: A simple framework and new facts. *American Economic Review*, 105(8): 2644–2678.

[11] Cole, H. L., & Obstfeld, M. (1991). Commodity trade and international risk sharing: How much do financial markets matter?. *Journal of Monetary Economics*, 28(1): 3–24.

[12] Eaton, J., Kortum, S., & Neiman, B. (2016). Obstfeld and Rogoff's international macro puzzles: A quantitative assessment. *Journal of Economic Dynamics and Control*, 72: 5–23.

[13] Evans, C. L. (1999). National borders and international trade. Harvard University.

[14] Feldstein, M., & Horioka, C. (1980). Domestic saving and international capital flows. *The Economic Journal*, 90(358): 314–329.

[15] French, K. R., & Poterba, J. M. (1991). Investor diversification and international equity markets. *The American Economic Review*, 81(2): 222.

[16] Glick, R., & Rogoff, K. (1995). Global versus country-specific productivity shocks and the current account. *Journal of Monetary Economics*, 35(1): 159–192.

[17] Hall, R. E. (1978). Stochastic implications of the life cycle-permanent income hypothesis: Theory and evidence. *Journal of Political Economy*, 86(6): 971–987.

[18] Hansen, L. P. (1987). Calculating asset prices in three example economies. *Advances in Econometrics*, 4: 207–243.

[19] Helliwell, J. F. (1996). Do national borders matter for Quebec's trade? *Canadian Journal of Economics*, 29(3): 507–522.

[20] Hodrick, R. J., & Prescott, E. C. (1997). Postwar US business cycles: An empirical investigation. *Journal of Money, Credit, and Banking*, 29(1): 1–16.

[21] Iliopulos, E., Perego, E., & Sopraseuth, T. (2021). International business cycles: Information matters. *Journal of Monetary Economics*, 123: 19–34.

[22] Imbs, J., Mumtaz, H., Ravn, M. O., & Rey, H. (2005). PPP strikes back: Aggregation and the real exchange rate. *The Quarterly Journal of Economics*, 120(1): 1-43.

[23] Itskhoki, O., & Mukhin, D. (2021). Exchange rate disconnect in general equilibrium. *Journal of Political Economy*, 129(8): 2183-2232.

[24] Kahneman, D. (1973). *Attention and Effort*. Prentice-Hall Press.

[25] King, R. G., Plosser, C. I., & Rebelo, S. T. (1988). Production, growth and business cycles: I. The basic neoclassical model. *Journal of Monetary Economics*, 21(2-3): 195-232.

[26] Li, W., Luo, Y., & Nie, J. (2017). Elastic attention, risk sharing, and international comovements. *Journal of Economic Dynamics and Control*, 79: 1-20.

[27] Long Jr, J. B., & Plosser, C. I. (1983). Real business cycles. *Journal of Political Economy*, 91(1): 39-69.

[28] Luo, Y., & Young, E. R. (2014). Signal extraction and rational inattention. *Economic Inquiry*, 52(2): 811-829.

[29] Maćkowiak, B., & Wiederholt, M. (2015). Business cycle dynamics under rational inattention. *The Review of Economic Studies*, 82(4): 1502-1532.

[30] McCallum, J. (1995). National borders matter: Canada-US regional trade patterns. *The American Economic Review*, 85(3): 615-623.

[31] Meese, R. A., & Rogoff, K. (1983). Empirical exchange rate models of the seventies: Do they fit out of sample? *Journal of International Economics*, 14(1-2): 3-24.

[32] Mendoza, E. G. (1991). Real business cycles in a small open economy. *The American Economic Review*, 81(4): 797-818.

[33] Miyamoto, W., & Nguyen, T. L. (2017). Understanding the cross-country effects of US technology shocks. *Journal of International Economics*, 106: 143-164.

[34] Noam, E. M. (Ed.). (2016). *Who owns the world's media? Media concentration and ownership around the world*. Oxford University Press.

[35] Obstfeld, M., Rogoff, K. (2000). The Six Major Puzzles in International Macroeconomics: Is There a Common Cause? *NBER Macroeconomics Annual*, 15: 339-390.

[36] Reis, R. (2006). Inattentive consumers. *Journal of Monetary Economics*, 53(8): 1761-1800.

[37] Rogoff, K. (1996). The purchasing power parity puzzle. *Journal of Economic Literature*, 34(2): 647-668.

[38] Sims, C. A. (2003). Implications of rational inattention. *Journal of Monetary Economics*, 50(3): 665-690.

[39] Sims, C. A. (2010). Rational Inattention and Monetary Economics. Handbook of Monetary Economics, 3: 155-181.

[40] Stadler, G. W. (1994). Real business cycles. *Journal of Economic Literature*, 32(4): 1750-1783.

[41] Uribe, M., & Schmitt-Grohé, S. (2017). *Open economy macroeconomics*. Princeton University Press.

[42] Van Nieuwerburgh, S., & Veldkamp, L. (2009). Information immobility and the home bias puzzle. *The Journal of Finance*, 64(3): 1187–1215.

[43] Wei, S. J. (1996). Intra-national versus international trade: How stubborn are nations in global integration?. NBER Working Paper (w5531).

第七章
开放经济的货币政策——实证分析

全章提要

引言
学习目标
学习重点
视野拓展
- 第一节　美国货币政策的外溢效应
- 第二节　美国货币政策外溢性对中国的影响
- 第三节　中美货币政策外溢性的比较

本章小结
练习思考题
参考文献

引言

自20世纪80年代以来,美联储已经历大致六个完整的加息周期。美联储历次加息对美国产出水平、通货膨胀、金融市场和汇率都产生了深入的影响,并且对新兴市场国家外汇市场、金融市场和产出水平带来了较强的溢出效应。历史经验显示,美联储进入加息周期时,新兴市场面临多重压力叠加,严重情况下引发了20世纪80年代的拉美债务危机、1997年亚洲金融危机,以及2021年土耳其货币危机。

2021年,由于财政政策和货币政策的刺激、经济结构的失衡、供给面冲击等因素,美国通货膨胀高居不下,美联储自2022年3月连续加息11次,对全球贸易、金融等多方面产生显著冲击。美国的货币政策对中国有什么影响?中国应该使用怎样的政策应对美国货币政策的冲击?理解美国货币政策的外溢效应对于今天的中国具有重要的现实意义。本章将对美国货币政策的外溢效应进行分析,并具体介绍中国情景下美国货币政策的外溢效应。

学习目标

通过本章的学习,能够理解和掌握以下内容:
1. 开放经济中美国货币政策外溢性的特征事实;
2. 全球金融周期的基本概念以及美国在全球金融周期形成中的重要作用;
3. 中国情景下美国货币政策的外溢效应。

学习重点

1. 美国货币政策外溢性的典型事实;
2. 货币政策不确定性的外溢效应的特征事实;
3. 美国货币政策外溢性对中国货币政策的影响。

视野拓展

与本章内容相关的论文导览与阅读,可扫以下二维码深入学习。

第一节　美国货币政策的外溢效应

一、美国货币政策的外溢效应的概念

美国货币政策的外溢效应是指美国通过调整货币政策所产生的影响不限于美国国内,而且在全球范围内波及其他国家的经济和金融市场。这种效应的出现主要是由于全球化的金融市场和经济体系使得国家之间的金融、贸易和投资联系更加紧密。

2008 年全球金融危机爆发后,为了刺激美国经济和稳定金融市场,美联储推出量化宽松(QE)货币政策。2014 年 10 月,美国宣布结束量化宽松政策。2015 年 12 月,美联储宣布第一次加息,在随后的 37 个月内共加息 9 次,累计加息 225 个基点。本轮加息周期使得美元指数和美债收益率双双上涨,并缓解了美国的通货膨胀压力和就业压力。但是,对于新兴市场国家而言,美元在此轮加息周期中的走强导致大量的资金流出这些国家,从而使得新兴市场经济体面临巨大的货币贬值压力,部分新兴市场国家的 GDP 甚至出现了负增长。中国是美元外汇的主要持有国,在此轮加息周期中,中国外汇储备大幅缩水。自 20 世纪 80 年代以来,美联储已经历六轮完整的加息周期,这六轮加息分别发生在美联储主席沃尔克、格林斯潘和耶伦的任期内。曾经有两轮加息引发了大规模的区域性金融危机:一是沃尔克在他的第一个任期内(1983—1984 年)在美国房地产过热背景下进行加息引发了拉美债务危机;二是格林斯潘在他的第一个任期内(1994—1995 年)在美国通胀恐慌的背景下进行加息引发了东南亚金融危机。其他几轮加息也导致了个别国家的危机,比如 2001 年阿根廷经济危机和 2018 年土耳其货币危机。可见,美国货币政策的外溢效应普遍存在,这可能也使得美国货币政策成为全球经济金融波动的来源之一。

当前,世界正经历百年未有之大变局,中国作为目前全球最大外汇储备国和最大的出口国,与全世界其他国家存在密切、复杂的金融、经济、贸易联系。这要求我们更加深入地理解和研究美国货币政策的外溢效应。在本章中,我们将从实证角度出发,对美国货币政策的外溢效应进行分析,并具体介绍中国情景下美国货币政策的外溢效应。在下一章中,我们从理论角度对美国货币政策外溢效应的作用渠道进行更加深入的分析讨论。

二、美国货币政策外溢效应的典型特征

(一) 全球金融周期与美国货币政策

本部分主要基于 Miranda-Agrippino and Rey(2021)的研究,对美国货币政策与全球金融周期之间的关系进行介绍。

全球金融周期(Global Financial Cycle, GFC)这一概念由 Rey(2013)最早提出,指的是风险资产价格、资本流动、杠杆率和风险溢价在全球范围内高度联动的现象。Miranda-Agrippino and Rey(2021)通过动态因子模型(Dynamic Factor Model, DFM),从不同类型的资本流动、资产

价格和私人信贷中提取了共同因子并发现：一个共同因子（F_A）可以解释大约25%的资产价格变化；两个共同因子（F_{C1}和F_{C2}）可以解释约35%的资本流动变化；一个共同因子（F_P）可以解释30%的私人信贷变化。此外，他们还发现F_A和F_{C1}之间的相关系数高达0.815，并将它们两个称为全球金融周期因子；F_{C2}和F_P之间的相关系数高达0.844，并将它们称为全球贸易-大宗商品因子。具体概括如图7-1所示。

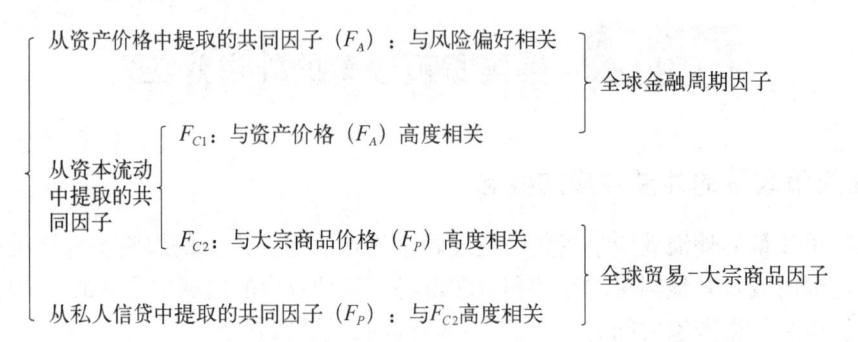

```
从资产价格中提取的共同因子（F_A）：与风险偏好相关 ┐
                                                    ├ 全球金融周期因子
从资本流动中提取的共同因子 ┌ F_C1：与资产价格（F_A）高度相关 ┘
                           └ F_C2：与大宗商品价格（F_P）高度相关 ┐
                                                                   ├ 全球贸易-大宗商品因子
从私人信贷中提取的共同因子（F_P）：与F_C2高度相关 ┘
```

图7-1 不同类型的资本流动、资产价格和私人信贷的共同因子

利用动态因子模型对数据进行降维总结之后，他们进一步研究了美国货币政策冲击如何通过影响上述全球金融周期因子和全球贸易-大宗商品因子而对全世界其他国家产生外溢效应。具体来说：首先，对于美国货币政策冲击的识别，他们通过捕捉在美联储联邦公开市场委员会（Federal Open Market Committee，FOMC）宣布货币政策期间市场上出现的高频意外变动来确定货币政策的冲击效应。其次，他们通过向量自回归模型（Vector Autoregression，VAR）[①]，研究了美国货币政策对全球金融周期的影响。

在图7-2中，基于1991年1月至2018年12月的月度数据，Miranda-Agrippino and Rey（2021）利用上述高频货币政策冲击作为工具变量、利用结构向量自回归（Structural VAR，SVAR）考察了全球的一些宏观经济和金融变量（包括全球资产价格和资本流动的因子）对美国紧缩性货币政策冲击的脉冲响应。上述脉冲响应均经过标准化，以刻画美国政策利率上升100个基点的金融经济变量反应。

通过对图7-2的分析，我们可以发现：在美国本土宏观经济变量反应方面，美国货币政策紧缩之后，美国1年期国债收益率（第3行第2列）上升100 bps（标准化），其工业生产（第2行第4列）出现了明显下滑，其消费者物价指数（第3行第1列）也有所下滑。这些变量的反应是比较符合经典认知的。

在全球宏观变量方面，在美国货币政策收紧之后，美元汇率升值，全球金融状况[②]发生了明显恶化（第1行第3列），私人资产流动性[③]下降（第1行第4列），从而使得资产价格下降（第2行第1列）。美国货币政策的变化可能引发全球市场的不安[④]（第3行第4列），投资者可能

---

① 向量自回归模型由克里斯托弗·西姆斯（Christopher Sims）于1980年提出，是一种用于分析多变量时间序列数据的统计模型，它通过将每个变量表示成其滞后值及其他变量的当前值和滞后值来捕捉多个时间序列变量之间的动态关系。
② 全球金融状况综合了多个金融市场的变量，包括利率、信贷扩张、股市表现、货币汇率和其他金融指标，旨在反映全球金融市场的总体状态。指标来源：CrossBorder Capital Ltd.。
③ 全球私人流动性衡量全球私人部门可获得的流动性资金，包括现金、银行存款和其他流动资产。它反映私人部门在全球范围内的资金可用性和流动性。指标来源：CrossBorder Capital Ltd.。
④ 由波动率指数（Volatility Index，VIX）衡量。波动率指数，通常被称为"恐惧指数"，它反映了市场对未来30天股票市场波动率的预期。高VIX值通常表示市场预期未来会有较大的波动，投资者情绪紧张，恐慌情绪增加。

图 7-2 全球对美国紧缩性货币政策冲击的脉冲响应

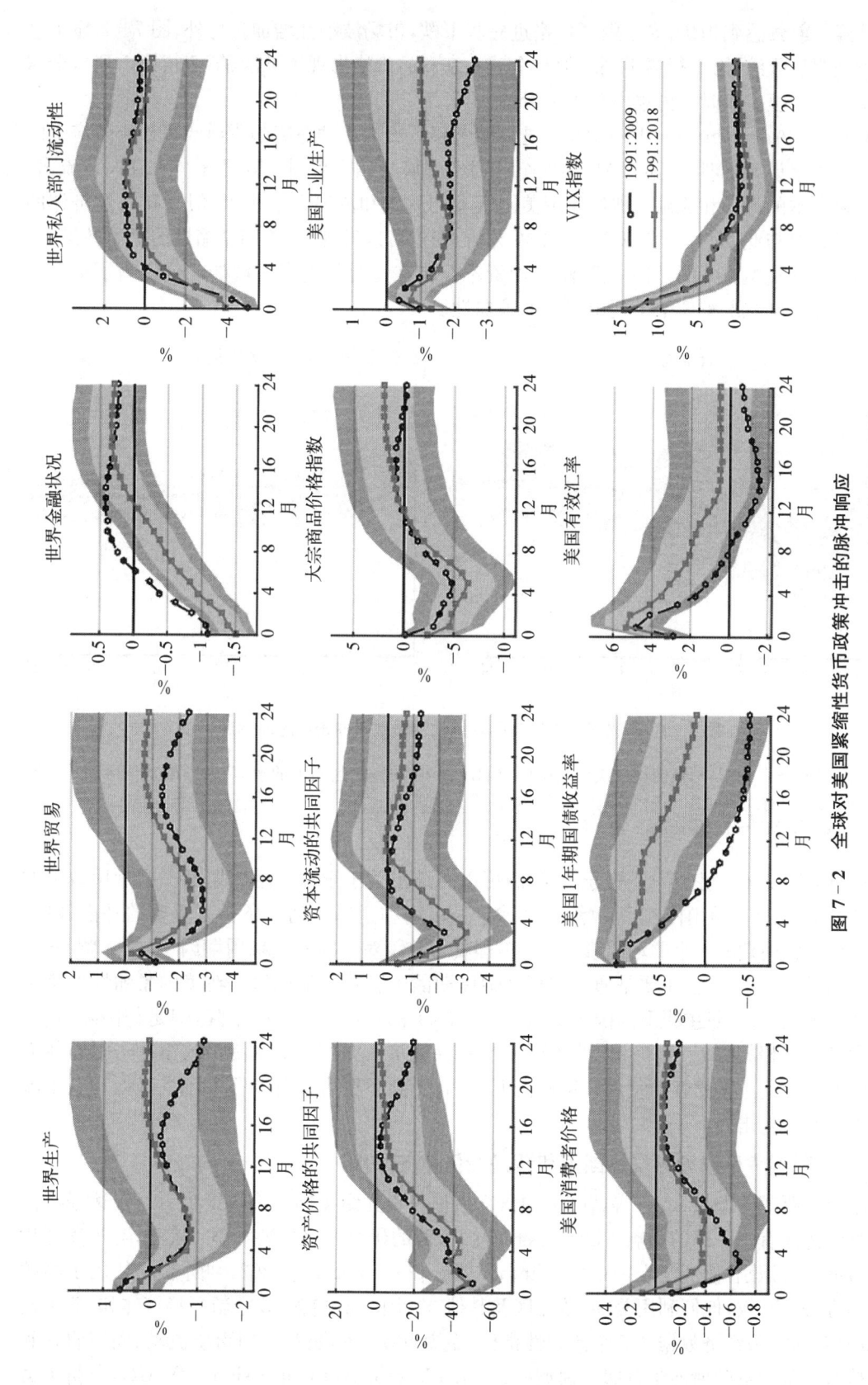

注：实线、浅色阴影、深色阴影依次代表中位数响应、68%的置信区间下的响应、90%的置信区间下的响应。

资料来源：Miranda-Agrippino and Rey(2021)。

对全球经济前景感到担忧,导致资产价格进一步下跌,市场波动性增加。另外,图 7-2 显示产出未出现明显收缩(第 1 行第 1 列),但是全球大宗商品价格出现了下滑(第 2 行第 3 列),全球贸易量在半年至一年时间内也出现了下滑(第 1 行第 2 列)。

Miranda-Agrippino and Rey(2021)进一步考察了资本流动在美国货币政策外溢效应上的作用。具体来说,他们将上述 VAR 中的全球因子替换为四个变量:美国资本的流入和流出、新兴国家资本的流入和流出。他们发现美国资本的流入和流出大抵相当,但是新兴经济体的资本流动情况与此不同。通过对图 7-3 的分析,我们可以发现,在美国紧缩性的货币政策下,新兴经济体的资本流入明显持续性减少,而资本流出在短时间内有所增加。这说明了新兴经济体国家在金融状况整体上呈现出更大的脆弱性。

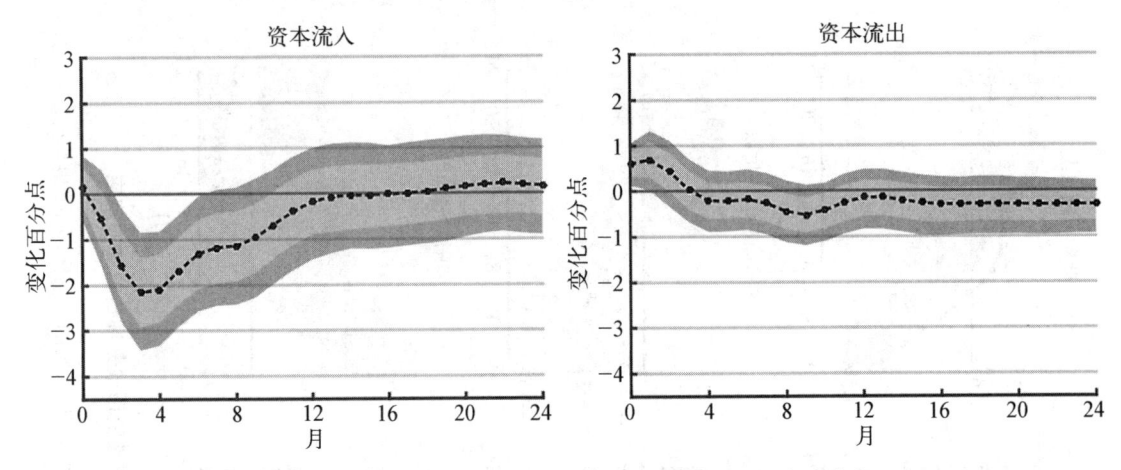

图 7-3 新兴经济体对美国紧缩性货币政策冲击的脉冲响应

注:实线、浅色阴影、深色阴影依次代表中位数响应、68%的置信区间下的响应、90%的置信区间下的响应。所用数据的时间序列为 1991 年 1 月至 2018 年 12 月。
资料来源:Miranda-Agrippino and Rey(2021)。

通过对图 7-2 和图 7-3 的分析,我们可以总结出关于全球金融周期与美国货币政策的三个特征事实:(1)美国的货币政策对全球金融市场和全球流动性条件有重要的外溢效应,它是全球金融周期的一个驱动因素。(2)美国货币政策对于国际金融周期因子、国际贸易-大宗商品因子都有影响,但主要是通过国际金融周期因子影响其他国家。在美国紧缩性的货币政策冲击下,三种变量中提取的因子(F_A、F_C、F_P)都有不同程度的下降,但是与国际贸易-大宗商品因子相关的 F_C 下降程度较低。(3)新兴经济体在面对美国货币政策冲击时有较大的脆弱性。在美国紧缩性的货币政策冲击下,它们受到了更为显著的资本流入降低和资本流出增加的双重打击。

(二)美国货币政策对发达国家和新兴经济体的影响

本节主要基于 Degasperi 等(2023)的研究来进一步介绍美国货币政策是否对发达经济体与新兴经济体有不一样的影响。Degasperi 等(2023)的研究内容主要如下:首先,对于美国货币政策冲击的识别,他们与上一部分 Miranda-Agrippino and Rey(2021)相同,均使用了高频识别的方法。其次,他们利用美国、欧元区及其他 30 个国家(包含 15 个新兴经济体和 15 个发达经济体)的宏观经济数据和 5 个流动性指标(金融状况、风险偏好、净跨境流动、固定收入和股权持有),基于贝叶斯向量自回归模型(Bayesian Vector Autoregression, BVAR),分析了美国货币政策冲击对其他国家的影响。

图7-4、图7-5、图7-6分别画出了全球、发达经济体、新兴经济体的一些变量对美国紧缩性货币政策冲击的脉冲响应。其中，跨境流动指数捕捉了流入一种货币的所有金融流动，包括银行业务和所有投资组合流动（债券和股票）。该指数是通过国家贸易和经常账户数据、外汇储备变动以及季度净外国直接投资（FDI）流动数据来估计的。金融状况指数代表短期信贷利差，如存款贷款利差。风险偏好的测算基于所有投资者在股权和债券之间的资产负债表暴露程度，反映了投资者在风险资产和安全资产之间的配置。

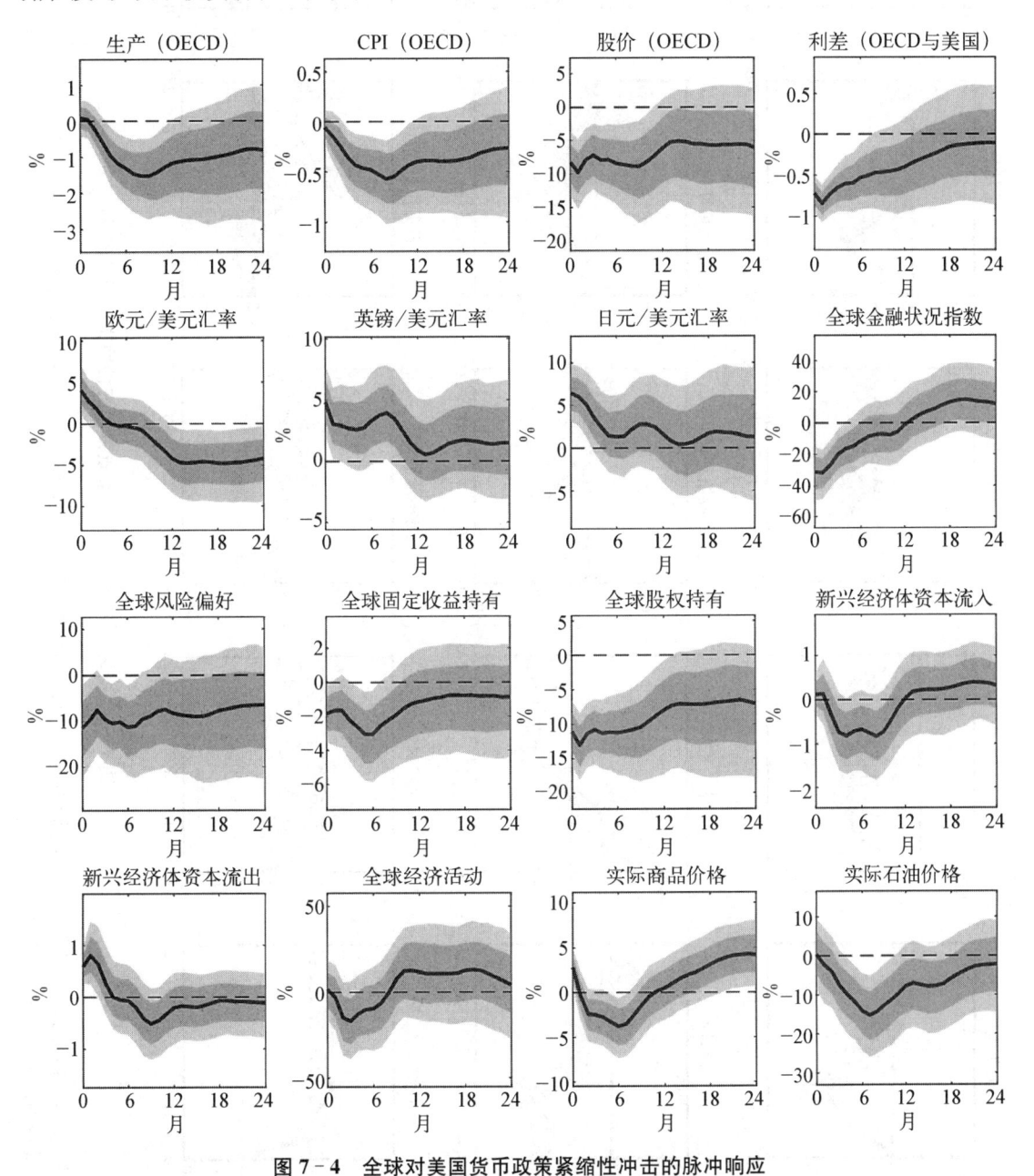

图7-4 全球对美国货币政策紧缩性冲击的脉冲响应

注：实线、深色阴影、浅色阴影依次代表中位数响应、68%的置信区间下的响应、90%的置信区间下的响应。
资料来源：Degasperi等（2023）。

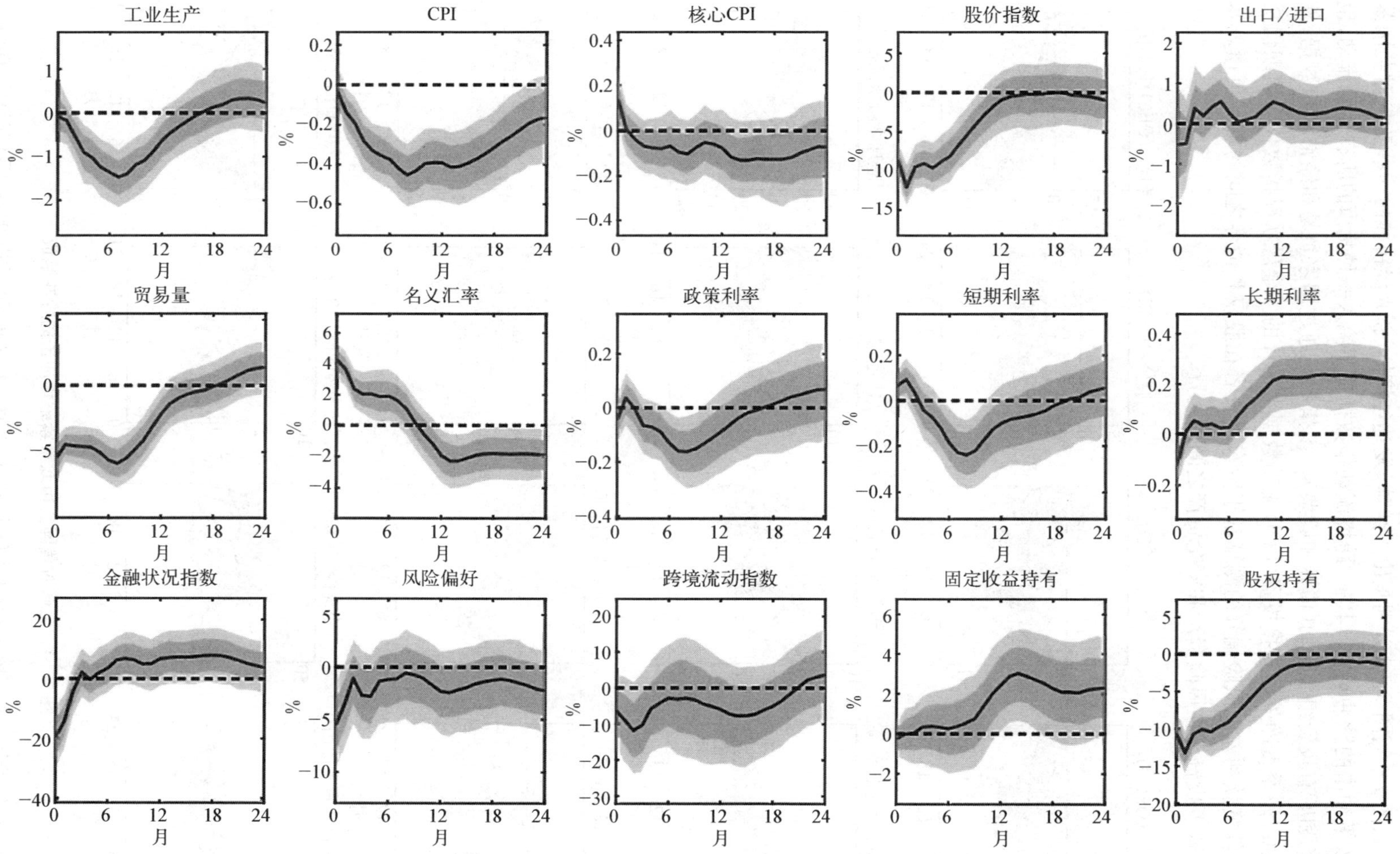

图 7-5 发达经济体对美国货币政策紧缩性冲击的脉冲响应

注：实线、深色阴影、浅色阴影依次代表中位数响应、68%的置信区间下的响应、90%的置信区间下的响应。
资料来源：Degasperi 等（2023）。

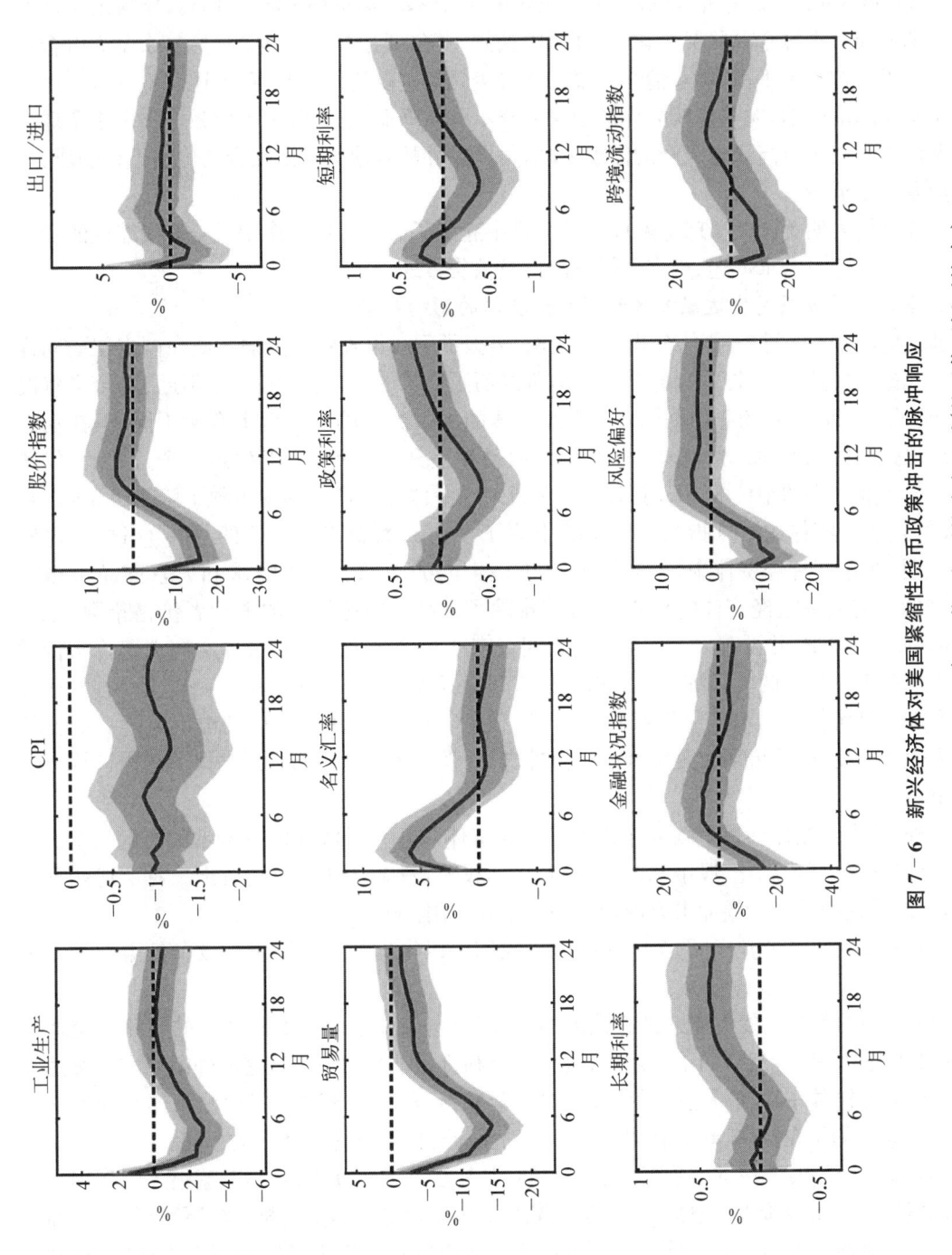

图 7－6　新兴经济体对美国紧缩性货币政策冲击的脉冲响应

注：实线、深色阴影、浅色阴影依次代表中位数响应、68%的置信区间下的响应、90%的置信区间下的响应。

资料来源：Degasperi 等（2023）。

1. 美国货币政策对全球的影响分析

通过对图7-4的分析可以发现,在美国货币政策收紧后,全球经济急剧收缩。在美国1年期国债收益率上升1%的冲击下,大约6个月后,OECD国家的工业生产下降了1.5%,其CPI指数下降了0.5%。此外,实际商品价格下降了5%,石油价格下降了15%,反映出全球经济活动的低迷。全球金融状况恶化、全球风险偏好下降、股票持仓减少,表明全球投资组合正在向安全资产进行再平衡,避险情绪升温。随着美元对主要货币的升值,上述调整导致了全球跨境资本流动的收缩,尤其是新兴市场国家的资本流入降低,以及资本流出激增。由于全球经济状况的恶化以及对高风险资产的需求下降,美国以外的其他国家面临资产价格下行的压力,全球股票市场低迷。

上述分析表明美国在全球金融周期的演进中起到了关键的推动作用。美国紧缩性的货币政策导致了全球总需求低迷、资产价格下跌以及信贷紧缩。

2. 美国货币政策对发达经济体和新兴经济体的影响分析

通过对图7-5、图7-6的分析可以发现,美国货币政策收紧的紧缩效应在国家层面同样显著。无论是发达经济体还是新兴经济体,都经历了产出的收缩、持续的通缩压力和金融状况(Financial Conditions)的急剧恶化。两类经济体的中位数在响应幅度上有所不同,但在动态上表现出强烈的相似性。当美国1年期国债收益率上升1%的冲击发生约6个月之后,发达经济体的工业产出的中位数下降了1.4%,而新兴经济体工业产出的中位数下降了2.5%。与此同时,发达经济体的CPI指数的中位数下降了0.4%,而新兴经济体的下降了1%。这些结果表明,在这两种经济体中,较高的进口价格带来的影响弱于总需求和大宗商品价格收缩带来的影响。发达经济体的核心CPI,即排除了食品和能源价格的消费者价格指数,也有所下降,而整体CPI并没有太大变化。这表明大宗商品价格是货币政策冲击向消费价格传导渠道中的关键一环。两类经济体的货币均相对于美元贬值。图7-5和图7-6表明,发达经济体和新兴经济体的总贸易量分别下降了6%和13.5%,且两种经济体的出口与进口的比值均未发生太大变化,这说明在美国利率正向冲击下,发达经济体与新兴经济体的进出口均产生了收缩。

此外,美国的紧缩性货币政策导致了发达经济体和新兴经济体的投资者的避险行为:金融状况和风险偏好均恶化,股市暴跌,投资者撤回投资,资金从新兴市场流出。对上述两种经济体,金融渠道似乎在传导冲击方面均发挥了主要作用。

通过对图7-4、图7-5、图7-6的分析,我们可以得出关于美国货币政策外溢性的三个结论:

(1) 美国的紧缩性货币政策具有强大的外溢效应,引发了全球实际活动的收缩和全球避险情绪(体现为高风险资产的重新定价、资本外流和价格下行压力),且这种外溢效应在发达经济体和新兴经济体中存在一定的异质性。对于新兴经济体,其不同的货币政策体制和资本流动管理政策解释了在汇率、政策利率和资本流动反应方面与发达经济体的不同。

(2) 大宗商品渠道在货币政策冲击的传导,尤其是对于CPI的传导,起着很大的作用。在美联储紧缩的货币政策下,全球活动同步的减少对大宗商品和石油价格产生下行压力,从而对总通胀产生影响。在对美元敏感且进口价格传导效应较强的较为脆弱的新兴市场中,这种影响更大。

(3) 金融渠道在美国货币政策外溢性传导到实际变量中发挥着重要的作用(且这种作用正在逐渐增强),新兴经济体的金融渠道发挥的作用比贸易渠道更为明显。冲击对实际变量的传导主要通过金融变量进行。对于金融渠道的传导,最关键的机制是风险溢价的重新定价。在美国货币政策收紧时,全球投资者重新评估其投资组合的风险和回报,导致资本从本国流出,进一步推高本国的融资成本和利率。投资者对未来经济环境的不确定性和潜在风险的预期变化会提高风险溢价,从而导致股票和债券的价格下跌,企业和政府的融资成本上升,并使银行收紧信贷。由于新兴经济体依赖外部资本,相对于发达经济体而言,其金融市场的深度和稳定性较低,因此,风险溢价的变化可以迅速影响这些经济体的资本流动、汇率波动和融资成本,对其实际经济活动产生更显著的影响。

(三) 美国货币政策不确定性的外溢效应

关于货币政策不确定性的外溢效应的研究属于宏观经济学领域近几年兴起的内容。传统的研究主要聚焦于一阶矩冲击(指货币政策利率变化)的国际传导机制,关于货币政策不确定性的外溢效应的研究属于二阶矩冲击的范畴。这种二阶矩冲击指的是政策利率预期路径的不确定性的意外变化导致的冲击。大量文献表明二阶矩冲击也会对国际金融市场产生重大外溢效应。研究美国货币政策不确定性的外溢效应常用的方法有事件分析法和VAR方法。

例如,Lakdawala等(2021)通过事件分析法证明了这种外溢效应的存在,并发现,当美联储联邦公开市场委员会(FOMC)有意改变有关未来政策决策的前瞻性指导语言时,不确定性溢出效应会显著增大。这表明美联储联邦公开市场委员会拥有了一个影响国际金融状况的额外工具,即影响市场对短期利率未来路径的感知不确定性。此外,在利率更可能受到零下限限制的环境中,不断变化的不确定性可能使这种工具变得越来越重要。

这里我们重点介绍 Lastauskas and Nguyen(2023)所使用的 VAR 方法。作者利用了包括美国和其他 32 个国家(如中国、日本和 8 个欧元区国家等)的宏观数据构建了 VAR 模型。由于这些国家占世界产出的 90%,本模型可以看作全球 VAR 模型(GVAR),并可以由此分析美国货币政策不确定性对全球的影响。这是一篇非常全面的研究美国货币政策不确定性的外溢效应的文章。图 7-7 和图 7-8 记录了美国货币政策不确定性对某些特定国家的外溢效应。

通过对图 7-7、图 7-8 和 Lastauskas and Nguyen(2023)中其他图像的分析(篇幅所限,具体结果不在此呈现,详见该研究的在线附录),我们可以总结出关于美国货币政策不确定性的外溢效应的 5 个特征事实:

(1) 美国货币政策不确定性的意外增加导致全球经济低迷、物价和利率下降。在美国货币政策不确定性冲击下,欧元区产出增长在第一年半内下降了 0.1 个百分点,说明了美国政策对欧元区的重要性。冲击对日本的 GDP 影响较小(见图 7-7 第 1 列第 3 行),但对加拿大 GDP 的影响却非常大(见图 7-7 第 1 列第 4 行)。

(2) 美国货币政策不确定性的意外增加几乎没有导致各个国家的实际汇率发生变化(见图 7-7 第 4 列)。这表明了美国货币政策的一阶矩和二阶矩冲击之间可能存在不同的传导通道,即二阶矩冲击(不确定性冲击)的汇率渠道和贸易渠道可能不是很显著(关于货币政策的具体传导渠道,请参见第八章第一节第二部分)。为了验证这个猜想,作者使用金融权重对货币政策不确定性的影响进行了分解,发现货币政策不确定性通过金融渠道的传导比通过贸易渠道的传导更为强烈,而美国在其中发挥着更为突出的作用。这也间接证实了美国的货币政策在全球金融周期形成中的重要作用。值得注意的是,除中国外,其他各国的实际汇率对这种冲击的反应并不显著(见图 7-7 第 4 列)。

(3) 新兴经济体对美国货币政策不确定性冲击的反应比发达经济体更为强烈。

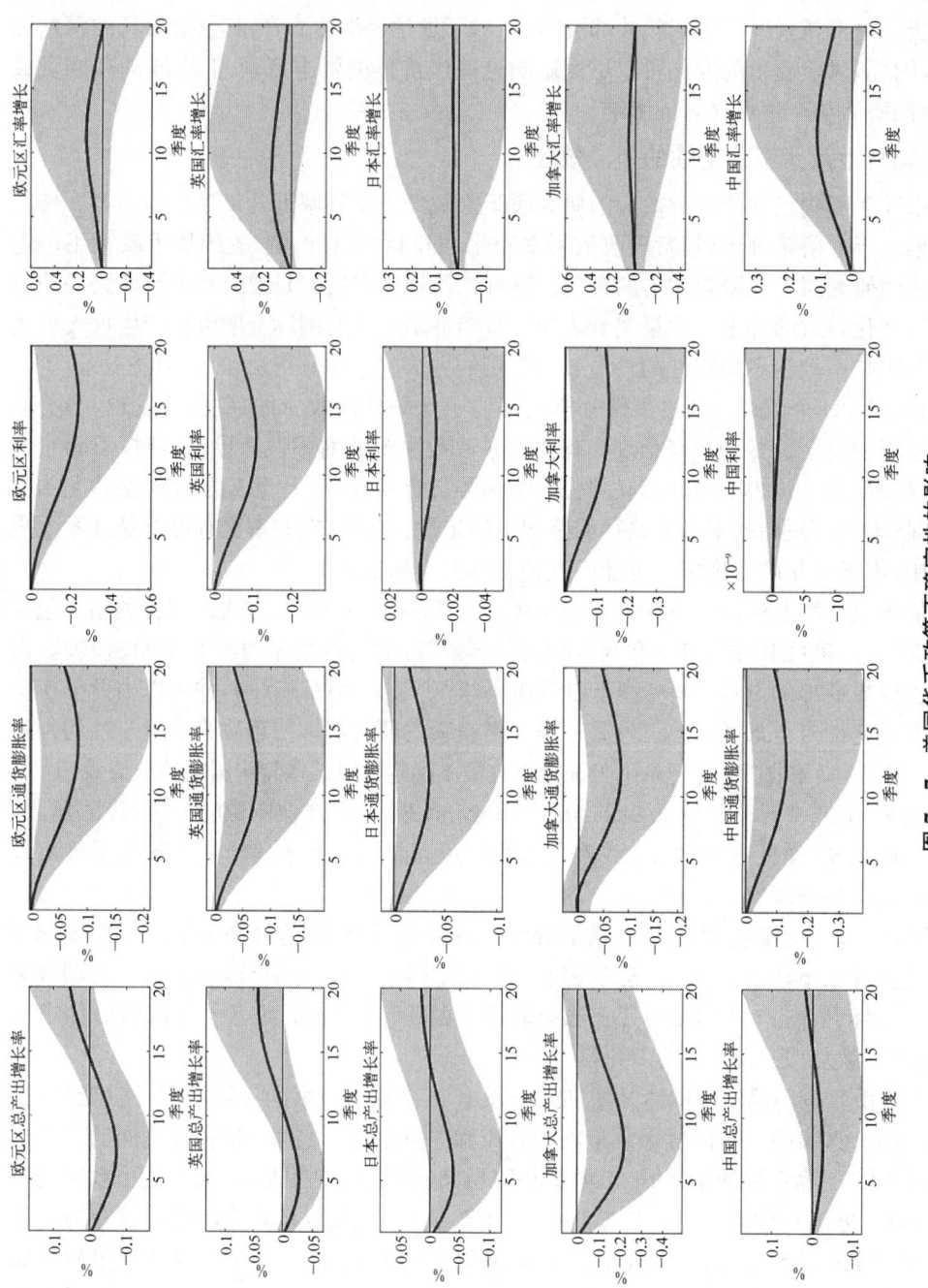

图 7-7 美国货币政策不确定性的影响

注：图中画出了美国货币政策冲击波动性意外增加100%对几个特定国家或地区（从上至下分别为欧元区、英国、日本、加拿大、中国）所产生的全球外溢效应。实线表示中位数，阴影区域表示68%的置信区间。

资料来源：Lastauskas and Nguyen(2023)。

第七章 开放经济的货币政策——实证分析

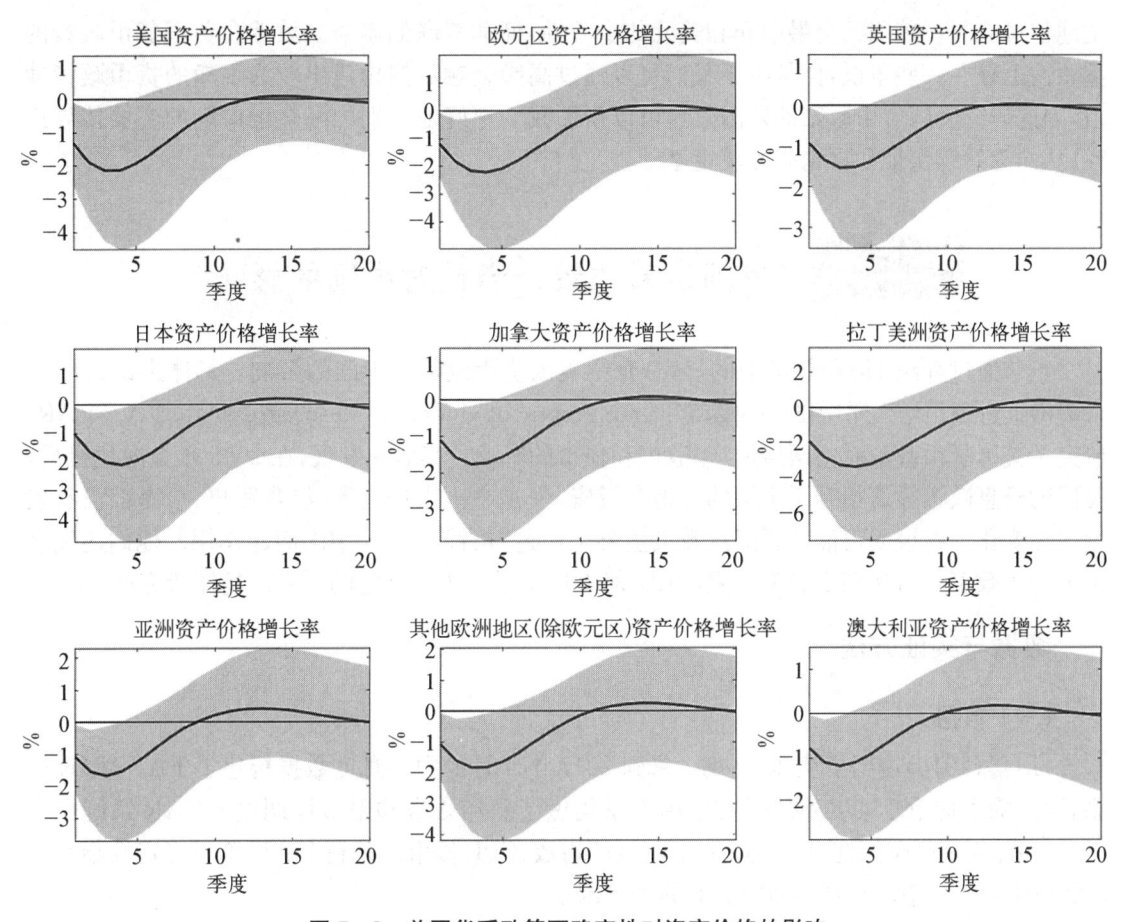

图 7-8 美国货币政策不确定性对资产价格的影响

注：图中画出了美国货币政策冲击波动性意外增加 100% 对一些区域所产生的全球溢出效应。亚洲响应是印度、韩国、马来西亚、菲律宾、新加坡和泰国的加权平均响应。拉丁美洲响应是阿根廷和智利的加权平均响应。实线表示中位数，阴影区域表示 68% 的置信区间。

资料来源：Lastauskas and Nguyen(2023)。

（4）美国政策的不确定性对全球各个国家的资产价格均有着直接的影响，这是美国在全球金融周期形成中的重要作用的直接证据。由图 7-8 可知，美国资产价格的涨幅在不到一年的时间里下降了 2 个百分点，拉丁美洲受到的影响甚至超过了美国，其他国家和地区也出现了相同的反应。

（5）美国政策的不确定性使得世界其他国家的行动相当同质且同步。此外，作者还对欧元区货币政策不确定性的外溢性做了 VAR 分析，结果未能产生显著的溢出效应，这表明美元作为储备货币和美国经济作为金融中心的特殊地位。

通过以上讨论，我们可以发现美国货币政策冲击和美国货币政策不确定性冲击对发达经济体和新兴经济体都有强大的外溢效应。这种外溢效应通过金融和贸易等渠道发挥作用，但是通过金融渠道产生的影响可能更大，这表明美国在全球金融周期演进中具有重要作用。但是，近年来也有一些讨论认为美国货币政策对于国际金融周期变化并不一定是最重要的因素。例如，Rogers(2023)发现，美国公司债券利差是全球金融周期最重要的驱动因素。相比而言，美联储货币政策冲击对全球金融周期的贡献较少。因此，其认为美国在全球金融体系中的霸主地位可能源于美国的金融中介和美元的中心性,而非美联储本身。虽然在美国货币政策的重要性上存在一些争议,但是由于我们可以通过高频金融数据构建出较为干净的货币政策冲击,因此研究美国货币政策的外溢效应可以帮助我们更好地识别国际金融周期的主要传导途径,从而为后续实证和理论研究奠定基础。

第二节 美国货币政策外溢性对中国的影响

本节通过介绍 Ho 等(2018)的研究,介绍美国货币政策对中国的影响。具体来说,Ho 等(2018)通过因子增强向量自回归模型(Factor Augmented Vector Autoregression,FA‑VAR)研究了美国货币政策对中国房地产、股市和债市的影响。其研究发现,在 2008 年金融危机后,美国的降息政策显著抬升了中国的房地产投资,但是中国市场利率、经常账户、汇率都没有发生明显变化。这说明可能美国降息政策主要是通过"热钱"[①]涌入中国而起作用。他们还发现美国货币政策是否达到零利率下限(ZLB)对上述结果产生了一定的影响。具体研究如下。

一、数据与实证方法

(一) 数据

Ho 等(2018)使用了从 2000 年 1 月到 2017 年 4 月的中美月度数据构建了 FA‑VAR 模型,并对除了货币政策以外的所有中国变量均做了新年效应和季节性调整。VAR 系统包含 8 个变量:5 个是美国变量(失业率、工业生产指数、CPI、货币政策利率和政策不确定性指数),3 个是从 161 个中国宏观系列中提取的中国因子。

作者将从 2000 年 1 月到 2017 年 4 月的整个样本期分为两个子样本。第一个期间从 2000 年 1 月到 2008 年 12 月,以代表美国货币政策的正常时期;第二个期间从 2009 年 1 月到 2017 年 4 月,这是包含美国货币政策进入零利率下限的期间:2008 年 12 月 16 日至 2015 年 12 月 15 日期间有效联邦基金利率低于 25 个基点,美国实际上已处于零利率下限阶段。作者以第二个样本作为主要考察样本,而第一个样本则用作对照组。此外,作者使用了 Wu and Xia(2016)构建的影子利率以替代不可为负值的有效联邦利率,从而能够刻画非常规货币政策期间美国货币当局的政策立场,并使用了货币政策不确定性指数来衡量美国货币政策的不确定性冲击对中国货币政策的影响。

(二) FA‑VAR 模型

运用 FA‑VAR 模型来分析美国货币政策外溢性有如下优点:(1)可以在 FA‑VAR 模型中纳入大量数据序列,从而充分利用各种信息;利用因子分析减少了模型中的变量数量,从而缓解了标准 VAR 方法下对自由度的担忧。(2)通过因子分析可以正确衡量政策冲击,避免由于变量缺失,美联储可能会根据中国的经济状况调整货币政策而导致的内生性问题。(3)通过从大量中国变量中提取因子,避免了在选择 VAR 模型中包含的变量时的随意性,且能够全面地研究美国货币政策对中国整体经济的影响。(4)通过因子分析,可以在一定程度上缓解

[①] 热钱指的是主要用于追求短期利润而非长期投资的短期资本流动。这类资金通常迅速流入和流出市场,对经济产生快速而显著的影响。

中国宏观变量存在的缺失和噪声问题。

VAR系统包含3种主要变量：X_t为大量的宏观经济时间序列（$N×1$向量）；Y_t为观察变量（$M×1$向量）；Z_t为3个美国宏观经济变量——工业生产、失业率、CPI。通过将Z_t引入VAR系统，我们可以考虑美国货币政策的预期变化；F_t为通过因子分析所得到的数据中共同的潜在因子，这些因子是不能直接观测到的变量。在FA-VAR模型中，有如下等式成立：

$$\begin{pmatrix} Z_t \\ F_t \\ Y_t \end{pmatrix} = \Phi(L) \begin{pmatrix} Z_{t-1} \\ F_{t-1} \\ Y_{t-1} \end{pmatrix} + \epsilon_t$$

其中$\Phi(L)$是滞后算子的多项式，ϵ_t是期望值为0，协方差为Σ的误差项，并假设误差项可以表示为结构性冲击的线性组合：$\epsilon_t = PU_t$。结构性冲击包含以下3种：美国货币政策冲击U_t^{USmp}、美国货币政策不确定性冲击U_t^{USpu}、其他结构性冲击。

我们假设X_t与F_t和Y_t相关，即

$$X_t = \Lambda^f F_t + \Lambda^y Y_t + e_t$$

其中Λ^f和Λ^y分别为F_t和Y_t的加载矩阵（loadings），e_t为误差项。由于F_t不能被直接观察到，因此我们用$\hat{F}_t$代替F_t，其中$\hat{F}_t$由如下方式得到：先从X_t提取主成分$\hat{C}_t$，再剔除$\hat{C}_t$对观测变量Y_t的直接依赖，并通过递归方式识别政策冲击。第二步的做法是将所有中国变量分为快速变动变量和慢速变动变量两类。慢速变动变量是在当前时点主要由先前决定的变量，如工业生产、失业等。快速变动变量是对当前经济新闻或冲击高度敏感的变量，如资产价格。通过在所有慢速变动变量的主成分中估计慢速因子$\hat{F}_s^t$，确保它们不受政策措施的同期冲击的影响。最后，通过回归方程

$$\hat{C}_t = b_{F^s} \hat{F}_s^t + b_Y Y_t + e_t \tag{7-1}$$

将所有宏观系列的公共主成分对政策措施和慢速成分进行回归，得到系数b_{F^s}和b_Y。

此外，作者按照VAR系统中变量的外生性程度从高到低的顺序排列这些变量，因此变量的顺序是：美国失业率、美国工业生产指数、美国CPI、中国潜在因子$\hat{F}_t$、美国货币政策冲击和美国政策不确定性冲击。这样排序是基于如下的假设和事实：（1）政策不确定性会立即对货币政策冲击做出响应，而商业周期变量相对变动较慢。（2）中国经济可能对美国货币政策和政策不确定性同时产生影响，从而中国潜在因子在美国货币政策相关变量之后；考虑到美国是中国最大的贸易伙伴，中国大量出口到美国，中国因子可能受到美国宏观变量同时变化的影响，从而我们将中国因子放在美国失业率、美国工业生产指数和美国CPI之后。（3）美国货币政策冲击和政策不确定性冲击，不会同时影响中国因子，因为式（7-1）只对慢速成分进行了回归。

二、零利率下限时期美国货币政策对中国的外溢效应

图7-9为在美国零利率下限时期，美国货币政策冲击对美国和中国相关变量的脉冲响应。美国扩张性的货币政策使得美国利率下降。美国货币政策冲击被设定为美国政策利率意外下降25个基点，大小约为政策利率标准差的10%。在正常时期，美国政策利率由有效联邦基金利率表示，在零利率下限时由Wu-Xia影子利率表示。

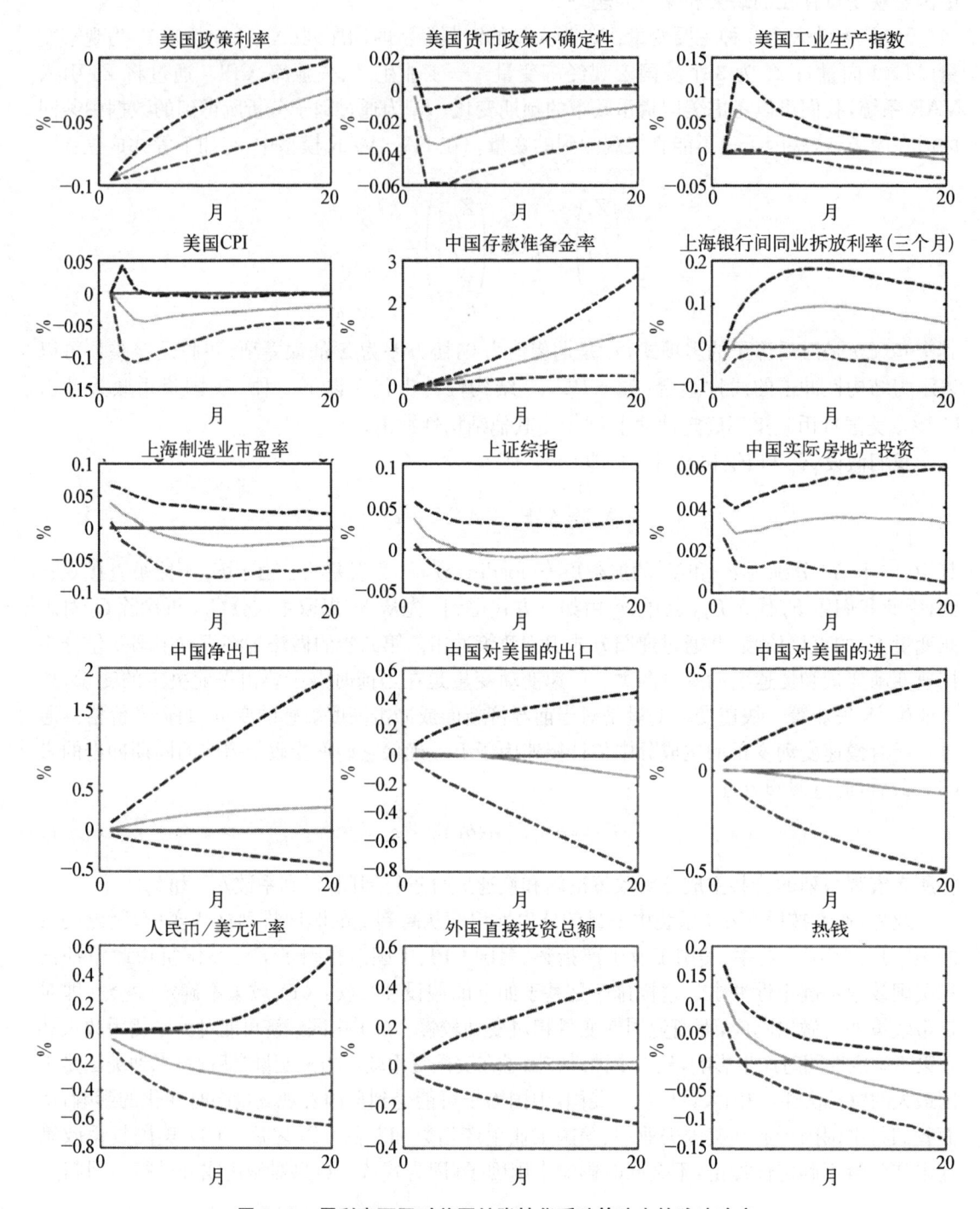

图7-9 零利率下限时美国扩张性货币政策冲击的脉冲响应

注：零利率下限时1~20个月的货币政策冲击脉冲响应，使用2009年1月至2017年4月的数据进行估计。实线为中位数响应，虚线为90%的置信区间下的响应。货币政策冲击对应着25个基点的影子利率下降。

资料来源：Ho等(2018)。

由图 7-9 可知,在零利率下限期间的美国扩张性货币政策冲击使得中国上海证券交易所指数(Shanghai Stock Exchange Index)做出了正向反应。同样,制造业的市盈率(P/E ratio)显著增加,这表明平均来说,投资者现在需要支付更高的价格来持有同等收益水平的股份。自扩张性美国货币政策冲击到来之后的第一个月起,中国的房地产投资显著增加,并且这种增长在第 20 个月仍然显著为正。当美国的利率较低时,中国房地产市场是一个有吸引力的投资选择。房地产的刚性需求和地方政府的收入激励为中国房地产市场的繁荣提供了保障,尤其是当美国进入量化宽松时。对于外国投资者来说,相比回报率低的美国投资,投资于中国房地产市场可能是一个更有吸引力的选择。对于中国投资者来说,投资房地产可能是对抗输入型通货膨胀的有效对冲手段。但是,市场利率、贸易余额和汇率在应对同样的冲击时并没有发生显著变化。

相对而言,中国的汇率和外国直接投资(FDI)对美国货币政策冲击的反应并不显著,中国的贸易余额,包括对美国的出口也没有受到显著影响。然而,在美国扩张性货币政策冲击下,流入中国的外国热钱显著增加,虽然仅持续了几个月(这与热钱快速跨境流动的观点一致)。Ho 等(2018)推断,美国货币政策对中国的溢出效应主要是通过热钱渠道,而不是通过传统的贸易或汇率渠道。此外,热钱快速流入中国市场,加之为了维持外汇储备,国家外汇管理局通常要求采用外币结算,从而显著增加了中国的外汇储备,因此增加了货币基础。当外资进入中国并以人民币购买资产时,这部分人民币会进入国内金融体系,增加货币供应。为了对抗货币供应量的增加,中国人民银行不得不提高存款准备金率,以遏制潜在的通货膨胀。图 7-9 中中国存款准备金率的增加也说明了这一点。

三、常规货币政策区间内美国货币政策对中国的外溢效应

图 7-10 为零利率下限之前,美国货币政策冲击下美国和中国各个变量的脉冲响应图。美国货币政策冲击被设定为美国政策利率意外下降 25 个基点,大小约为政策利率标准偏差的 10%。在正常时期,美国政策利率由有效联邦基金利率表示,在零利率下限时由 Wu-Xia 影子利率表示。

由图 7-10 可知,在零利率下限前,对美国扩张性货币政策冲击,不再有房地产投资指数或上海证券交易所综合指数的显著增加,也没有热钱的显著增加。这种差别的来源可能有以下 3 种:(1)中国货币政策的变化。在 2000 年左右,利率和汇率体系发生了显著变化。从 2005 年开始,中国实施了基于市场供需和一篮子货币的管理浮动汇率制度。债券市场也有所发展,利率自由化也在缓慢而逐步地进行。(2)Wu-Xia 影子利率和有效联邦基金利率是不同的对象。因此无法确定是全球传导机制发生了变化,还是美国货币政策体制发生了变化。(3)"热钱渠道"。在零利率下限前期,未能观察到大量热钱流入中国,因此该渠道被切断。

下面的思政案例探讨了我国的货币政策应当为多目标制还是单一的通货膨胀目标制。《中国人民银行法》规定:"中国人民银行在国务院领导下依法独立执行货币政策,履行职责,开展业务,不受地方政府、各级政府部门、社会团体和个人的干涉。"一般认为,央行和货币政策应该独立。也可以把央行和货币政策适当分开,强调货币政策应独立。但是在中国多目标制的货币政策下,实现央行的独立是相对困难的,这表明了中国货币政策在制定上的复杂性。

上述分析说明美国货币政策外溢效应可能受中国方面的经济政策与制度背景的影响。事实上,由于我国是开放经济大国,因此货币政策的设计会根据本国的具体国情做出相应调整。

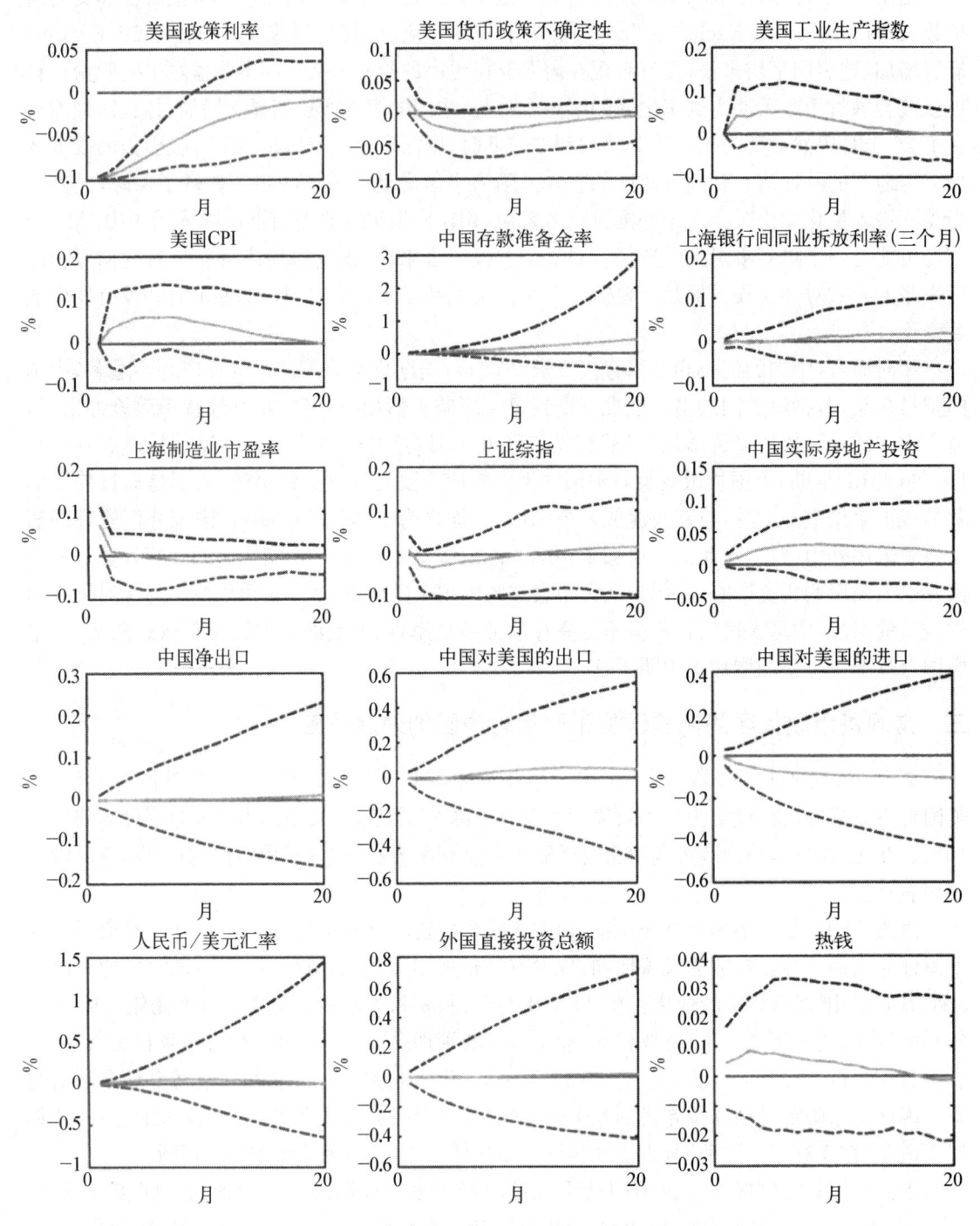

图 7-10 零利率下限前美国扩张性货币政策的脉冲响应

注：零利率下限前1～20个月的货币政策冲击脉冲响应，使用2000年1月至2008年12月的数据进行估计。实线为中位数响应，虚线为90%的置信区间下的响应。货币政策冲击对应着25个基点的影子利率下降。

资料来源：Ho 等(2018)。

思政案例7-1

中国的货币政策——多目标制

央行的货币政策应该采取单目标制还是多目标制？2008年全球金融危机前央行大多关注价格稳定，并采用了通胀目标制。危机后，许多央行强化或增加了金融稳定和金融监管职能，经济复苏的持续乏力也引发了对通胀目标制以外的货币政策框架的理论探讨，如兼顾了增长和通胀的名义GDP目标制。对新兴市场经济体而言，货币政策无疑会受到国际收支和资本流动的影响，国际收支、资本流动、汇率和外汇储备都是影响宏观经济和货币政策的核心内容，新兴市场经济体的央行显然应该关注国际收支平衡。

此外，除了新兴经济体的共同考量外，中国还有其特别之处。中国是转轨经济体，在20世纪末中国进行了从计划经济体制向市场经济体制转变的改革开放。转轨初期，宏观调控的薄弱市场基础、不完善的金融市场和产品、巨大的财务缺口、脆弱的财政能力，都要求央行大力推动金融改革和市场发展，从而使货币政策正常传导。

中国在转轨过程中借鉴了东亚外向型国家（如日本、韩国、新加坡）的发展经验。这种发展模式的特征包括出口导向型经济、开放型经济政策、吸引外资、技术引进等。因此，中国在转轨过程中提高了中国对国际贸易和外资的依赖度，导致国际收支在很大程度上影响了央行的货币政策、货币供应量和价格稳定目标。因此，中国央行更必须关注国际收支平衡问题，相应地也需要承担管理汇率、外汇、外汇储备、黄金储备、国际收支统计等职能。

因此，考虑到中国处于转轨过程的具体国情，中国央行必须采取多目标制的货币政策，即既包含价格稳定、促进经济增长、促进就业、保持国际收支大体平衡四大年度目标，也包含金融改革和开放、发展金融市场这两个动态目标的货币政策。

案例来源：周小川谈央行多目标货币政策框架，第一财经（yicai.com）。

第三节 中美货币政策外溢性的比较

Miranda-Agrippino等（2020）通过BVAR(12)模型研究发现中国货币政策对其他国家也有外溢效应，并且其作用途径与中国在世界生产中的重要权重相关。与前文研究美国货币政策冲击的VAR实证分析类似，Miranda-Agrippino等（2020）在图7-11中考虑了中国货币政策的外溢效应。此外，对于货币政策冲击的识别，他们采用了Xu and Jia(2019)构建的汇总了各种利率中的信息的货币政策指标，通过设定货币当局的泰勒规则来识别中国的货币政策冲击。

在图7-11中，基于1991年1月至2018年12月的月度数据，他们利用上述货币政策冲击作为工具变量、利用SVAR考察了全球的一些宏观经济变量和金融变量（还包括全球资产价格和资本流动的因子以及货币政策指标）对中国紧缩性货币政策冲击的脉冲响应。上述脉冲响应均经过标准化，以刻画中国政策利率上升100个基点的金融经济变量反应。

在货币政策冲击之后，全球的消费者价格上升（见第2行第3列），但大宗商品的价格下降（见第3行第3列）。这可能是由于中国是全球最大的商品消费国之一，中国需求的减弱可能会对全球大宗商品市场产生负面影响。减少的需求可能导致大宗商品的供大于求，从而压低

图 7-11 全球对中国紧缩性货币政策冲击的脉冲响应

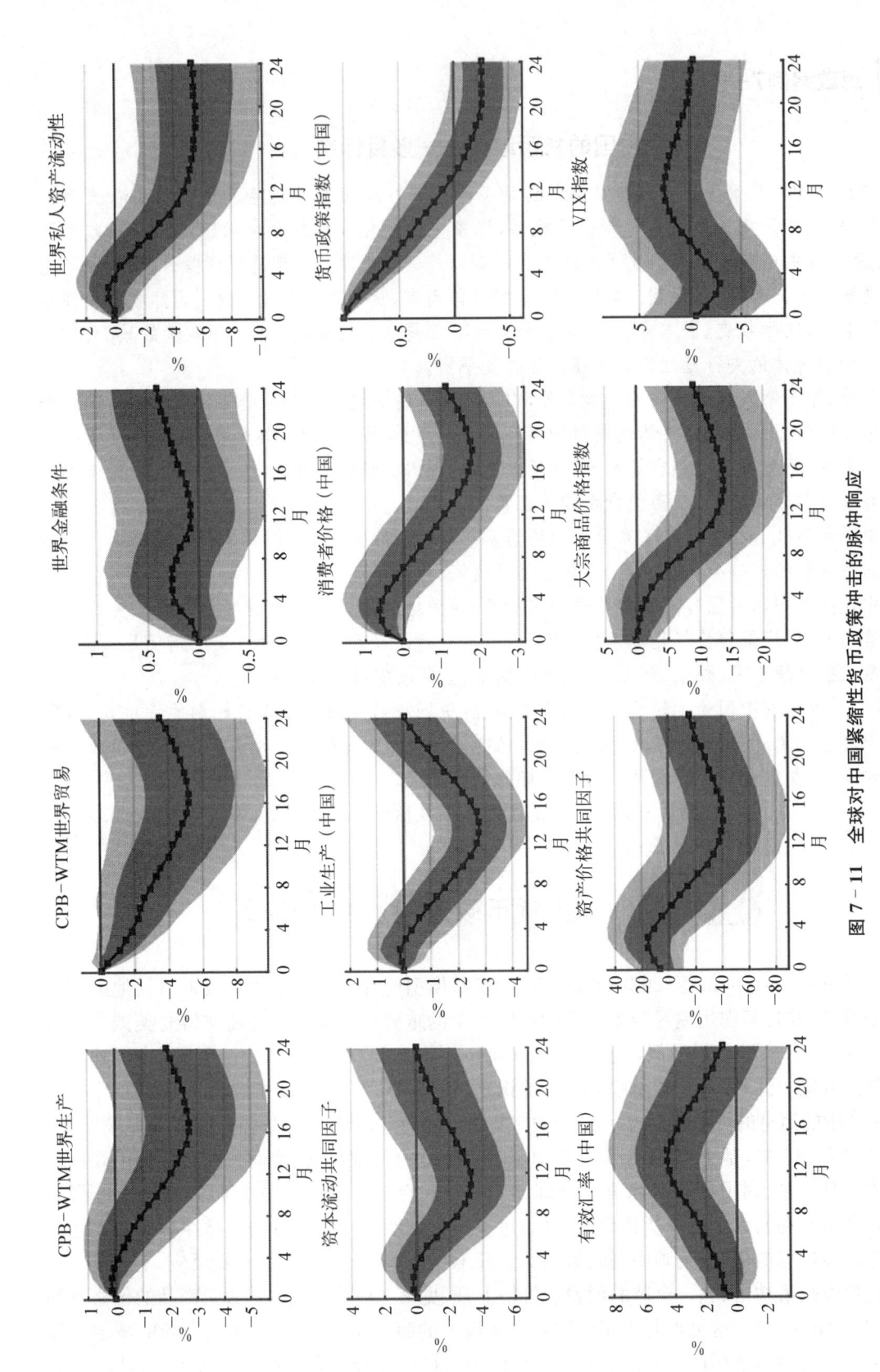

注：实线、浅色阴影、深色阴影依次代表中位数响应、68%的置信区间下的响应、90%的置信区间下的响应。
资料来源：Miranda-Agrippino 等（2020）。

大宗商品价格。这也使得全球生产放缓(见第1行第1列)。货币政策指数在大约15个月后回归到趋势。中国以总增加值衡量的产出存在一定的滞后,负向响应在一年后达到峰值。价格调整和人民币的反应表现出相似的动态。最终,价格会下降,而人民币会缓慢升值。货币政策全球传导的渠道与美国的渠道非常不同,全球金融变量基本上没有受到影响:全球金融条件、恐慌指数(VIX)以及资产价格和资本流动中的全球因素在短中期内没有任何显著的反应。全球私人流动性最终下降,这可能是全球增长放缓的结果。此外,汇率调整十分缓慢,人民币的滞后反应可能是解释中美货币政策冲击全球溢出效应差异的关键,并值得进一步研究。

结合对图7-2和图7-11的分析,我们可以发现,美国货币政策对于国际金融周期因子、国际贸易-大宗商品因子有显著影响,而中国货币政策主要影响国际贸易-大宗商品因子。后者可能是因为中国在全球原材料和中间生产品市场中扮演着至关重要的角色,中国需求的疲软会影响全球的生产。因此,那些经济特别依赖制造业生产并参与多个全球价值链的发达经济体,可能对中国货币政策冲击更加敏感。

本章小结

美国作为超级大国,其货币政策对其他国家产生了显著的外溢效应,这种外溢性通过汇率、贸易和金融3种渠道传导到其他国家。传统的贸易途径有一定的重要性,但是宏观经济学前沿文献发现,金融渠道,尤其对于新兴经济体,可能更加重要。文献同时发现了货币政策不确定性的重要性。

美国货币政策对于国际金融周期因子、国际贸易-大宗商品因子有显著影响,而中国货币政策主要影响国际贸易-大宗商品因子。且美国货币政策强大的外溢性对中国货币政策的实施提出了挑战,尤其是在美国货币政策的零利率下限时期,大量热钱流入中国。

练习思考题

1. 美国货币政策的外溢效应的主要研究方法是什么?
2. 美国货币政策的外溢效应的特征事实有哪些?
3. 美国货币政策不确定性的外溢效应的特征事实有哪些?
4. 美国货币政策和中国货币政策分别主要通过什么方式影响全球金融周期?
5. 美国货币政策主要通过什么渠道影响中国的货币政策?
6. 美国货币政策在零利率下限时期和零利率下限前期对中国货币政策的影响有何不同?
7. 美国货币政策对新兴经济体和发达经济体的外溢性有什么不同?

参考文献

[1] Aguiar, M., Amador, M., Farhi, E., & Gopinath, G. (2015). Coordination and crisis in monetary unions. *The Quarterly Journal of Economics*, 130(4): 1727-1779.

[2] Benigno, P. (2004). Optimal monetary policy in a currency area. *Journal of International Economics*, 63(2): 293-320.

[3] Berriel, R., Gonzalez-Aguado, E., Kehoe, P. J., & Pastorino, E. (2024). Is a

fiscal union optimal for a monetary union?. *Journal of Monetary Economics*, 141: 157-177.

[4] Bhattarai, S., Lee, J. W., & Park, W. Y. (2015). Optimal monetary policy in a currency union with interest rate spreads. *Journal of International Economics*, 96(2): 375-397.

[5] Chari, V. V., Dovis, A., & Kehoe, P. J. (2020). Rethinking optimal currency areas. *Journal of Monetary Economics*, 111: 80-94.

[6] Clarida, R., Galı, J., & Gertler, M. (2002). A simple framework for international monetary policy analysis. *Journal of Monetary Economics*, 49(5): 879-904.

[7] Cooper, R., & Kempf, H. (2004). Overturning Mundell: Fiscal policy in a monetary union. *The Review of Economic Studies*, 71(2): 371-396.

[8] Degasperi, R., Hong, S. S., & Ricco, G. (2023). The Global Transmission of U.S. Monetary Policy, Working paper.

[9] Ferrero, A. (2009). Fiscal and monetary rules for a currency union. *Journal of International Economics*, 77(1): 1-10.

[10] Fornaro, L. (2022). A theory of monetary union and financial integration. *The Review of Economic Studies*, 89(4): 1911-1947.

[11] Ho, S. W., Zhang, J., & Zhou, H. (2018). Hot money and quantitative easing: The spillover effects of US monetary policy on the Chinese economy. *Journal of Money, Credit and Banking*, 50(7): 1543-1569.

[12] Lakdawala, A., Moreland, T., & Schaffer, M. (2021). The international spillover effects of US monetary policy uncertainty. *Journal of International Economics*, 133: 103525.

[13] Lastauskas, P., & Nguyen, A. D. M. (2023). Global impacts of US monetary policy uncertainty shocks. *Journal of International Economics*, 145: 103830.

[14] Lombardo, G. (2006). Inflation targeting rules and welfare in an asymmetric currency area. *Journal of International Economics*, 68(2): 424-442.

[15] Miranda-Agrippino, S., Nenova, T., Rey, H (2020), Global footprints of monetary policies. Working Paper.

[16] Miranda-Agrippino, S. & Rey, H. (2022). The Global Financial Cycle. Handbook of International Economics, 6: 1-43.

[17] Mundell, R. A. (1961). A theory of optimum currency areas. *The American Economic Review*, 51(4): 657-665.

[18] Rey, Helene (2013). Dilemma not trilemma: The global financial cycle and monetary policy independence. Technical Report, Proceedings-Economic Policy Symposium-Jackson Hole.

[19] Rogers, J. H., Sun, B., & Wu, W. (2023). Drivers of the global financial cycle. Available at SSRN 4397119.

[20] 徐忠,贾彦东.中国潜在产出的综合测算及其政策含义[J].金融研究,2019(3):1-17.

第八章
开放经济的货币政策——量化分析

全章提要

引言
学习目标
学习重点
视野拓展
- 第一节　货币政策传导机制：开放经济体新凯恩斯模型
- 第二节　具有金融摩擦的开放经济体新凯恩斯模型
- 第三节　货币联盟的货币政策问题

本章小结
练习思考题
参考文献
附录

引言

在当今全球化的经济环境下,货币政策在引导经济发展、维护稳定和促进增长方面发挥着至关重要的作用。然而,对于开放经济体而言,货币政策的传导机制显得格外复杂,同时受国际贸易、金融市场和汇率波动等多种因素的影响。尤其是在 2008 年的金融危机后,货币政策传导机制中的金融渠道的作用凸显无疑。为了更好地理解货币政策的运作方式及其对开放经济的影响,本章将重点从理论上探讨小型和大型开放经济体中的货币政策传导机制。

学习目标

通过本章的学习,能够理解和掌握以下内容:
1. 封闭经济体与开放经济体的主要区别;
2. 不含金融摩擦的小型开放经济体中的货币冲击传导机制;
3. 含有金融摩擦的小型开放经济体中的货币政策;
4. 含有金融摩擦的大型开放经济体中的货币政策;
5. 货币政策联盟。

学习重点

1. 封闭经济体与开放经济体的货币政策传导的区别及背后的经济学原理;
2. 美国货币政策冲击对新兴经济体的主要传导渠道;
3. 小型、大型开放经济体中金融摩擦对货币政策的影响。

视野拓展

与本章内容相关的论文导览与阅读,可扫以下二维码深入学习。

第一节 货币政策传导机制：开放经济体新凯恩斯模型

封闭经济体的货币政策主要考虑国内经济的状况和目标，例如控制通货膨胀、促进经济增长和就业等。而与封闭经济体新凯恩斯模型相比，开放经济体新凯恩斯模型中，由于国外部门的存在，宏观经济运行机制更为复杂。一个国家货币政策的选择，不仅需要考虑国内经济形势，而且需要充分考虑国外经济对本国经济的影响，如国际市场上的商品流动、资金流动、汇率和国际金融市场的变化。

在封闭经济中，家庭和企业不能与其他经济体的代理商进行商品或金融资产的交易。与此不同，在一个开放经济体的模型中，我们需要进一步引入汇率、贸易条件、出口和进口，以及资本流动。它还意味着开放经济体与其他国家可以通过商品贸易和资金流动相互影响。

在上一章中，我们从实证角度介绍了美国货币政策如何对其他国家的产出、通胀、汇率等宏观经济变量产生影响。经典文献表明，美国货币政策紧缩通过影响汇率对其他国家的进口和出口产生影响，最近的文献进一步强调了美元加息通过影响全球金融条件、资本流动、资产价格，对其他国家产生外溢效应。为了更加清晰地从理论上了解相关作用渠道，我们首先从不含金融摩擦的小型开放经济体模型出发，讨论美国货币政策如何通过传统贸易途径影响一国经济；然后通过加入金融摩擦考虑大国模型，进一步分析金融渠道以及大型经济体之间的相互作用。

一、小型开放经济体模型

本部分基于 Gali and Monacelli(2005)所构建的无金融摩擦的小型开放经济体模型来研究全世界产出冲击如何通过传统的贸易途径影响本国需求和供给。该模型最终被简化为一个包含3个等式的系统：总需求曲线(DIS)、新凯恩斯菲利普斯曲线(NKPC)和货币政策规则。我们先简要介绍小型开放经济体模型与封闭经济体模型相区别的一些模型设定。

(一) 模型设定

1. 消费

本国的消费由国内商品 C_H 和从国外进口的商品 C_F 共同组成，且两者均由 CES 函数给出。具体来讲，在 t 时期，我们有：

$$C_{H,t} = \left[\int_0^1 C_{H,t}(j)^{\frac{\varepsilon-1}{\varepsilon}} dj\right]^{\frac{\varepsilon}{\varepsilon-1}} \tag{8-1}$$

$$C_{F,t} = \left(\int_0^1 C_{i,t}^{\frac{\gamma-1}{\gamma}} di\right)^{\frac{\gamma}{\gamma-1}} \tag{8-2}$$

其中，j 代表不同种类的消费品；$C_{i,t}$ 表示国家 i 生产的商品，并有

$$C_{i,t} = \left[\int_0^1 C_{i,t}(j)^{\frac{\varepsilon-1}{\varepsilon}} dj\right]^{\frac{\varepsilon}{\varepsilon-1}}$$

此外，对于总消费，我们有

$$C_t = \left[(1-\alpha)^{\frac{1}{\eta}} C_{H,t}(j)^{\frac{\eta-1}{\eta}} + \alpha^{\frac{1}{\eta}} C_{F,t}^{\frac{\eta-1}{\eta}}\right]^{\frac{\eta}{\eta-1}} \tag{8-3}$$

其中 α 代表了经济体的开放程度。

2. 贸易条件

(1) 本国与 i 国的双边贸易条件 $S_{i,t}$ 由 i 国商品相对于本国商品的价格决定,即

$$S_{i,t} = \frac{P_{i,t}}{P_{H,t}} \tag{8-4}$$

其中 $P_{i,t}$ 为从 i 国进口的商品的价格,$P_{H,t}$ 为本国商品的价格。

(2) 本国的有效贸易条件 S_t,即考虑了本国的(对全部贸易伙伴的)相对贸易优势对其综合经济状况的影响。我们有

$$S_t = \frac{P_{F,t}}{P_{H,t}} = \left(\int_0^1 S_{i,t}^{1-\gamma} di \right)^{\frac{1}{1-\gamma}} \tag{8-5}$$

其中,$P_{F,t}$ 为从国外进口的商品的价格。

(二) 推导结果

根据推导并进行对数线性化处理,令 $\hat{X}_t$ 表示 X_t 对稳态水平的偏离,即 $\hat{X}_t = \frac{X_t - X}{X}$,$X$ 代表 X_t 的稳态水平,我们有如下结果(具体推导请见本章章末附录 A)。

1. 需求端——总需求曲线(DIS 曲线)

本国的总需求可以表示为

$$\hat{Y}_t = \hat{C}_t + \frac{\alpha\omega}{\sigma}\hat{S}_t = \hat{C}_t + \alpha\left[\gamma + (1-\alpha)\left(\eta - \frac{1}{\sigma}\right)\right]\hat{S}_t \tag{8-6}$$

其中:

$$\omega = \sigma\gamma + (1-\alpha)(\sigma\eta - 1) \tag{8-7}$$

$\frac{1}{\sigma}$ 为消费的跨期替代弹性。

由式(8-7)可知,如下两种情况均会导致贸易条件的变化对产出产生更大的影响:(1) $\frac{1}{\sigma}$ 减小,即 σ 增大(消费的跨期替代性减小);(2) γ 和 η 增大(国内外商品替代性增强)。当 $\frac{\alpha\omega}{\sigma}$ 增加时,由式(8-6)可知,在贸易条件增加(S_t 增加)相同的情况下,$\hat{Y}_t$ 的增加量更多。这符合经济学的直觉:当本国贸易条件增加时,国外的商品当期的相对价格上升,国外消费者减少当期的消费并增加未来的消费(消费的跨期替代效应),且跨期替代弹性越低($\frac{1}{\sigma}$ 越小),减少的消费越少;但是,由于国内外商品的替代关系,他们可能转而购买本国商品,且这种替代关系越强(γ 和 η 越大),对本国商品消费的需求增加得越多(支出转换效应,Expenditure-Switching Effect)。

此外,在 $\frac{\omega}{\sigma}$ 相同的情况下,显然当 α 增加时,由式(8-6)可知,在贸易条件增加(S_t 增加)相同的情况下,$\hat{Y}_t$ 的增加量更多。这同样符合经济学的直觉:当本国开放程度提升时,贸易条件增加对本国总需求的影响更大。

为了研究国外总产出冲击对 DIS 曲线的影响,我们在这里使用 DIS 曲线的最终形式,即

$$\hat{Y}_t = E_t \hat{Y}_{t+1} - \frac{1}{\sigma_a}(\hat{R}_t - E_t \hat{\pi}_{H,t+1}) + \alpha(\omega-1) E_t \Delta \int_0^1 \hat{Y}_{t+1}^i di \quad (8-8)$$

其中,R_t 表示利率水平且

$$\sigma_a = \frac{\sigma}{(1-\alpha) + \alpha\omega} \quad (8-9)$$

当 $\omega > 1$ 时,相比封闭经济体,对于开放经济体我们有如下结论:

(1) 总需求对利率冲击更为敏感,且本国开放程度越高,这种敏感度越高。这主要体现在式(8-8)中 $\hat{R}_t$ 的系数上:① 当经济体是封闭状态时,$\hat{R}_t$ 的系数为 $\frac{1}{\sigma}$;而当经济体是开放状态时,$\hat{R}_t$ 的系数为 $\frac{1}{\sigma_a}$。若 $\omega > 1$,由式(8-9)可知 $\sigma_a < \sigma$,此时 $\frac{1}{\sigma_a} > \frac{1}{\sigma}$,故而开放经济体的总需求对 $\hat{R}_t$ 更为敏感;② 当 $\omega > 1$ 时,α 的增加会增加 $\frac{1}{\sigma_a}$ 的值,进而使总需求对利率冲击更敏感。这背后的经济学原理如下:本国实际利率的增加伴随着本币的升值以及预期贬值,本国商品在国际市场上更昂贵,这削弱了本国出口商品的竞争力从而使本国总需求下降更多。本国开放程度越高时,所受的影响越大;当经济体完全封闭时则不会受这种效应的影响。

(2) 国外总产出的负向冲击会增加本国总需求,且本国开放程度越高,这种影响越大。这体现在式(8-8)中 $\Delta \int_0^1 \hat{Y}_{t+1}^i di$ 的系数 $\alpha(\omega-1)$ 上:由于 $\omega > 1$,$\alpha(\omega-1) > 0$,因此,当本国开放程度越高或者国内外商品替代性越强时,α 越大或 ω 越大,$\alpha(\omega-1)$ 越高,国外总产出的负向冲击对本国总需求的影响越大。这背后的经济学原理如下:国外总产出的负向冲击使得本国商品的相对价格降低,刺激了国外对本国产品的需求和本国的出口,从而提升了本国总需求。当本国开放程度越高或者国内外商品替代性越强时,经由上述传导机制,总需求的提升也就越大。

2. 供给端——新凯恩斯菲利普斯曲线(NKPC 曲线)

本国的新凯恩斯菲利普斯曲线具有如下标准形式:

$$\hat{\pi}_{H,t} = \beta E_t \hat{\pi}_{H,t+1} + \lambda \widehat{MC}_t \quad (8-10)$$

其中,对于边际成本,我们有

$$\widehat{MC}_t = \sigma \hat{C}_t + \varphi \hat{Y}_t - (1+\varphi)\hat{A}_t + \alpha \hat{S}_t \quad (8-11)$$

$$= (\sigma_a + \varphi)\hat{Y}_t - (\sigma - \sigma_a)\int_0^1 \widehat{Y_t^i} di - (1+\varphi)\hat{A}_t \quad (8-12)$$

其中,A_t 代表全要素生产率,φ 为劳动的供给弹性的倒数。对于贸易条件 S_t,我们有

$$\hat{S}_t = \sigma_a(\hat{Y}_t - \int_0^1 \widehat{Y_t^i} di) \quad (8-13)$$

其中,$\int_0^1 \widehat{Y_t^i} di$ 为世界产出,且有

$$\sigma_a = \frac{\sigma}{1-\alpha+\alpha\omega} \quad (8-14)$$

(1) 在开放经济体中,全世界产出冲击(这可能是美国货币政策冲击导致的)会影响本国生产成本。由式(8-14)可知,当 ω 越大时,σ_a 越小。那么由式(8-13)可知,当 $\hat{Y}_t$ 增加相同量时,$\hat{S}_t$ 增加较少。这背后的经济学原理是,给定本国需求的同等增加,国内外消费品替代弹性越大,贸易条件增加越少。当贸易条件 $\hat{S}_t$ 增加1个单位且 $\omega>1$ 时,边际成本会下降 $\alpha(\omega-1)$ 个单位。这是因为当本国商品的相对价格降低时,外国消费者对本国需求的增加挤出了本国居民的消费,从而使本国居民的边际消费效用上升,劳动供给增加,实际工资降低,从而造成边际成本下降。

(2) 在开放经济体中,若 $\omega>1$,则 NKPC 斜率①比在封闭经济体中更小,曲线更平坦;且国内外商品替代性越强时,NKPC 越平坦。具体解释为:给定世界总需求 $\int_0^1 \widehat{Y}_t^i di$ 不变,当本国生产增加时,例如,$\hat{Y}_t$ 增加1个单位时,由式(8-12)可知,$\widehat{MC}_t$ 增加了 $(\sigma_a+\varphi)$ 个单位;且由式(8-13)可知,$\hat{S}_t$ 增加了 σ_a 个单位;那么结合式(8-6)可知,$\hat{C}_t$ 增加了 $\left(1-\dfrac{\alpha\omega}{\sigma}\sigma_a\right)$ 个单位。两者结合代入式(8-11)可知,$\widehat{MC}_t$ 最终增加了 $\left[\sigma\left(1-\dfrac{\alpha\omega}{\sigma}\sigma_a\right)+\varphi+\alpha\sigma_a\right]=(\sigma_a+\varphi)$ 个单位,通货膨胀增加了 $\lambda(\sigma_a+\varphi)$ 个单位,故而 NKPC 的斜率为 $\lambda(\sigma_a+\varphi)$。

而当经济体完全封闭时,贸易条件 $\hat{S}_t$ 不影响本国的边际成本,类似地我们可以得到封闭状况下本国的 NKPC 斜率为 $\lambda(\sigma+\varphi)$。因此,由式(8-14),我们有

$$\sigma-\sigma_a=-\frac{\alpha(1-\omega)}{1-\alpha+\alpha\omega}\sigma$$

因此,当 $\omega>1$ 时,$\sigma-\sigma_a>0$,即 $\sigma_a<\sigma$,那么 $\lambda(\sigma_a+\varphi)<\lambda(\sigma+\varphi)$,开放经济体的 NKPC 比封闭经济体的 NKPC 更为平坦。这背后的经济学原理是,当 σ、γ 和 η 越大时,即消费的跨期替代弹性越低或国内外商品替代性越强时,由式(8-7)可知,ω 越大;而当 ω 增加至大于1时,$\sigma_a<\sigma$,故开放经济体的 NKPC 更平坦,从而造成了相对封闭经济体而言,开放经济体的总需求对国外货币政策的冲击更为敏感。特别地,我们还有,当 γ 和 η 增加②导致 ω 增加时,由式(8-14)可知 σ_a 减小,故而开放经济体的 NKPC 斜率 $\lambda(\sigma_a+\varphi)$ 更小,本国的总需求对国外货币政策的冲击越敏感。

到这里,我们已经对不含金融摩擦的小型开放经济体模型有了初步了解,下面我们将具体介绍国外货币政策冲击,尤其是美国利率冲击如何传导到小型开放经济体。

二、货币政策的传导机制

汇率渠道、贸易渠道和金融渠道是国外利率变化对一国经济体产生外溢效应的主要途径。大量较为传统的宏观经济学模型和文献聚焦于前两个渠道,它们结合了凯恩斯主义的价格假设和蒙代尔-弗莱明-多恩布什模型框架上构建的国际市场分割。同样,近年来越来越多的文献强调了金融渠道的重要性,探讨了各种类型的信贷市场摩擦对国际经济影响的情况。接下来,以美国货币政策冲击为例,我们对这三种传导渠道进行具体说明(如图8-1所示)。

---

① 本章 NKPC 曲线斜率指的是1个单位本国产出的变化对本国通货膨胀的影响大小。
② 对 σ_a 求 σ 的一阶导可知,σ 的增加对 σ_a 的影响不确定,故此处不讨论。

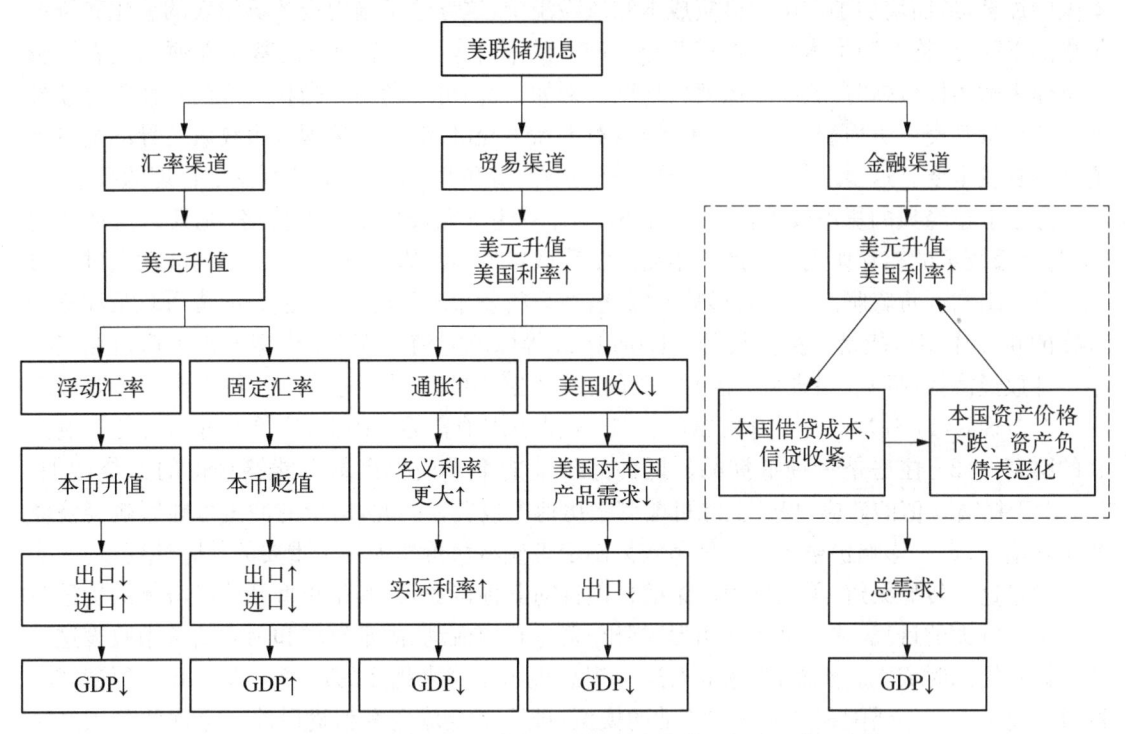

图 8-1 美联储加息下的货币政策传导渠道：小型开放经济体

注：虚线部分代表金融加速器的作用。

（一）汇率渠道

汇率渠道基于本国和美国生产的商品之间的需求替代，有时候也被称为支出转换效应。汇率渠道是指美国利率的上升，通过无抛补利率平价条件（UIP），导致了美元的升值，将两国的产品需求从美国商品转向本国商品。在浮动汇率下，由于本国商品更具竞争力，因此，本国产出应上升。相比之下，在固定汇率（钉住美元汇率）下，为了保持本币与美元的固定兑换率，美元的升值要求本国中央银行必须采取行动使得本币相对于这些货币同样升值。这通常通过买入本国货币并卖出外汇储备来实现，结果是本币在国际市场上的价值随着美元的升值而升值。本币实际汇率的上升削弱了本国出口商品的竞争力，并导致产出的下降。此外，有一点需要注意，在实证文章中，未能发现美国加息对本国经济的扩张效应。

（二）贸易渠道

考虑一个大型经济体（美国）和一个小型经济体（本国）。贸易渠道有时候也被称为支出变化效应，是指美国利率的上升减少了美国的收入和支出，从而导致美国对本国商品的进口需求减少，本国产出下降。此外，美国加息导致了美元的升值和本币的贬值，使得进口商品（包括能源、原材料）价格上升，本国的通货膨胀上升。根据泰勒规则，本国以超过1∶1的比例来提升名义利率从而导致了实际利率的上升，本国的产出下降。这一渠道的作用强度在某种程度上取决于本国进出口占经济活动的份额。

（三）金融渠道

金融渠道主要基于金融加速器理论，是指本国在浮动汇率制度下，美国利率的上升导致了本国的加息，从而增加了本国的借贷成本和风险溢价，这导致了国内资产负债表的恶化和资产价格的下降，最终抑制了本国的投资并导致产出的下降。当一个国家的基本面薄弱或者说资产负债表脆弱性较强时，这些摩擦就会加剧。例如，我们可以利用一国私人部门外债与总债务比率来衡量其资产负债表脆弱性。近年来，对于新兴经济体而言，美国货币政策传导的金融渠道变得越发重要。这要求货币当局准确区分金融冲击和非金融冲击，从而制定合理的政策。

除了上述经典的货币政策传导机制外，还有一些研究聚焦于资产价格（尤其是房地产价格）与货币政策的相互作用。资产价格受到货币政策冲击的影响，而资产价格的波动反过来可能对总产出和通货膨胀产生重大影响。因此，在分析货币政策时，识别适当的货币政策和资产价格的相互作用可能是至关重要的。Bjørnland 等（2010）使用 VAR 模型分析了房价在三个小型开放经济体（挪威、瑞典和英国）的货币传导机制中的作用。房地产的特殊作用主要体现在三个方面：(1) 住房既是贮存财富的工具，又是耐用消费品。因此，房价的冲击可能影响家庭的财富。(2) 住房是一种抵押品。抵押品价值的上升使得借款者能够获得的信贷增加。(3) 由于托宾 q 值的效应，房价上涨可能刺激房地产投资。因此，房价的冲击可能影响经济体的实际增长，最终影响价格水平。货币政策制定者应将房价作为一个重要的前瞻性变量。

通过这些传导渠道，美国货币政策的外溢性对其他国家，尤其是小型开放经济体的货币政策提出了巨大的挑战。"不可能三角形"指出，资本自由流动、固定汇率和独立的货币政策这三个目标不能同时成立。然而，学术界对这一观点表示了越来越多的怀疑。Cavallino 等（2023）通过构建关于货币错配和国际资本流动的模型，证明了全球金融和货币冲击会促使新兴经济体国家采取不同的货币政策。由于利率有效下限（ELB）的存在，即使在汇率完全浮动的情况下，资本的自由流动也可能影响货币政策的独立性。当新兴经济体实行宽松的货币政策以维持产出稳定时，这在某种程度上加大了国内银行资产负债表约束的压力。如果政策利率高于 ELB，银行的资产负债表约束就不会收紧，货币宽松仍然存在可以刺激产出的扩张效应。然而，如果政策利率下降到 ELB 以下，银行就受到约束。进一步的货币宽松将产生紧缩效应，因为它对银行资产负债表产生不利影响，导致信贷紧缩。ELB 限制了货币刺激能够实现的产出水平的上限。从 ELB 开始，降息和升息都将导致产出下降。ELB 可能出现在正利率水平，因此作为对货币政策更为严格的约束，其影响甚至超过零利率下限。更为重要的是，全球货币和金融状况收紧可能提高 ELB，这会迫使货币当局在国内经济活动收缩的情况下作出提高利率的决策，则新兴市场国家将无法刺激本国需求。此时，为了最小化产出损失，央行被迫保持政策利率在 ELB 水平。即使是在完全浮动汇率制下，国内经济活动也会受到 ELB 以及全球金融、货币周期的影响。因此，货币政策制定者应当在金融条件有利时保持较为紧缩的货币政策以降低 ELB，从而为降息创造额外的空间。

除此之外，还有一些文献研究了货币政策冲击对经济体中真实活动产生的异质性影响，例如消费者异质性下货币政策的再分配效应。在现实世界中，不同家庭或消费者之间存在很大的差异，因此十分有必要将这种异质性引入小型开放经济凯恩斯模型，从而考虑货币政策对不同部门、群体或经济主体的不同影响。Chen 等（2023）通过构建 TANK 模型，简单地假设经济中有两类代表性消费者，即李嘉图（Ricardian）消费者和凯恩斯（Keynesian）消费者。两类消费者的主要区别在于，李嘉图消费者能够通过金融市场自由地进行借贷和贷款，而凯恩斯消费者则无法在金融市场上自由交易，只能每期消费其可支配的劳动收入。由于凯恩斯消费者的边际消费倾向较高，因此货币政策冲击会被这些凯恩斯消费者放大，并产生跨国的外溢效应。Guo 等（2023）通过构建 HANK 模型，发现货币政策冲击对在可贸易部门就业或进入国际资本市场的家庭的影响更大。家庭异质性使得货币政策存在再分配效应,从而影响了经济的整体表现。因此,货币当局在制定货币政策时,可能面临维持总收入稳定与降低收入和消费不平等之间的权衡。随着全球收入不平等的逐渐加剧,家庭异质性应该成为货币政策传导机制中的重要一环。

第二节　具有金融摩擦的开放经济体新凯恩斯模型

标准的新凯恩斯模型假定金融市场运作完美,央行设定的利率唯一确定了借款人的信贷成本。但这样的假设忽略了货币政策的重要传导渠道——金融渠道。Kalemli-Özcan and Unsal(2023)也曾表明,自21世纪初以来,发展中国家借入外债(尤其是美元债)的形式逐渐地由国家借入变为私人部门借入。而由于私人资本流动通常对全球风险厌恶更为敏感,因此金融途径在货币政策传导和全球金融周期形成中的作用不断提升。所以,通过引入金融摩擦来考虑这种渠道成为宏观经济学家的关注焦点。下面我们将介绍金融摩擦对小型和大型开放经济体中货币政策的影响。

一、金融摩擦在模型设定中的引入方式

下面我们列举了目前的宏观经济学文献中引入金融摩擦的三种主要方式,并列出了Aoki等(2021)关于这三种方式的具体设定。

一是信贷市场的不完善,即借贷者和放贷者之间存在摩擦,使得资金流动受到限制,进而导致企业和个人面临信贷约束。在模型中,我们通常引入银行等金融中介机构来刻画信贷市场的不完善。外部冲击通过影响金融中介的资产负债表进而影响信贷供给,从而产生金融放大效应。关于银行部门引入的具体设定,我们将在本节下一部分作出具体说明。

二是代理成本,即在金融交易和合同履行中产生的各种成本,文献中常见的有资本管理成本、借贷成本等。Aoki等(2021)假设代理成本具有如下的解析形式:

(1) 资本管理成本,即家庭中的工人可以直接持有资产,但要面临如下形式的资本管理成本:

$$\frac{\kappa^h}{2}\left(\frac{K_t^h}{K_t}\right)^2 K_t \tag{8-15}$$

其中,$\kappa^h > 0$ 表示工人面临正的资本管理成本,K_t^h 表示工人直接持有的资本,K_t 表示家庭的总资本(银行家持有的资本和工人持有的资本的总和)。由此,当银行资产负债表受到负面冲击时,企业融资更多地由家庭部门的直接融资完成。由于上述资本管理成本存在,企业融资能力和资产价格会有所下降。

(2) 借贷成本,指银行可以向外国借债,但要面临如下形式的借债成本:

$$\frac{\kappa^b}{2}x_t^2 Q_t K_t^b \tag{8-16}$$

其中,$\kappa^b > 0$ 表示银行面临正的借债成本,x_t 表示银行外债占总资产的比例,Q_t 表示资产价格。由此,虽然国际借贷利率较低,银行可以通过国际借贷降低资金成本,但是随着国际借贷增加,相应的借贷成本也在增加。

三是外部融资溢价,即一个国家或地区在国际资本市场上融资时面临额外的成本或溢价。这种溢价反映了国际融资条件的相对不利。这在开放经济体中较为常见,可以通过在模型中

引入国内利率和国际利率之间的差异来刻画外部融资溢价。

二、金融摩擦对小型开放经济体中货币政策的影响分析

本部分总结了 Aoki 等(2021)构建的包含银行部门的小型开放经济体模型,从定量的角度分析货币政策和宏观审慎政策对福利的影响。我们在正文中简要介绍其理论框架,具体的模型设定请参考本章附录 B。

(一) 关于银行部门的模型设定

在小型开放经济体中,银行的作用主要是作为能够进入外国金融市场并从事金融中介活动的代理人。在模型中,资金的流动如图 8-2 所示。

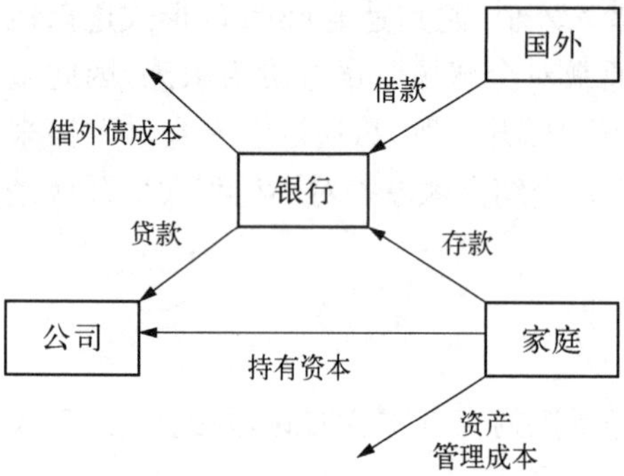

在该模型中,家庭中的银行家经营着银行,银行通过吸收家庭的存款以及国际借贷的方式筹集资金,并向生产中间产品的企业发放贷款,且国内存款以本币计价,外债以外币计价。尽管从国外借债可能更便宜,但是银行面临着向外国借债的成本。当外债占总债务的比例上升时,银行面临着更高的借债成本,这要求银行对借外债的比例做出权衡。此外,银行还面临着资产负债表约束,由图 8-2 可知,银行的资产为向公司的贷款。银行的负债和所有者权益包括家庭在银行的存款、借入的外债以及银行的净值。具体如表 8-1 所示。

图 8-2 资金流动:含有金融摩擦的小型开放经济体

表 8-1 银行资产负债表

资　产	负债和所有者权益
公司贷款:$Q_t K_t^b$	家庭存款:D_t
	外债:$\varepsilon_t D_t^*$
	净值:N_t

注:ε_t 代表实际汇率,D_t^* 代表银行借入外债的总量。

此外,在每个时期,银行家还面临着另一种权衡:是继续"诚实地"经营银行,还是"欺骗地"将银行的资产转为私人所有?我们将这个道德问题表示为如下的激励约束:

$$V_t \geqslant \theta Q_t K_t^b \tag{8-17}$$

其中,V_t 表示银行家未来股息的贴现值,θ 代表银行家在欺骗行为下可以转移的总资产的比例,Q_t 为资本价格,K_t^b 为银行持有的公司的资本量。在均衡中,银行净值与其净资产成比例,即 $V_t = \phi_t \cdot N_t$,其中 N_t 为银行净资产,ϕ_t 为银行净资产的边际价值。这表明银行的资产状况变动,将通过影响银行净值 V_t 来影响银行的信贷供给能力 $Q_t K_t^b$。

给定激励约束、资产负债表约束以及银行净值的演进方程,银行最大化自身在退出经营时的净值。当面临美国加息时,美元升值、本币贬值,银行面临的外债偿还负担增加,银行资产负

债表受损,银行净值 N_t 下降。因此,由银行的资产负债表可知,银行减少对实体经济的信贷供给,企业降低投资,从而使本国产出下降。相比传统的汇率和贸易途径,银行部门外债和金融摩擦放大了美元加息对本国生产的负面效应。

(二) 关于货币政策的模型设定

当小型开放经济体存在金融摩擦,面对来自国外利率的冲击时,在严格的通货膨胀目标制下,货币政策会降低福利。此时常见的应对政策有:(1) 宏观审慎政策。例如,对外债征收借款税,并以补贴的形式返还。(2) 外汇干预,即中央银行购买或销售本国货币以影响汇率水平。(3) 资本管制。这些方式均有助于提升福利水平,这里我们主要介绍第二种,即外汇干预的手段。我们假设中央银行的外汇干预遵循如下规则:

$$\frac{F_t}{B_t^*} = f_0 + \omega_f (\ln K_t^b - \ln K^b) \quad (8-18)$$

其中,f_0 和 ω_f 分别代表外汇干预规则中的永久性部分和周期性部分,F_t 代表中央银行持有的外汇储备量,B_t^* 代表净外债量,即本国的总外债与中央银行的外汇储备的差值,K^b 代表银行持有公司资本的稳态值。

此外,传统泰勒规则下的货币政策遵循以下形式:

$$i_t - i = (1-\rho_i)\omega_\pi(\pi_t - 1) + \rho_i(i_{t-1} - i) + \xi_t^i \quad (8-19)$$

其中,i_t 代表名义利率,i 代表名义利率的稳态值,π_t 代表通货膨胀率,ξ_t^i 代表利率冲击。

(三) 货币政策与宏观审慎政策结合的影响分析

Aoki 等(2021)对上述小国开放经济模型进行了参数校准,并基于模型讨论了不同政策的福利效应。在此处,我们简要讨论货币政策与宏观审慎政策的影响。表 8-2 显示了传统的泰勒规则下不同的货币政策与外汇干预规则结合下的福利收益。每一列对应于外汇干预规则中的 $\omega_f = 0, 1, 2$;每一行对应于泰勒规则中的系数 $\omega_\pi = 1.25, 1.5, 2$。此外,表中的数字是相对于 $\omega_f = 0$ 和 $\omega_\pi = 1.5$ 的基准模型(仅使用传统的货币政策下的模型)中本国消费百分比变化。

表 8-2 不同政策组合下的福利收益变化

$\dfrac{\omega_\pi}{\omega_f}$	0	1	2
1.25	−0.009%	0.109%	0.469%
1.5	0.000	0.117%	0.470%
2.0	0.003%	0.123%	0.485%

数据来源:Aoki(2021)。

我们观察到外汇干预在 $\omega_\pi = 1.5$ 以及 $\omega_\pi = 2$ 的情况下,总是会带来福利的改善。当泰勒系数 $\omega_\pi = 2$ 与外汇干预系数 $\omega_f = 2$ 相结合时,政策的福利改善最大,达到了 0.485%。

图 8-3 显示了不同的外汇干预下经济体中的主要变量对国外利率冲击的脉冲响应。其中实线代表基准模型(仅使用传统货币政策而不使用外汇干预下的模型)下的脉冲响应,两条实线分别代表 $\omega_f = 1, 2$ 时的情况。

图 8-3 国外利率冲击：小型开放经济体中不同外汇干预

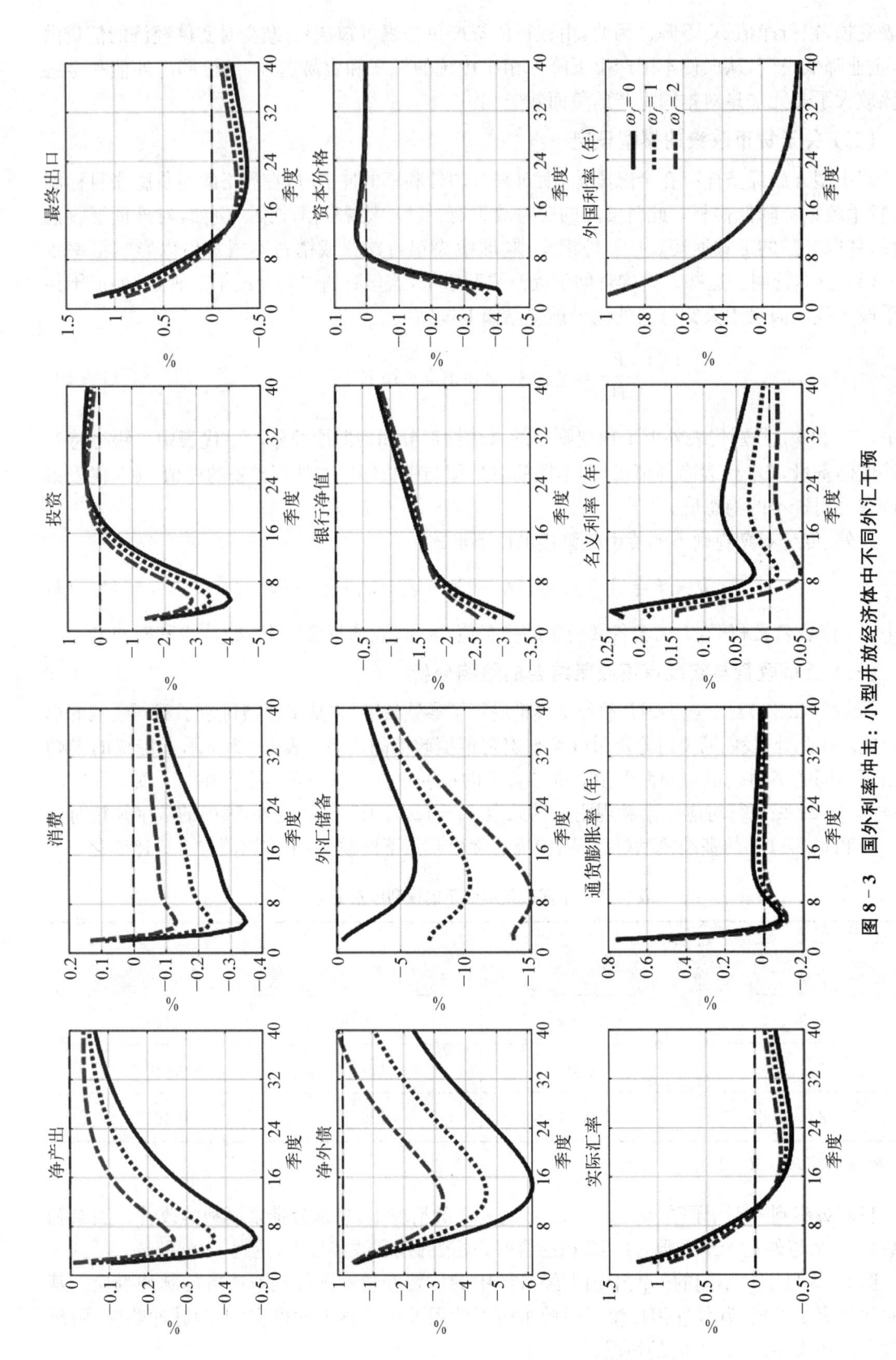

资料来源：Aoki 等（2021）。

在国外利率的冲击下,随着外汇干预手段的加强,即 ω_f 从 0 变化到 1 再变化到 2,实际汇率、通货膨胀率、名义利率、资本价格、银行净值、总产出和消费的波动程度减弱,外汇干预缓解了外部冲击对本国造成的经济衰退。这是由于外汇干预通过调整汇率来影响国内货币供应,从而减缓国外利率冲击对本国经济的影响。当中央银行持有足够的外汇储备时,它可以在国外利率上升时进行干预,购买本国货币,从而防止过度的本国货币贬值,进而缓解本国进口价格的上升以及本国的通货膨胀,缓释外部冲击对实际经济活动的影响。

三、金融摩擦对大型开放经济体中货币政策的影响分析

本部分总结 Caldara 等(2024)包含持有两国资产的全球金融中介机构(Global Financial Intermediaries,GFI)的大型开放经济体模型。与上一部分的小型开放经济体模型中本国的货币政策不会对其他国家产生影响不同,在这个包含大型开放经济体的两国模型中,任意一个国家的政策都会影响另一个国家,因此我们将讨论两个国家的货币政策协调合作的问题。此外,由于本模型与上一部分的模型有很多相同之处,因此我们仅简要介绍其理论设定与上一部分的差异。

(一) 关于全球金融中介机构的模型设定

Caldara 等(2024)构建了一个包含美国和"国外"的中等规模的 DSGE 模型,并引入了 GFI。GFI 的作用与上部分的银行类似,它们专门持有两国资产,并且面临偶发收紧的激励约束,从而限制了它们筹集外部资金的能力。在模型中,资金的流动如图 8-4 所示。

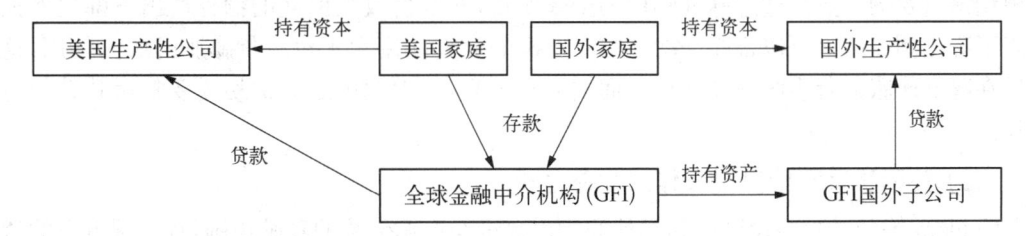

图 8-4 资金流动:含有金融摩擦的大型开放经济体的两国模型

GFI 吸收来自本国和外国居民以美元计价的存款,并结合自身的净值,为美国生产性公司和 GFI 国外子公司提供资金。GFI 可以直接持有美国生产性公司的资本,但需通过 GFI 国外子公司将资金提供给国外生产性公司。家庭也可以直接持有生产性公司的资本。

GFI 的资产负债表约束、激励约束以及净值演变规律如下:

(1) 资产负债表约束

$$Q_{H,t}K_{H,t}^b + S_{F,t} = N_t + D_t \tag{8-20}$$

其中,$Q_{H,t}$ 为本国资本价格,$K_{H,t}^b$ 为 GFI 在本国持有的资本,$S_{F,t}$ 为 GFI 国外子公司持有的资本,N_t 为 GFI 净值,D_t 为家庭存款。

(2) GFI 的净值演变规律

$$N_t = \sigma(Q_{H,t-1}K_{H,t-1}^b R_{H,t}^k + S_{F,t-1}R_{F,t}^s - D_{t-1}R_{t-1}^d) + E_t \tag{8-21}$$

其中,$R_{H,t}^k$ 表示 GFI 持有的美国资本以美元计价的实际回报率,$R_{F,t}^s$ 表示 GFI 国外子公司持有的外国资本以美元计价的实际回报率,R_{t-1}^d 表示从 $(t-1)$ 期到 t 期持有的无风险存款的

美元实际收益率，$E_t=\xi K_{H,t-1}^b R_{H,t}^k$ 代表新银行家带来的资产。

（3）GFI 的激励约束

$$V_t \geq \theta_H Q_{H,t} K_{H,t}^b + \theta_F S_{F,t}$$

两边同除以银行净值，可得：

$$v_t \geq \theta_H \Phi_{H,t} + \theta_F \Phi_{F,t} \tag{8-22}$$

其中，$\Phi_{H,t}$ 和 $\Phi_{F,t}$ 为杠杆率，θ_H 为银行家可以转移国内资产的比例，θ_F 为银行家可以转移国外子公司资产的比例，并假设 $\theta_H < \theta_F$，这表明银行家转移国外资产更加容易。

当一国实行紧缩性货币政策时，本国利率上升、借款成本上升，从而降低企业的盈利能力。这可能导致投资者对未来的盈利前景感到担忧，因而降低对资产的估值（$Q_{H,t}$ 或 $K_{H,t}^b$ 下降），资产价格下降（$R_{H,t}^k$ 或 $R_{F,t}^s$ 下降）。由式（8-21）可知，GFI 的净值降低，GFI 的杠杆率升高，式（8-22）的杠杆率约束更容易收紧。GFI 不得不出售资产并减少信贷供给，当家庭无法完全吸收 GFI 出售的资产时，资产价格进一步下跌，投资下降，全球经济总需求下降。

此外，美国和其他国家实行同步紧缩的货币政策会产生非线性的放大效应，即两国同步紧缩的货币政策对两国的影响大于两国分别实行紧缩性货币政策的影响之和。非线性放大主要是由金融加速器效应中更大的投资下降驱动的：当两国同步实行紧缩性的货币政策时，GFI 将被推入杠杆约束收紧的区域，产生相当大的放大效应。因此，资本价格暴跌，投资急剧下降。本模型最重要的一点是通过脉冲响应的结果发现，非线性放大引起的额外产出下降比例大于通胀下降比例。故而可以推断金融冲击对产出的放大作用大于对通货膨胀的放大作用，这使得旨在降低通胀的货币政策在产出方面的成本更高，从而两国之间迫切需要货币政策的协调合作。

（二）关于货币政策协调合作的收益分析

Caldara 等（2024）假设国内和国外的货币政策均遵循传统的泰勒规则，且两国各自的货币政策损失函数由下式得出：

$$\mathcal{L}_i = \sum_{t=0}^{T} \beta^t (\lambda_\pi \pi_{i,t}^2 + y_{i,t}^2) = \lambda_\pi \mathcal{L}_i^\pi + \mathcal{L}_i^y$$

其中，$i \in \{H, F\}$，H，F 分别代表国内和国外。两国货币政策的纳什均衡解为任意一国货币政策给定时另一国损失函数最小时的解。

当两国存在货币政策协调合作时，两国的全局损失函数由下式给出：

$$\bar{\mathcal{L}} = \sigma_h \mathcal{L}_H + (1-\sigma_h) \mathcal{L}_F \tag{8-23}$$

其中，σ_h 表示本国在两个国家中的规模，可以由本国（此处指美国）的 GDP 在全球 GDP 中的占比给出。两国货币政策的合作均衡解为 $\bar{\mathcal{L}}$ 最小时的解。

此外，最优合作解并不能保证两国相对于纳什均衡都有更好的收益。最小化全局损失函数的政策可能意味着其中一个国家的损失大于纳什条件下的损失，我们还定义了最优帕累托改进的解，即在帕累托改进集合内使全局损失最小的策略。

图 8-5 画出了给定全球的成本加成冲击，两国在三种不同的均衡（纳什均衡、合作均衡、最优帕累托改进均衡）下的相关变量的脉冲响应。

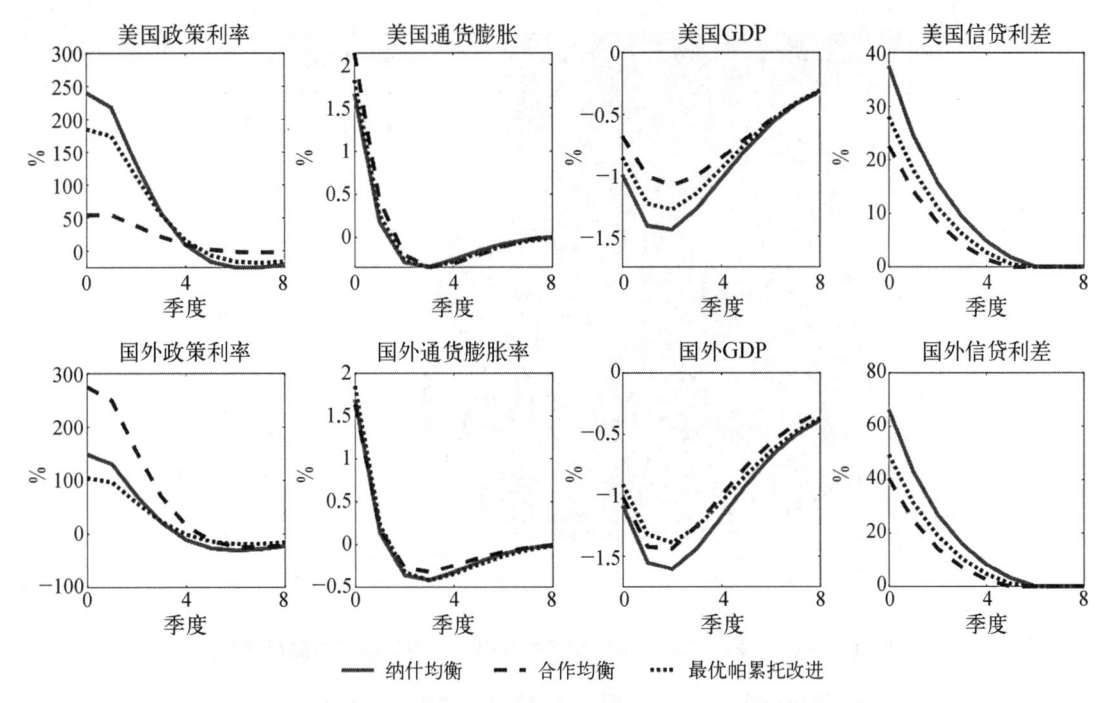

图 8-5　全球成本加成冲击下的脉冲响应：三种不同的货币政策均衡

注：实线和两条虚线分别代表两国的货币政策纳什均衡解、合作均衡解、最优帕累托改进均衡解。
资料来源：Caldara 等（2024）。

由图 8-5 可知，两种货币政策协调合作下的均衡都减缓了成本加成冲击下两国信贷利差的上升并降低了两国的产出损失。两国均能从货币政策协调合作中受益，主要由两个因素推动：首先，两国信贷利差的上升程度降低，杠杆约束的收紧程度降低。由于金融冲击通过信用利差传导，因此减少杠杆约束的收紧程度有助于改善货币政策在通货膨胀和产出之间的权衡。降低信贷利差的上升幅度意味着企业和个人更容易获取融资，促进了投资和消费。这有助于缓解产出的下降，并有可能降低通货膨胀的负面影响。其次，当两国共同选择更为宽松的政策时，与纳什均衡相比，它们能够以略微增加的通货膨胀为代价，换取明显较小的产出下降。这是因为货币政策的协调合作可以将一国货币政策对其他国家福利影响的外部性内部化。当多个国家同时采取非合作的货币政策时，会竞相推动各自的货币贬值，从而干扰正常贸易，扰乱国际金融市场。协调合作可以缓解或避免这种竞争，维护汇率的稳定。

此外，由图 8-5 还可以发现，货币政策协调合作下本国的通货膨胀上升得更高，但国外相反。这是因为，在成本加成冲击下，本国实行的宽松货币政策缓解了全球金融状况，并使得外国能够积极对抗通货膨胀，获得比纳什均衡下更低的通货膨胀和更高的产出。然而，合作性的货币政策导致国内通货膨胀高于纳什均衡下的通货膨胀。由图 8-6 也可以得出：在合作均衡下，本国的通货膨胀反应系数明显更低，而国外的通货膨胀反应系数明显更高。

给定成本加成冲击，图 8-6 画出了两国在不同的通货膨胀反应系数组合下，是否达到了比纳什均衡更低的货币政策损失函数水平。其中，阴影部分表示全局损失 $\bar{\mathcal{L}}$ 低于纳什均衡的系数组合，带有斜线的阴影部分表示两国相比纳什均衡均实现了帕累托改进的系数组合。在两个阴影区域之外的系数组合要差于纳什均衡。

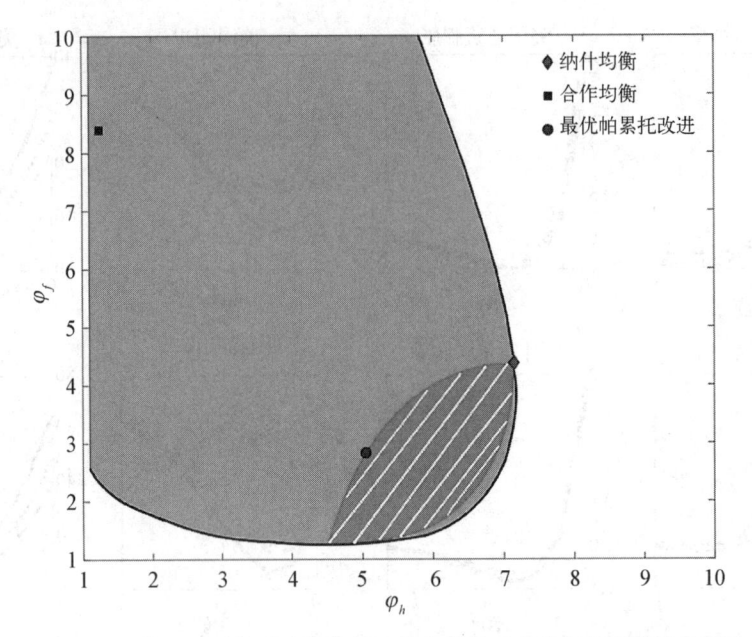

图 8-6 三种不同的货币政策均衡下的泰勒规则中的通货膨胀反应系数

注：横轴和纵轴分别为本国和外国的通货膨胀反应系数 φ_h、φ_f。
资料来源：Caldara 等（2024）。

通过图 8-6 我们可以发现：（1）比纳什均衡下的全球损失更小的阴影区域，普遍存在 φ_h 较小、φ_f 较大的情况，这说明此时国内货币政策对通货膨胀非常不敏感，而外国货币政策对通货膨胀的反应更加激烈。（2）黑色方块表示的合作均衡对应的 φ_h 比纳什均衡更小，而 φ_f 比纳什均衡更大，这说明在最优的合作均衡下，国内货币政策对通货膨胀较不敏感，而外国对通货膨胀的反应更激烈。这可能是因为，美国货币政策的强外溢性，尤其是金融渠道的外溢性，使得其货币政策对全球金融条件有很大的影响，但是美国货币政策在全球损失函数中的权重较小（前面我们已经提到，该权重由美国的 GDP 在全球 GDP 中的占比给出，大概为 1/4）。在这种情况下，美国宽松的货币政策通过降低本国利率改善了全球金融条件并允许国外更积极地抵制通货膨胀，从而获得比纳什均衡下更低的通货膨胀和更高的产出。然而由于宽松的货币政策，美国的通货膨胀高于纳什均衡。因此，本国（美国）在最优合作解决方案中处于较差的地位，这也解释了为什么黑色方块代表的合作均衡并不是一个帕累托改进。（3）与纳什均衡相比，最优的帕累托改进的特征是本国和外国对于通货膨胀均较为不敏感。这体现在图 8-6 中圆形所代表的最优帕累托改进下，φ_h 和 φ_f 均比纳什均衡下小。此时，两国的合作导致了更宽松的金融条件。

在现实中，2021 年全球"新冠"肺炎疫情造成了全球通货膨胀不断上升，为了遏制这种现象，全球各国，尤其是美国，大部分实行了紧缩性的货币政策，而本节的模型表明全球各国同步加息的效应可能会相互叠加且跨境传导，从而导致全球经济深度衰退，这要求各国的央行进行货币政策的协调合作。

关于货币政策协调合作的研究是宏观经济学研究中非常重要的一个领域。Liu and Pappa（2008）指出，当考虑国家间的差异时，政策协调将导致更显著的福利收益。这是因为在合作的政策下，贸易条件会更加偏向于贸易部门规模更大的国家。

第三节　货币联盟的货币政策问题

一、货币联盟中的货币政策

货币联盟是指一组国家或地区共同采用相同的货币政策和货币体系的协议。这种联盟旨在促进成员之间的经济一体化和货币合作。货币联盟的典型例子是欧元区,其中的成员国共同使用欧元作为其官方货币。传统的货币联盟的形成标准是经济结构等方面极为相似的国家应该形成联盟。① Mundell(1961)指出,如果国家之间的冲击相关性较高,那么货币联盟就能提高福利。但这暗中包含了对货币政策的承诺有效性的假设。Chari 等(2020)提出了一个新的最优货币区的标准:如果没有承诺的一组国家的诱惑冲击(通过产生意外的通货膨胀来扩大就业的动机)足够不相似且蒙代尔冲击足够相似,这些国家就应该形成联盟。

货币联盟的形成有许多优缺点:货币联盟促进了成员之间的贸易和投资,减少了货币兑换成本,并降低了通货膨胀和汇率波动的风险,但是也为货币政策的制定带来了许多挑战。Mundell(1961)提出了一个著名的权衡:货币联盟的好处在于消除交易壁垒,而成本则体现在一旦货币政策被委托给单一中央银行,货币政策的效果就被降低。这是因为不同国家可能面临不同的经济状况,如通货膨胀率、失业率等。单一中央银行需要采取一种单一的货币政策,而这可能不适用于所有成员。Fornaro(2022)指出建立货币联盟很可能导致成员之间的金融一体化增强,并可能通过增加成员之间的净资本流动来促进国际风险共担。

关于货币联盟中货币政策的制定,Benigno(2004)发现在经济没有效率供给冲击(如定价冲击)和价格黏性的跨国异质性的情况下,完全稳定联盟之内的通货膨胀是最优的。货币当局应该考虑参与货币联盟的国家之间名义价格黏性的差异。不同的价格灵活性会导致生产者通货膨胀的发展差异,最终导致"产出分散"程度的不同。Lombardo 等(2006)也表明即使两个经济体的名义黏性程度相同,国家之间的竞争程度的差异(经济效率的不同)也会导致产出分散程度的不同。此外,Benigno(2004)还表明货币政策应该稳定各个部门通货膨胀率的加权平均值,并赋予通货膨胀更高的地区更高的权重。

与此相反,Bhattarai 等(2015)通过构建一个具有价格和金融摩擦的货币联盟模型,发现由于金融摩擦的存在,即使在经济遭受纯粹的总体生产率冲击时,将联盟通货膨胀设定为零的严格通货膨胀目标政策也不是最优的。此外,货币联盟中的货币政策不应只考虑传统的宏观经济变量(如通货膨胀和产出缺口),而且应考虑由于政策利率影响不同成员的借贷和储蓄行为而产生的跨国财富分配效应。

二、货币联盟中的财政政策及财政政策与货币政策的配合

欧元区成员国虽有着共同的货币政策,但每个国家的财政政策都由其政府决定,这可能导致过度的财政赤字。因为每个政府都企图通过财政扩张来增加本国的 GDP,并期望以更高的共同通货膨胀和利率的形式将其财政挥霍的一部分成本转嫁给其他国家。1991 年《欧洲联盟

---

① 我国货币政策由中国人民银行作为央行管理、执行,但各个地区、省份、城市的发展存在较大差异,地方政府拥有相对独立的财政政策,在一定程度上也可以用货币联盟的理论模型对我国货币政策、财政政策调控进行建模、讨论。

条约》规定,根据欧元区稳定和增长协议,欧元区内各国都必须将财政赤字控制在 GDP 的 3% 以下,并且把降低财政赤字作为目标。

我们在上一部分提到,在一个仅有货币政策的经济体中,如果国家之间的冲击相关性太低,那么货币联盟就不会提高福利。Cooper 等(2004)指出,在财政政策与有能力对货币政策进行承诺的中央银行相结合的情况下,均衡时无论国家间冲击的相关性如何,货币联盟都将提高福利。Ferrero 等(2009)指出,在货币联盟的最优均衡中:(1) 货币政策应通过灵活的通胀目标制实现在联盟层面的物价稳定;(2) 财政当局应避免采取可能在联盟层面产生通货膨胀预期的行动;(3) 财政政策应当用于对抗特异性冲击,实行灵活的政策并允许政府债务的永久变化。

关于财政权力在整个货币联盟内部应该如何分配的问题,Aguiar 等(2015)指出将财政政策委托给中央财政当局总是最优的。这是因为中央财政当局会将任何可能的财政外部性都内部化,而地方财政当局没有动机去考虑外部性,且中央财政当局在处理财政事务上比中央财政当局更具优势。Berriel 等(2024)指出存在一个货币联盟规模的阈值,使得在该规模以下,将财政政策委托给地方财政当局是最优的,而在该规模以上,将财政政策委托给中央财政当局是最优的。

三、货币联盟的其他问题

Groll and Monacelli(2020)发现,从福利的角度出发,名义价格黏性的存在能否成为支持灵活汇率的理由,取决于货币当局的承诺能力。当货币能够作出有效承诺时,浮动汇率制度从福利的角度出发总是最优的。然而,如果货币当局无法作出有效承诺(实行斟酌处置的货币政策时),则加入货币联盟通常会优于实行浮动汇率制度,这是货币联盟的"固有优势"。

下面的思政案例阐述了 1997 年亚洲金融危机爆发的原因及中国在这次危机中的举措,该案例可以作为对整章的补充理解。在这场亚洲金融危机中,许多亚洲国家实施的出口替代战略表明了传统的贸易渠道在货币传导机制中的作用,且这些国家的基本面较为薄弱、资产负债表较脆弱,使得金融渠道在这场危机中发挥了重要作用。中国政府在这场危机中坚持不贬值人民币的行动,为国内外投资者提供了信心和稳定的预期,不仅防止了资本外流,而且维护了国际金融市场的稳定性。此外,中国的行动还表明了在区域内稳定货币汇率,以减少金融危机的传播和影响的主张。这种单边决策虽然未必能完全解决危机,但为探讨货币政策联盟中成员之间的合作提供了一个值得参考的案例。

思政案例8-1

1997 年亚洲金融危机

1997 年亚洲金融危机首先爆发于泰国。在国际投机者大量抛售泰铢的背景下,泰国政府不得不改变固定汇率制度,引发了泰铢大幅贬值,随后东南亚其他国家也受到影响,货币纷纷贬值。这场危机随后波及韩国和日本,导致股市崩盘和多家大型企业破产。到了 1998 年,亚洲金融危机进一步加深,并影响了俄罗斯和拉丁美洲等国家和地区,引发了全球汇市和股市的大幅波动,甚至一些国家的政局动荡。

在这场危机爆发的背景下,亚洲各国会受到如此严重的冲击,部分原因在于它们长期以来采取的固定汇率制度。这使得这些国家在面对外部压力时显得脆弱。另外,这些国家普遍实施出口替代战略,导致其经济对外依存度增加,使其在全球化进程中变得更加脆弱,更易受外部经济影响。

在这场危机爆发的背景下,中国政府采取了不贬值人民币的决定,并采取了一系列有力措施来维护汇率稳定和金融市场秩序。中国政府坚持了人民币的固定汇率制度,通过扩大外汇储备规模和加强外汇市场管制等措施,有效地维护了国内外投资者的信心,并避免了资本的大规模外流。同时,中国政府实施了限制个人和企业的外汇交易额度,加强了对外汇交易的监管,以防止外汇市场的异常波动。

中国政府对于人民币不贬值的坚定决定在危机期间发挥了重要作用,稳定了国内金融市场,减少了对全球金融市场的不利影响。这一决策体现了中国政府对国际金融稳定的责任和决心,为维护亚洲乃至全球金融稳定做出了积极贡献。

案例来源:40 年 40 个瞬间|亚洲金融危机保卫战,经济网(ceweekly.cn)。

本章小结

相比封闭经济体,开放经济体的总需求对国外利率冲击更为敏感,且本国开放程度越高就越敏感。此外,NKPC 曲线越平坦,本国的总需求对国外货币政策冲击越敏感。

通过引入金融中介机构即银行作为金融摩擦进入小型开放经济体,来自国外的利率冲击通过对银行资产负债表的影响,对实体经济产生了放大效应。此时,可以选择宏观审慎政策或外汇干预来应对冲击,两者与传统的泰勒规则下的货币政策结合,有助于提升福利水平。而大型开放经济体中,不同国家的货币政策会相互影响,这需要货币政策的协调合作以提升福利水平。

此外,关于对开放经济体中货币政策的讨论,本章还有很多未涉及的部分。例如,根据不同的方式引入出口价格黏性时,宏观经济变量对国内和美国利率冲击的响应有很大的差异。常见的引入方式有生产者货币定价(Producer-currency Pricing, PCP)、本地货币定价(Local-currency Pricing, LCP)和主导货币定价(Dominant-currency Pricing, DCP)。

练习思考题

1. 面对国外利率冲击,封闭经济体与开放经济体的表现有何不同?
2. 美国货币政策向不含金融摩擦的小型开放经济体的传导机制主要有哪些?
3. 在开放经济体中引入金融摩擦的常用模型设定有哪些?
4. 美国货币政策向含有金融摩擦的小型开放经济体的传导机制主要有哪些?
5. 金融摩擦对小型开放经济体中的货币政策有何影响?
6. 为什么大型开放经济体的货币政策需要协调合作?
7. 金融中介机构在含有金融摩擦的小型、大型开放经济体的模型中的主要作用是什么?

参考文献

[1] Aoki, K., Benigno, G., & Kiyotaki, N. (2020). Monetary and financial policies in emerging markets. Unpublished paper, London School of Economics [652].

[2] Blanchard, O., & Galí, J. (2007). Real wage rigidities and the new Keynesian model. *Journal of Money, Credit and Banking*, 39: 35-65.

[3] Bjørnland, H. C., & Jacobsen, D. H. (2010). The role of house prices in the monetary policy transmission mechanism in small open economies. *Journal of Financial Stability*, 6(4): 218-229.

[4] Caldara, D., Ferrante, F., Iacoviello, M., Prestipino, A., & Queralto, A. (2024). The international spillovers of synchronous monetary tightening. *Journal of Monetary Economics*, 141: 127-152.

[5] Cavallino, P., & Sandri, D. (2023). The open-economy ELB: Contractionary monetary easing and the trilemma. *Journal of International Economics*, 140, 103691.

[6] Chen, S., Devereux, M. B., Shi, K., & Xu, J. (2023). Consumption heterogeneity and monetary policy in an open economy. *Journal of Monetary Economics*, 140: 1-15.

[7] Clarida, R., Galı, J., & Gertler, M. (2002). A simple framework for international monetary policy analysis. *Journal of Monetary Economics*, 49(5): 879-904.

[8] Gali. J. & Monacelli. T. (2005). Monetary policy and exchange rate volatility in a small open economy. *Review of Economic Studies*, 72(3): 707-734.

[9] Guo, X., Ottonello, P., & Perez, D. J. (2023). Monetary policy and redistribution in open economies. *Journal of Political Economy Macroeconomics*, 1(1): 191-241.

[10] Kalemli-Özcan, Ş., & Unsal, F. (2023, November). Global Transmission of FED Hikes: The Role of Policy Credibility and Balance Sheets. In Brookings Papers on Economic Activity (conference draft).

[11] Liu, Z., & Pappa, E. (2008). Gains from international monetary policy coordination: Does it pay to be different?. *Journal of Economic Dynamics and Control*, 32(7): 2085-2117.

附录

附录A

我们在附录A中对本章第一节中的模型进行详细描述,该模型是含有(不含金融摩擦的)小型开放经济体的标准模型。对于传统的遵循Calvo交错定价生产厂商部分,我们做了省略。

1. 需求端

家庭既消费本国商品,又消费国外商品,且其效用最大化问题如下所示:

$$\max_{C_t, N_t} E_0 \sum_{t=0}^{\infty} \beta^t \left(\frac{1}{1-\sigma} C_t^{1-\sigma} - \frac{1}{1+\varphi} N_t^{1+\varphi} \right)$$

$$\text{s.t.} \quad P_t C_t + E_t\{R_t D_{t+1}\} \leqslant D_t + W_t N_t + T_t$$

利用式(8-1)、式(8-2)、式(8-3),以及 $P_t C_t = P_{H,t} C_{H,t} + P_{F,t} C_{F,t}$,求解一阶条件,得:

$$C_t^{\sigma} N_t^{\varphi} = \frac{W_t}{P_t} \qquad (8\text{-}A1)$$

$$1 = E_t[Q_{t,t+1}R_t] \qquad (8-A2)$$

$$C_{i,t} = \left(\frac{P_{i,t}}{P_{F,t}}\right)^{-\gamma} C_{F,t} \qquad (8-A3)$$

$$C_{H,t} = (1-\alpha)\left(\frac{P_{H,t}}{P_t}\right)^{-\eta} C_t \qquad (8-A4)$$

$$C_{F,t} = \alpha\left(\frac{P_{F,t}}{P_t}\right)^{-\eta} C_t \qquad (8-A5)$$

其中：

$$Q_{t,t+1} = \beta\left(\frac{C_{t+1}}{C_t}\right)^{-\gamma} \frac{P_t}{P_{t+1}} \qquad (8-A6)$$

将国内外的式(8-A6)和实际汇率 $\epsilon_{i,t}$ 的定义结合，得：

$$C_t = \vartheta_i C_t^i \epsilon_{i,t}^{\frac{1}{\sigma}} \qquad (8-A7)$$

国家 i 对本国任意商品 j 的总需求：

$$Y_t(j) = C_{H,t}(j) + \int_0^1 C_{H,t}^i(j)di \qquad (8-A8)$$

结合并利用 $Y_t = \int_0^1 [Y_t(j)^{1-\frac{1}{\epsilon}}(j)dj]^{\frac{\epsilon}{\epsilon-1}}$ 和贸易条件定义，可得：

$$Y_t = \left(\frac{P_{H,t}}{P_t}\right)^{-\eta} C_t \left[(1-\alpha) + \alpha \int_0^1 (S_t^i S_{i,t})^{\gamma-\eta} \epsilon_{i,t}^{\eta-\frac{1}{\sigma}} di\right] \qquad (8-A9)$$

由总价格水平的定义，即

$$P_t = [(1-\alpha)(P_{H,t})^{1-\eta} + \alpha(P_{F,t})^{1-\eta}]^{\frac{1}{1-\eta}} \qquad (8-A10)$$

以及贸易条件可知：

$$Y_t = [(1-\alpha) + \alpha S_t^{1-\eta}]^{\frac{\eta}{1-\eta}} C_t \left[(1-\alpha) + \alpha \int_0^1 (S_t)^{\gamma-\eta} \epsilon_{i,t}^{\eta-\frac{1}{\sigma}} di\right]$$

将其做对数线性化可得：

$$\hat{Y}_t = \hat{C}_t + \frac{\alpha\omega}{\sigma}\hat{S}_t \qquad (8-A11)$$

对式(8-A6)做对数线性化，并与式(8-A11)结合可得：

$$\hat{Y}_t = E_t\hat{Y}_{t+1} - \frac{1}{\sigma}(\hat{R}_t - E_t\hat{\pi}_{H,t+1}) - \frac{\alpha\Theta}{\sigma}E_t(\hat{S}_{t+1} - \hat{S}_t) \qquad (8-A12)$$

其中：

$$\Theta = \omega - 1 = (\sigma\gamma - 1) + (1-\alpha)(\sigma\eta - 1)$$

同样，对于国外 i，我们也有式(8-A11)成立，并结合式(8-A7)，经过对数线性化，就有：

$$\hat{Y}_t = \int_0^1 \widehat{Y_t^i} di + \frac{1}{\sigma_\alpha} \hat{S}_t \tag{8-A13}$$

将式(8-A13)做差分并代入式(8-A12)可得：

$$\hat{Y}_t = E_t \hat{Y}_{t+1} - \frac{1}{\sigma_\alpha}(\hat{R}_t - E_t \hat{\pi}_{H,t+1}) + \alpha(\omega-1) E_t \Delta \int_0^1 \hat{Y}_{t+1}^i di \tag{8-A14}$$

此即 DIS 曲线。

2. 供给端

此处我们直接使用 Calvo 交错定价下,菲利普斯曲线对数线性化处理后的标准形式：

$$\hat{\pi}_{H,t} = E_t \hat{\pi}_{H,t+1} + \lambda \widehat{MC}_t \tag{8-A15}$$

其中,$\lambda = \frac{(1-\beta\theta)(1-\theta)}{\theta}$,且 $(1-\theta)$ 为 Calvo 交错定价下企业在每个时期重新定价的概率。

假设生产产品 j 的企业的生产函数为

$$Y_t(j) = A_t N_t(j)$$

其中,A_t 为企业的全要素生产率。那么,企业的边际成本为

$$MC_t = \frac{1}{A_t} \frac{W_t}{P_t}$$

将上式与式(8-A1)、式(8-A10)、式(8-A11)、式(8-A13)结合并做对数线性化处理,得：

$$\widehat{MC}_t = (\sigma_\alpha + \varphi)\hat{Y}_t - (\sigma - \sigma_\alpha)\int_0^1 \widehat{Y_t^i} di - (1+\varphi)\hat{A}_t \tag{8-A16}$$

结合式(8-A16)和式(8-A15),我们有：

$$\hat{\pi}_{H,t} = E_t \hat{\pi}_{H,t+1} + \lambda \left[(\sigma_\alpha + \varphi)\hat{Y}_t - (\sigma - \sigma_\alpha)\int_0^1 \widehat{Y_t^i} di - (1+\varphi)\hat{A}_t \right] \tag{8-A17}$$

此即 NKPC 曲线。

3. 泰勒规则

$$\hat{R}_t = \phi_\pi \hat{\pi}_{H,t} + \varepsilon_t^m$$

附录 B

我们在附录 B 中对本章第二节中的模型进行详细描述,该模型是含有金融摩擦的小型开放经济体的标准模型。

1. 外汇干预对模型设定的影响

在政府持有外汇储备的情况下,通过银行借入的外债 D_t^* 是该国净外债 B_t^* 与政府持有的外汇储备 F_t 之和,即

$$D_t^* = B_t^* + F_t \tag{8-B1}$$

净外债 B_t^* 的演变规律为

$$B_t^* = R_{t-1}^* B_{t-1}^* + M_t - \frac{1}{\epsilon_t} E_{X_t} \tag{8-B2}$$

其中，M_t 代表进口，E_{X_t} 代表出口，ϵ_t 代表实际汇率。

政府和中央银行共同的预算约束为

$$G + \epsilon_t F_t = T_t + \epsilon_t R^*_{t-1} F_{t-1} \tag{8-B3}$$

其中，G 代表政府购买，T_t 代表政府税收，R^*_{t-1} 代表国外借款利率。

那么，本国最终产品的总需求变为

$$Y_t = C_t + I_t + G + E_{X_t} + \frac{\kappa}{2}(\pi_t - 1)^2 Y_t + \chi^h(K^h_t, K_t) + \chi^b(\epsilon_t D^*_t, Q_t K^b_t) \tag{8-B4}$$

其中，$\frac{\kappa}{2}(\pi_t - 1)^2 Y_t$ 为厂商调整价格的成本，$\chi^h(K^h_t, K_t)$ 为资产管理成本，$\chi^b(\epsilon_t D^*_t, Q_t K^b_t)$ 为借外债的成本。

2. 产品生产厂商

面临着垄断竞争的中间产品生产厂商 i 利用资本 $k_{i,t-1}$、进口材料 m_{it} 和劳动 l_{it} 进行生产，产出为 y_{it}，且生产函数的形式为

$$y_{it} = A_t \left(\frac{k_{i,t-1}}{\alpha_K}\right)^{\alpha_K} \left(\frac{m_{it}}{\alpha_M}\right)^{\alpha_M} \left(\frac{l_{it}}{1 - \alpha_K - \alpha_M}\right)^{1 - \alpha_K - \alpha_M} \tag{8-B5}$$

面临着完全竞争的最终产品生产厂商的生产函数是中间产品的 CES 复合函数，具体来讲，有

$$Y_t = \left(\int_0^1 y_{it}^{\frac{\eta-1}{\eta}} di\right)^{\frac{\eta}{\eta-1}} \tag{8-B6}$$

厂商的最优选择求解如下所示：

（1）求解最终产品生产厂商的利润最大化问题：

$$\max_{y_{it}} P_t Y_t - \int_0^1 p_{it} y_{it} di \tag{8-B7}$$

结合式（8-B6）和式（8-B7）求解一阶条件，得：

$$y_{it} = \left(\frac{p_{it}}{P_t}\right)^{-\eta} Y_t \tag{8-B8}$$

求解完全竞争下的零利润条件，得：

$$P_t = \left(\int_0^1 p_{it}^{1-\eta} di\right)^{\frac{1}{1-\eta}} \tag{8-B9}$$

（2）求解中间产品生产厂商的成本最小化问题：

结合式（8-B5）和式（8-B9）可知，成本最小化问题可表示为

$$\min_{k_{i,t-1}, m_{it}, l_{it}} Z_t k_{i,t-1} + \epsilon_t m_{it} + w_t l_{it}$$

$$\text{s.t. } A_t \left(\frac{k_{i,t-1}}{\alpha_K}\right)^{\alpha_K} \left(\frac{m_{it}}{\alpha_M}\right)^{\alpha_M} \left(\frac{l_{it}}{1 - \alpha_K - \alpha_M}\right)^{1 - \alpha_K - \alpha_M} \geq \left(\frac{p_{it}}{P_t}\right)^{-\eta} Y_t$$

求解一阶条件,可得:

$$Z_t = mc_t \alpha_K \frac{y_{it}}{k_{i,t-1}} \tag{8-B10}$$

$$\epsilon_t = mc_t \alpha_M \frac{y_{it}}{m_{it}} \tag{8-B11}$$

$$w_t = mc_t(1-\alpha_K-\alpha_M)\frac{y_{it}}{l_{it}} \tag{8-B12}$$

结合式(8-B10)、式(8-B11)、式(8-B12),可得:

$$mc_t = \frac{1}{A_t} Z_t^{\alpha_K} \epsilon_t^{\alpha_M} w_t^{\alpha_K+\alpha_M-1} \tag{8-B13}$$

(3) 再次求解最终产品生产厂商的利润最大化问题:

$$\max_{k_{i,t-1}, m_{it}, l_{it}} E_0 \sum_{k=0}^{\infty} \Lambda_{0,t}\left[\left(\frac{p_{it}}{P_t}-mc_t\right)y_{it} - \frac{\kappa}{2}\left(\frac{p_{it}}{p_{i,t-1}}-1\right)^2 Y_t\right]$$

均衡时所有厂商选择同样的价格,故 $p_{it}=P_t$,由一阶条件得:

$$\pi_t(\pi_t-1) = \frac{1}{\kappa}(\eta \cdot mc_t + 1 - \eta) + E_t\left[\Lambda_{t,t+1}\frac{Y_{t+1}}{Y_t}\pi_{t+1}(\pi_{t+1}-1)\right] \tag{8-B14}$$

令 $K_{t-1}=\int_0^1 k_{i,t-1}\mathrm{d}i$, $M_t=\int_0^1 m_{it}\mathrm{d}i$, $L_t=\int_0^1 l_{it}\mathrm{d}i$,对式(8-B5)、式(8-B10)、式(8-B11)、式(8-B12)进行加总,得到:

$$Y_t = A_t\left(\frac{K_{t-1}}{\alpha_K}\right)^{\alpha_K}\left(\frac{M_t}{\alpha_M}\right)^{\alpha_M}\left(\frac{L_t}{1-\alpha_K-\alpha_M}\right)^{1-\alpha_K-\alpha_M} \tag{8-B15}$$

$$Z_t = mc_t \alpha_K \frac{Y_t}{K_{t-1}} \tag{8-B16}$$

$$\epsilon_t = mc_t \alpha_M \frac{Y_t}{M_t} \tag{8-B17}$$

$$w_t = mc_t(1-\alpha_K-\alpha_M)\frac{Y_t}{L_t} \tag{8-B18}$$

3. 资本生产厂商

资本积累方程为

$$K_t = I_t + \lambda K_{t-1} \tag{8-B19}$$

投资调整成本为

$$\Phi\left(\frac{I_t}{I}\right) = \frac{\kappa_I}{2}\left(\frac{I_t}{I}-1\right)^2 \tag{8-B20}$$

出口为

$$E_{X_t} = \epsilon_t^{\varphi} Y_t^* \tag{8-B21}$$

其中,Y_t^* 为外国对本国的需求。

4. 家庭

家庭由银行家和工人组成,两者之间可以相互转换,其中银行家的存活率为 σ。在银行家退休后,他会将银行净值的 ξ 比例转移给家庭。

$$\max_{C_t, L_t, D_t, I_t, K_t^h} E_0 \left[\sum_{t=0}^{\infty} \beta^t \ln \left(C_t - \frac{\zeta_0}{1+\zeta} L_t^{1+\zeta} \right) \right]$$

s.t. $C_t + Q_t K_t^h + \chi^h(K_t^h, K_t) + D_t = w_t L_t + \Pi_t + (Z_t + \lambda Q_t) K_{t-1}^h + R_t D_{t-1}$

其中,Q_t 代表资产价格,D_t 代表实际存款,Π_t 代表家庭经营公司的利润,R_t 代表实际利率。求解一阶条件,得:

$$w_t = \zeta_0 L_t^{\zeta} \tag{8-B22}$$

$$1 = E_t \left[\Lambda_{t,t+1} \frac{Z_{t+1} + \lambda Q_{t+1}}{Q_t + \kappa^h \dfrac{K_t^h}{K_t}} \right] \tag{8-B23}$$

$$1 = E_t [\Lambda_{t,t+1}(1+R_{t+1})] \tag{8-B24}$$

$$Q_t = 1 + \frac{\kappa_I}{2}\left(\frac{I_t}{I}-1\right)^2 + \kappa_I \frac{I_t}{I}\left(\frac{I_t}{I}-1\right) \tag{8-B25}$$

5. 银行

假设银行的目标是最大化 V_t,且其为银行净值的线性函数,即 $V_t = \psi_t N_t$。银行服从如下三个约束:

(1) 激励约束

$$\psi_t \geqslant \theta \phi_t \tag{8-B26}$$

其中,$\phi_t = \dfrac{Q_t K_t^b}{N_t}$ 代表银行的杠杆率。

(2) 资产负债表约束

$$\left(1+\frac{\kappa_b}{2}x_t^2\right)Q_t K_t^b = N_t + D_t + \epsilon_t D_t^* \tag{8-B27}$$

其中,$x_t = \dfrac{\epsilon_t D_t^*}{Q_t K_t^b}$ 为银行外债占比。

(3) 净值演变规律

$$N_t = \sigma[(Z_t + \lambda Q_t)K_{t-1}^b - R_t D_{t-1} - \epsilon_t R_{t-1}^* D_{t-1}^*] + \xi(Z_t + \lambda Q_t)K_{t-1} \tag{8-B28}$$

当 $V_t = \psi_t N_t$ 时,易得:

$$\psi_t = E_t \Omega_{t+1} \frac{n_{t+1}}{n_t} \tag{8-B29}$$

结合式(8-B26)和式(8-B27),可得:

$$\frac{n_{t+1}}{n_t} = \left(\frac{Z_{t+1}+\lambda Q_{t+1}}{Q_t} - R_{t+1}\right)\phi_t + \left(R_{t+1} - R_t^* \frac{\epsilon_{t+1}}{\epsilon_t}\right)x_t \phi_t + \left(1 - \frac{\kappa_b}{2}x_t^2 \phi_t\right)R_{t+1} \tag{8-B30}$$

令

$$\mu_t = E_t\left[\Omega_{t+1}\left(\frac{Z_{t+1} + \lambda Q_{t+1}}{Q_t} - R_{t+1}\right)\right] \tag{8-B31}$$

$$\mu_t^* = E_t\left[\Omega_{t+1}\left(R_{t+1} - R_t^* \frac{\epsilon_{t+1}}{\epsilon_t}\right)\right] \tag{8-B32}$$

$$\nu_t = E_t[\Omega_{t+1} R_{t+1}] \tag{8-B33}$$

其中，三式分别代表资本相对于国内存款的超额回报、国外存款相对于国内存款的超额回报和国内存款的边际成本，且有

$$\Omega_{t+1} = \Lambda_{t,t+1}[(1-\sigma) + \sigma\psi_{t+1}]$$

结合式(8-B29)至式(8-B33)，则银行的动态规划问题变为

$$\psi_t = \max_{\phi_t, x_t}\left[\mu_t\phi_t + \mu_t^* x_t\phi_t + \left(1 - \frac{\kappa_b}{2}x_t^2\phi_t\right)\nu_t\right]$$
$$\text{s.t. } \psi_t \geqslant \theta\phi_t$$

求解一阶条件并比较系数得：

$$\psi_t = \frac{\theta\nu_t}{\theta - \mu_t - \frac{\mu_t^{*2}}{2\kappa_b\mu_t}} \tag{8-B34}$$

6. 市场出清

$$K_t = K_t^b + K_t^h \tag{8-B35}$$

7. 实际利率

$$R_t = \frac{1 + i_{t-1}}{\pi_t} \tag{8-B36}$$

将相应的摩擦代入方程，则本系统的均衡由含有 26 个变量的 26 个等式来确定。26 个等式为式(8-17)、式(8-18)、式(8-B1)～式(8-B4)、式(8-B14)、式(8-B15)、式(8-B16)、式(8-B18)、式(8-B19)、式(8-B21)～式(8-B28)、式(8-B31)～式(8-B36)。这 26 个变量分别如下：

(1) 8 个价格变量：$\{mc_t, \pi_t, Z_t, w_t, i_t, R_t, \epsilon_t, Q_t\}_{t=0}^{\infty}$

(2) 12 个数量变量：$\{Y_t, M_t, L_t, C_t, I_t, K_t, E_{X_t}, N_t, K_t^b, K_t^h, D_t, D_t^*\}_{t=0}^{\infty}$

(3) 6 个银行变量：$\{x, \psi_t, \phi_t, w_t, \nu_t, \mu_t, \mu_t^*\}_{t=0}^{\infty}$

第九章
开放经济体金融危机的产生机制与防范

全章提要

引言
学习目标
学习重点
视野拓展
- 第一节　开放经济体金融危机的特征事实
- 第二节　资本流入突然中断的机制分析
- 第三节　宏观审慎政策的概念及作用机制
- 第四节　宏观审慎政策的量化分析
- 第五节　宏观审慎政策在我国的实现
- 第六节　进一步分析与延伸阅读

本章小结
练习思考题
参考文献
附录

引言

　　1992—1994 年间,墨西哥形成了庞大的贸易赤字和经常账户逆差,导致从 1994 年 11 月开始,墨西哥中央银行被迫动用大量外汇储备频繁干预外汇市场。12 月 20 日,墨西哥政府在外汇储备即将耗尽之时,不得不对外宣布将比索贬值 15%。这一决定立即引起轩然大波,外国投资者在市场上疯狂抛售比索,抢购美元。21 日,墨西哥政府再次宣布:取消外汇市场干预,实行比索汇率自由浮动,比索汇率继续下跌 13.7%。伴随着比索贬值,外国投资者大量撤走资金,整个金融市场陷入一片混乱。
　　1994 年的墨西哥金融危机影响深远。与之前的危机不同,它发生于 20 世纪 90 年代全球金融体系建立之初,是金融不稳定席卷全球市场的类似事件中的第一次,标志着金融脆弱时代的开始。开放经济体面临的新型金融危机有何特征?对这一类危机应当如何防范和应对?本章将基于理论和量化分析对开放经济体金融危机的产生机制进行分析,并介绍危机防范的主要应对手段——宏观审慎政策。

学习目标

通过本章的学习,能够理解和掌握以下内容:
1. 开放经济体金融危机的典型特征——资本流入突然中断;
2. 资本流入突然中断现象产生的经济逻辑与量化分析方法;
3. 宏观审慎政策在防范和应对金融危机中所起的作用;
4. 结合现实国情,制定和实施宏观审慎政策需要考虑的因素。

学习重点

1. 资本流入突然中断的典型事实;
2. 危机产生机制——金融放大效应;
3. 宏观审慎政策的作用机制;
4. 宏观审慎政策效果的量化分析。

> 📰 **视野拓展**
>
> 与本章内容相关的论文导览与阅读,可扫以下二维码深入学习。

第一节　开放经济体金融危机的特征事实

一、资本流入突然中断的概念

1992—1994年间,墨西哥实行"钉住美元+浮动区间"的汇率制度。但由于当时墨西哥的通货膨胀率远远高于美国,上述汇率制度造成了本币比索的严重高估,从而形成了庞大的贸易赤字和经常账户逆差。从1994年11月开始,墨西哥中央银行被迫动用大量外汇储备频繁干预外汇市场。这一情况一直持续到12月20日,墨西哥政府的外汇储备只剩65亿美元,不足以维持严重高估的比索汇率。墨西哥政府不得不对外宣布:立即冻结物价,将比索贬值15%,以增加出口,改善国际收支,抑制资金外流。但这一决定立即引起轩然大波,外国投资者在市场上疯狂抛售比索,抢购美元。20日当天比索汇率就从最初的3.47比索兑换1美元跌至3.925比索兑换1美元。21日,墨西哥政府再次宣布:取消外汇市场干预,实行比索汇率自由浮动,比索汇率继续下跌13.7%。伴随着比索贬值,外国投资者大量撤走资金,墨西哥外汇储备在20日至21日两天锐减近40亿美元,整个金融市场陷入一片混乱。

这场金融危机危害极大,对墨西哥和世界经济都产生了深远的影响。表面上看来,这场墨西哥金融危机事件似乎并不陌生。在发展中国家的历史中,管控汇率失败的事件比比皆是,尤其是墨西哥。然而,1994年的墨西哥金融危机相较之前却有所不同,它发生于20世纪90年代全球金融体系建立之初,是金融不稳定席卷全球市场的类似事件中的第一起,标志着金融脆弱时代的开始。

类似墨西哥金融危机的事件后被统称为资本流入突然中断(Sudden Stop)。资本流入突然中断的特征是外部资本净流入的急剧逆转,通常用经常账户的突然增加来衡量,即经常账户赤字在短期内大幅缩减或转为盈余,代表外部资金急速而大幅的削减。一般在失去外部融资渠道之时或之后不久,受资本流入突然中断影响的经济体就会经历严重的衰退。部分国家甚至出现了自"大萧条"以来最严重的衰退,并伴随实际汇率大幅贬值、资产价格崩溃等现象。另外,资本流入突然中断具有跨国传染性,通常是成群出现的。例如,1994年墨西哥金融危机引发了1995年阿根廷的资本流入突然中断;1997—1998年,始于泰国的金融危机席卷了韩国、马来西亚、印度尼西亚、新加坡、中国香港和菲律宾等多个亚洲新兴经济体。截至20世纪90年代末,世界各地的新兴经济体陆续出现了资本流入突然中断现象,涉及的国家包括保加利亚、智利、哥伦比亚、乌克兰、厄瓜多尔、摩洛哥、委内瑞拉、俄罗斯和土耳其等。

从 20 世纪 90 年代后半期开始,关于资本流入突然中断的学术研究激增,并产出了众多有价值的成果。当传统的宏观经济学领域还鲜少关注金融摩擦及其对实体经济可能带来的灾难性后果时,关于国际资本流动的最新研究旨在将资本流入突然中断导致的金融不稳定与其灾难性的经济后果联系起来,其研究重点恰恰是宏观经济学与金融的交叉,特别是金融不稳定与宏观经济崩溃之间的联系。这些前沿成果为后续研究提供了有力的理论和量化分析框架与方法,奠定了进一步研究的基础。

二、资本流入突然中断型金融危机的典型特征

(一) 资本流入突然中断现象的识别

目前实证文献中主要采用事件分析法以研究资本流入突然中断的特征事实。首先,借助经常账户或净出口数据并根据一定的筛选指标,识别资本流入突然中断发生的时点;其次,以识别出的时点为中心构建宏观变量的事件窗口,从而研究在资本流入突然中断发生之前和之后各宏观变量的动态变化。

参照 Calvo 等(2006)和 Korinek and Mendoza(2014)的识别方法,本节采用两个筛选指标——资本流入反转指标和系统性风险指标作为金融危机的判别标准。资本流入反转指标使用经常账户(CA)与总产出(GDP)的比率作为筛选变量,该比率在短期内的大幅增长表明来自国外信贷(包括私人资本和公共资本)的急剧收缩,资本净流入的大幅减少,用于反映国际金融市场上的资金是否出现了系统性的外逃。系统性风险指标作为辅助筛选变量,对于发展中国家,我们选取 EMBI 指数(摩根大通新兴市场债券指数),对于发达国家,我们则选取 VIX 指数(芝加哥期权交易所波动率指数)来分别加以衡量。具体的识别策略如下:对于某发展中国家(发达国家),如果该国 CA/GDP 的年增长率高于其平均变化幅度两个标准差以上,同时 EMBI 指数(VIX 指数)超过其均值两个标准差以上,则将对应的时间点定义为该国资本流入突然中断发生的时间点。

图 9-1 画出了以资本流入突然中断发生的时间点(图中的时期 t)为中心的五年事件窗口。事件窗口包含了人均总产出、人均私人消费、人均投资、股票市场指数、净出口与总产出之比和实际汇率这六个变量在样本国家间的中位数。其中,人均国内生产总值、人均消费、人均投资、净出口与总产出之比均已进行 HP 滤波处理,股票市场指数已进行去通胀处理。

(二) 资本流入突然中断的特征事实

通过上面的事件分析可以得出关于资本流入突然中断的五个特征事实:

(1) 资本流入突然中断的代表性特征是净出口(或经常账户)的突然反转。在资本流入突然中断时,净出口发生了约 3 个百分点的反转,产出和消费相较其趋势值下降了约 3%,投资相较其趋势值下降了 10%,股票价格也降到了最低点。在资本流入突然中断发生之前是一段典型的扩张时期:产出、消费和投资均高于趋势值,净出口低于趋势值;对于新兴经济体而言,还出现了实际汇率和资产价格高涨的现象。

(2) 资本流入突然中断事件并不常见,但在新兴经济体发生的可能性是发达经济体的两倍。如图 9-2 所示,在 1981—2016 年间总共发生 51 起资本流入突然中断事件(发生概率为 2.4%)。对于新兴经济体而言,资本流入突然中断事件共发生 36 起,发生的概率为 2.9%;对于发达经济体而言,资本流入突然中断事件共发生 15 起,发生概率为 1.7%。因此,资本流入突然中断是一个小概率事件。尽管经常账户在一般的经济周期中也表现出逆周期特征,但其

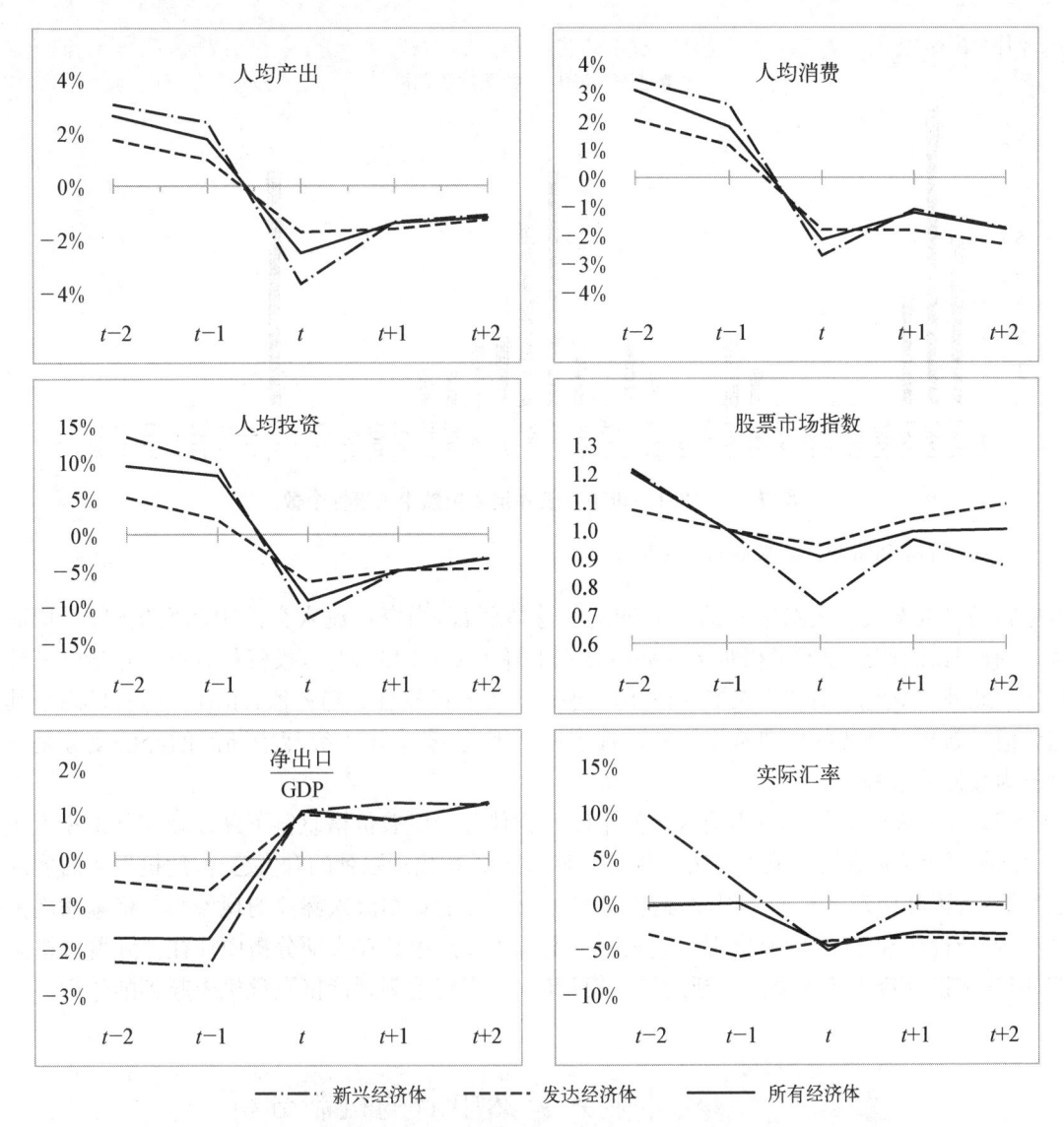

图 9-1 资本流入突然中断时期的典型表现

注：图中画出了关键宏观变量在以资本流入突然中断发生的时间点（时期 t）为中心的五年事件窗口期的变化。

数据来源：Korinek and Mendoza（2014）。

变化幅度远小于在资本流入突然中断代表的金融危机中观察到的程度。

（3）资本流入突然中断通常与其他重大事件相伴发生。某些年份并没有发生该现象，然而在1982—1983年间共观察到14起资本流入突然中断事件，与之相伴的是拉丁美洲国家爆发了严重的主权债务危机；在1998—1999年间共观察到了13起，与之相伴的是席卷泰国、新加坡、马来西亚等国的亚洲金融危机；在2009年观察到了7起，与之相伴的是2007年开始的美国次贷危机以及随后的全球金融危机。

（4）资本流入突然中断通常会带来急剧的经济衰退。另外，与发达经济体相比，新兴经济体遭受的冲击更大。资本流入突然中断发生时，新兴经济体的产出和消费相对于趋势值降低了3.7%和2.7%，发达经济体的产出和消费相对于趋势值降低了1.7%和1.8%，因此新兴经济

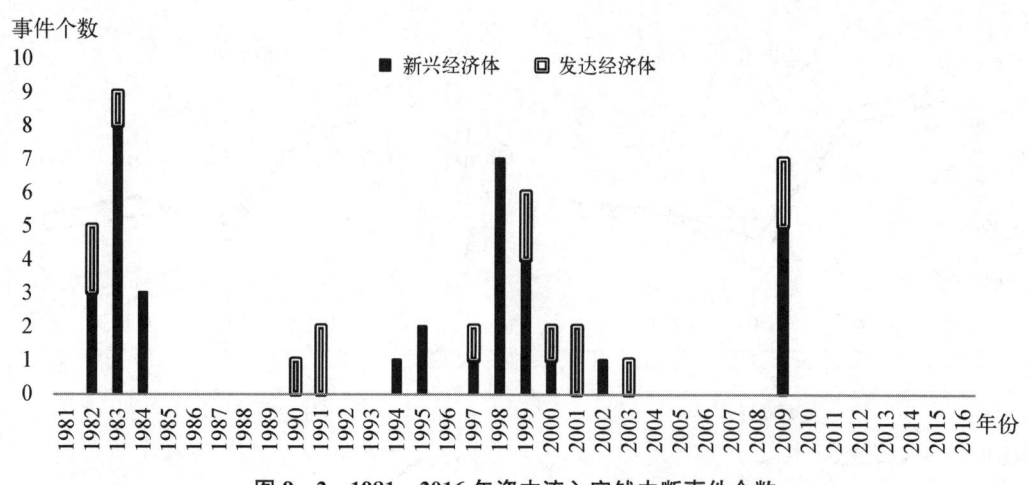

图 9‑2 1981—2016 年资本流入突然中断事件个数

数据来源：Bianchi and Mendoza(2020)。

体更容易受资本流入突然中断的不利冲击。总体而言,当资本流入突然中断发生时,平均而言,所有国家的产出和消费相对于趋势值分别下降了 2.5% 和 2.2%,投资相较前一年逆转了近 17%。此外,总产出、消费和投资在两年后仍明显低于其各自的趋势值,净出口仍明显高于其趋势值。新兴经济体的股票价格恢复进程缓慢。因此,资本流入突然中断后的经济复苏是一个较为缓慢的过程。

(5) 对于新兴经济体,资本流入突然中断通常伴随着股票价格急剧下跌以及实际汇率大幅贬值。新兴经济体在资本流入突然中断发生前,实际汇率出现强劲的升值趋势,危机发生后实际汇率暴跌,再经历渐进复苏。因此,此类危机中反映出的资本流入骤停的现象与价格紧缩现象(包括资产价格和汇率)同时出现。这表明资本流入突然中断在实证分析中往往伴随着价格紧缩,因此在设计资本流入突然中断的理论模型时,应当着重刻画价格在危机中起到的作用。

第二节 资本流入突然中断的机制分析

对于标准的开放宏观经济模型而言(包括实际经济周期模型和新凯恩斯模型),构建符合上述特征事实的量化模型是较为困难的,因为在这些模型中,信贷市场被认为是平滑消费、融通资金的有效工具:代表性消费者通过从国际金融市场上融资,可以缓解当期总产出的下降,这会导致危机期间经常账户赤字增加。但这与资本流入突然中断期间观察到的情况恰恰相反:经常账户赤字在消费和产出崩溃时大幅下降,甚至反转为盈余。这一观察结果表明,建立资本流入突然中断分析框架的关键在于,必须放弃完美信贷市场的假设。接下来,我们基于一个包含抵押品约束的开放小型经济体模型,对资本流入突然中断的现象进行机制分析。

一、刻画资本流入突然中断的主要机制——金融放大效应

第一节从实证的角度展示了资本流入突然中断时宏观变量的动态,包括经常账户反转,产出、消费、投资的下降,资产价格下跌以及实际汇率贬值,经济体陷入金融危机。我们需要理解的

是,资本流入突然中断以何种机制触发了金融危机。在本节,我们将介绍一类能够较好解释实证现象的模型——费雪模型(Fisher,1933)。在费雪模型中,外生冲击对宏观变量的负向影响在金融市场不完备的条件下会被显著放大,这便是金融放大效应(Financial Amplification Effect)。金融放大效应基于偶发收紧的抵押品约束(Occasionally Binding Collateral Constraint),能够解释第一节中资本流入突然中断的特征事实。抵押品约束基于委托-代理风险,规定了借款人的最大借款数额不得超过抵押品市场价格的某一固定比例。这一类融资约束在现实中非常常见,例如住房按揭贷款存在最低首付比例等。抵押品约束产生金融放大效应的关键是融资上限会受到资产价格或商品价格的影响。该约束是否收紧,或者说经济个体是否会将其债务空间完全用光,受个体的借贷行为、外生冲击以及抵押品的价格等多重因素影响,是模型均衡的内生结果。一般而言,抵押品约束收紧只是偶然发生的,在数据中体现为小概率事件。

图9-3阐明了金融放大效应的作用机制:假设一个小型开放经济体从国际金融市场上借款,并受到抵押品约束代表的借贷约束限制。扩张时期外资的大量流入使得新兴经济体积累了较高的债务,此时经常账户存在较大赤字,产出、消费、投资处于高位,资产价格和汇率水平高涨。一般而言,鉴于负债者需要借新还旧以维持流动性,较高的现有负债水平也预示着较高的借款需求。此时如果发生了负向的外部冲击(如产出下降),新兴经济体面临的抵押品约束就有可能收紧。抵押品约束一旦收紧,新兴经济体就无法借入足够多的资金,在宏观层面反映为资本净流出增加,产出、消费和投资等陷入低迷。由于缺少资金支撑,因此包含抵押品资产在内的资产价格就会下跌,这使得抵押品约束进一步收紧,并带来新一轮的资本流出以及资产价格下跌,进而引发"借贷约束收紧→资本流出→资产价格下跌"的恶性循环。

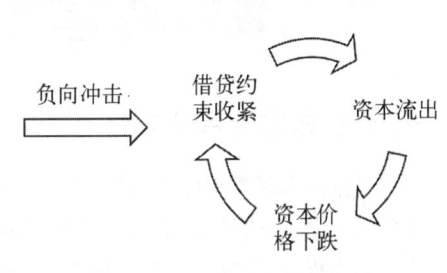

图9-3 金融放大效应机制

二、资本流入突然中断的模型设定

绝大多数研究资本流入突然中断的文献采取以下两种设定之一来刻画抵押品约束:

(一) 存量型抵押品约束

存量型抵押品约束(Loan-to-Value,LTV)中的抵押品为资产K,包含土地、股权、住房等。我们将第t期的资产价格记为q_t,b_{t+1}为下一期要偿还的债务数量,当前总利率水平为$R_t=1+r_t$。存量型抵押品约束的一般形式为

$$\frac{b_{t+1}}{R_t} \geq \kappa_t q_t K_t \tag{9-1}$$

这表明融资总额不能超过抵押品价值κ_t的比例,其中κ_t决定了抵押品约束对于借款的限制程度。采用此类约束的代表性文章是Mendoza(2010)。该文构建了一个如式(9-1)所示的存量型抵押品约束的小国开放模型,以刻画新兴市场国家的资本流入突然中断现象。Mendoza(2010)假定新兴市场国家在国际市场的融资上限由本国资本市场市值决定,因此资产价格q_t的波动会导致融资上限随之改变,在危机期间会产生强烈的金融放大效应:当经济现有的负债水平b_t较高时,负向冲击将导致借贷约束收紧,代表性家庭会削减消费和投资,造成资产价格q_t进一步下降和借贷约束进一步收紧,下一期融资额b_{t+1}下降。此时消费、投资、资本价格、产出等变量都会呈现"螺旋下降"的趋势。

（二）流量型抵押品约束

流量型抵押品约束（Debt-to-Income，DTI）中，借款上限取决于借款人当期的收入。对于开放经济体中的代表性家庭而言，其收入包括来自可贸易品部门和不可贸易品部门的收入，分别表示为 y_t^T 和 y_t^N。流量型抵押品约束的一般形式为

$$\frac{b_{t+1}}{R_t} \geqslant \kappa_t (P_t^N y_t^N + y_t^T) \tag{9-2}$$

此处将可贸易商品的价格标准化为 1，P_t^N 为不可贸易品的相对价格（实际汇率）。采用此类约束的代表论文是 Bianchi(2011)。对于一个存在如式(9-2)的流量型抵押品约束的小型开放经济体，当本国实际收入下降时，抵押品约束更有可能收紧。收紧的抵押品约束会导致本国对可贸易品的消费 c_t^T 降低，由于 P_t^N 与 c_t^T 正相关，因此需求下降导致 P_t^N 下跌，使得抵押品约束进一步收紧，产生恶性循环。

第三节 宏观审慎政策的概念及作用机制

一、什么是宏观审慎政策

根据国际清算银行记录(Clement，2010)，"宏观审慎"这一概念最早可以追溯到 20 世纪 70 年代。国际清算银行下的库克委员会（巴塞尔银行监管委员会的前身）在 1979 年的国际会议上正式提出了"宏观审慎"概念，指出"当微观经济问题开始形成宏观经济问题时，微观审慎性问题变成了所谓的宏观审慎性问题"。随后数年，这一概念只在国际清算银行和英格兰银行的一些文件中被提及，但并未引起大家的关注。直到 2008 年金融危机爆发，货币政策作为央行的总需求管理工具，在维护金融稳定方面有一定的局限性，宏观审慎政策(Macroprudential Policy)框架应运而生。

欧洲货币常务委员会在"国际银行业的创新活动"报告中将宏观审慎政策定义为促进"广泛的金融体系和支付机制的安全和稳健"的一种政策。国际清算银行(2001)认为："宏观审慎监管是微观审慎监管方法的有益补充，是从金融体系的系统性角度出发进行风险监测，从而实现金融稳定。"2022 年，中国人民银行发布的《宏观审慎政策指引（试行）》中提到，"宏观审慎政策的目标是防范系统性金融风险，尤其是防止系统性金融风险顺周期累积以及跨机构、跨行业、跨市场和跨境传染，提高金融体系韧性和稳健性，降低金融危机发生的可能性和破坏性，促进金融体系的整体健康与稳定"。该指引同时强调，"根据系统性金融风险的特征，开发和储备适用于我国国情的一系列政策工具，包括：资本管理工具、流动性管理工具、资产负债管理工具、金融市场交易行为工具、跨境资本流动管理工具五大时间维度的工具，以及特定机构附加监管规定、金融基础设施管理工具、跨市场金融产品管理工具和风险处置等阻断风险传染的管理工具四大结构维度的工具"。建立宏观审慎政策工具箱，是提升政策执行效果的必要手段。

二、宏观审慎政策的作用机制

宏观审慎政策能够有效缓解资本流入突然中断对宏观经济的冲击。在开展有关的量化分析之前，本节首先从理论上探讨宏观审慎政策的作用机制。在费雪模型中，由于个体将抵押品

的价格,如式(9-1)中的资产价格 q_t 以及式(9-2)中的实际汇率 P_t^N 视为给定的,因此个体并没有将自身的借贷和消费行为对于抵押品价格的影响内部化,这对全社会而言存在负外部性:第 t 期借款数额 b_{t+1} 增加将抑制下一期的总需求,从而会压低下一期抵押品的价格,使得抵押品约束更容易收紧,并且在收紧的情况下产生强烈的金融放大效应,造成金融危机,然而个体在决策时并未将这一系列影响考虑在内。由于这种外部性是通过价格机制起作用的,因此我们称之为金钱外部性(Pecuniary Externality)。换句话说,个体在进行借贷决策时忽略了自身借贷行为的社会成本。与市场经济自发形成的结果相对应,社会决策者(Social Planner)能够将这种金钱外部性内部化,在进行决策时正确地意识到个体借贷行为对于抵押品价格的影响和社会成本。社会决策者可以通过施行宏观审慎政策消除这种外部性,使个体决策者的选择达到社会最优。以下的分析将借助模型进一步说明宏观审慎政策的作用机制。

在费雪模型中,如果没有任何的政策干预,则均衡时个体面临的欧拉方程通常具有如下形式:

$$u'(t) = \beta R_t E_t[u'(t+1)] + \mu_t \tag{9-3}$$

其中,$u'(t)$ 表示第 t 期消费的边际效用,μ_t 是关于抵押品约束的拉格朗日乘数。当 t 期的抵押品约束收紧时,$\mu_t > 0$。在存量型约束模型中,均衡时的资产价格取决于未来收益的折现加总,可以表示为 $q_t(c_t, c_{t+1}, c_{t+2}, \cdots)$;在流量型约束模型中,均衡时的不可贸易品的价格 P_t^N 通常可表示为可贸易品消费 c_t^T 的函数 $P_t^N(c_t^T)$。重要的是,在两类模型中价格一般是当前消费的增函数。

与经济个体不同,在给定当前抵押品约束并未收紧的条件下,社会决策者面临的欧拉方程通常具有如下形式:

$$u'(t) = \beta R_t E_t[u'(t+1) + \mu_{t+1}^{sp} \kappa_{t+1} \psi_{t+1}^i] \qquad (i = S, F) \tag{9-4}$$

其中,S 和 F 分别表示存量型和流量型抵押品约束;μ_{t+1}^{sp} 是社会决策者关于抵押品约束的拉格朗日乘数;而 ψ_{t+1}^i 表示 t 期的借款数额 b_{t+1} 对 $t+1$ 期抵押品价格的边际影响,具体形式如下:

$$\psi_{t+1}^F = y_{t+1}^N \frac{\partial p_{t+1}^N}{\partial C_{t+1}^T} \tag{9-5}$$

$$\psi_{t+1}^s = K_{t+1} \frac{\partial q_{t+1}}{\partial C_{t+1}} \tag{9-6}$$

式(9-4)中的 $\mu_{t+1}^{sp} \kappa_{t+1} \psi_{t+1}^i$ 反映了社会决策者与经济个体面临的边际借贷成本之间的差异。如前所述,社会决策者在决定借款数额 b_{t+1} 时充分考虑了金钱外部性,也正确地意识到了自身增加借款数额的社会成本。然而个体将抵押品的价格视为给定的,在决定 t 期的借款数额 b_{t+1} 时,并未考虑借款数额增加对 $t+1$ 期抵押品价格的负面影响 (ψ_{t+1}^i):由于效用函数一般而言是凹的,因此我们可以得到

$$\frac{\partial p_{t+1}^N}{\partial C_{t+1}^T} = \frac{-p_{t+1}^N u''(t+1)}{u'(t+1)} > 0, \frac{\partial q_{t+1}}{\partial C_{t+1}} = \frac{-q_{t+1} u''(t+1)}{u'(t+1)} > 0 \tag{9-7}$$

由此可知,金钱外部性的符号为正:$\psi_{t+1}^i > 0$。抵押品价格过低会使得抵押品约束收紧进而产生金融放大效应。在其他条件不变的情况下,如果 $\psi_{t+1}^i > 0$,则个体增加借款数额 b_{t+1} 会使得 $t+1$ 期的消费降低,并伴随着抵押品价格的降低,抵押品约束更容易收紧,进而个体会低估增

加借款数额 b_{t+1} 的边际成本,因此与社会决策者相比,个体的借款数额过高,出现过度借贷的现象。值得注意的是,只有当抵押品约束有可能在 $t+1$ 期收紧时,金钱外部性的存在才会使社会决策者选择与经济个体不同的借款水平。

为了纠正个体的过度借贷,进而降低未来抵押品约束收紧的可能性,社会决策者可以采取事先限制个体借款的宏观审慎政策,即对资本的流入进行管制。最常见的宏观审慎政策,或审慎性资本管制政策是社会决策者对个体在 t 期的借款 b_{t+1} 征税,并将税收收入作为一次性转移支付返还给个体。征税的目的是使个体将第 t 期的借款带来的金钱外部性内部化,使得个体借款的边际成本与社会决策者借款的边际成本相等。在给定 t 期的抵押品约束未收紧的条件下,最优的税率应当为

$$\tau_t = \frac{E_t[\mu_{t+1}\kappa_{t+1}\psi^i_{t+1}]}{E_t[u'(t+1)]} \quad (i = S, F) \tag{9-8}$$

如果在 $t+1$ 期的某些状态下抵押品约束收紧,则该税率是严格为正的。另外,随着未来抵押品约束收紧的可能性增加以及 κ_{t+1} 和 ψ^i_{t+1} 的增加,金钱外部性将更有可能导致更为严重的金融放大效应,则对应的最优借款税率也应当增加。

第四节　宏观审慎政策的量化分析

本节基于 Bianchi and Mendoza(2020)包含资本积累的开放小国模型,从定量的角度分析宏观审慎政策防范金融危机的效果。我们在正文中简要介绍其理论设定,具体的模型设定请参考本章附录。

一、存在资本积累的开放小国模型设定

模型中包含可贸易品(用上标 T 代表)和不可贸易品(用上标 N 代表)两个部门,两种商品由一个恒定替代弹性(CES)函数加总为最终商品,最终商品既可以用于消费,也可以用于投资以形成下一期的资本积累。两种商品的生产采用资本作为唯一投入品,且面临共同的生产效率(z_t)外生冲击。两类商品的产出形成了代表性家庭的收入,家庭选择将资金配置于两类商品的消费、投资,以及国际借贷。家庭的国际借贷面临如下的借贷约束:

$$\frac{b_{t+1}}{R} \leqslant \kappa q_t k_{t+1} - \bar{b}_t \tag{9-9}$$

其中,b_{t+1} 表示下一期的到期债务,R 为国际金融市场的总利率水平,q_t 为资本品的价格,k_{t+1} 表示下一期的资本积累,κ 为参数。$\bar{b}_t$ 用来衡量经济体外生的金融冲击,存在高、低两个可能值,其取值服从马尔科夫过程。$\bar{b}_t$ 下降代表更紧的借款上限,此时如果代表性家庭当前累积的外债水平中 b_t 过高,则可能导致该借贷约束收紧,家庭无法从国际金融市场上融到足够的资金,从而产生资本流入突然中断下的金融危机。此外我们也能看出,该借款上限会内生地受资产价格 q_t 的影响,从而在危机中出现第二节介绍的金融放大效应。代表性家庭没有将自身消费、借贷的选择在金融放大效应中所起的作用考虑在内,存在金钱外部性,此时宏观审慎政策可以发挥作用来纠正这种负外部性。

现实中,宏观审慎政策存在多种等价的形式(Jeanne and Korinek,2020)。此处我们选择

国际借款税作为宏观审慎政策的代表：当代表性家庭在国际金融市场上融资时，政府对其征收税率为 τ_t 的借款税，家庭的含税借款成本便上升为 $(1+\tau_t)R$。政府会将这部分税收收入以补贴的方式返还给家庭，因此该税收不会影响家庭的实际可用资源，但是会改变价格体系，抬高资金成本，使家庭主动降低海外融资，达到宏观审慎的目的。为了分析的简便，此处只考虑固定税率：当上面的抵押品约束没有收紧时，对于资本流入征收固定的税率 $\tau_t \equiv \tau$；当抵押品约束收紧时，税率设定为 0。我们使用新兴市场国家的数据对模型进行校准，分析宏观审慎政策的效果。

二、有管制和无管制时的金融危机影响分析

表 9-1 展示了两种经济体关键宏观统计量的比较，其中"无管制均衡"列代表没有政策干预下的经济状况。"长期统计量"部分计算了各个统计量的长期平均水平，包括：借款数额[外国净资产(Net Foreign Asset, NFA)]与产出之比 $\left(\dfrac{B}{Y}\right)$、资本产出比 $\left(\dfrac{K}{Y}\right)$、资本流入突然中断概率，以及借贷约束[式(9-9)]收紧的概率。"资本流入突然中断时的平均变化"部分展示了在资本流入突然中断事件发生时，主要宏观变量的平均变化程度。此处基于样本期数为十万期蒙特卡洛模拟来计算抵押品约束收紧的概率，经济中存在的两种外生冲击分别为生产效率 z_t 和金融约束 $\bar{b}_t$。资本流入突然中断的定义为借贷约束收紧，且经常账户与 GDP 之比相对于其长期均值上升超过 4%，这相当于数据中观察到的经常账户标准差的 2.3 倍。"最优管制均衡"列代表存在最优借款税时的经济状况。根据模型的数值分析，最优的固定税率 $\tau = 1.31\%$。

表 9-1　长期统计量和资本流入突然中断时的统计量

长 期 统 计 量	无管制均衡	最优管制均衡
$\dfrac{B}{Y}$	−39.5%	−39.0%
$\dfrac{K}{Y}$	2.53	2.51
福利收益	/	0.017 9%
资本流入突然中断概率	3.15%	1.06%
债务税率 τ	/	1.31%
资本流入突然中断时的平均变化		
c	−0.5%	−0.2%
I	−22.1%	−16.0%
P^N	−17.1%	−11.6%
q^K, p^C	−12.1%	−8.2%
$\dfrac{CA}{Y}$	5.2%	3.4%

数据来源：Bianchi and Mendoza(2020)。

在图 9-4 中，我们构建了以资本流入突然中断发生年份为中心的七年事件窗口，并计算了主要宏观变量在所有事件窗口的平均变化程度。实线对应无管制均衡，虚线对应最优管制均衡。

(a) 经常账户/GDP　　(b) GDP　　(c) 总消费

(d) 可贸易品消费　　(e) 不可贸易品消费　　(f) 总投资

(g) 可贸易品中间投入　　(h) 不可贸易品中间投入　　(i) 资产价格

(j) 实际汇率

—— 无管制均衡
‑‑‑ 最优管制均衡

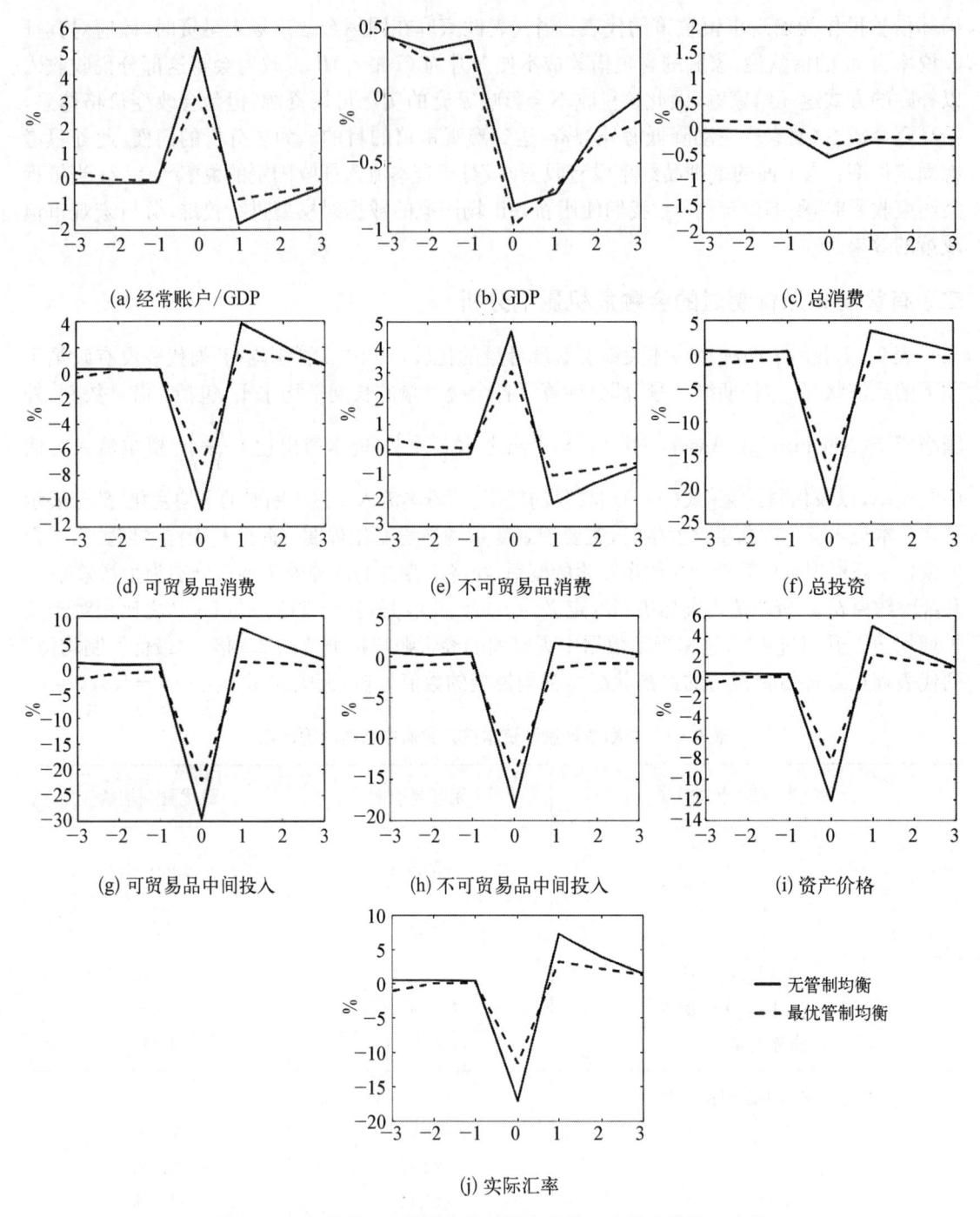

图9-4　有管制和无管制条件下的资本流入突然中断情况比较

数据来源：Bianchi and Mendoza(2020)。

在表9-1中，无管制均衡时资本流入突然中断的发生概率为3.15%，非常接近实际数据中新兴经济体的发生频率2.9%。图9-4的事件窗口表明该模型的动态与第一节中资本流入突然中断的几个特征事实高度匹配。资本流入突然中断发生时（$t=0$），经常账户出现大幅的逆转，投资、资产价格和实际汇率大幅下降。然而与图9-1中的实际数据相比，总消费和总产出的下降幅度较小(另见表9-1"无管制均衡"列)。其原因在于,当资本流入突然中断发生时,由于生产函数中的资本是由上一期决定的,因此产出仅受当前生产率下降的小幅负向影响。在蒙特卡洛模拟的结果中,危机期间生产效率的负向冲击平均只有-1个百分点,约为生产效率标准差的0.38。因此我们在图9-4中观察到的宏观变量大幅波动主要是由金融冲击以及其所引发的强烈金融放大效应导致的。由于金融放大效应,收紧的抵押品约束[式(9-9)]导致可贸易品消费 c^T 降低,资产价格下滑,投资减少,进而大幅降低了生产投资品时不可贸易品的中间投入;由于不可贸易品的产出仅小幅下降,因此市场出清条件意味着对不可贸易品的消费 c^N 应该增加:c^T 和 c^N 的反向变动使得总消费在资本流入突然中断时并未出现大幅波动。

三、经济效率与金融稳定的权衡

宏观审慎政策一方面可以起到防范金融危机,提高金融稳定的效果;另一方面会抬高国内的融资成本,从而可能对资本积累和产出水平构成负面影响。在接下来的分析中,我们分长期和短期两种视角,探究宏观审慎政策两种效果的权衡。

首先我们考虑宏观审慎政策的长期效果。我们计算了在不同的借款税率 τ 下(取值为 0~1.8%),金融危机发生的概率以及相对于无管制均衡时长期的平均产出损失,并将不同税率下危机的发生概率和产出损失的组合所形成的轨迹画在了图9-5中。这条轨迹表明,实现更高水平的金融稳定需要在长期产出方面做出牺牲:如果宏观审慎政策将危机发生的概率降低至无管制均衡时的一半,则需要牺牲约0.4%的长期平均产出,此时对应的固定借款税率为1.3%。而如果想要彻底消除金融危机,将其发生概率下降到0,则需要牺牲约0.45%的长期产出。宏观审慎政策之所以会面临长期权衡,是因为其扭曲性地抬高了个体的借款成本,进而通过无套利条件抬高了资本回报率,即等价于对资本征税。相比无管制均衡,宏观审慎政策会抑制资本积累,进而拖累经济在长期的产出。

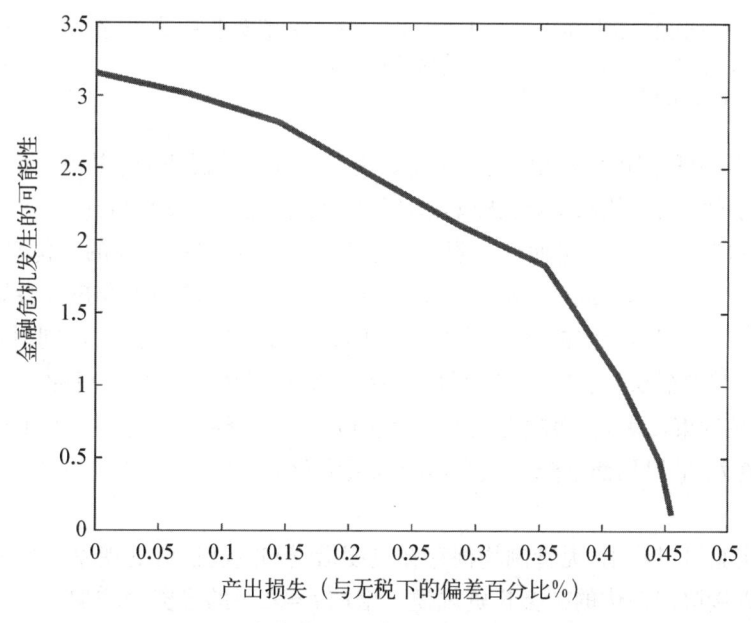

图9-5 长期中经济增长与金融稳定的权衡

数据来源:Bianchi and Mendoza(2020)。

其次,我们探究宏观审慎政策的短期效果。此处我们考虑暂时的宏观审慎政策对经济的影响:假设政府在 $t=0$ 时可以采用宏观审慎政策来干预经济,但是从 $t \geqslant 1$ 开始不再干预经济,因此从第 1 期开始经济进入无管制均衡状态。假设在第 0 期政府保持初始消费水平 c_0^T 不变,但是可以通过政策来引导家庭选择不同的外债与资本的组合 (b_1,k_1),并比较不同组合对效用水平的影响。可想而知,如果家庭选择的债务水平 b_1 越高,则当前的可用资源越多,当前的投资形成的资本积累 k_1 也越高。然而过高的外债水平会增大未来爆发金融危机的可能性,同时挤占未来的资源,因而会对效用水平构成负面影响。在进行数值分析时,我们将初始状态 (b_0,k_0) 设定为无管制均衡中对应的长期平均水平,生产效率冲击 z_0 设定为其均值加一个标准差,金融约束 $\bar{b}_0$ 设定为放松状态。

图 9-6 分别报告了不同的债务水平 b_1 对应的资本存量 k_1、效用水平、下一期的投资选择 i_1。我们假设 $t=1$ 时的经济受到了负向的生产效率冲击和金融约束冲击。图中的圆点表示政府在第 0 期不干预经济时的均衡结果。

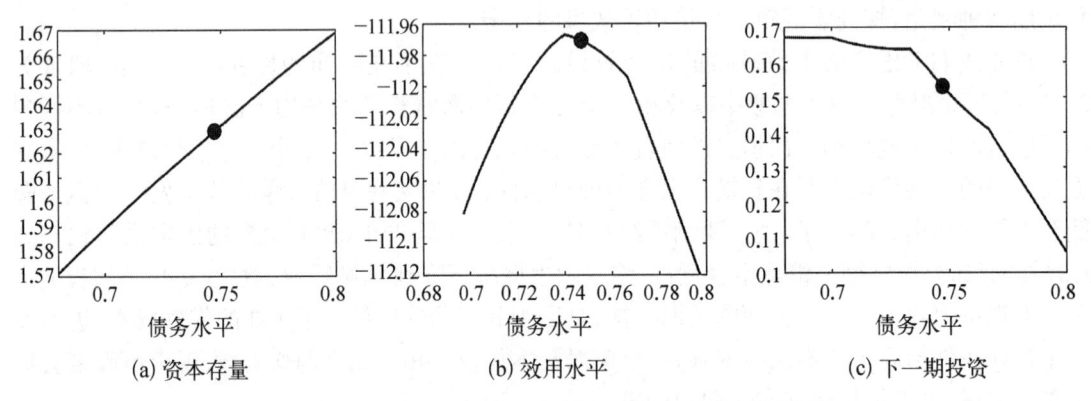

(a) 资本存量　　　　　　(b) 效用水平　　　　　　(c) 下一期投资

图 9-6　保持初始消费不变,选择不同债务水平的影响

注:图中展示了对于给定初始条件 $(b_0,k_0,z_0,\bar{b}_0)$ 和初始消费水平 c_0^T,选择不同债务水平 b_1 造成的影响。图中的圆点表示政府在第 0 期不干预经济时的均衡结果。

数据来源:Bianchi and Mendoza(2020)。

从图 9-6(b) 中我们可以看出,在保持初始消费不变的情况下,使得福利最大化的借款水平低于无管制均衡时的借款水平,即无管制均衡存在过度借贷的现象,并且 $t=0$ 时的借款水平 b_1 降低会抑制当期的投资,进而使得资本存量 k_1 降低,这意味着 k_1 的最优水平也低于无管制均衡,如图 9-6(a) 所示。此外,图 9-6(c) 表明减少 $t=0$ 时的债务和投资会导致 $t=1$ 时的投资 i_1 增加。在 $t=0$ 时,个体的终身福利会先随着 b_1 的增加而快速上升,同时 $t=1$ 期投资 i_1 缓慢下降;当 b_1 增加至 0.7 左右时,i_1 开始急剧下降,这是因为此时较高的 b_1 会使得经济在 $t=1$ 期的抵押品约束收紧,进而缺乏足够的信贷以满足投资需求。在 b_1 增加至约 0.74 后,福利水平开始随着 b_1 的增加而下降。从个体福利最大化的角度而言,无管制均衡的借款水平并不是最优的。

从上面的实验可以看出,无管制均衡存在过度借贷和过度投资的现象。从理论上讲,社会决策者也可以直接决定最优的社会投资规模。增加 $t=0$ 时的投资会增加 $t=1$ 时可贸易品的产出,进而支持资产价格并放松抵押品约束;另外,更高的投资 i_0 也意味着 $t=1$ 时不可贸易品的增加以及资产价格的降低。社会决策者将上述机制内部化以决定 i_0。如前所述,对于借款征税只能间接地影响投资水平,并且会抑制投资和产出,因此在决定借款税率时需要仔细权衡其经济后果。

四、最优干预的确定

下面我们来解释表 9-1 中的最优借款税率是如何确定的。对于给定的经济状态 $(b,k,z,\bar{b})$ 以及某个固定借款税率 τ,我们将该状态下的福利收益 $\gamma(b,k,z,\bar{b})$ 定义为使得个体在无管制均衡下的终身效用与征收固定借款税率 τ 时的终身效用相等所需要的消费补偿比率:

$$\sum_{t=0}^{\infty}\beta^{t}u[c_{t}^{T}(1+\gamma),c_{t}^{N}(1+\gamma)]=\sum_{t=0}^{\infty}\beta^{t}u(\tilde{c}_{t}^{T},\tilde{c}_{t}^{N})$$

其中,$c_{t}^{T}(c_{t}^{N})$ 表示无管制均衡时个体在状态 $(b,k,z,\bar{b})$ 下的最优可贸易品(不可贸易品)消费,$\tilde{c}_{t}^{T}(\tilde{c}_{t}^{N})$ 表示征收固定借款税率 τ 时个体在状态 $(b,k,z,\bar{b})$ 下的最优消费,并使用无管制均衡时状态变量的稳态分布计算福利收益的平均水平。

图 9-7(a)展示了税率 τ 在 0~2%变化时的平均福利收益。福利收益在税率为 1.31%时取最大值,因此表 9-1 中最优的借款税率设定为 1.31%。然而即便是在最优的管制水平下,相对于无管制均衡的收益也很小,平均福利改善不超过 0.02%;而且该收益随着税率的进一步提升急剧下降:如果税率高于 1.6%,宏观审慎政策就会导致福利损失,其原因在于过高的干预压低了当前资产价格,导致了式(9-9)中的借贷约束相比无管制均衡更加收紧。

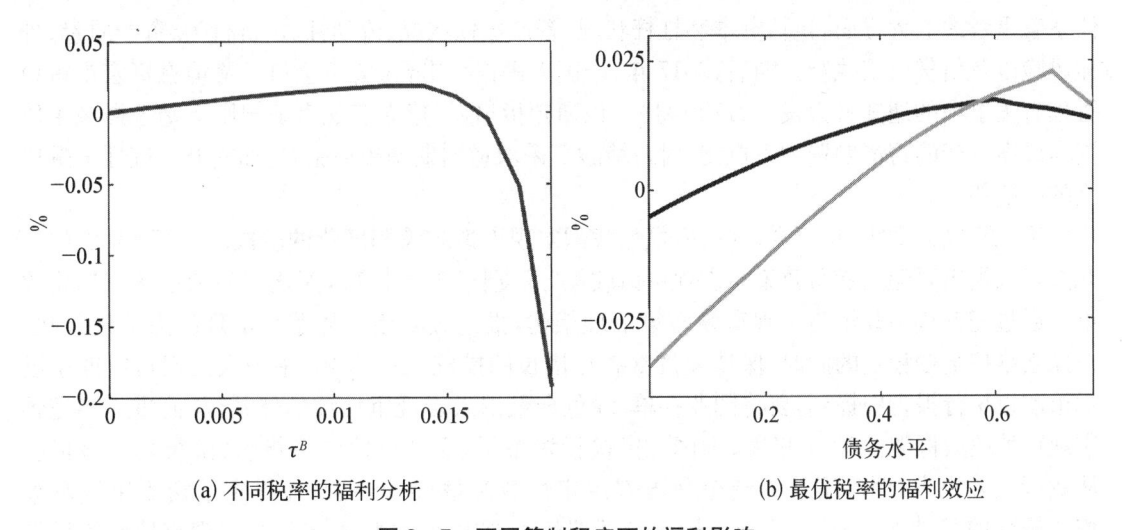

(a) 不同税率的福利分析　　(b) 最优税率的福利效应

图 9-7　不同管制程度下的福利影响

数据来源:Bianchi and Mendoza(2020)。

图 9-7(b)展示了在正向的生产率冲击和抵押品约束冲击下,最优借款税率带来的福利收益如何随当前债务水平 b_t 变化。图中黑色曲线表示当前的资本存量取其长期均值,灰色曲线对应于低于均值 15% 的资本存量水平。在两种资本存量水平下,最优借款税率在一定的债务水平区间内都能够产生正的福利收益。当债务水平 b_t 足够低时,最优借款税率将带来福利损失,并且当前的资本存量越多,福利损失也就越大。这是因为如果借款征税可以解决过度借贷的问题,则其有利于福利的改善。因此我们看到,如果当前债务水平 b_t 足够高,以致 $t+1$ 期的抵押品约束很容易收紧,对借款征税的宏观审慎政策就会带来福利改善;然而如果当前债务

水平 b_t 较低,以致未来抵押品约束不太可能收紧,对借款征税就不会带来明显的福利改善,反而会因为其扭曲了个体的投资决策而导致福利的损失。

第五节 宏观审慎政策在我国的实现

2009 年初,国际货币基金组织对宏观审慎概念做了正式的规定,在此背景下,我国也率先加入探索宏观审慎政策的队列。宏观审慎政策在我国的实现和发展过程主要可以分为三个阶段:

第一阶段为 2009—2015 年,此阶段是我国宏观审慎政策体系的探索阶段。针对当时人民币贷款快速增长的局面,2009 年货币政策执行报告首次指出要建立宏观审慎制度,并按宏观审慎政策框架设计新的逆周期措施,这标志着我国宏观审慎政策开始形成。2011 年,中国人民银行出台了差别准备金动态调整制度,促使个别金融机构信贷规模回归正常合理的区间范围,这标志着宏观审慎工具开始在我国应用。同时,我国房地产市场在这一阶段出现快速泡沫化现象,房价多次暴涨。为应对这一状况,监管机构通过规定首付比例上限即贷款价值比这一直接途径来进行宏观审慎调控,从而有效地抑制了信贷增长,维护了房市稳定和金融稳定。

第二阶段为 2016—2017 年,此阶段是我国宏观审慎政策评估体系的建立阶段。2015 年 12 月 29 日,中国人民银行发布公告称,自 2016 年起,为营造适宜结构性改革的货币金融环境,将现有的差别准备金动态调整和合意贷款管理机制升级为宏观审慎评估体系(MPA)。该体系着重考虑七大方面,包括资本和杠杆状况、资产负债状况、流动性、定价行为、资产质量、外债风险以及信贷政策执行。随后,2017 年,中国人民银行出台《关于全口径跨境融资宏观审慎管理有关事项的通知》(银发〔2017〕9 号)。该通知指出,将建立宏观审慎规则下基于微观主体资本或净资产的跨境融资约束机制,对跨境融资采取逆周期调控措施,进而提升系统性金融风险的防范能力。

第三阶段为 2017 年至今,这一阶段是我国宏观审慎政策制度化的阶段。2017 年,党的十九大正式提出要健全货币政策与宏观审慎政策"双支柱"调控框架,深化利率和汇率市场化改革。通过完善货币政策与宏观审慎政策治理架构,推进金融治理体系和治理能力的现代化。在探索维持金融稳定的同时,保持经济常态化增长的措施。2018 年,中国人民银行第四季度货币政策执行报告中提到,要将同业存单、绿色金融纳入宏观审慎评估体系,从而进一步完善宏观审慎政策框架。2021 年底,中国人民银行发布了《宏观审慎政策指引(试行)》。该指引从我国实际出发,明确了建立健全我国宏观审慎政策框架的要素,在界定了宏观审慎政策相关概念的基础上,阐述了宏观审慎政策框架的主要内容,这标志着我国宏观审慎政策框架进一步成熟。

下面的思政案例给出了宏观审慎政策在我国的实现形式之一:跨境融资宏观审慎调节参数。《中国人民银行关于在全国范围内实施全口径跨境融资宏观审慎管理的通知》(银发〔2016〕132 号文件)指出,"跨境融资宏观审慎管理是为把控与宏观经济热度、整体偿债能力和国际收支状况相适应的跨境融资水平,控制杠杆率和货币错配风险,实现本外币一体化管理,从而建立的针对企业和金融机构的跨境融资管理制度"。企业跨境融资宏观审慎调节参数,主要影响境内企业跨境融资行为。通常来说,参数下调意味着境内企业跨境融资敞口空间的压缩,相应地将减少跨境资金流入和我国整体外债规模;参数上调,则是在扩大资本流入,其中包括境内机构借用外债空间进一步扩大等,属于跨境资金流动宏观审慎管理措施之一。

思政案例9-1

跨境融资宏观审慎调节参数

自2016年开始,中国人民银行先后下发了《中国人民银行关于扩大全口径跨境融资宏观审慎管理试点的通知》(银发〔2016〕18号)(已废止)、《中国人民银行关于在全国范围内实施全口径跨境融资宏观审慎管理的通知》(银发〔2016〕132号文件)(已废止)、《中国人民银行关于跨境融资宏观审慎管理试点的通知》(银发〔2017〕9号)。通知指出,由中国人民银行与国家外汇管理局建立全口径跨境融资宏观审慎管理框架,取消外债事前审批,便利境内机构跨境融资,建立跨境融资约束机制。核心要求是"企业和金融机构开展跨境融资按风险加权计算余额,风险加权余额不得超过上限"。其中跨境融资风险加权余额的计算公式为"∑本外币跨境融资余额×期限风险转换因子×类别风险转换因子+∑外币跨境融资余额×汇率风险折算因子"。跨境融资风险加权余额上限的计算公式为"资本或净资本×跨境融资杠杆率×宏观审慎调节参数"。上述公式中的"本外币跨境融资余额"和"资本或净资本"为适用微观主体的自变量,各类风险转换因子和"宏观审慎调节参数"则是具有预设值的系数,中国人民银行可以通过对该系数的调整实现宏观审慎管理的目的,最初规定宏观审慎调节参数为1。

此后,宏观审慎调节参数进行了多次调整。2020年3月,为强化金融支持"新冠"肺炎疫情防控和经济社会发展,进一步扩大利用外资,降低实体经济融资成本,中国人民银行、国家外汇管理局将全口径跨境融资宏观审慎调节参数由1上调至1.25;2020年12月,将金融机构的跨境融资宏观审慎调节参数从1.25回调至1;2021年1月,先将境内企业境外放款的宏观审慎调节参数由0.3上调至0.5,不久后又发布了关于调整企业跨境融资宏观审慎调节参数的通知,决定将企业的跨境融资宏观审慎调节参数由1.25下调至1;2022年10月,为进一步完善全口径跨境融资宏观审慎管理,增加境内美元流动性,缓和现汇市场人民币贬值压力,更重要的是进一步释放稳汇率信号,增加企业和金融机构跨境资金来源,中国人民银行、国家外汇管理局决定将企业和金融机构的跨境融资宏观审慎调节参数从1上调至1.25;2023年7月,为继续增加企业和金融机构跨境资金来源,引导其优化资产负债结构,决定将企业和金融机构的跨境融资宏观审慎调节参数从1.25上调至1.5。

案例来源:跨境融资宏观审慎调节参数上调至1.25 专家:进一步释放稳汇率信号,经济·科技[EB/OL].人民网,people.com.cn。

第六节 进一步分析与延伸阅读

一、事先防范或事后干预

2008年全球金融危机前,面对金融体系中不断累积的风险,学术界和政策制定者普遍认为,事前干预的效果难以预测且成本过高,政策干预的最佳时机和手段是在危机真正发生后由央行向金融体系注入流动性。而全球金融危机爆发后的一个新共识是,事前进行宏观审慎的政策干预是非常有必要的。对于事后干预的一个主要担忧是道德风险问题:金融机构预期政府会在危机之后进行救助,就会事先增加自身的风险承担。有鉴于此,2010年7月,时任美国总统奥巴马签署了《多德-弗兰克华尔街金融改革与消费者保护法》。该法案赋予了美联储宏观审慎监管的权力,同时限制了美联储针对个别金融机构的救助行为。在上述背景下,Jeanne and Korinek(2020)探讨了当银行面临存量型抵押品约束时,事前的宏观审慎政策(如限制金融机构的杠杆率或对银行发放贷款征税)以及事后的流动性补充政策之间的取舍和互动关系。他们认为,为了应对资本流入突然中断的金融风险,在大多数情况下,最优的政策框架是同时使用事前的宏观审慎政策和事后的流动性补充政策,使两类政策在防范风险上带来的边际收益与施行政策造成的扭曲等边际成本相等。相对而言,事后干预措施更能够做到有的放矢,因为它们可以根据危机是否发生以及经济具体情况有针对性地实施,而宏观审慎政策是预防性的,所以在事后看来未必有效。然而,宏观审慎政策可以解决事后干预所造成的道德风险和时间不一致问题。

区别于Bianchi(2011)中国家收入采用外生禀赋的假定,Benigno等(2013)同时考虑了可贸易品和不可贸易品的生产,并允许使用产业政策来调节汇率。面对模型中存在的金钱外部性,最优的政策选择是在事前(危机发生前)采取限制借款规模的宏观审慎政策,并且在事后(危机发生时)将不可贸易品部门的劳动力向可贸易品部门转移。不可贸易品部门的生产规模缩减有利于提振不可贸易品的相对价格,进而放松抵押品约束。Benigno等(2013)的量化分析表明,事后的政策干预带来的福利改善比事前的政策干预要大得多。在政策有效干预的前提下,Benigno等(2013)甚至发现,个体的自发借款规模小于社会最优的借款规模,即个体不但没有过度借贷,反而出现了"借贷不足"的情况。然而,现实中政府政策的施行受多目标影响,政府在同时运用产业政策和资本管制政策时,是否会将应对金融风险作为唯一优先考虑的目标,值得进一步观察和研究。

二、政策的时间不一致性

上文对于事后干预政策的介绍已谈到时间不一致的问题。当第 t 期的抵押品价值由 t 期和 $t+1$ 期的均衡条件共同决定时,决策者的政策承诺可能会产生时间不一致性:未来的决策者有动机背离当前决策者做出的政策承诺,从而削弱了当前政策的可信性和有效性。文献中对此已有广泛的研究。具体到宏观审慎政策方面,Bianchi and Mendoza(2018)在存量型约束的模型框架下探讨了政策的时间不一致性。在他们的模型中包含了资本积累,个体面临如式(9-1)所示的以资本作为抵押品的存量借款约束,且均衡时的资本价格 q_t 同时取决于第 t 期和第 $t+1$ 期的均衡条件。其模型框架下产生了最优政策的时间不一致性:当前的资产价格会随着当前消费上升,随着未来消费下降。增加第 t 期消费会放松第 t 期的借贷约束,但是会收紧第 $t-1$ 期的借贷约束。因此如果在第 t 期借贷约束收紧,决策者就会承诺降低下一期的消费来抬升当前的资产价格,以缓解借贷约束。然而等到第 $t+1$ 期真正到来时,继续维持低消费的承诺对于第 $t+1$ 期的决策者未必是最优的。他们的研究证明了,即便是在当前的决策者无法直接承诺未来的政策,即没有办法直接决定下一期政策的情况下,对于国际借贷设置合理税制仍然可以实现社会最优。

三、选择固定管制强度还是相机抉择

从数量上来看,最优宏观审慎政策在减少金融危机发生的频率和危害方面非常有效,但是在现实中,执行这一政策可能需要复杂的、非线性的、高度灵活的、能够自由裁量的政策体系;

反之,如果政府基于简单的政策规则,例如选择一个固定的借款税率或者宏观审慎管理强度,则这样的政策更易于实行,但可能降低福利。Bianchi(2011)基于式(9-2)中的流量型抵押品约束在构建小国模型时发现,如果保持固定的借款税率,其在最佳情况下可以将资本流入突然中断的概率从5.5%降低至2.2%左右。此外,最优的固定税率为3.6%,约为可变税率框架下平均税率的70%,并且可以实现可变税率框架下大部分的福利改进。Hernandez and Mendoza(2017)发现,固定的借款税和生产税在最优使用时,可以将资本流入突然中断的概率从3%降低到1.1%,然而如果简单地将税率固定为最优可变税率框架下的平均值,则会造成福利水平下降。另外,如果抵押品约束采用式(9-1)中的存量型抵押品形式,Bianchi and Mendoza(2018)发现固定的税率或者类似于货币政策泰勒规则的恒定弹性规则,从效果上就明显差于相机抉择的干预政策,而且很容易导致国家福利水平下降。产生这种差异的原因在于,当抵押品的价值由资产价格决定时,在某些状态下的最优税率可能会在其他状态下对福利产生负向影响。在这种情况下,缺乏灵活调整的政策框架会使宏观审慎政策的有效性面临更大的挑战。

四、宏观审慎政策与货币政策的协调

宏观审慎政策与货币政策共同构成了宏观调控的"双支柱"政策,前者侧重价格稳定,后者侧重金融稳定。黄益平等(2019)发现,以跨境资本流入税为代表的宏观审慎政策工具与货币政策的相互配合,能够有效地遏制金融市场的顺周期波动,提高宏观经济的稳定性。另外,"双支柱"政策的配合效果也与当前的汇率制度有关。Coulibaly(2023)认为货币政策可以发挥宏观审慎的功能。由于模型中流量型抵押品约束的存在,个体存在过度借贷的倾向。货币政策可以在危机发生前刺激本国非贸易品部门的生产,进而抑制非贸易品的相对价格,从而达到控制本国借款规模的目的。如果可以同时使用宏观审慎政策和货币政策,则此时货币政策无须承担宏观审慎的职责而仅需维持价格的稳定,宏观审慎政策能够纠正个体过度借贷的倾向。只有在当前借贷约束收紧时,货币政策才会面临价格稳定与金融稳定之间的权衡,因为此时宏观审慎政策无法缓解当前收紧的借贷约束。

但是,也有不少学者担忧两类政策在目标、工具以及传导路径上可能存在矛盾。马勇和陈雨露(2013)基于中国经济的模拟系统性考察了宏观审慎政策的规则及其搭配问题,并强调应注意"政策冲突"和"政策叠加"问题,前者会削弱政策效果并增加政策实施的成本,而后者则可能导致经济系统以非预期的方式进行调整。Richter等(2019)通过事件识别法提高了审慎政策强度的衡量精度,并识别出宏观审慎政策对传统货币政策的产出和通货膨胀这两大目标的影响非常小。更多的研究进一步表明,两类政策协调的收益大小与冲击类型和开放条件的差异密切相关。Angelini等(2012)通过DSGE模型评估了"双支柱"政策的配合效果,发现当经济周期是基于供给冲击影响时,宏观审慎政策只能体现出温和的稳定作用;当受到金融冲击时,宏观审慎政策与货币政策的有效合作可以最有效地实现经济稳定。他们还指出,若货币政策和宏观审慎政策缺乏有效的协作,则反而可能带来次优结果。

五、宏观审慎政策的国际协调

在本章的框架中,个体过度借贷的倾向会影响金融系统的稳定,因此需要实施宏观审慎政策来限制本国的资本流入规模。然而,在当前全球经济一体化的背景下,一个国家的资本流动管理政策很有可能会对其他国家产生外溢效应,进而引发关于加强各国间政策合作与协调的广泛讨论。Korinek(2017)指出,如果违背了以下条件中的任意一个,则各国间的政策合作是

有必要的:(1)政策制定者在国际市场上是完全竞争的,即作为价格的接受者;(2)政策制定者有充足的政策工具来干预国际金融市场的冲击;(3)国际金融市场上不存在任何的不完备性。当三个条件均满足时,国际政策合作将不会带来任何帕累托改进,因此完全没有必要存在。这些结果为国际政策协调的研究提供了方向。Jin and Shen(2020)将 Bianchi(2011)的框架扩展至多个国家的情形。他们的研究发现,在非合作的情形下,如果所有面临金钱外部性的国家同时出于宏观审慎的考量而限制各自的资本流入,那么与没有政策干预的情形相比,这些国家的福利反而会受到损失;反之,如果国家间采取协调一致的资本管制政策,则最优的外国净资产头寸仅为没有国际协调情形下的59%,且每一个国家的福利均得到显著改善,其原因在于这些新兴市场国家通过一致行动可以影响国际利率水平从而获得贸易条件上的优势,此时这些国家在国际市场上并非价格的接受者,违反了上述三个必要条件中的第一个。

本章小结

资本流入突然中断是开放经济体金融危机的典型特征。

资本流入突然中断的量化识别主要采用事件分析法,经常账户与GDP的比率是否存在明显上升被广泛用作主要的识别方式。

资本流入突然中断事件的典型特征如下:净出口以及经常账户发生逆转,消费、产出、投资、资产价格、实际汇率等关键宏观指标相比一般趋势均显著下降。

资本流入突然中断导致的金融放大效应机制:资产价格或者实际汇率的下跌会进一步收紧该国的借贷约束,迫使国民进一步削减支出,并被迫低价卖出商品或资产,从而引发借贷能力下降、支出下降、实际汇率和资产价格崩溃的恶性循环。

实施旨在降低金融危机发生频率和规模的事前预防性动机的政策,被统一称为宏观审慎政策。

我国2009年货币政策执行报告首次指出要建立宏观审慎制度,并按宏观审慎政策框架设计新的逆周期措施,这标志着我国宏观审慎政策开始形成。

练习思考题

1. 什么是资本流入突然中断的量化识别方法?
2. 发达经济体与新兴经济体的资本流入突然中断现象存在哪些相同点和不同点?
3. 如何理解资本流入突然中断导致的金融放大效应?
4. 刻画金融放大效应的常用模型设定有哪两种?其理论性质存在哪些异同?
5. 什么是宏观审慎政策?现实中的宏观审慎政策的形式有哪些?
6. 为什么要对跨境资本流动进行管理?什么是金钱外部性?
7. 事前防范和事后干预在防范金融危机中所起的不同作用是什么?
8. 请指出宏观审慎政策与货币政策之间的区别和联系。

参考文献

[1] 黄益平,曹裕静,陶坤玉,余昌华.货币政策与宏观审慎政策共同支持宏观经济稳定

[J].金融研究,2019(12).

[2] 马勇,陈雨露.宏观审慎政策的协调与搭配：基于中国的模拟分析[J].金融研究,2013(8).

[3] Angelini P., Neri S., Panetta F. (2012). Monetary and macroprudential policies. European Central Bank Working Paper Series. No.1449.

[4] Benigno, Gianluca, Chen, Huigang, Otrok, Christopher, Rebucci, Alessandro, Young, Eric R. (2013). Financial crises and macro-prudential policies. *Journal of International Economics*, 89 (2): 453 – 470.

[5] Bianchi, Javier. (2011). Overborrowing and systemic externalities in the business cycle. *The American Economic Review*, 101 (7): 3400 – 3426.

[6] Bianchi, Javier, Mendoza, Enrique G. (2018). Optimal time-consistent macroprudential policy. *Journal of Political Economy*, 126 (2): 588 – 634.

[7] Bianchi, Javier, Mendoza, Enrique G. (2020). A Fisherian approach to financial crises: Lessons from the sudden stops literature. *Review of Economic Dynamics*, 37(1): S254 – S283.

[8] Calvo GA, Izquierdo A, Talvi E. (2006). Phoenix miracles in emerging markets: recovering without credit from systemic financial crises. NBER Working Paper. No.12101.

[9] Coulibaly, Louphou. (2023). Monetary policy in sudden stop-prone economies. *American Economic Journal: Macroeconomics*, 15(4): 141 – 176.

[10] Fisher, Irving. (1933). The debt-deflation theory of great depressions. *Econometrica: Journal of the Econometric Society*, 1(4): 337 – 357.

[11] Hernandez Juan M., Mendoza Enrique G. (2017). Optimal v. simple financial policy rules in a production economy with liability dollarization. *Ensayos sobre Política Económica*, 35 (82): 25 – 39.

[12] Jeanne Olivier, Anton Korinek. (2020). Macroprudential regulation versus mopping up after the crash. *Review of Economic Studies*, 87 (3): 1470 – 1497.

[13] Jin and Shen. (2020). Foreign asset accumulation among emerging market economies: A case for coordination. *Review of Economic Dynamics*, 35: 54 – 73.

[14] Korinek A, Mendoza E G. (2014). From sudden stops to Fisherian deflation: Quantitative theory and policy implications. *Annual Review of Economics*, 6(1): 299 – 332.

[15] Korinek. (2017). Currency Wars or Efficient Spillovers. NBER Working Paper. No.23004.

[16] Mendoza EG. (2010). Sudden stops, financial crises, and leverage. *The American Economic Review*, 100(5): 1941 – 1966.

[17] Piet Clement. (2010). The term "macroprudential": Origins and evolution. *BIS Quarterly Review*, 3: 59 – 65.

[18] Richter B., Schularick M., Shim I. (2019). The costs of macroprudential policy. *Journal of International Economics*, 118: 263 – 282.

附录

我们在附录中对本章第四节中的量化模型进行详细描述。

1. 投资品生产

投资品由一家代表性企业生产。它使用一种复合商品 $x_t = x(x_t^T, x_t^N)$ 作为投入,这种复合商品是由一个恒定的替代弹性(CES)函数将可贸易品和不可贸易品的投入 x_t^T 和 x_t^N 进行加总:

$$x_t = [\pi(x_t^T)^{-\theta} + (1-\pi)(x_t^N)^{-\theta}]^{-\frac{1}{\theta}}, \theta > -1, \pi \in (0,1) \quad (9-10)$$

其中 π 为权重, $\frac{1}{1+\theta}$ 是 x_t^T 和 x_t^N 之间的替代弹性。

我们将可贸易商品的价格标准化为 1, p_t^N 表示非贸易商品的相对价格。我们利用标准的两阶段预算和对偶结果解决企业的优化问题。在第一阶段,生产者将获得目标数量 x 所需的投入成本最小化,记为 $\bar{x}$:

$$C(p_t^N, \bar{x}) = \min_{x_t^T, x_t^N} [x_t^T + p_t^N x_t^N] \quad (9-11)$$

$$\text{s.t. } x(x_t^T, x_t^N) = \bar{x} \quad (9-12)$$

这个问题的一阶条件意味着:

$$\frac{x_{x^N}(x_t^T, x_t^N)}{x_{x^T}(x_t^T, x_t^N)} = p_t^N \quad (9-13)$$

其中 $x_{x^i}(x_t^T, x_t^N)$ 代表投资函数(9-11)对于 x^i 求偏导($i = T, N$)。利用 $x(x_t^T, x_t^N)$ 的线性齐次性,得到了以可交易品为单位的齐次价格指数 $P(p_t^N)$,使得生产者的成本函数为 $C_t = P(p_t^N)x_t$。因此, $P(p_t^N)$ 是在给定 p_t^N 下生产一单位投资品所需的最小支出,即 $C(p_t^N, 1) = P(p_t^N) = x_t^T + p_t^N x_t^T$。给定 x_t 的 CES 结构,投资品价格指数为

$$P_t(p_t^N) = [\pi^{\frac{1}{1+\theta}} + (1-\pi)^{\frac{1}{1+\theta}}(p_t^N)^{\frac{\theta}{1+\theta}}]^{\frac{1+\theta}{\theta}} \quad (9-14)$$

在第二阶段,该企业以利润最大化为目标,选择最优投入 x_t 投资产品的相对价格为 q_t,生产函数为简单的线性函数 $f(x_t) = x_t$。在竞争均衡中,投资品的价格 q_t 由成本价格指数 P_t 确定,利润最大化的问题表示为

$$\max_{i_t, x_t} [q_t i_t - P_t x_t] \quad (9-15)$$

$$\text{s.t. } i_t = x_t \quad (9-16)$$

一阶条件意味着 $q_t = P_t$。因此在均衡状态下利润为零,投资品的价格等于投入品的价格指数。需要注意的是,由于 q_t 既是评估抵押品的新资本市场价格,也是投资品的市场价格,而后者是均衡时 p_t^N 的函数,因此该模型具有金融放大效应,类似于在标准流量抵押品约束模型中非贸易品存在价格所产生的效应。此外,由于抵押品约束是存量形式的,因此金融放大效应也会影响超额收益和资本积累。

2. 最终产品生产

家庭拥有生产最终产品的企业,这些企业使用资本 k 作为唯一投入,并使用收益递减的生

产技术。资本折旧率为 δ。生产函数为 $z_t k_t^\alpha$,其中 z_t 是对最终产品生产率的冲击,且 $0<\alpha<1$。每一时期,这种技术产生的可贸易品流量为 $z_t k_t^\alpha$ 中的一部分 a,非贸易品流量为 $z_t k_t^\alpha$ 的剩余部分 $1-a$:

$$y_t^T = a z_t k_t^\alpha \tag{9-17}$$

$$y_t^N = (1-a) z_t k_t^\alpha \tag{9-18}$$

3. 家庭

一个无限期存在的代表性家庭做出最优的消费、储蓄和投资决策,使预期效用最大化:

$$E_0 \left[\sum_{t=0}^\infty \beta^t u(c_t) \right] \tag{9-19}$$

其中,c_t 是贸易和非贸易消费 $c_t(c_t^T, c_t^N)$ 的 CES 集合。家庭面临以下预算约束和借贷约束:

$$q_t[k_{t+1} - k_t(1-\delta)] + p_t^N c_t^N + c_t^T + b_t = \frac{b_{t+1}}{R} + p_t^N(1-a)z_t k_t^\alpha + a z_t k_t^\alpha \tag{9-20}$$

$$\frac{b_{t+1}}{R} \leqslant \kappa q_t k_{t+1} - \bar{b}_t \tag{9-21}$$

式(9-21)中的抵押品约束是存量型约束,其右边第二项 $\bar{b}_t<0$ 刻画了信贷市场的波动情况。$\bar{b}_t$ 有两种可能的取值:$\bar{b}_t = \{\bar{b}^L, \bar{b}^H\}$,$\bar{b}^L$ 代表约束更紧的状态。$\bar{b}_t$ 随时间的变化服从两状态的马尔科夫过程。

在预算约束式(9-20)的左侧,使用资本存量的运动规律来代替投资。与投资品生产者的情况一样,家庭的总消费支出可以通过成本最小化求解表示为:$P_t^C c(c_t^T, c_t^N) = c_t^T + p_t^C c_t^N$,其中 P_t^C 是消费支出的 CES 价格指数。

设 μ_t 表示借贷约束式(9-21)的拉格朗日乘子。家庭优化问题的一阶条件包含以下等式:

$$\frac{c_{cN}(c_t^T, c_t^N)}{c_{cT}(c_t^T, c_t^N)} = p_t^N \tag{9-22}$$

$$u_{cT}(t) - \mu_t = \beta R E_t \{ u_{cT}(t+1) \} \tag{9-23}$$

$$q_t[u_{cT}(t) - \kappa \mu_t] = \beta E_t \{ u_{cT}(t+1)[(1-\delta)q_{t+1} + \alpha z_{t+1} k_{t+1}^{\alpha-1}(1-a)P_{t+1}^N + a] \} \tag{9-24}$$

债券和资本的欧拉方程表明,资本的超额回报可以简化为

$$E_t(R_{t+1}^q) - R = \frac{-\text{cov}[\beta u_{cT}(t+1), R_{t+1}^q] + (1-\kappa)\mu_t}{\beta E_t[u_{cT}(t+1)]} \tag{9-25}$$

式中,$R_{t+1}^q \equiv \dfrac{q_{t+1} - \delta q_{t+1} + \alpha z_{t+1} k_{t+1}^{\alpha-1}[(1-a)P_{t+1}^N + a]}{q_t}$ 为资本收益率。因此,在不存在不确定性的情况下,如果借贷约束不收紧,则该模型将产生小型开放经济模型的标准结论,即国内资本回报率等于世界实际利率。不确定性引入了一个股权风险溢价,而可能收紧的借贷约束增加了一个额外的溢价,该溢价由约束的影子价格 $1-\kappa$ 给出。

不可贸易品和投资品市场的出清条件如下:

$$x_t^N + c_t^N = y_t^N \quad (9-26)$$

$$k_{t+1} - k_t(1-\delta) = x(x_t^T, x_t^N) \quad (9-27)$$

利用上述条件,结合 $q_t = P_t$,$i_t = x_t$,$P_t x_t = p_t^N x_t^N + x_t^T$,得到可贸易品的资源约束如下:

$$x_t^T + c_t^T = y_t^T - b_t + \frac{b_{t+1}}{R} \quad (9-28)$$

无管制竞争均衡由价格序列 $\{p_t^N, q_t, P_t\}_{t=0}^{\infty}$ 和实际变量序列 $\{c_t^T, c_t^N, b_{t+1}, k_{t+1}, x_t^T, x_t^N\}_{t=0}^{\infty}$ 来定义,需要满足:

(1) $\{c_t^T, c_t^N, b_{t+1}, k_{t+1}\}_{t=0}^{\infty}$ 解决家庭优化问题;

(2) $\{x_t^T, x_t^N, i_t\}_{t=0}^{\infty}$ 解决投资品生产者的优化问题;

(3) 非贸易品和投资品的市场出清条件成立,即式(9-26)和式(9-27)成立。

4. 存在管制的均衡条件

政府实施简单的宏观审慎政策,其形式是对国际债务征税,采用固定税率 τ_t。均衡条件与上述不存在干预的版本大致相同,但是包含以下几个关键变化。关于国际借贷、资本积累、风险溢价的表达式变为

$$u_{cT}(t) = \beta R(1+\tau_t) E_t\{u_{cT}(t+1)\} + \mu_t(1+\tau_t) \quad (9-29)$$

$$q_t[u_{cT}(t) - \mu_t \kappa] = \beta E_t\{u_{cT}(t+1)[(1-\delta)q_{t+1} + \alpha z_{t+1} k_{t+1}^{\alpha-1}(1-a)P_{t+1}^N + a]\} \quad (9-30)$$

$$E_t(R_{t+1}^q) = R(1+\tau_t) + \frac{(1-\kappa)\mu_t - \mathrm{cov}[\beta u_{cT}(t+1), R_{t+1}^q]}{\beta E_t[u_{cT}(t+1)]} \quad (9-31)$$

条件式(9-29)意味着债务税增加了借款的有效成本,旨在抑制家庭在非危机时期的借款动机。然而,如式(9-31)所示,债务税要求更高的资本边际回报率,从而扭曲了投资决策,最终导致投资减少。事实上,债务税的作用类似于资本所得税。当不存在不确定性和借贷约束时,这一点就更清楚了:债务税提高了积累资本的机会成本,相当于以 $\frac{\tau_t}{1+\tau_t}$ 的税率对资本回报征税,会导致经济效率的损失。总体而言,这意味着宏观审慎政策在投资和产出方面可能要付出一定的代价。

债务-投资的权衡与债务-借贷能力之间存在动态的相互作用。一方面,债务税降低了借贷约束收紧的可能性,降低了债务水平,因此在借贷约束收紧的情况下,其影子价格 μ_t 也较小,这反过来又降低了借贷约束收紧时的资本回报。另一方面,当借贷约束没有收紧时,债务税的存在会降低资产价格从而可能抬升杠杆率。因此,无论借贷约束式(9-21)是否收紧,政府的干预政策都会扭曲资本积累的动机。